行政法の解釈 (4)

阿部泰隆

行政法の解釈(4)

学術選書
174
行政法

信山社

は し が き

1　行政法学は，実定法学であるから，実定法の解釈を主要な任務とする。筆者は，行政法規があまりにも不合理にできているところから，政策法学と称して，新たに立法論を提案しているが，もちろんこれまで重点をおいてきたのは，行政の法システムを適切に整理し，今後の方向を与えることと，密林のような行政法規の合理的な解釈である。

これまで，『行政法の解釈』，『行政法の解釈(2)』，『行政法の解釈(3)』（以上，信山社）のほか，『行政法解釈学1，2』（有斐閣）を世に問うてきたのはそのためである。『行政法再入門』（信山社）はこれを簡略化するとともに，その後の思考や判例・学説を追加している。そのほかに，多数の論文集（阿部著作一覧参照）を刊行している。その中にはかなりの解釈問題が含まれている。『行政法再入門　上〔第2版〕』54頁以下では，行政法解釈学の在り方を整理し，同著85頁には，『行政法最高裁大失敗判決』として約20以上，どうしても賛成できない判決をあげておいた。『解釈学1』45頁以下も詳しい。

そして，今回，これらに続いて，『行政法の解釈(4)』を公刊する。

2　そうすると，これら解釈学の基礎にある考え方が問われる。それはそれぞれの論文集や書物のはしがきで記載してきたが，さらに，「行政法解釈の在り方」として，自治研究83巻7号～84巻1号（2008年）に連載した。そのかなりは，その後『行政法解釈学』に取り込んでいるので，ここでは，そのポイント部分を中心に第1章に収録し，そのほかの点は，別の書物に収録されていることに言及するにとどめた。なお，行政訴訟における法解釈のあり方としては，『行政訴訟要件論』序章において，裁判を受ける権利の包括的かつ実効的保障」の観点によるべきことを説明した。

3　最近，中川丈久（「行政法解釈の方法」（民商法雑誌154巻5号957頁以下，2018年）は，租税法分野では，法律解釈方法論が一定の地位を占めているのに，行政法分野ではそうではなく，「行政法解釈の方法論の不在，低調な関心」という記述から始めている。そのとおりであるが，筆者は，それなりに行政法解釈の方法論も主張しているつもりである。そこで，この中川論文を第1章の『補論』として紹介し，筆者の見解を表明することとした。そして，行政法の解釈の基本は憲法を踏まえた法体系の合理的解釈である。それだけでは視点が定まらないので，上記『行政法解釈の在り方』は，そのために必要な視点を具

v

はしがき

体的に取り上げたものである。

4 解釈学は，具体的な事案に面し，明確ではなく，むしろ，不合理な条文に照らしても，合理的な結論を出すための論証過程である。その過程では，無数の障害物がある。まるで無数の矢（反論）が飛んでくる修羅場で矢を打ち落として前進するようなものである。あるいは，無数の石を使い何千年も崩れないようにピラミッドを積むようなものである。それを論理的に説明して初めて人にも納得してもらえる解釈論となるのである。その際には，どこからも満足できる 100 点満点の答案はない。疑問点はあっても総合考慮したら，その結論が合理的だと言えるように，理論構成をすべきである。筆者の『行政法の解釈』のシリーズはその実践例のつもりであるし，本書もそうである。筆者としては，精いっぱい思索したが，なお不十分な点があろうと思われる。反論歓迎であるので，ご教示を戴きたい。

ついでに，法曹実務家として不可欠な事実の正確な認定も，法と正義にかなった判決も，基本は優れた論理的思考力によって生み出されるものと思うが，それが足りない法曹実務家も少なくないというのが弁護士になっての実感である。また，裁判官は当事者の主張に誠実に答える責任を負っているはずであるが，しばしば簡単にはぐらかす判決を受ける。法科大学院では本来はこの趣旨に合う教育をするはずであったが，足りないというのが筆者の不満である。

5 行政法は憲法の具体化法であるから，憲法を踏まえた解釈が必要である。わが国では，憲法学者と行政法学者はかなり分かれているが，筆者は憲法を踏まえており，その意味では憲法研究者のつもりでもある。その典型例として，第 2 章「改正タクシー特措法（2013 年）の違憲性・違法性特に公定幅運賃，減車命令について」を掲載した。また，行政訴訟の訴訟類型などの判断ミス，期間のわずかな徒過などを理由に実体法上の権利を否定する解釈は，裁判を受ける権利，実体法上の各種の権利をないがしろにするもので，法体系の合理的な解釈ではない。このことは第 1 章「行政法の解釈の在り方」のほか，第 5 章「離婚によるいわゆる年金分割の申請期間と説明義務について」でも考察した。

6 本書では，公害防止協定（第 3 章），理由附記（第 4 章）のほか，特に情報公開に関して詳しい考察を行なった（第 6 ～ 8 章）。

7 いずれにしても，行政法関連の現象は，行政法解釈学の源泉である。これからの研究者には，最高裁判例が出てから議論する（死児の歳を数えるようなものもの）ような，後手後手に陥ることなく，先手を打って，解釈学を洗練して，判例に適切な指針を与えるような業績をあげていただきたい。

はしがき

8　今回も，信山社袖山貴社長，稲葉文子さんに格別のご配慮を戴いた。初校については板垣勝彦（横浜国大），比山節男（前白鴎大），森尾成之（鹿児島大）の諸君にお世話になった。ともに厚く感謝する次第である。

　　2019 年晩秋

阿 部 泰 隆

はしがき

初 出 一 覧

第1章 行政法解釈の在り方

　　自治研究 83 巻 7 号〜 84 巻 1 号（2008 年）

『補論』 中川丈久「行政法解釈の方法」（民商法雑誌 154 巻 5 号 957 頁以下，2018 年）について

　　＜書下ろし＞

第2章 改正タクシー特措法（2013 年）の違憲性・違法性特に公定幅運賃，減車命令について

　　判時 2302 号（2016 年）

『補論』 特定地域及び準特定地域における一般乗用旅客自動車運送事業の適正化及び活性化に関する特別措置法に基づく営業方法の制限に関する取扱いについて

　　＜書下ろし＞

第3章 摂津市と JR 東海の間の地下水保全協定の効力

　　　　──その摂津市外への効力と，地下水採取規制について地盤沈下の具体的危険性の要否」──

　　自治研究 94 巻 6 号，7 号（2018 年）

第4章 不利益処分の理由附記（行政手続法 14 条 1 項）のあり方

　　自治研究 93 巻 5，6 号（2017 年）

第5章 離婚によるいわゆる年金分割の申請期間と説明義務について

　　賃金と社会保障 1685 号（2017 年 7 月上旬号）

第6章 残業・休日労働に関するいわゆる三六協定の情報公開について

　　自治研究 85 巻 10 号，86 巻 1 号（2009 年，2010 年）

第7章 脳血管疾患及び虚血性心疾患等（負傷に起因するものを除く）に係る労災補償給付の支給決定がなされた事業場名（法人名のみ）の開示請求

　　自治研究 92 巻 5 号，8 号（2016 年）

第8章 個人情報開示請求における弁護士代理の手続

　　自治実務セミナー 53 巻 8 号（2014 年）

はしがき

〔凡 例〕

論文は，http://www.eonet.ne.jp/˜greatdragon/articles.html に掲載
阿部泰隆論文は阿部と引用する。
法令，判例の引用は，一般的な方法による。

著書（阿部単独著）
本書中では，出版社，出版年を省略することがある。

1 『フランス行政訴訟論』（有斐閣，1971 年）

2 『行政救済の実効性』（弘文堂，1985 年）

3 『事例解説行政法』（日本評論社，1987 年）

4 『行政裁量と行政救済』（三省堂，1987 年）

5 『国家補償法』（有斐閣，1988 年）

6 『国土開発と環境保全』（日本評論社，1989 年）

7 『行政法の解釈』（信山社，1990 年）

8 『行政訴訟改革論』（有斐閣，1993 年）

9 『政策法務からの提言』（日本評論社，1993 年）

10 『大震災の法と政策』（日本評論社，1995 年）

11 『政策法学の基本指針』（弘文堂，1996 年）

12 『行政の法システム上［新版］』（有斐閣，1997 年）
　　（初版，1992 年，補遺 1998 年）

13 『行政の法システム 下［新版］』（有斐閣，1997 年）
　　（初版，1992 年，補遺 1998 年）

14 『〈論争・提案〉情報公開』（日本評論社，1997 年）

15 『行政の法システム入門』（放送大学教育振興会，1998 年）

16 『政策法学と自治条例』（信山社，1999 年）

17 『定期借家のかしこい貸し方・借り方』（信山社，2000 年）

18 『こんな法律はいらない』（東洋経済新報社，2000 年）

19 『やわらか頭の法政策』（信山社，2001 年）

20 『内部告発（ホイッスルブロウァー）の法的設計』（信山社，2003 年）

21 『政策法学講座』（第一法規，2003 年）

22 『行政訴訟要件論』（弘文堂，2003 年）

23 『行政書士の未来像』（信山社，2004 年）

24 『行政法の解釈(2)』（信山社，2005 年）

25 『やわらか頭の法戦略』（第一法規，2006 年）

26 『対行政の企業法務戦略』（中央経済社，2007 年）

ix

はしがき

27 『行政法解釈学Ⅰ』（有斐閣，2008 年）

28 『行政法解釈学Ⅱ』（有斐閣，2009 年）

29 『行政法の進路』（中大出版部，2010 年）

30 『最高裁上告不受理事件の諸相Ⅱ』（信山社，2011 年）

31 『行政書士の業務　その拡大と限界』（信山社，2012 年 11 月）（23 の改訂版）

32 『市長破産』（信山社，2013 年）

33 『行政法再入門 上〔第 2 版〕』（信山社，2016 年）（初版，2015 年）

34 『行政法再入門 下〔第 2 版〕』（信山社，2016 年）（初版，2015 年）

35 『住民訴訟の理論と実務，改革の提案』（信山社，2015 年）

36 『ひと味違う法学入門』（信山社，2016 年）◇法律学イロハカルタ付き◇

37 『行政の組織的腐敗と行政訴訟最貧国：放置国家を克服する司法改革を』（現代人文社，2016 年）

38 『行政法の解釈(3)』（信山社，2016 年）

39 『廃棄物法制の研究』（信山社，2017 年）

40 『環境法総論と自然・海浜環境』（信山社，2017 年）

41 『まちづくりと法，都市計画，自動車，自転車，土地，地下水，住宅，借地借家』（信山社，2017 年）

42 『地方自治法制の工夫：一歩前進を！』（信山社，2018 年）

43 『日本列島「法」改造論：政策法学講座 続々』（第一法規，2018 年）

44 『国家補償法の研究Ⅰ　その実践的理論』（信山社，2019 年）

45 『国家補償法の研究Ⅱ　行政の危険防止責任』（信山社，2019 年）

目　次

目　　次

はしがき（v）

第1章　行政法解釈のあり方 ——————————— 3

1　行政法解釈の視点提示の必要 ………………………… 3

(1)　行政法解釈のためには行政法のシステム把握が必要（3）

(2)　行政法解釈の方法＝憲法的価値・体系的合理的解釈（4）

(3)　参考になる原田尚彦，「モデル志向型」と「事件志向型」の分析（6）

(4)　参考になる判例理論，藤田宙靖意見（7）

(5)　小　　括（8）

2　憲法の具体化法としての行政法を実践 ………………… 10

(1)　裁判を受ける権利の実効性（10）

(2)　最高裁判例に見る法治主義の軽視（23）

(3)　生存権——生活保護受給中における預貯金保有のあり方（23）

■追記1　最判平成20年2月28日（24）

(4)　道路を壊すと新品で補償させられる——原因者負担金は財産権侵害（25）

(5)　自己負罪拒否の特権，二重処罰の禁止の行政法への適用（25）

(6)　仮面人間を強制する思想良心の自由の制限
　　——君が代ピアノ伴奏訴訟最判平成19年2月27日（25）

(7)　情報公開の憲法上の根拠？（25）

3　役人の屁理屈に騙されないまっとうな解釈を ………………… 26

(1)　水俣病国家賠償訴訟（26）

(2)　混合診療禁止の法的根拠，反対解釈の誤謬（27）

(3)　飛行場の外にエプロン，誘導路を造れるのか——神戸空港訴訟（27）

(4)　警察官は誤ってもお咎めなく，国民は警察官の誤りに誤導されても処罰される‼（27）

4　実質的に合理的な解釈を ………………… 28

(1)　国家賠償法における公務員概念（28）

(2)　行政代執行法における「並びに」と「及び」の誤用対策（28）

(3)　採用内定の取消しを争わせないのは法治国家の逆用（悪用）（28）

(4)　複数の原告が同一の処分の違法を争う場合の訴額（28）

xi

目　次

(5)　聴聞手続に現れない事実の審理（*28*）

(6)　住民訴訟における被告行政機関の説明義務と立証責任の転換（*29*）

(7)　執行停止の積極要件「重大な損害」の厳格解釈（*32*）

5　文理を不当に拡大しない，正しく，体系的に読んで，法治国家の
原理に沿った解釈を ……………………………………………………………*38*

(1)　「法律上の争訟」の意義（*38*）

(2)　一般処分・対物処分の誤解（*38*）

(3)　保険医療機関指定拒否処分と地域医療計画（*38*）

(4)　不動産の売却にも随意契約が許されるのか，条文の読み誤り（*38*）

(5)　消防の消火ミスに失火責任法を適用，国家賠償法4条の読み誤り（*38*）

(6)　自治体の賠償請求権を議会が放棄できるのか，条文の読み誤り（*38*）

(7)　土地収用法77条と79条の関係「移転補償の制度のもとで再築
補償は？（*38*）

6　文理にとらわれない合理的な解釈を ………………………………………*39*

(1)　これまでの事例，期限，負担（*39*）

(2)　行訴法36条の「，」の位置（*39*）

(3)　行訴法31条の事情判決（*40*）

(4)　非常勤公務員の繰返し任用（*41*）

7　裁判官の目からだけ見ないで当事者の目を大切に ……………………*41*

(1)　住民訴訟における「勝訴」の意義（*41*）

(2)　青色申告の承認処分取消処分が職権で取り消されたときの救済
方法，後付け解釈（*42*）

8　合理性を目指して，これまでの学説からの脱却を
──マクリーン判決からの脱却を例に── ………………………………*43*

9　立法者意思を適切に評価せよ ………………………………………………*44*

(1)　国会での発言を無視する判例（*44*）

(2)　断片的な国会発言を重視しすぎないように（*45*）

10　事案を拡大解釈しない法解釈を，判例の射程範囲 ……………………*48*

(1)　専決の場合の首長の責任に関する平成3年の最判（*48*）

(2)　土地区画整理事業計画の処分性に関する昭和41年大法廷判決（*50*）

(3)　「法律上の争訟」に関する住基ネット訴訟（*51*）

■追記2　住基ネット東京高裁平成19年11月29日判決（*53*）

(4)　租税法と信義則（*53*）

11　合憲限定解釈か，法文違憲か ………………………………………………*55*

xii

目　次

  ⑴　合憲限定解釈論の問題点（55）

  ⑵　これまでの主要判例（58）

  ⑶　広島市暴走族追放条例最判平成 19 年 9 月 18 日における裁判官の
   中の意見の対立（59）

 12　行政法における事実認定は，民事裁判の認定方法ではなく，
  法治行政に即して ………………………………………………………61

  ⑴　縦割り法律を超えて運輸大臣が実質的に「容認した」とする神戸
   空港訴訟判決の誤り（61）

  ⑵　行政の調査義務と立証責任（61）

 13　事実を正確に把握せよ …………………………………………………61

  ⑴　水俣病の原因（61）

  ⑵　カネミ油症事件における危険のサイン（62）

  ⑶　京都大学　井上教授事件（62）

  ⑷　君が代ピアノ伴奏訴訟最判平成 19 年 2 月 27 日（62）

 14　法の解釈においても当事者の主張をふまえて，法的観点指摘義務 …62

 15　手続ミスで実体法上の権利を奪うな ……………………………………64

 16　ま　と　め ………………………………………………………………66

補論　中川丈久「行政法解釈の方法」（民商法雑誌 154 巻 5 号 957 頁以下，
 2018 年）**について** ………………………………………………………69

第 2 章　改正タクシー特措法（2013 年）の違憲性・違法性
特に公定幅運賃，減車命令について ——————————83

 1　は じ め に ………………………………………………………………83

  ⑴　公定幅運賃違反の業者に対する運賃変更命令・事業許可取消処分
   等に対する差止訴訟の提起（83）

  ⑵　差止訴訟，仮の差止めの状況（83）

  ⑶　私見の基本的立場＝違憲論（84）

 2　従前の法制度 ……………………………………………………………85

  ⑴　規制緩和と規制復活の流れ（85）

  ⑵　低額運賃タクシー弾圧の挫折（86）

 3　タクシー改正特措法の定める公定幅運賃制度・減車命令の違憲性 …88

  ⑴　法改正（改悪）の立法過程と営業の自由の侵害（88）

  ⑵　違憲審査基準（89）

xiii

目　次

　　⑶　(準)特定地域の指定とその規制の根拠欠如（*93*）

　　⑷　公定幅運賃の導入による下限割れ運賃の禁止は事業者の既存の
　　　　権利を侵害し利用者の利便を害すること（*99*）

　　⑸　独禁法の空洞化（*100*）

　　⑹　タクシー新法における規制の目的と手段はおよそ対応しないこと（*101*）

　　⑺　交通政策審議会の元々の答申に反すること（*107*）

　　⑻　用語・名称の誤魔化し（*107*）

　　⑼　違憲論小括（*107*）

　　⑽　いくつかの判決・決定へのコメント（*108*）

　4　公定幅運賃設定における裁量濫用………………………………………*110*

　　⑴　公定幅設定の裁量の範囲（*110*）

　　⑵　判　　例（*11*）

　5　ま　と　め…………………………………………………………………*118*

　　■追記1　その後，国上告せず，再度の公定幅運賃提示（*118*）

　　■追記2　貸切りバスの規制強化（*118*）

　　■追記3　中島徹説・友岡史仁説（*119*）

　　■追記4　棟居快行説（*120*）

　　■追記5　特定地域計画の認可（*120*）

　　■追記6　特定地域指定の延長に際しての阿部発言（*120*）

補論　特定地域及び準特定地域における一般乗用旅客自動車運送事業の適正化及び活性化に関する特別措置法に基づく営業方法の制限に関する取扱いについて …………………………………………………*123*

第3章　摂津市と JR 東海の間の地下水保全協定の効力
　　　──その摂津市外への効力と，地下水採取規制について
　　　地盤沈下の具体的危険性の要否 ────────────*129*

　は じ め に …………………………………………………………………*129*

第1節　一審判決批判……………………………………………………*129*

　1　は じ め に……………………………………………………………*129*

　2　公害防止協定の効力……………………………………………………*130*

　　⑴　公害防止協定の効力一般論（*130*）

　　⑵　本件の地下水保全協定の法的拘束力（*133*）

xiv

（3） 最高裁平成 21 年 7 月 10 日判決から学ぶもの（*135*）

3 地下水採取禁止の条項は，私法上の差止請求権の根拠とならないのか ……………………………………………………………………………*137*

4 この採取禁止条項は，比例原則に違反するか，公序良俗違反か……*139*

（1） 比例原則は，規制代替型行政契約にのみ妥当（*139*）

（2） 本件環境保全協定は規制権力を背景としないので，比例原則の適用はないこと（*142*）

5 地下水汲み上げ禁止は，地盤沈下などの具体的危険がなければ許されないか………………………………………………………………………*147*

（1） 具体的危険は必要か，抽象的危険の存在（*147*）

（2） 他の事業者が追随すれば影響大（*147*）

（3） 予 防 原 則（*148*）

6 約束を破棄する合理的な根拠の有無………………………………………*148*

（1） 勝手に取水をするのは約束違反（*148*）

（2） 地下水を採取したければ協定の改定が先決（*149*）

7 摂津市と JR 東海が締結した地下水保全協定（平成 11 年環境保全協定 8 条，原判決 65 頁）は，その対象である鳥飼基地の内の茨木市内にある土地からの被告 JR 東海による地下水採取に効力を及ぼさないか………………………………………………………………………………*149*

（1） 条例と協定の適用範囲は同一か（*149*）

（2） 適用範囲は不明確か（*151*）

第 2 節　高裁判決批判 ……………………………………………………………*153*

1 は じ め に ……………………………………………………………………*153*

2 高裁判決の詳細………………………………………………………………*154*

3 反　　論 ………………………………………………………………………*156*

（1） 「地下水の保全及び地域環境の変化を防止するため」という目的規定から，具体的危険を要すると読むのは無理であること（*156*）

（2） 協定締結当時の事情からみて，摂津市が自ら地下水採取していることは関係がないこと（*157*）

（3） 地下水条例の文言は協定の解釈を左右しないこと（*157*）

（4） 具体的危険性がなくても地下水採取規制ができることに協定の存在意義があること（*158*）

（5） 比 例 原 則（*159*）

（6） 筆者の先の意見書（*159*）

目　次

　　(7)　筆者の「地下水」論文との関連（*160*）

　　(8)　予防原則に関する文献（*160*）

　■追記（*161*）

第4章　不利益処分の理由附記（行政手続法14条1項）のあり方 ——————————*163*

1　は じ め に……………………………………………………*163*

　　(1)　理由附記判例の現状を明らかにする意義（*163*）

　　(2)　照 会 事 項（*163*）

　　(3)　本稿の要旨（*163*）

2　理由附記の制度趣旨に関する判例法 ……………………………*164*

　　(1)　従前の最高裁判例法（*164*）

　　(2)　最判平成23年6月7日から学ぶもの（*168*）

　　(3)　重要な下級審判例から学ぶもの（*171*）

3　本件で付された処分理由…………………………………………*179*

4　本件処分理由の附記は行政手続法に反し違法であること…………*180*

　　(1)　処分事由が特定されていないこと（*180*）

　　(2)　比例原則違反を主張する手掛かりがないこと（*182*）

　　(3)　特に故意，過失など主観的な重大性が示されていないこと（*185*）

　　(4)　行政庁の裁量の幅について（*186*）

　　(5)　処分基準の不存在の問題点（*187*）

　　(6)　その他の処分理由（*188*）

　　(7)　ま　と　め（*188*）

5　熊本地裁平成24年1月31日判決との関係…………………………*188*

　　(1)　判 決 内 容（*188*）

　　(2)　反　　論（*189*）

6　聴聞手続との関係…………………………………………………*190*

　　(1)　被告の主張（*190*）

　　(2)　聴聞手続の流れ（*190*）

　　(3)　聴聞を経た処分理由の書き方（*191*）

　　(4)　下級審判例（*191*）

　　(5)　本件の場合（*194*）

7　前訴差止訴訟における主張との関係………………………………*195*

xvi

　　　　　　　　　　　　　　　　　　　　　　　　　　　　　目　次

　8　訴訟段階での理由の追加……………………………………………*196*
　9　結　論…………………………………………………………………*197*
　　■追記 1　福岡高裁平成 28 年 5 月 26 日判決（*197*）
　　■追記 2　処分の理由附記と行政裁量論・判決の理由付けとの関係（*199*）
　　■追記 3　大阪地判平成 31 年 4 月 11 日（*199*）
　　■追記 4　浅妻章如のコメント（*200*）

第 5 章　離婚によるいわゆる年金分割の申請期間と説明義務について ——————————*201*

　1　は じ め に……………………………………………………………*201*
　2　法制度と事実…………………………………………………………*201*
　　(1)　標準報酬改定の申請期間（*201*）
　　(2)　本件申請，却下，原判決（*202*）
　3　法制度上の検討………………………………………………………*203*
　　(1)　原告の不利益に帰すべきか，原告の落ち度だけに注目すべきか（*203*）
　　(2)　期間制限制度の不合理性，違憲性（*203*）
　　(3)　申請権を審判確定後 1 ヶ月に制限する省令は委任立法の限界を
　　　　超えること（*208*）
　4　本件の事案に即した説明義務の解釈………………………………*209*
　　(1)　説明義務違反に関する先例（*209*）
　　(2)　本件の事案に即した検討（*218*）
　5　結　論…………………………………………………………………*222*
　　■追記　高裁判決とそれへの反論（*222*）

第 6 章　残業・休日労働に関するいわゆる 36 協定の情報公開について ——————————*231*

　1　は じ め に——本稿の趣旨と 36 協定情報公開訴訟の意義 ……………*231*
　2　非公開事由と「おそれ」の語義，立証責任………………………*233*
　　(1)　36 協定の情報公開のしくみ（*233*）
　　(2)　非公開とされた情報（*233*）
　　(3)　「おそれ」の語義（*235*）
　　(4)　非公開事由の具体性の程度と立証責任（*237*）

xvii

目　次

　　3　法人情報：「競争上の地位その他正当な利益を害するおそれ」に
　　　該当しない……………………………………………………………*240*
　　　　⑴　「競争上の地位その他正当な利益」の意義（*240*）
　　　　⑵　36 協定の法的性質（*245*）
　　　　⑶　36 協定を非公開にすべき「正当な理由」があるのか（*250*）
　　4　生命等の保護のための絶対的開示……………………………………*259*
　　5　組合役員の氏名・住所は？……………………………………………*262*
　　6　国の業務遂行は阻害されない…………………………………………*263*
　　　　⑴　事務の適正な遂行の支障はない（*263*）
　　　　⑵　「おそれ」の意義（*265*）
　　　　⑶　参　考　条　例（*265*）
　　7　印影は非公開情報　…………………………………………………*266*
　　　　⑴　印章・印影の公開・非公開に関する両論（*266*）
　　　　⑵　判　　　例（*267*）
　　　　⑶　考　　　察（*268*）
　　■追記 1　大阪地裁平成 17 年 3 月 17 日判決（*269*）
　　■追記 2　判決を活用して（*273*）
　　■追記 3　働き方改革関連法（*281*）

第 7 章　脳血管疾患及び虚血性心疾患等（負傷に起因するものを除く）に係る労災補償給付の支給決定がなされた事業場名（法人名のみ）の開示請求 ————————————*283*

はじめに　………………………………………………………………………*283*

第 1 節　地裁へ向けた意見書　……………………………………………*285*

　1　論　　　点………………………………………………………………*285*
　　　⑴　本件開示請求（*285*）
　　　⑵　開示決定・不開示理由（*285*）
　　　⑶　公開請求の対象は事業場名（法人名）のみ（*286*）
　　　⑷　厚労省の理由説明書（*286*）
　2　一般論としての前提　…………………………………………………*288*
　　　⑴　「おそれ」の語義（*288*）
　　　⑵　立　証　責　任（*288*）

目　次

3　過労死で労災認定を受けた者の勤務していた事業場の名称（法人のみ）
　は情報公開法5条1号本文の個人識別情報に該当しないこと………289
　　(1)　個人識別情報に関する判断基準の対立（289）
　　(2)　検　　討（289）
　　(3)　学校関係の判例による補強（294）
　　(4)　実際の検索例からの示唆（296）
　　(5)　判例雑誌の掲載の仕方（300）

4　「人の生命，健康，生活又は財産を保護するため，公にすることが
　必要であると認められる情報」（同法5条1号但し書きロ）の該当性 …301
　　(1)　一般論としての比較衡量による判断（301）
　　(2)　比較衡量の具体的判断（302）

5　「特定の個人を識別することはできないが，公にすることにより，
　なお個人の権利利益を害するおそれがあるもの」の不該当……………306

6　法人の「権利，競争上の地位その他正当な利益を害するおそれが
　あるもの」（法5条2号イ）の不該当……………………………………306
　　(1)　一　般　論（306）
　　(2)　本件の考え方（309）

7　「人の生命，健康，生活又は財産を保護するため，公にすることが
　必要であると認められる情報」（法5条2号ただし書き）の該当性 ……311
　　(1)　論　　点（311）
　　(2)　他の公表事例との比較（311）
　　(3)　本件の場合（312）

8　部　分　開　示………………………………………………………313

第2節　地裁判決と高裁判決を対比した私見……………………………314

1　判　　決………………………………………………………………314
2　事業場名は「他の情報」と組み合わせて，個人識別情報になるか…314
　　(1)　地　裁　判　決（314）
　　(2)　高　裁　判　決（316）
　　(3)　先例の分析（318）
　　(4)　私　　見（327）
3　事業場名の開示が法人の正当な利益を害するおそれがあるか………330
　　(1)　地　裁　判　決（330）
　　(2)　高　裁　判　決（331）

xix

目　次

　　(3)　私　　見（334）

　4　事業場名の開示は事務事業の適正な遂行に支障が生じるか…………336

　　(1)　地 裁 判 決（336）

　　(2)　高 裁 判 決（337）

　　(3)　私　　　見（338）

　　■追記 1（339）

最　後　に ………………………………………………………………340

　　■追記 2（341）

第8章　個人情報開示請求における弁護士代理の手続 ───345

　1　弁護士は行政機関個人情報保護法に基づく開示請求を代理でき
　　ない‼ …………………………………………………………………345
　2　行政機関個人情報保護法が任意代理を認めない立法政策的根拠……346
　3　弁護士の代理を認めるべき解釈上政策上の法的根拠………………346
　4　神戸市条例は弁護士の開示代理を肯定…………………………………347

　　(1)　条例規制の定め（347）

　　(2)　筆者の実践（348）

　5　立法のあり方…………………………………………………………349

　　(1)　戸籍法の参考規定（349）

　　(2)　身分証明書提示は開示請求段階では不要とせよ（349）

　　(3)　受取り段階では？（350）

　　■追記（351）

事 項 索 引（353）

判 例 索 引（357）

行政法の解釈(4)

第1章　行政法解釈のあり方

　本章では，自治研究掲載の原論文を基本にしたが，その内容のかなりは『行政法解釈学』に記載したので，その旨コメントして，ここでの掲載は省略した。引用した拙著をご参照ください。単なる行政法解釈の方法論や仕組み解釈ではなく，その具体化である。

1　行政法解釈の視点提示の必要

(1)　行政法解釈のためには行政法のシステム把握が必要

　①　行政法学は実定法学であるから，実定行政法規の解釈を大きな任務とする。そして，行政法の教科書は行政法学を教えるための教材であるから，本来，法解釈のありかた，指針について，ある程度は一貫したものを示すべきであるが，一般の教科書を見ると，法解釈は断片的になされ，その全体像はなかなかつかめない。筆者は，行政法学の教科書においては，法の解釈の基本的な視点を提示することが必要であるとの認識に至った。

　法の解釈とは，法の不明確性（空白，不整合）を補い，是正し，明確かつ合理的に修正する実践的な作業，場合によっては立法に類する行為である。それは，しばしば，個別具体の条文の意味を探る狭い作業として行われているが，本来は，憲法も含め，法の体系全体を的確に把握して，争われている問題をそこに位置づけていくことが不可欠である。

　②　この体系の点で，他の法律学と行政法学では，極めて大きな違いがある。普通の法律学においては基本となる法律と体系があるので，その順序に従って，意味不明な点を明らかにしていけばよく，その作業の際に視野に入れるべきことは決して多くはない。筆者によれば，法典のある他の法律学における教科書書きはまだ苦労が少ない。行政法学においても，地方自治法，情報公開法といった個別の法制度の解説なら同様である。

　③　しかし，行政法においては統一法典がなく，対象とする行政法規は無数で，体系も星雲状態であるから，その意味を明らかにするのに，個別の法律だけを見ているのでは，密林の中で個々の木の枝を眺めているようなものである。

　法解釈については，目的論的解釈とか文理解釈とか立法者意思の重視とか

第1章　行政法解釈のあり方

種々の方法があるが，個別の法律だけを見ていれば，木を見て森を見ざる的な，行き当たりばったりになってしまう。リーガルマインドで判断するなどといわれるが，その実体は不明である。全体を鳥瞰して，無数の行政法規が繁茂されている密林全体の姿を明らかにする必要がある。

④　行政法学においては，解釈法学の前に，まずは行政法の体系的な理解を求めて行政法総論が建設されているが，それはこのような要請によるものである。

しかし，これまで使われている行政法総論の中心は，もともと公法と私法とか行政行為，行政強制であるが，それでは体系の一部にすぎない。しかも，公法と私法論は理論的にも解釈法学的にもほとんど無意味であり，行政行為論もたいした内容をもたず，特にその効力論はほとんど無用，さらには有害である[1]。それに情報公開とか，行政組織法とか，いくつか付け加えても，とても行政法の全貌を明らかにするにはほど遠い。行政過程論なるものも，論者によって内容が異なるだけではなく，その内容もわかりにくいし，解釈論にどのように参考になるのかもなかなかわからない。オープンな議論を期待する向きもあるが，それだけでは解釈論の指針とはなりえない。行政法の仕組み解釈なる提案もあるが，それも，筆者の法システムから見れば，小さな仕組みを扱っているようにみえる。

筆者は，このように考えて，日本行政法の構造を分析して，その体系を明らかにしようと努めた。それが阿部泰隆『行政の法システム上，下〔新版〕』（有斐閣，1998年）である。ただし，これはなお不十分なので，改訂が必要であるが，あまりにも森羅万象を扱っていて（大東亜共栄圏的行政法？），おそらくは世界的にも例がないものである（あればご教示ください）上，売れ行きが芳しくないので，改訂版を出版できなかった。

(2)　行政法解釈の方法＝憲法的価値・体系的合理的解釈

①　行政法とは，私見によれば，国家・公共団体が憲法的価値の枠内で，一定の政策目的（公共性）を，行政活動を通じて実現するために行政機関に授権し権限に枠をはめる一群の法及び，それに付随して，行政活動を統制し，国民等の救済を図る法及びこれに関連する法をいう。行政法規は無数にあり，ある程度の体系性を有するが，必ずしも一貫していない。

---

(1)　『行政法解釈学Ⅰ，Ⅱ』（有斐閣）でわかりやすく説明している。

そこで，行政法規の解釈においては，憲法を背景に，法の体系的・合理的な理解に適合するようにするべきであるし，制度の趣旨・目的に添って，できるだけ合理的なシステムを作ろうとするものでなければならない。目的規定は制度の趣旨・内容を理解するのに大いに役立つ[2]。その際大切なのは，法治主義である。当事者の意思を中心に理解する民事法的な発想では，行政法を正しく解釈できない。

②　この観点から見れば，これまでよく見られた解釈方法には少なからざる問題がある。

文理解釈は，法律の解釈上重要であり，法治国家である以上は，条文から勝手にあまりに離れることは許されないのが原則であるが，立法者が文理をよく考えて選択したかどうかを吟味すべきである。立法者が選択した文理を尊重すべき場合としては，情報公開制度がある（後述2(7)。そのほか，後述）が，立法者がミスしたような場合には，それにあまり拘泥すべきではない。法の体系的な解釈，憲法の価値観を優先して，不合理な文理を修正する解釈が求められる場合が多い（後述6）。

判例は従来，制定法準拠主義なる解釈方法をとってきたといわれる。その根拠として，法治主義が挙げられるようであるが，それは，法治主義の中でも，まっとうな法治主義（実質的法治主義）ではなく，憲法や法体系全体を見ないで，些末な個別の条文の文言に拘る，非常に極端に偏った形式的法治主義の極致を行くものとして，基本的に誤りである。なお，判例でも条文の不合理さを乗り越える解釈は少なくない（後述6(1)）から，制定法準拠主義が判例の立場だというのは，たまたま原告適格で言われたことであって，判例の一般的な立場ではない。

拡張解釈，類推解釈は，刑事法ほど厳格には禁止されていないが，不利益処分の場合には，抑制されるべきである。

反対解釈もよく行われるが，理論的に間違っている場合も多い。AならばBであるとき，正しいのは，BでなければAでないというものだけであって，BならばAであるとは限らないからである。反対解釈が成り立つのは，物事にAとBしかなく，Aでなければ，Bしかないことが論理的帰結になる場合である。

たとえば，人間の男女分けに，男と女しかいないなら，男でなければ，女に決まっているが，性同一性障害者が認知されてくると（性同一性障害者の性別の取

---

(2)　目的規定の解釈機能について，塩野宏『法治主義の諸相』（有斐閣，2001年）58頁以下参照。

第1章　行政法解釈のあり方

扱いの特例に関する法律，2003 年＝平成 15 年），男でないからといって，女性扱いにして良いかどうかは，わからないのである。

　また，痴漢はすべての車両で禁止されている。女性専用車が導入された。これは痴漢被害防止のためである。そうすると，女性専用車以外では，痴漢は自由になった??　まさか。もともと，どの車両でも痴漢禁止である。女性専用車両の導入は，痴漢被害を減らすためであるが，もともとの痴漢禁止が解除されるわけではない。

　予防接種禍の救済について，財産権を剥奪するとき補償が必要なのであるから，社会防衛という公共のために人命を犠牲に供したときは「もちろん」補償が必要で，個人の尊厳，生存権の保障をうたっている憲法がこれを否定しているはずはないと主張した[3]ところ，「では，補償すれば命を奪えるのか」という反論があった。筆者はそんな反対の主張をしているものではない。

　水俣病では，重篤なハンターラッセル症候群を呈する患者を水俣病と認定したら，それほどではない患者を水俣病と認定しない運用がなされてきた（しかし，それでも国家賠償請求は成り立つ。最判平成 16 年 10 月 15 日民集 58 巻 7 号 1802 頁，判時 1876 号 3 頁，阿部『国家補償法の研究Ⅱ』第 14 章）。これらは皆初歩的な論理的間違いである。

　そのほか，反対解釈の誤謬の典型例が，後述の 3(2)混合診療である。

(3)　参考になる原田尚彦，「モデル志向型」と「事件志向型」の分析

　法解釈のありかたについては，文献は無限である[4]が，ここで，特に参考になる説として，原田尚彦説を紹介する。これは，1985 ＝昭和 60 年の公法学会主報告[5]において，判例を「モデル志向型」と「事件志向型」とに分ける。「モデル志向型」とは，法規の先例的価値とか通説的学説といった既存の体系的判断モデルに従い，演繹的・類型的に事件を処理している判決のことをいう。

----

(3)　阿部「予防接種禍をめぐる国の補償責任」判タ 604 号 7 頁以下（1986 年）＝『国家補償法の研究Ⅰ』第 1 部第 4 章。

(4)　公法の解釈については公法学会で何度か取り上げられている。公法研究 21 号（1959年），34 号（1972 年），66 号（2004 年）所収論文，平岡久『行政法解釈の諸問題』（勁草書房，2007 年）1 頁以下。

　　行政法の解釈方法について，塩野『法治主義の諸相』32 頁以下，行政法解釈の学説史については，藤田宙靖『行政法学の思考形式』（木鐸社，1978 年）133 頁以下（増補版，2002 年）参照。

(5)　原田尚彦『行政判例の役割』（弘文堂，1991 年）2 頁以下。本稿は実質的にはこの原田尚彦説の志向に倣うものであるが，自らの研究を追加しているものである。

6

1 行政法解釈の視点提示の必要

「事件志向型」とは，通説的判断枠組みから一歩踏みだし，裁判所自身が個別事案の解決にふさわしい新たな判断基準を機能的に作出して事件の解決に取り組んでいる判決を指している。

　この論文をここで要約する余裕はないが，その一部を紹介すると，大多数の平常的定型的な事件においては，行政法秩序の安定のために，「モデル志向」が要請されるが，法令や学説モデルが予想せず，新たな問題提起を含む新種の事案に対しては，柔軟で創造的な法解釈を通じて，紛争事案にふさわしい判断基準を抽出する「事件志向型」判例が強く求められている。判例を見れば，「モデル志向型」を原則としつつ，「事件志向型」が行政法秩序の創造に積極的主導的役割を演じてきたこともある。しかし，昭和 50 年代，現代型訴訟においては，裁判所は「モデル志向」の枠に閉じこもって，萎縮した。裁判所の消極的姿勢から，行政訴訟とは「そんなものだ」との国民の諦観を生み，行政訴訟の戦線が不当に矮小なまま固定化されてしまうような事態は，何としても回避しなければならない。平成年代の裁判所には，旧来の「モデル」自閉症を脱却して，「事件志向」型の柔軟な審理を積極化し，国民の求める新種の紛争に対しても，できるだけ親身に対応してその解決に役立って貰いたいものであるということである。

(4)　参考になる判例理論，藤田宙靖意見

　最高裁第三小法廷平成 19 年 4 月 17 日判決（判時 1971 号 109 頁）は，懇談会に出席した公務員の氏名等を公開すべきかに関して，非公開事由の中の部分開示の解釈で，消極的に解した原審の判断を覆し，法制度全体の合理的な解釈を求め，単なる文言に左右されるな，とした。これこそ法解釈の神髄を行くものである。それを敷衍した藤田宙靖判事の補足意見の要点を引用する。

　　「本件条例をも含む我が国の情報公開法制は，……（例外的に法定された不開示事由に該当する情報が記載された文書を除き）請求の対象とされた文書の全体を開示することを原則として構築されている。この目的を可能な限り実現するために，請求の対象とされた文書の中に開示されるべき情報を記載した部分と不開示とされるべき情報を記載した部分とが混在している場合に，後者が容易に区分し得る限りにおいて，これを除いた他の部分を全面的に開示しなければならないこととしたのが，本件条例 6 条 2 項にもその例をみるような，いわゆる部分開示規定である。このような立法趣旨に照らすとき，これらの規定が，記載された情報それ自体は不開示情報には当らないことが明確であるにもかかわらず，「一体とし

第1章　行政法解釈のあり方

ての（より包括的な）情報の部分」を構成するに過ぎないことを理由に，それが記載された文書の部分が開示義務の対象から外れることを想定しているなどという解釈は，およそ理論的根拠の無いものであると言わざるを得ない。……ある文書上に記載された有意な情報は，本来，最小単位の情報から，これらが集積して形成されるより包括的な情報に至るまで，重層構造を成すのであって……，行政機関が，そのいずれかの位相をもって開示に値する情報であるか否かを適宜決定する権限を有するなどということは，およそ我が国の現行情報公開法制の想定するところではないというべきである。なお，原審（及びその引用する平成14年第一小法廷判決）が上記のような解釈を行うのは，本件条例には，公開請求に係る公文書に記録されている情報が条例所定の非公開情報に該当するにもかかわらず，当該情報の一部を除くことにより，残余の部分のみであれば非公開情報に該当しないことになるものとして，当該残余の部分を公開すべきものとする定め（例えば，情報公開法6条2項のような規定）が存在しないという事実から，条文の文理解釈を行うことによるものであるが，しかし，情報公開法が6条1項に加え更に同条2項の規定を置いたのは，5条1号において非公開事由の一つとされる『個人に関する情報』が，同条2号以下の各非公開情報がその範囲につき「おそれがあるもの」等の限定を付しているのに比して，その語義上甚だ包括的・一般的な範囲にわたるものであるため，そのような性質を持つ『個人に関する情報』を記載した文書についても同条1項の部分開示の趣旨が確実に実現されるように，特に配慮をしたためであるからにほかならない。この意味において，それは，いわば念のために置かれた，確認規定としての性質を持つものであるに過ぎないのである。このような我が国情報公開法制の基本的な趣旨・構造に思いを致さず，単に例えば情報公開法6条2項が「当該部分を除いた部分は，同号の情報に含まれないものとみなして，前項の規定を適用する」という文言を用いているという事実から，専ら形式的な文言解釈により，これと異なる考え方を導き出す原審のような解釈方法は，事の本末を見誤ったものと言わざるを得ず，到底採用することはできない。以上に述べた意味において，原審が引用する平成14年第一小法廷判決及び同判決が引用する最高裁平成13年3月27日第三小法廷判決（民集55巻2号530頁……）の説示するところは，少なくとも法令の解釈を誤るものであり，その限りにおいて，これらの判例は，本来変更されて然るべきものであるということもできよう。」

⑸　小　　括

　このような視点から判例を眺めると，判例には，体系的・合理的な解釈も少なくないし，最近では，後述2⑴⑧の第二次納税義務に関する最判のように感

心するものもあり，この藤田意見が一般化することが期待される。そうすると，原田尚彦の提言も実現することになる。しかし，他面，些細な文言に拘ったり，文言さえ正しく解釈できないもの，民事法的な発想に囚われているものも散見され，判例はおよそ一貫しないというべきである。制定法準拠主義を放棄するようにとの行訴法改正にもかかわらず，最近でも，判例の状況は決して好転していない。

これは，行政法を学んだことがない裁判官でも堂々と行政訴訟を審理している地裁・高裁レベル(6)だけではなく，専門家のはずの調査官が支えている最高裁の判例についてさえ言えることである。それでも，当事者がしっかり主張しなければ，裁判所も多忙であるから，適切な判断ができないことがあるのも無理はないが，上告理由や意見書で丁寧に説明しても，問答無用となることがある。弁護士実務を経験すると，下級審の裁判官のなかには，予断を抱いて，行政側に肩入れしているのではないかとしか考えられないことも少なくない。司法こそは正義の権現だと信じてきた私としては，いささかショックを受けている(7)。

もともとこの原稿は，「到底賛成できない最高裁判例20選」(『再入門上第2版』85頁)というタイトルで書こうかと思うところであったが，それ以外のものも入れて，このような表題にした。なお，最高裁判例も多くは優れたもので，賛成できるので，他意はない。もし勘違いしている点があればご教示を賜りたい。

ここで，判例が藤田意見，原田説のようになることを期待して，まだまだ体系的なものではないが，自分なりの視点で，判例を中心に，行政法の解釈の仕

---

(6) 行政法を勉強せず，行政事件についても民事の発想で判断する法曹は少なくないが，弁護士なら，依頼者が，専門家を探せばよいのであるから，全員が行政法に通暁する必要はない。しかし，当事者は裁判官を選べないのであるから，行政事件を担当する以上は，行政法に通暁していただきたい。司法試験で行政法を取ったかどうかは問題ではないが，最高裁判所は，裁判官に行政法の研修を行って，成績優秀な者だけを行政事件を担当する部に配転することとすべきである。しばしば行政法を知らない裁判官が行政関連事件を裁く現状は，裁判の質を保障しないものとして，違憲ではないかと愚考する次第である。ただし，そこでの裁判官教育が，これまでの判例思想を教えるのであれば，かえってやらない方が良いと思う。この点では，阿部『行政訴訟要件論』第6章「行政訴訟における裁判官の発想」参照。さらに，『行政法再入門上〔第2版〕』12頁，『行政法再入門下〔第2版〕』36，47，112頁。『行政法解釈学Ⅰ』50，226頁。『行政法解釈学Ⅱ』55，72，500頁。

(7) 『最高裁上告不受理事件の諸相Ⅱ』，『行政の組織的腐敗と行政訴訟最貧国：放置国家を克服する司法改革を』。

第1章　行政法解釈のあり方

方を論ずることとする。なお，整理のしかたは他にも複数あるところである。また，要点だけを記載し，詳しくは拙稿を参照して頂くこととした点が多いことをお断りする。

2　憲法の具体化法としての行政法を実践

　行政法は憲法の具体化法であるから，憲法原理を適用することが大事である。そこで，憲法上の種々の権利の実現を保障するという観点から，さらには，裁判を受ける権利の包括的・実効的確保という観点から行政法規を解釈していくべきである。法治主義は行政法の基本原理の最も重要なものであるが，それは単に法律の形式や文言が絶対的な拘束力を持つ形式的法治国ではなく，憲法を踏まえた実質的なものでなければならない。単に法律だけを見てその文理解釈を行う判例の手法（いわゆる制定法準拠主義）は，前述した通り，一見法治行政の建前に合いそうであるが，法律家としてはあるまじき憲法無視の発想である。法解釈がそんなものですむなら，立派な法律家は不要であり，それを養成するはずの法科大学院も不要であり，裁判官に，官僚の中で別格の高い地位を与える必要はない[8]。

　2004年改正の行訴法9条2項に「当該処分又は裁決の根拠となる法令の規定の文言のみによることなく」との文言が挿入されたのは，直接には原告適格についてであるが，より一般的に，判例のこのような思考様式の変更を促すものととらえるべきである。

　また，過大な規制は，比例原則という憲法13条から導かれる憲法原理に照らし，違法・違憲である。他方，法の規制は一方に利益に他方に不利益に及ぶこともあるので，相手方だけ見てはならず（いわゆる三面関係的理解），その総合評価が必要である。

　その観点からの例をいくつか挙げる。

(1)　裁判を受ける権利の実効性
①　常識に反し出訴期間を1日短くして救済しないしくみは違憲
　出訴期間の6ヶ月（従前は3ヶ月）の起算日は「処分を知った日」を入れないで計算する。いわゆる初日不算入の原則（民法140条）による。知った日は

---

(8)　これについては，阿部『行政訴訟要件論』序章，第1部第6章第1節。

10

2 憲法の具体化法としての行政法を実践

丸1日残っていないので，それを1日分として計算することは，出訴期間を実質的に6ヶ月保障したことにならないからである。

これに対し，不服申立てをしてから出訴する場合，2004年行訴法改正前の同法14条4項では，この期間は，審査請求に対する裁決を知った日から「起算する」と規定されていた。そして，「起算する」という文言上初日は算入する趣旨であるというのが判例であった（最判昭和52・2・17民集31巻1号50頁）。それだけをみれば，これは正しい文理解釈であるが，1項の場合には通常の立法例（民法140条）にそった初日不算入の原則が採られているのに，不服申立てをした4項の場合だけこれより1日早く確定させる必要はなく，また知った日を入れると実質的に出訴期間は3ヶ月未満になる不合理があるので，そのような規定は一般には予想外の障害物である。1日違いはたいしたことはないという見解もあるが，それは役所にとってであって，当事者にとっては，事前にわかっている場合に限る。事前にわかっていなければ，1日どころか，1時間でも権利救済を左右する重大事である。これでは，国民を騙し討ちするだけで，法に対する信頼と裁判を受ける権利を侵害する違憲の法制度である[9]。審査請求では，この点をわかりやすく規定している（平成26年改正前の行審法14条）。したがって，もともと文理に反しても，初日不算入と解釈すべきであった。こうした見解は，2004年の法改正において採用され，不服審査を経た場合も初日不算入となった（現行行訴法14条3項）。

② 都市計画法 32 条の公共施設管理者の不同意への救済方法

都市計画法29条の開発許可を申請する場合には，開発行為に関係がある公共施設の管理者（道路，公園，下水道などの管理者）の同意を要する（都計法32条）。これは公共施設の適切な管理を確保する観点から行うべきであるが，公共施設管理者としての市町村が住民の反対などを理由に同意しないことがある。そこで，その取消訴訟を提起したところ，これは「処分」（行訴法3条）ではないとして争わせなかった判例（最判平成7・3・23民集49巻3号1006頁，判時1526号81頁）がある。

しかし，公共施設の管理以外の観点からは不同意にできない（法治行政）のであるから，恣意的な不同意は財産権を殺すに近い。したがって，これは，開

---

(9) 阿部「平均日本人と行政争訟」阿部『行政救済の実効性』240頁，阿部『事例解説行政法』45頁。なお，ここでいう審査請求には地方公務員法8条7項に基づく不利益処分に対する再審の請求も含まれるとの判例（最判昭和56・2・24民集35巻1号98頁）は疑問である（阿部・民商86巻1号118頁参照）。

第1章　行政法解釈のあり方

発権を制限するのであるから，救済方法がなければ違憲であり，しかも，これは開発者の権利義務を直接に左右するのであるから，処分概念に当たり，取消訴訟で取り上げなければならないのである。

　仮に他の訴訟（民事の意思表示を求める訴えなど）を適法と考えるとしても，それに変更するように釈明するとか，最高裁で今更訴えの変更ができない場合でも，それに読み替えて本案審理をすべきである。このような訴訟形式の違いは些細なものであるから，裁判を受ける権利の保障，裁判拒絶の禁止のほうが優先すべきである(10)。ただ，判例変更が期待されないこの国では，この判例を前提とすると，不同意は処分ではないとの前提に立って，公共施設管理者を被告に，同意を受ける地位にあることの確認訴訟を提起するとか，不同意を無視して，開発許可権者に開発許可の申請をしてその却下処分の取消しを求めることになろうか。

③　問答無用で失職に追い込む大学教員任期制

　大学教員任期制法では任期切れの場合の再任ルールを何ら定めていない。これは任期切れで「失職」させるつもりであろう。それを是認する判例もある（京都地判平成16年3月31日，大阪高判平成17年12月28日，平成18年1月26日）。しかし，これは，当該法律の条文しかみないで，実質的に合理的な解決を放棄するものである。問答無用の任期で失職させられるのでは，大学内での自由な発言もできず，優秀であるほど目立って，妬まれて追い出される。組織の病理である。大阪高判平成17年12月28日は，学問の自由を，かつての滝川事件のような，国家権力に対する大学の自治とだけとらえて，大学当局が大学内で教員の自由をいかに奪おうと学問の自由は保障されていると考えているが，それは，大学がまさに学問の担い手である個々の教員の学問を抹殺するものである。したがって，任期制は教授の学問の自由を侵害するから，合理的な再任基準，審査手続，異議申立手続，訴訟による救済を保障しなければ違憲であり，これを争えるように再任拒否を行政処分とすべきである。現に京大では再任審査ルールを作っているから，それは任期制法の委任立法であるか，任期制教員との関係では自己拘束力があり，それへの違反は対外的にも違法というべきである。これが韓国の判例である(11)。

---

(10)　阿部『行政法の解釈』12章。さらに，『行政法再入門下〔第2版〕』101頁，『行政法解釈学Ⅱ』105頁。高松高判平成25年5月30日（判例自治384号64頁）は不同意の処分性を認めた。

(11)　阿部編著『京都大学　井上教授事件』。

しかし，最高裁第一小法廷は，平成18年12月21日，この事件の上告を棄却して，上告受理申立てを不受理とした。日本の司法のレベルは恥ずかしくて，韓国で説明することはできない。まさに，「放置」国家である。

それにしても，これで，これから任期制の悪用が増える。学問・教育をやっているよりも執行部にへつらうしか，大学教員の生きる道はない。滝川事件で学問の自由を守った京大は学問の自由の葬送曲を奏でている。京大教授はこれを傍観している。それで学問をする資格があるのか。それとも，やっていることは学問ではないと自認しているのかというのが筆者の疑問である。

④ 騙し討ち的な異議申立前置主義規定

審査請求と異議申立てとの関係では，審査請求原則主義がとられている。異議申立てができるのは，処分庁に上級行政庁がないときであるから，上級庁があれば原則として，異議申立てをすることなく，審査請求をすることになる。処分をした行政庁の判断をもう一度求めることは原則として無駄だという考えによる。

しかし，法律で，異議申立てをすることができるという例外規定をおいている場合（行審法6条3号）が少なくない。そして，処分について，異議申立ても審査請求もともにできるとき，先に異議申立てに対する決定を経た後でなければ，審査請求はできないのが原則となっている（異議申立て前置主義，行審法20条）。

税務署長のした課税処分については，当該税務署長に異議申立てをし，それを排斥された場合に初めて国税不服審判所長に審査請求をするのが原則である（国税通則法75条）。そして，これらの二段階の不服申立てを経ないで，直ちに出訴することは原則として許されない（同法115条）。

住民基本台帳法31条の4，都市公園法24条，地方自治法243条の2第10項は，この点混乱させる規定をおいている。「審査請求をすることができる。この場合においては，異議申立てをすることもできる」と規定されているので，この規定を素直に読んで，異議申立てをしないで審査請求できると思ったら，行審法20条の適用があるとして，異議申立前置主義のため，異議申立てをしていないと，間違えたとして，却下されてしまう。そして，出訴期間も，原処分からでは徒過しているし，審査請求の裁決を基準とするのはそれが適法である場合に限る（不適法な審査請求をして出訴期間を延長できるのは不合理であるから。行訴14条3項）ので，審査請求が却下されてからでは，出訴できなくなる。

第1章　行政法解釈のあり方

　しかし，裁判を受ける権利を剥奪することが許されるほど，異議申立前置を
要求する必要性が高くはない。そこで，この条文を素直に読んで，異議申立前
置主義を修正したものと解釈して，審査請求をしただけで出訴できるものとし
て，救済すべきである。

　（なお，以上の議論は行政不服審査法改正前のものであるが，裁判を受ける権利を
空洞化しない解釈論の例として，ここに残しておく）。

⑤　聴聞と意見の聴取は天と地ほど違う──出訴期間を徒過してしまう

　道交法104条は，同法103条1項5号違反の場合（同法違反の場合）に免
許を取り消し又は90日以上停止しようとするときには，「意見の聴取」，同法
104条の2は，103条1項5号違反を除く103条1項，3項（現在4項）違反を
理由に，90日以上の免許停止処分を行おうとするときの場合には「聴聞」を
行うとしている。前者は，道交法違反で，点数制で，一定の点数に達すると免
許取消し，停止になるものであり，後者は，一定の病気の場合，重大な唆しを
した場合，道路外致死傷等の場合である。

　行政手続法の制定の際に，同法の適用があるものは「聴聞」という用語に統
一し，それ以外のものは，整備法（関連する法律を整理する法律）により，「意
見の聴取」等と用語を変えた[12]。

　そして，意見の聴取等については，行政手続法の適用を原則として除外し
ている。違反建築物に対する措置がその例である（建基法9条）。道交法113条
の2でも，103条1項5号の違反については，行政手続法第3章の規定を（12，
14条を除いて）適用しない（逆に言えば，12，14条だけが適用される）としている。

　聴聞も意見の聴取も日本語としては同じ意味であるが，法律用語としては全
く違うものとされているので，注意しなければならない。

　なお，上記の説明では，103条1項5号違反を除く103条1項，3項違反を
理由に免許を取り消す場合が抜けている。これだけでは条文の適用関係がわ
かりにくいが，それについては，行政手続法13条により聴聞の手続が適用さ
れる。免許の停止は，行政手続法上は，弁明の機会の供与だけ（書面の提出の
み）となっているが，道交法は，90日以上の免許停止については，103条1項
5号違反（点数制度に基づく）については，前記の意見の聴取，それ以外の違反
については，特に聴聞の制度をおいているのである。そして，90日未満の免

---

(12)　仲正『行政手続法のすべて』（良書普及会，1995年）95頁以下，100頁，ジュリスト
　　増刊『行政手続法逐条研究』（1996年）327頁以下。

許停止については，点数制度に基づく場合には行政手続法の適用を除外しているので，事前手続は不要である（ただし，行政手続法 12，14 条が適用される）が，103 条 1 項 5 号以外の違反については，行政手続法の原則に戻り，弁明の機会を供与しなければならない。

　ところで，聴聞を経た処分については，審査請求（上級庁などにする不服申立て）ができるならそれは認められるが，処分庁に対して行う異議申立ては，無駄な二重手続になるという理由で，認められていない（行政手続法 27 条 2 項—現在は削除）。それ自体は合理的な制度である。そして，意見の聴取は，聴聞ではないとして，この規定の適用を受けないので，異議申立て（運転免許取消の場合公安委員会に対して）なり審査請求（建基法違反の場合建築審査会に対して，建基法 94 条）をすることができる。これだけなら，たいしたことがないが，実は，この制度は出訴期間に大きな影響を及ぼしている。

　点数制度がおかれている普通の道交法違反を理由とする免許取消しにさいして行われるのは意見の聴取である。それを行うのは公安委員会であり，上級庁はないから，それに対しては異議申立てができ，そこで，口頭の審理を求めることもできる。

　これについて，神戸地判平成 16 年 2 月 3 日（判例自治 253 号 107 頁）は次のように判断した。

　その場合の出訴期間は，「処分又は裁決につき審査請求をすることができる場合又は行政庁が誤って審査請求をすることができる旨を教示した場合において，審査請求があったときは，その審査請求をした者については，これに対する裁決があったことを知った日又は裁決の日から起算する」（当時の行訴法 14 条 4 項）とされている。そして，行訴法では審査請求とは，行審法にいう審査請求だけではなく，異議申立てその他の不服申立てを含む（行訴法 3 条 3 項）ので，適法に異議申立てをした場合には，それへの裁決を知った日から出訴期間を起算する。そこで，それから 3 ヶ月以内に出訴すれば適法である。

　これに対して，違反を唆したとされる場合に行われるのは聴聞なので，行政手続法 27 条 2 項により，異議申立てができない。そして，審査請求，異議申立てができない場合には，当時の行訴法 14 条 4 項の適用を受けないので，出訴期間は，元の免許取消処分を知った日から 3 ヶ月の原則（行訴法 14 条 1 項）に戻る。取消訴訟の提起の前に異議申立てをすると，それは不適法であるとして，却下される。それから気がついて出訴すると，もとの免許取消処分を知った日から 3 ヶ月はすでに徒過しているので，訴えは却下されるのである。

第1章　行政法解釈のあり方

　この事件は，駐車場で免許を持たない友達に二輪車をちょっと貸して40メートルほど走らせたのが道路（一般交通の用に供する場所，道交法2条）における道交法違反（無免許運転）を唆したとして，免許取消処分がなされたものである。これについて，単なる意見の聴取ではなく，聴聞が行われたとして，異議申立てを許さず，異議申立てに対する却下決定を受けてから出訴しようとすると，出訴期間が徒過したとして，却下されたわけであるが，このような制度をおく合理的な理由があるだろうか。意見の聴取と聴聞にこのような大きな差をつける理由はないのではないか。

　もともと，道交法104条と104条の2の違いは，道交法違反で点数制のものは，数が多い（行政手続法制定時年間900万件）ので，機械的な判断ですませるという理由で，意見の聴取とし，点数制度によらないものは，実質的に言い分を聞く機会を十分に保障するために聴聞としたということであるが，その違いはどれだけあるのか。聴聞の場合に保障される文書閲覧請求権（行政手続法18条）が当局にとって煩瑣なので，その適用を避けるため意見の聴取の制度を作ったということである。それ以上は，公安委員会で行われる聴聞はまともに論争を闘わせる口頭の審理とは言えないといわれており，意見の聴取とどれだけの違いがあるのだろうか。県警運転免許課に聞けば，意見の聴取でも，単に意見を言わせるだけではなく，質問があれば答えるのであって，口頭審理のやり方に差はないという。

　この運転免許取消処分書欄外には，「この処分に不服のあるときは，行審法の規定に基づき，この処分があったことを知った日の翌日から起算して60日以内に，兵庫県公安委員会（運転免許課経由）に対して，異議の申し立てをすることができます。ただし，聴聞に出席して処分が決定した場合，又は正当な理由なく欠席して処分が決定した場合は，異議の申し立てはできません。」との教示の文言が記載されていた。

　本件は聴聞を受けたのだから，異議申立てはできないはずではあるが，姫路署の警部補は間違って異議申立てできると説明した。誤った教示をしたのである。おそらくは，日頃行っている意見の聴取と聴聞の区別が警察にもわかっていないためであろう。

　この教示の文章も，意見の聴取の事案と聴聞の事案を区別しないでいるので，混乱が生じている。本来なら，意見の聴取の事案では，「この処分に不服のあるときは，行審法の規定に基づき，この処分があったことを知った日の翌日から起算して60日以内に，兵庫県公安委員会（運転免許課経由）に対して，異議

の申し立てをすることができます。」とだけ教示して，ただし書を書かないこととし，聴聞の事案では，「本件は聴聞案件ですので，出席して処分が決定した場合だけではなく，正当な理由なく欠席して処分が決定した場合でも，行政不服申立て（審査請求，異議の申立て等）はできません。」と教示すべきである。（当時の）行審法57条は不服申立てできない場合には教示をしなくてよいとなっている（現行82条も同じ）が，これは法の不備である。行訴法改正法では，出訴の教示もするようになるので，この場合にはこれからは多少救済の道が広がるであろうが。

　この判決も，聴聞事案だという説明をしているが，意見の聴取と聴聞を区別する法制度の複雑さに言及していない。裁判官が原告代理人になったら，この違いは一目瞭然なのだろうか。

　もっとも，この判決は，姫路署の警察官は異議申立てできると教えたけれども，県警本部の警察官が原告弁護士に本件では異議申立てできないと教えたのだから，教示の誤りは是正されたとしている。しかし，それなら，原告弁護士が異議申立てをするはずはない。誤解しているから異議申立てをしたのであり，教示は不十分だったと考えるのが合理的である。

　また，それにもかかわらず原告は異議申立てをしてきたのであるから，警察は，そんなことをすれば，出訴期間を徒過すると教えるべきではないのか。たしかに，出訴期間の教示は当時の制度では義務付けられていなかった。しかし，原告が異議申立てをしている以上は，錯誤に陥っているのであるから，公安委員会がそれを放置して，出訴期間が徒過してから，異議申立てを却下し，それから提起された取消訴訟において，出訴期間徒過の抗弁をすることは信義に反するというべきではないか。まして，裁判所がこのような被告の信義則違反を無視して，原告にだけ冷たい判断をするのは誤っていないか。役所は誤って良いが，弁護士は誤ってはいけないというのはなぜなのか。

　さらに，ここでも，出訴期間の弊害が見られる。出訴期間の必要性つまりは法的安定性には大きな理由がないのであるし，こうした曖昧な制度により権利救済の機会を奪うのは，憲法32条の裁判を受ける権利を侵害するものであるから，このような場合には，期間徒過に正当な理由があるというべきである[13]。期間徒過の正当な理由については，これまで行訴法14条2項の客観的出訴期

---

[13]　この点は，『行政法解釈学Ⅱ』166頁以下，阿部「期間制限の不合理性──法の利用者の立場を無視した制度の改善を」『小島武司先生古稀祝賀　民事司法の法理と政策　下巻』（商事法務，2008年）1-45頁。

第1章　行政法解釈のあり方

間についてだけ定めがあったが，2004年の改正法では1項の主観的出訴期間にも規定がおかれた。規定がない当時でも，正当な理由という概括条項は，憲法32条から導かれるものと考えると，不文の原則というべきであり，このような複雑な法制度の下で，警察官さえ間違えて説明し，言い直しても明確な説明をしなかった案件では，期間徒過を救済するべきである。

この裁判所の発想は，法律専門家のおごりで，庶民を落とし穴に落とすものではなかろうか[14]。

⑥　騙し討ち的な，かつての地方自治法上の不服申立前置制度

2000年の地方分権改革前は，地方公共団体の現場で処理している事務は，自治事務と機関委任事務に分かれていた。その制度では，不服申立て先の審査庁も，市町村長がした処分を例とすると，自治事務なら上級行政庁がないので，市町村長に異議申立てをすることになり，機関委任事務なら都道府県知事に審査請求することとなっていた（行審法5，6条）。

土地区画整理事業には団体施行（団体事務）と行政庁施行（機関委任事務）があったが，実際の区画整理がこのいずれかはわかりにくいし，法定外公共物（河川法の適用がない普通河川，道路法の適用がない里道など）の管理者もはっきりしないので，権利救済を阻害した。次のような判例があった。市町村のした都市計画決定に対する都道府県知事の承認は行政機関相互の調整手続にすぎず，上級庁としての指揮監督権に基づくものではないと解すれば，市町村の都市計画決定に対して不服な住民は知事に対して審査請求をすることはできない（神戸地判昭和55・10・31行集31巻10号2311頁，福島地判昭和60・9・30行集36巻9号1664頁）。これに反して，水産業協同組合法125条による総会決議取消請求に対して，知事のした棄却決定に不服がある場合，その不服申立ては農林水産大臣に対する審査請求によるべく，知事に対する異議申立ては不適法である（熊本地判昭和59・9・28判例自治10号115頁）。その理由は，この事務は機関委任事務（当時の自治別表第三89）だからである。とにかく，わかりにくい制度であった。

しかも，機関委任事務に関する不服については不服申立てと訴訟の自由選択主義が原則である（行訴法8条）のに，自治事務に関し地方公共団体の機関がした処分については，当該処分につき当該普通地方公共団体の機関以外の行政庁（労働委員会を除く。）に審査請求，審決の申請その他の不服申立てをするこ

---

[14]　阿部「解説」判例自治254号112-115頁。

とができる場合には，不服申立前置主義が適用されていた（旧自治法255条の3，旧256条，2000年に削除）。

不服申立前置主義を導入する政策的根拠としては，大量性・専門性・第三者性があげられているが，これはそうした場合でない上，不服申立てをすることができるとの規定は，自治事務の根拠になる法律とは関係のない地方自治法に定められていた。たとえば都市再開発法による処分に対して，建設大臣に審査請求できる（都市再開発法128条1項）から，それをしないでただちに訴えを提起すると，却下された（最判平成5・12・17民集47巻10号5530頁）。しかし，都市再開発法の処分を争うときに地方自治法に精通しなければならないというのは無理難題を要求するもので，思いがけないところに落とし穴をおいて裁判を受ける権利（憲法32条）を侵害するものである（権利救済ルール明確性の要請）[15]。これは違憲の制度として，不服申立前置を経ない「正当な理由」があるとして，救済の道を開くべきであった。当事者がこれに気づかない場合でも，職権調査事項であるとして，突然に訴えを却下するのではなく，当事者に釈明して，「正当な理由がある」との主張をさせて，救済すべきであった。

⑦ キャッチ・ボールの違憲性

（ア）　行政訴訟は，単に役所が違法行為をしたと主張すれば，審理して貰えるものではなく，一定の訴訟類型を原告が先に決めなければならないとされている。民事訴訟では訴訟の対象や訴訟類型を決めるのは当事者であり（たとえば，金いくら払え，土地を返還せよ，登記を抹消せよ，離婚させよといったもの。処分権主義），行政訴訟も同じとするものである。ところが，行政訴訟では，訴訟の対象や訴訟類型の判断が困難であるため，裁判所が原告とは異なる見解をとって，訴えを却下することが少なくない。原告はこれで疲れ果て，訴訟を断念するのが普通であるが，原告が仮に別の訴えを提起しても，今度の受訴裁判所は別の見解をとって，それまた却下するというキャッチ・ボールの弊害を生ずる。これは形だけの裁判で，実質的には裁判の拒否である。

（イ）　たとえば，課税処分の内容を変更する更正処分を争っているうちに，再更正処分がなされた場合，従前の訴えを維持できるのか，後者の取消しを求めるように訴えを変更すべきか。両説成り立つが，判例では，増額再更正については いわゆる吸収説として再更正処分を争うように訴えを変更しないと，更正処分の取消しの利益が消滅したとして却下される（最判昭和42・9・19民集21巻

---

(15)　阿部『行政救済の実効性』108頁以下。

第1章　行政法解釈のあり方

7号1828頁）。

　同様に，自己の土地が河川区域に入っていないのに，入っているとの前提で，建てた建物の除却命令を受けそうなとき，差止訴訟（除却命令をしてはならない）と当事者訴訟（自己の土地が河川区域内に入っていないことの確認訴訟）のいずれが適法かははっきりしない（最判平成元・7・4判時1336号86頁）[16]。

　勤務評定にかかわる自己観察表示義務を負わないと主張する教員は，その義務の不存在確認訴訟（後述の公法上の当事者訴訟）を提起すべきか，その義務を履行しないことを理由とする処分の差止訴訟を提起すべきかという問題がある。前者の訴えが提起された事案で，最高裁は却下した（最判昭和47・11・30民集26巻9号1746頁，長野勤評事件，行政判例百選5版426頁）が，論点は，懲戒処分に対し，事後救済の可能性をどう考えるか，成熟性があるかがポイントであった。すなわち，

　　「具体的・現実的な争訟の解決を目的とする現行訴訟制度のもとにおいては，義務違反の結果として将来なんらかの不利益処分を受けるおそれがあるというだけで，その処分の発動を差し止めるため，事前に右義務の存否の確定を求めることが当然許されるわけではなく，当該義務の履行によつて侵害を受ける権利の性質およびその侵害の程度，違反に対する制裁としての不利益処分の確実性およびその内容または性質等に照らし，右処分を受けてからこれに関する訴訟のなかで事後的に義務の存否を争つたのでは回復しがたい重大な損害を被るおそれがある等，事前の救済を認めないことを著しく不相当とする特段の事情がある場合は格別，そうでないかぎり，あらかじめ右のような義務の存否の確定を求める法律上の利益を認めることはできない。」

　　「本件通達によつて記載を求められる事項が，上告人らの主張するような内心的自由等に重大なかかわりを有するものと認めるべき合理的根拠はなく，上告人らがこれを表示しなかつたとしても，ただちに義務違反の責めを問われることが確実であるとは認められず，その他，上告人らにおいて不利益処分をまつて義務の存否を争つたのでは回復しがたい重大な損害を被るおそれがある等の特段の事情の存在は，いまだこれを見出すことができない。」

　もしそうであれば，懲戒処分が行われる蓋然性があれば，確認訴訟も差止訴訟も，いずれも適法とされたかもしれない。しかし，やはり一方しか許容されないかもしれない。

　㋒　抗告訴訟と民事訴訟の間でもキャッチ・ボールが行われた。大阪空港の

―――――――――
[16]　阿部『行政訴訟改革論』第1部第3章。

2 憲法の具体化法としての行政法を実践

騒音を理由に，周辺住民が空港としての供用の差止めを民事訴訟で求めたところ，1，2審では勝訴したのに，最高裁（最大判昭和56・12・16民集35巻9号1369頁，行政百選5版324頁）では，空港の離着陸時間の決定は，運輸大臣の有する空港管理権と航空行政権という二種の権限の総合的判断に基づいた不可分の一体的な行使の結果であるから，「行政訴訟はともかく」民事訴訟では争えないとした。他方，自衛隊の実弾射撃演習を抗告訴訟で争ったいわゆる日本原訴訟において，最高裁（昭和62・5・28判時1246号80頁）は，演習の阻止は民事訴訟によれとして，門前払いした。これは，大阪空港判決と矛盾しないか。

原告が，処分取消訴訟を主位的請求，処分でないとした場合の違法確認訴訟を予備的請求とした場合，下級審で，処分扱いをして本案の判断をした場合には，予備的請求の本案の判断はなされない。最高裁で，予備的請求の方が適法だと考えた場合，主位的請求に関して不適法として，原判決を取り消し，1審から予備的請求の判断を行わせることになる。これでは，原告は裁判所の判断過誤により，行きつ戻りつで，大変な苦労をさせられる。

こうした実務の背景にあるのは，訴訟の対象や訴訟類型は原告が特定するものであるという民事訴訟の処分権主義の発想，さらに，法律が不明確な場合，しっかり解釈するのが優秀な法律家だという伝統的な発想である。しかし，行政訴訟では民事訴訟とは全く異なる事情があるのであって，この点への配慮がない民事法帝国主義が行政訴訟の機能を阻害しているのである。

ここで問題になっているのは，訴訟要件の不明確さである。それは，本案の問題と異なって，専ら被処分者にだけ不利に作用し，しかも裁判所による解釈は一種の事後立法であるから，原告にだけ不測の不利益をもたらす。そもそも，「法律上の争訟」（裁判所法3条）であれば，裁判を拒否することはできないから，できるだけ本案に容易に入れるような法システムが必要であるし，救済ルールは，裁判を受ける権利の保障（憲法32条）の観点から明確でなければならないのであって，その解釈の不明確性は立法者の責任であるから，原告の負担において解決すべきではないのである[17]。したがって，原告のそのような不利益を可及的に防止する解釈方法と制度が求められるのである。

そして，行政訴訟のポイントは，行政活動が違法かどうかであるから，訴訟類型としては，違法な行政活動を除去せよという違法是正訴訟一本でよいのである。違法是正の方法としては，やり直し，一定の行為の義務付け，事前の差

---

[17]　このような問題を提起したものが阿部『行政救済の実効性』第1章であり，さらに『行政訴訟改革論』58頁以下，167頁以下がある。

第1章 行政法解釈のあり方

止め，違法確認，行為の除去，法律関係の確認等が考えられるが，それは，原告が最初にすべて決めておく必要はなく，訴訟の過程で裁判所が釈明しつつ当事者の意見を聞いて決めればすむのである。そうすれば，訴訟類型の判定の困難は生ぜず，その間のキャッチ・ボールは生じない。救済ルール明確性の要請にふさわしい制度である。この意味で「処分」概念も柔軟化する必要がある。

しかし，今回の改正の関係者は，民事訴訟の発想に染まりすぎて，こうした行政訴訟の特殊性に対する理解に乏しく，また，これまでの「処分」概念を変える気がいないので，処分の「取消」訴訟を残し，これに義務付け訴訟，差止め訴訟を追加するにとどまった。

それならば，訴訟類型間のキャッチ・ボール対策として，その判断を誤っても別の訴訟で救済するという特別規定が必要である（ドイツ，フランスでは，行政裁判所と民事裁判所の間で同様の問題があるが，救済規定がある(18)）が，今回の改正ではそれさえ導入されなかった。ただ，後述のように，今回の行訴法改正により，被告は抗告訴訟の場合も，行政庁ではなく行政主体とされたので，当事者訴訟や民事訴訟との間での訴えの変更は容易になったとされている。また，運用論としても，国会付帯決議に見るように，「国民が多様な権利救済方式を適切に選択することができるように配慮する」ことが不可欠であり，裁判所は，原告の提起した訴訟類型が不適切と考えても，適法な訴えを提起することができるように配慮すべきである。

具体的には，訴えの変更を（新訴の出訴期間にかかわらず），上級審でも認め，これまでの訴訟の審理経過はすべて新訴で活用することとすること，最高裁で，その訴えは不適法だが，別の訴えが適法であるとする場合には，いちいち下級審に差し戻すことなく，原告に訴えの変更を釈明して，適法な訴えについてこれまでの審理経過を活用して判断するという取り扱いをすべきである(19)。

⑧ 裁判を受ける権利の観点からする実質的合理的解釈の模範例
——第二次納税義務者が主たる納税義務者への課税処分を争えるか，
争えるとして，不服申立期間の起算点——

以上のように，裁判を受ける権利を無視する違憲判例が主流であったが，最近目も覚めるような判例がでた。もともと，詳しく紹介しているが，『解釈学Ⅱ』181頁以下に譲る。

---

(18) 阿部『行政救済の実効性』22頁。
(19) 阿部『行政法解釈学Ⅱ』 134〜138頁。『行政法再入門下〔第2版〕』104〜106頁。

2　憲法の具体化法としての行政法を実践

(2)　最高裁判例に見る法治主義の軽視

　最高裁には行政法の基本である法治主義を軽視していると思われる判例が少なくない。教科書検定事件，特別永住者管理職資格拒否事件，君が代ピアノ伴奏事件等など。

　これは『解釈学Ⅰ』109頁以下，161頁以下，『行政法再入門　上〔第2版〕』106～107頁，『行政法の解釈(2)』311頁以下に譲る。

(3)　生存権——生活保護受給中における預貯金保有のあり方

　生活保護は，「生活に困窮する者が，その利用し得る資産，能力その他あらゆるものを，その最低限度の生活の維持のために活用することを要件として行われる」（保護の補足性，生保4条）。貯金があれば，原則としてそれを取り崩すべきである。しかし，もともとの貯金ではなく，生活保護を受けてから貯金することは許されないのか。これまでは，貯金して，海外旅行に行くといったことは許されないということを前提に，子供の高校進学に備えた学資保険という貯蓄さえ許されないのかが争われた。子どもが高校に入学したので，学資保険が入ったら，その分生活保護費が削られた事件で，最高裁は，高校に行くことは，被保護世帯の自立のためにも役立つことで，生活保護法の目的に適合するとした。それは憲法25条の生存権に適合することで，結構である（最判平成16・3・16民集58巻3号647頁，さらに，秋田地判平成5・4・23判時1459号48頁，社会保障百選第3版172頁）。

　ただ，このような考え方では，その貯金の目的が生活保護法の趣旨に適合するかどうかについて紛争が生じ，被保護者は保護費を削られて最高裁まで争わないと，保護費を満額貰えないことになる。上記の事件でも，原告が最高裁で勝利して，保護費を満額貰えたのはその生徒がすでに31歳にもなってからで，憲法25条の生存権の保障の趣旨に反し，救済にはならない。裁判所は一見精密な分析をしているようで，大局を見ていないのである。原告は単に社会のために頑張ったのである。自分の利益には全くならない。

　むしろ，生活保護費は一旦渡した以上は，貯金しようが，使い切ろうが，被保護者の自由として，福祉事務所はその生活に干渉しない方が，被保護者の人格を尊重することになるし，余分な紛争を生じない。貯金を使い果たせという，上記の条文は保護を受ける前の考え方であり，保護費の使い方に干渉することを許容する規定と解すべきではない。

　もし，貯金する者が多ければ保護費が高すぎるのであるから，保護費を下げ

第1章　行政法解釈のあり方

ることで対応すべきである。それは立法論である。

■追記 1　最判平成 20 年 2 月 28 日

　最判平成 20 年 2 月 28 日（判時 2044 号 50 頁，判タ 1302 号 86 頁，判例自治 320 号 41 頁）は，生活保護を受けている者が外国への渡航費用を支出した事実等から本来その最低限度の生活の維持のために活用すべき金銭を保有していたことは明らかであるとして，同人のその月の生活扶助の金額を減ずる旨の保護変更決定が適法であるとした。

　被保護者は，平成 13 年 5 月 14 日，保護開始日を同年 4 月 16 日とする生活保護開始決定を受けた。そして，平成 13 年 6 月 14 日に出国してタイ王国のバンコクに渡航し，同年 7 月 13 日帰国し，その交通費及び同地における宿泊料として，同年 6 月ころ，少なくとも合計 7 万 920 円を支出した。

　福祉事務所長は，平成 13 年 7 月 31 日，生活保護法 25 条 2 項に基づき，被保護者に給与した同年 6 月分の生活扶助のうち被上告人が外国滞在中であったとする同月 14 日から同月 25 日までの期間の分に相当する金額 3 万 3,728 円を減ずるとの保護決定通知書をもって，同年 9 月分の生活扶助（8 万 4,320 円）から上記金額を差し引いて給与する旨の保護の変更の決定（以下「本件変更決定」という。）をした。

　これに対して，最高裁は，次のように判断した。被保護者は，平成 13 年 6 月ころ，タイへの渡航費用として少なくとも 7 万 920 円を支出したというのである。これだけの金額を，保護を受け始めて間もない時期に上記のような目的のために支出することができたことなどからも，同人が，同月ころ，少なくとも上記渡航費用を支出することができるだけの額の，本来その最低限度の生活の維持のために活用すべき金銭を保有していたことは，明らかである。

　そうすると，被保護者に給与された平成 13 年 6 月分の生活扶助は，被上告人の保有する金銭で満たすことのできない不足分を補う程度を超過してされたこととなる。したがって，同人に対する保護に関し，生活保護法 25 条 2 項（職権による保護の変更）に基づき，上記金額を超えない金額である 3 万 3,728 円を同月分の生活扶助から減じ，同年 9 月分の生活扶助から差し引くことについては，その必要があったということができ，この保護の変更は法 56 条所定の正当な理由があるというべきであるから，本件変更決定は適法であることとなる。

　これは，生活保護費から，タイへの渡航費用全額を控除したのではなく，渡航期間に相当する保護費を控除したものである。渡航費用は，本来その最低限度の生活の維持のために活用すべきであったとするなら，それを全額控除すべきではなかったかと思われるが，福祉事務所がその期間の保護費だけを控除したので裁判所もその控除だけを認めたものである。

24

2 憲法の具体化法としての行政法を実践

(4) 道路を壊すと新品で補償させられる──原因者負担金は財産権侵害

これは『行政法解釈学Ⅰ』227頁以下に譲る。

(5) 自己負罪拒否の特権，二重処罰の禁止の行政法への適用

(6) 仮面人間を強制する思想良心の自由の制限
──君が代ピアノ伴奏訴訟最判平成19年2月27日

この二つについては，『行政法の解釈(2)』311頁以下に詳しい。

(7) 情報公開の憲法上の根拠？

逆に，情報公開制度は，表現の自由，知る権利から導かれるという意見が多く，その条文はなるべく知る権利を保障する方向へと解釈すべきではないかという判例（大阪地判平成元・3・14判タ691号255頁，大阪地判平成元・4・11判例自治63号21頁はこの方向）もあった。しかし，表現の自由は自由権であって，請求権ではないし，国家の情報を知るという具体的な請求権が憲法から導かれるとすれば，それを整備してこなかった従前の状況は違憲となってしまうが，それはいかにも行きすぎである。

情報公開請求権は実は国家に対する請求権であって，立法による具体化を必要とし，必然的に立法裁量に左右される。地方公共団体が情報公開条例を制定するときは，どの程度公開するかを検討して，文理を選択しているから，地方公共団体によって差が生ずるのは当然である。したがってまた，条例の規定を情報公開請求権を保障する方向へと文理をこえて解釈することは立法者の意思を侵害する[20]。国の行政機関情報公開法は，この観点に立って立法されたものと理解される。

---

[20] 阿部「大阪府知事交際費・水道部会議費情報公開判決」ジュリスト937号52頁（1989年）＝阿部『論争・提案情報公開』98頁以下。この私見は，大阪高判平2・5・17判例自治73号11頁，大阪高判平2・10・31判例自治76号10頁，最判平成6・1・27民集48巻1号53頁で実現した。

第1章　行政法解釈のあり方

3　役人の屁理屈に騙されないまっとうな解釈を

(1)　水俣病国家賠償訴訟

　熊本水俣病事件では，昭和34年12月段階では，原因物質がある種の有機水銀化合物であり，その排出源がチッソ水俣工場のアセトアルデヒド製造施設であることが高度の蓋然性をもって認識しうる状況にあったが，当時微量の有機水銀を定量分析することはできなかった。可能なのは総水銀（水銀及びその化合物）の定量分析であったが，総水銀を基準とすると過剰規制になるという難点があった。被告はこれを理由に，当時，排水規制できなかったと主張し，これを受け入れた判例があった（水俣国家賠償訴訟東京地判平成4・2・7判時平成4年4月25日号，大阪地判平成6・7・11判時1506号7頁）。

　しかし，これは，被規制者だけを見て，規制による受益を無視し，かつ，不確定状態でのリスクマネジメントを知らないものである。この事件では，ここで規制をしないと死者続出という状況で，規制をして，それが結果として間違っていても，チッソの営業利益が，事案解明までの間失われるというにとどまるから，規制する以外の選択肢はなかったのである。過剰規制ではなく，過小規制をこそおそれなければならない。これが憲法上の諸利益の合理的な調整のうえで果たすべき国家の国民保護義務である。

　さらに，これは，行政が物質を指定するとき，どこまで特定しなければならないかという問題である。有機水銀を検出する方法がなければ，無機水銀も含めた総水銀が危険物質であるとして，それを指定すれば十分である。たとえば，フグは有毒なのかといえば，フグの種類により部位により毒性は違う。一般に肝が危険だが，肉まで危険な種類のフグもある。それらの研究が進んでいて，判別ができるなら，フグというだけで全て危険とは言えないが，判別ができないなら，すべて危険というしかない。このように，総水銀を基準とすると，過剰規制になるとするのは，屁理屈である。

　このような立場に立つ判例も有力であった（京都地判平成5・11・26判時1476号3頁，熊本地判平成5・3・25判時1455号3頁，大阪高判平成13・4・27判時1761号3頁）。最終的には，関西水俣病最高裁平成16年10月15日判決（民集58巻7号1802頁）はこの方向を是認したと考えられる。

　さらに，昭和32年段階で，水俣保健所長は，水俣湾の魚を食べた猫が狂死するという猫実験を行った。しかし，厚生省は，水俣湾の魚がすべて有毒化している明らかな証拠がないので，その販売禁止はできないとした。これも過剰

規制禁止論である。しかし，販売を許容しているために死者続出という状況で，たまには有毒でない魚がいるというだけで，魚の販売禁止をしないのでは，生命を無視することになる。有毒な魚と無毒な魚の区別が付かない以上はすべてを有毒と考えるべきである。100個のまんじゅうの中に1個だけ毒が入っているとすると，全部処分させれば過剰規制になると考えるだろうか。すべて処分するのが常識である。この場合，水俣湾の魚はすべて「有毒」ではなく，「有毒の疑い」にすぎないから，「有毒」な魚だけ販売禁止にできる当時の食品衛生法では規制できず，「有毒な疑い」のある魚の販売を禁止できるとした後の食品衛生法の改正（現行6条2号）を待たなければならなかったという反論がある。「有毒」と「有毒な疑い」と「無毒」の3つの概念があるときは，水俣湾の魚を「有毒な疑い」のあるものに分類してもよい（法的効果は同じ）が，「有毒」と「無毒」の概念しかないときには，水俣湾の魚は，「有毒の疑い」だから，「有毒」には入らず，「無毒」に入るというのは，1個だけ毒が入っているまんじゅうの集合100個は「有毒の疑い」にすぎないから，販売禁止はできないというのと同じである。この当時はこの魚は有毒というべきである。この法改正は水俣病当時の厚生省の対応を事後的に正当化しようとする役人の言い訳であるのに，一部の裁判所はこうした屁理屈にすぐ騙されるのである[21]。

(2)　混合診療禁止の法的根拠，反対解釈の誤謬

　これは『行政法解釈学Ⅰ』130頁以下，『行政法再入門下〔第2版〕』109頁で述べた。最高裁は厚労省に遠慮して，法治行政の基本をわかっていないのである。

(3)　飛行場の外にエプロン，誘導路を造れるのか──神戸空港訴訟

　これは民事法と行政法の違いをわからず，行政法を民事法的に解釈したものである。『行政法解釈学Ⅰ』119～121頁。

(4)　警察官は誤ってもお咎めなく，国民は警察官の誤りに誤導されても
　　処罰される!!
　『行政法解釈学Ⅰ』85頁以下を参照されたい。

---

[21]　『国家補償法の研究Ⅱ』第4部9，11，14章。

第1章　行政法解釈のあり方

4　実質的に合理的な解釈を

(1)　国家賠償法における公務員概念
『行政法解釈学Ⅱ』443頁以下を参照されたい。

(2)　行政代執行法における「並びに」と「及び」の誤用対策
「及び，並びに，若しくは，又は」は，英語では，いずれもandやorであるが，「並びに」「又は」が大きい方の接続詞，「及び」「若しくは」が小さい方の接続詞として使われている。『解釈学Ⅰ』，251頁以下，『再入門　上〔第2版〕』222頁以下を参照されたい。

(3)　採用内定の取消しを争わせないのは法治国家の逆用（悪用）
『解釈学Ⅰ』138頁。阿部「公務員関係3事件に関する私見」自治研究90巻2～4号（2014年）参照。

(4)　複数の原告が同一の処分の違法を争う場合の訴額
この点の判例の誤りについては，『行政法解釈学Ⅱ』201頁で主張した。最高裁判例は行政訴訟の特質を知らず民事訴訟の発想で行政訴訟を論じている弊害があると思う[22]。

(5)　聴聞手続に現れない事実の審理
道路公団藤井総裁解任事件では，聴聞が行われた。1審において，原告は聴聞手続の瑕疵を主張したが，東京地判平成18年9月6日は，聴聞に現れない事実まで実体審理して，解任を適法とした。これでは，行政手続法制定のための長い歴史と学界あげての大変な努力は灰燼に帰す。そこで，これについては詳しく批判したところであるが[23]，その東京高判（平成18年(行コ)第250号解任処分取消請求控訴事件）平成19年4月17日は，「行政手続法及び国土交通省聴聞手続規則上，聴聞手続が実施された場合，その後の行政訴訟において提出できる証拠を聴聞手続において取り調べられた証拠に制限するとの規定はないから，訴訟当事者は，聴聞手続における証拠のほかにも，行政訴訟において新

---

[22]　阿部「基本科目としての行政法・行政救済法の意義(4)」自治研究77巻9号（2001年）。

[23]　阿部「行政手続法の整備の意義，聴聞手続と司法審査のあり方」法学新報114巻1・2号1頁以下，3・4号（2007年）＝『行政法の進路』191頁以下。

28

たに証拠を提出することができ，裁判所は，その取り調べ結果に基づいて事実を認定し，判断することができるものであるから，控訴人の主張は採用することはできない」と判断した。

これは，法制度全体を見るというまっとうな法解釈をせず，たまたま規定があるかどうかで決めるという制定法準拠主義の悪弊が出たものである。初めに述べた藤田宙靖意見からはとうてい想定できない解釈である。

いわゆる群中バス事件最高裁判決（昭和50・5・29民集29巻5号662頁）は，次のように，形式解釈ではなく，実質解釈をしている。

「公聴会の審理を要求する趣旨が，前記のとおり免許の許否に関する運輸審議会の客観性のある適正かつ公正な決定（答申）を保障するにあることにかんがみると，法は，運輸審議会の公聴会における審理を単なる資料の収集及び調査の一形式として定めたにとどまり，右規定に定められた形式を踏みさえすれば，その審理の具体的方法及び内容のいかんを問わず，これに基づく決定（答申）を適法なものとする趣旨であるとすることはできないのであつて，これらの手続規定のもとにおける公聴会審理の方法及び内容自体が，実質的に前記のような要請を満たすようなものでなければならず，かつ，決定（答申）が，このような審理の結果に基づいてなされなければならないと解するのが相当である。」

なぜ，この判例が先例にならないのであろうか。この事件は政治がらみなので，政権に忖度して，法律をゆがめたのではないだろうか。

(6)　住民訴訟における被告行政機関の説明義務と立証責任の転換

①　筆者の経験では，住民訴訟の被告である行政機関（具体的には神戸市長）は，これまで，立証責任は原告にあるとして，沈黙すれば，勝訴できるとの悪しき当事者として行動することがしばしばあった。しかし，執行機関というポストを被告とする平成14年改正住民訴訟では，被告には説明責任があるのである。

すなわち，住民訴訟4号請求訴訟は，もともと首長（職員を含む，以下同じ）など個人に対して自治体の被った損害を賠償せよとの不法行為訴訟や，第三者に対して，自治体に不当利得を返還せよといった訴訟であった。これは，本来，自治体が首長や職員，第三者など個人に対して民事法上の責任を問う訴訟を住民が代位したものであり，内容的に，通常の民事訴訟である。したがって，特例がなければ，立証責任は，本来自治体にあるから，それを代位行使する住民

29

第1章　行政法解釈のあり方

にあるということになる。それまでは説明責任の根拠となる制度もなかった。

　しかし，改正（改悪）された4号請求訴訟では，被告を首長個人ではなく，執行機関というポストとした。そこで，被告は，公務として，税金で訴訟を行う。被告代理人には税金で報酬が支払われている。職員も，勤務時間中に被告を支援することができる。原告は，個人に対して請求するのではなく，行政機関に対して，一定の請求をすることを義務付けるように求めるものである。

　住民訴訟の4号請求訴訟の平成14年改正の際には，これは被告が公金で訴訟を遂行できるようにするものなので，資金も何もない原告住民との格差が広がり，自治体の違法行為を隠ぺいするだけだと，強い反対運動が行われた[24]。

　②　これに対して，立案関係者は，この改正は，自治体の説明責任を果たさせるためと説明していた。例えば，成田頼明「自治体の説明責任を強化」毎日新聞2001年11月26日はこの趣旨である。その要点を引用する。

　　「住民訴訟制度に関する地方制度調査会答申の趣旨は，地方自治体の説明責任を強化し，地方分権時代にふさわしい制度として再構築することを求めるものである。

　　そのため，住民訴訟に先立つ住民監査請求に住民側と職員側が対席する形での監査手続きなどを導入することを求め，住民訴訟については住民に対する弁護士費用の公費負担を拡充し，従来首長や職員個人が被告となっていたものを，自治体を被告にすることなどの改正を行うべきであるとした。

　　つまり，今回の改正案は，地方分権時代において住民自治を拡充するための改正として提案されているのである。

　　玉井教授は，今回の改正案が，いわば職員個人を保護するためだけの法案であるかのように批判されている。

　　しかし，本当にそうであろうか。現行制度によると，住民監査請求の段階で自治体に対して違法行為の是正を求めておきながら，その後の住民訴訟では，いきなり首長個人や職員個人を被告とすることとなる。これでは，本来，住民に対し説明責任を果たすべき自治体が，住民監査請求の段階で放言するのみとなり，訴訟の場で責任を持って説明責任を果たすことができないことになってしまう。

　　今回の改正案は，自治体を被告とすることによって，現行制度が有していたこのような弊害は取り除き，自治体に十全に説明責任を果たさせようというものである。また，現行制度では個人が被告となることから，自治体として組織的な対応をとるべき責任は不問とされてきた。しかし，改正案では，自治体が被告となるため，敗訴した場合，組織的な違法行為是正に向けた取り組みをせざるを得な

---

[24]　阿部「住民訴訟改正へのささやかな疑問」自治研究77巻5号19頁以下（2001年）＝『住民訴訟の理論と実務』61頁以下。

30

いことになる。

一方で，今回の改正案は，職員個人が不当に保護されたり，住民訴訟の機能が害されることがないよう，十分な配慮がなされている。

住民訴訟で訴えることができる範囲は従来と何ら変更なく，首長や職員の実態（ママ）上の法的責任にも何ら変更はない。住民が訴えることができる機会は何ら制限されていないのである。」

同旨の主張は，小早川光郎東大教授（日経新聞 2001 年 11 月 19 日），高部正男総務省大臣官房審議官（朝日新聞 2001 年 11 月 22 日），石津広司弁護士（読売新聞 2001 年 12 月 5 日）からも行われた。いずれも自治体の説明責任を強調している。

さらに，平成 12 年 10 月 25 日地方制度調査会「地方分権時代の住民自治制度のあり方及び地方税財源の充実確保に関する答申」[25]は，住民訴訟における訴訟類型の再構成の制度改正を提案し，その改正により，「地方公共団体が有する証拠や資料の活用が容易になり，審理の充実や真実の追究にも資するものとなる。さらに，このような審理を通じて地方公共団体として将来に向けて違法な行為を抑止していくための適切な対応策が講じやすくなると考えられる。」としている。前記の説明責任論は，このような公的見解を先に公にしたものである。

③　それにもかかわらず，被告が沈黙することは，平成 14 年 4 号請求訴訟制度改正の趣旨や立案関係者に意思にも反するのである。

さらに，行政側の代理人からも，平成 14 年改正後は，被告に立証責任があるとの説得力ある主張がなされている[26]。

したがって，被告が十分に説明しなければ敗訴させられるべきなのである。

そして，このように，被告に説明責任があるのであるから，仮に原告に立証責任があるとしても，被告に立証の必要性が転換して，原告がそれなりに論点を指摘したのに，被告がこれに十分に反論しなければ，原告の立証が成り立ったものと見るべきである。

④　しかし，筆者の経験する実務では，被告は，沈黙し，原告に立証責任があるとの前提で審理判断がなされている。なぜだろうか。まだ明示の判断はないが，おそらくは，地方自治法の改正法で，被告の説明責任という条文が明示

---

[25]　最高裁事務総局行政局監修『改正住民訴訟執務資料』（法曹会，2003 年）52 頁。

[26]　鈴木秀洋「住民訴訟（改正 4 号訴訟）における立証責任の考察」内山忠明ほか編『自治行政と争訟』（ぎょうせい，2003 年）201 頁以下。

第1章　行政法解釈のあり方

的に入らなかったためであろう。いわゆる制定法準拠主義である。

　立法に際しては，丁寧に明示しないと，裁判所は立法の趣旨通りの判断をしないということに思いをいたして，立法趣旨を明示すべきであるが，法の解釈としては，個別の条文ではなく，法制度全体の趣旨，構造から，制度を理解していくべきである。

　⑤　なお，筆者は神戸市長を被告とする住民訴訟を多数代理しているが，被告は，10人近くの弁護士に委任しているほか，敗訴すると，全国的に活躍している弁護士にさらに費用を払って委任している[27]。公金を使って，徹底抗戦しているのである。これでは，普通の住民は正義漢で訴訟を提起しても，疲れて，挫折してしまう。市長などが，個人として弁護士費用を負担するのは気の毒だというのが，平成14年法改正の本当の動機なのであるから，その弁護士費用の負担には限度を設けるべきであり，また，原告側は勝訴してからやっと弁護士費用を貰える（これも争われるともう一度最高裁まで裁判が必要になるので，報酬を得られるのは何時のことかわからない。しかも，権利放棄されると，弁護士報酬をもらえるかどうかはわからない）のであるから，被告弁護士も同じ条件として，イコールフィッティングを確保することとすべきではないか。そうなっていない以上は，勝訴した原告弁護士には，報酬が何年も後になってやっと貰えることのほか，被告の弁護士数などを考慮して，相当に割り増しすべきものであろう。

(7)　執行停止の積極要件「重大な損害」の厳格解釈

①　ネズミ捕りによる運転免許取消処分の執行停止申請却下事件の非人間的判断

　筆者は，ネズミ捕りで運転免許を取り消された者の代理人として，取消訴訟を提起したほか，執行停止を申請した。原告（抗告人）は，要介護状態3の認定を受けている母親の介護のために車いす昇降機付き車両を購入して，車を使って母親を自由に外出させ，病気の進行を遅らせようとしていた親孝行息子であるが，免許取消しにより，母親の介護が容易でなくなったので，「重大な損害を避けるため緊急の必要がある」と主張した。一審は，この点の判断をしなかったが，東京高決民事9部（平成18年(行ス)第64号，執行停止申請に対する抗告事件）平成18年11月30日はこの主張を排斥した。

---

(27)　『住民訴訟の理論と実務』297頁。

その理由の第1は，抗告人の主張は，母親の介護に支障をきたすということであるが，免許取消処分により不利益を被るのは母であって，抗告人ではないという。しかし，親子の苦しみは他人事ではない。

第2に，抗告人が被る損害はせいぜい母の療養介護に支障を来すことにより，子として精神的に苦痛を受けるというものとしてしか捉えられないものであるが，それは金銭賠償によって填補が可能であると。しかし，母を適切に療養介護できないとの苦痛は，金銭には替えられない人間的なものではないか。裁判官はなんて非人間的なのだろう。

第3に，今日介護サービスが発達しているから，それを利用すればよく，自家用車をもたない家庭でも介護しているとの趣旨を述べる。しかし，原告は，そのような平均的な介護ではたりないから，わざわざ車いす昇降機付き車を購入して，母親の体調に合わせて，きめ細かく車で外出させて介護していたのである。世間の標準がどうあろうと，原告にとっては，それは「重大な損害」ではないのか。

② 再発防止研修命令の執行停止申請

日の丸，君が代訴訟，つまり，日の丸掲揚，君が代斉唱の際に起立して歌わなかった教員が，自己に対する再発防止研修命令を受けて，その執行停止を求めたところ，東京地裁平成18年9月5日決定は，11，19，36部の3部ともこれを却下する決定を出した。裁判所のまとめによれば，その教員は，この研修命令が，その個人の思想・信条に反する表白を強要するなど人格権に強制的に介入し，その法的地位に直接的な不利益を及ぼすものであるから，行訴法3条2項にいう「処分」に当たり，かつ，本件研修命令により，専門研修が実施されると，その思想良心の自由という重要な精神的自由が侵害されて「重大な損害」が生ずると主張する。私見[28]は次のようである。

「それでは本件について各要件を検討してみる。まず，『損害』の方を見ると，本件では，『研修』とは名ばかりで，まじめな教員を捕まえて，拷問さながらに，詰問し，事実上の強制により，転向を迫る，つまりは，内心の自由に土足で踏み込むものであるから，損害の性質は，内心の自由の違憲的侵害（少なくとも，その高度の蓋然性）である。

仮に，昨年のように，内心の自由に一見直接には介入しない，単なる服務事

---

[28] これは前の年に同じく提出した意見書の続きである。前年の分は，阿部『行政訴訟の解釈(2)』第10章。

第1章　行政法解釈のあり方

故の一般的な研修に終わったとしても，それは事前に明示されていないので，違憲の研修を受けるのではないかという精神的苦痛は極めて大きい。また，仮に研修のやり方が昨年同様であることがわかっていると仮定すれば，その苦痛の程度は，直接に君が代を斉唱すると約束するまで帰さないといった『研修』と比べると，相対的には低いが，そのやり方も，前記のように恫喝的であり，成果（転向）が得られるまで繰り返し行うというように，実質は転向を強要するもので，さらに，『研修』に屈服すると，懲戒処分に対する審査請求，訴訟という『裁判を受ける権利』を実際上喪失しかねないのであるから，その精神的苦痛の程度が低いなどということはできない。私なら，とてもこんな理不尽な「研修」には耐えられないだろう。この『研修』に耐えるには，超強靱な精神力を要するので，原告（申立人）らがこれに耐えたとしても，だから我慢できるという程度のものではない。

そして，損害の程度は，『研修』が実施されれば，こうした精神的苦痛による損害は，もはや原状回復が不可能である（満足的処分）ことから極めて大きいというべきである。

事後の国家賠償による金銭的な賠償は，他に損害を軽減する方法がないからやむなく用いられているだけで，金銭賠償があっても，事柄の性質上，損害が回復されたことにはならないのである。

次に，『処分』の性質を見ると，そのような研修命令は，『研修』としては，原告らが百も承知の内容でしかなく，前記のように，その実質は，原告らを恫喝する以外にあまり意味はないから，行きすぎである上，そのような処分を行う必要性は認められない。

又，仮にこの研修命令が適法であると仮定しても，研修の実施は，本案訴訟で研修の適法性が判明してから義務付けても全く遅くない。どんなに早くとも，次の君が代斉唱が予定されている来春までに行えばよいので，今これを急いで行う必要はない。

なお，『研修』の内容が不明確であるから，やらせてみないとわからないという須藤決定（東京地決平成16・7・23判時1871号142頁）は，理不尽な研修を受けてから，あとで賠償請求せよというもので，それ自体理不尽である。内容が不明確なら，まずは執行停止して，明確に作り替えられた『研修』命令について改めて判断すればよいのである。

このように，本件研修命令は，違憲・違法の可能性がある場合には，その適法性が判明するまで，絶対に執行されてはならないものであり，また，それま

で待つことで，行政側に何ら損害が発生しないものである。

　結論として，処分の性質と損害の性質・程度を考慮すれば，目下の段階では，損害が『回復困難』とまでは評価できないと仮定しても，処分の執行を差し止める『重大な』損害が発生しているというべきである。」

　東京地裁11部は，この再発防止研修が，「短時間のものにすぎないとしても，目的を逸脱して，その方法，内容，態様等において，当該職員の思想・信条に反する見解を表明するように強要し，あるいは，思想・信条の転向を強いるなど，その内容に踏み込み，当該教職員に著しい精神的苦痛を与えるようなものであるときには，そのような研修を命じる職務命令は，受講者に対し重大な損害を生じさせるものであって，……『処分』に当たる」と認めた。しかし，本件専門研修は，平成16年度と「ほぼ同様の方法，内容，態様で実施される」「執拗に回答を強要されることなく，研修が終えられ，また，報告書を短時間で作成したため，予定時間よりも早く研修が終了している」「内心の自由に踏み込み，著しい精神的苦痛を与えるようなものになるとは解されない」とした。

　第19部は，本件専門研修が，「自己の非を認めさせようとするなど，その内心の自由に踏み込み，著しい精神的苦痛を与える程度に至るものであるならば，それは教職員の水準の維持向上のために実施される研修の本質を逸脱するものとして，教職員の権利を不当に侵害するものと判断される余地はある」とした。そして，本件専門研修が，「従前行われた研修の内容を繰り返すものであるとすれば，研修対象教職員に対して精神的苦痛を与えるおそれは残るところである」としている。しかし，「昨年度に行われた専門研修の内容が職務命令に従う義務の一般的解説などであったことや，その際の研修対象教職員の対応に照らすと，本件研修命令を受けて，専門研修を受講するというだけで，当然に申立人の内心の自由が侵害されるとまで認めることはできないし，仮に，申立人が，本件研修命令を受け，本件専門研修を受講したことにより損害を被り，あるいは，本件研修命令に従わなかったことによって，何らかの不利益処分を受けたとしても，金銭賠償や当該処分の効力を争うことによって一応回復可能であることを勘案すると，現時点において，申立人に重大な損害を避けるため緊急の必要があるとは認めることができない。」という。

　これに対して，第36部は，「重大な損害」について，従来の「回復の困難な損害」と変わらないような要件を定立した。

　ⓐ　「『重大な損害を避けるため緊急の必要があるとき』とは，処分の執行を
　　　受けることによって申立人の被る損害が，原状回復ないし金銭賠償による

第1章　行政法解釈のあり方

　填補が不可能であるか，又は，社会通念上，そのような原状回復，金銭賠償等で損害を回復させるのが容易でないか，ないしは相当でないと認められる程度に達していて，そのような損害の発生が切迫しており，社会通念上これを避けなければならない緊急の必要性が存在することをいうと解するのが相当である。」

ⓑ　「ここにいう必要性とは，申立人が処分の執行によって被る損害が，その性質・内容・程度等に照らし，行政目的を達成する必要性との関連において，やむを得ないものと評価することができず，行政目的の実現を一時的に犠牲にしてもなお申立人を救済しなければならない緊急の必要性があるかどうかという観点から判断するのが相当である。そして，本件研修命令の執行停止の適否を判断する際には，本件研修命令の内容，教育委員会の対応等から見て，教職員である申立人に対し，執拗に自己の非を認めさせようとするなら，個人の内心の自由に踏み込みこれを蹂躙し，もって個人に甚大な精神的苦痛を与える程度に至っているか否か，本件判決その他の手段による救済の有無等を考慮して判断するのが相当である。」

ⓒ　「本件研修命令は，……平成16年度の専門研修と概ね同じ内容が予定されているものの，「申立人が本件研修命令にどのような対応をとるのか，申立人の対応に対し，日野市教委等が如何なる対応をするかについて，いずれも不確実というほかない。しかも……平成16年8月……に実施した専門研修の内容は，事前に研修受講者に課題（法令問題，データ問題）に対する回答を提出させた上，研修当日，同課題について講義をしたり，職務上の命令に従わなかったことについて説論をし，研修終了後，報告書を作成させるというものであったが，国旗・国歌に関わる問題に直接言及することはなかったことが一応認められる。これらの事情に照らしてみれば，本件研修実施日が平日であることなどを考慮しても，現段階において，申立人が本件研修命令に従うことにより，何らかの損害が発生するのかは未だ不明の状況にあるというほかはない。」

ⓓ　「仮に申立人に何らかの損害が発生することがあったとしても，当該損害を，原状回復ないし金銭賠償による方法で填補させることが不可能であるか，又は，社会通念上，そのような方法で回復させるのが容易ではないないしは相当ではないと認める程度に達しているとの疎明は未だされていない。のみならず，仮に申立人に何らかの損害が発生することがあっても，当該損害の発生が切迫しており，その性質・内容・程度に照らし，行政目

的を達成する必要性との関連において，行政目的の実現を一時的に犠牲にしてまでもなお申立人を救済しなけばならないほどの緊急の必要性があるとの疎明は未だされていない。」

　これから私見であるが，この3つの部の判断のうち，第11，19部と第36部の判断はかなり違う。

　第11，19部は，本件専門研修を受けてもたいしたことではないでしょ，という趣旨であろう。この決定に対する反論は，すでに意見書で述べていることで十分である。裁判所は，当方の見解に対して，そうではないと答えたにすぎない。執行停止の判断であるから，時間がなく，丁寧な返事ができないのはわかるが，これでは納得できない。それでも，それはまだましである。

　第36部の決定は，「重大な」と執行停止の要件を緩和したことを全く無視している。ⓐ部分は，「回復困難な」という要件の旧法の判示ではないかと見間違えしかねない。

　ⓑの点では，本件研修は今緊急に実施される必要がなく，実施されるとその段階ですでに内心の自由が侵害されることを理解していない。

　ⓒの点で，不確実，不明だから，放置せよというのも，いかがなものか。損害が発生してからでは遅いのである。金銭賠償は代替的なものだし，不利益処分を争うのも大変な苦労である。それなりに損害発生の蓋然性があれば，違法行為は事前に差し止めるのが執行停止の制度のはずである。

　ⓓも，本件の事案の認識の問題であるが，たいしたことはないでしょという判断である。しかし，話は逆で，研修と称することを行う必要性も非常に低いのに，また，今すぐ実施する必要性もなお低いのに，なぜ先生をこのように屈辱的な目に遭わせなければ，行政目的とやらを達成できないのかが問題である。これへの答えもすでに意見書で述べていることである。

　③　行訴法改正において実際的に意味のあるもっとも大きな改善は，筆者の見るところ，執行停止の積極要件が，「回復の困難な損害を避けるため緊急の必要があるとき」から，「重大な損害を避けるため緊急の必要があるとき」に変えられたことにある。しかし，これを見れば，改正の趣旨はほとんど浸透していないという感じがする。

第1章　行政法解釈のあり方

5　文理を不当に拡大しない，正しく，体系的に読んで，法治国家の原理に沿った解釈を

(1)　「法律上の争訟」の意義

最高裁平成 14 年 7 月 9 日判決（民集 56 巻 6 号 1134 頁）がいう，裁判所法 3 条の定める「法律上の争訟」の意義の誤りについては，すでに別著で指摘した[29]。

(2)　一般処分・対物処分の誤解

これについては，『行政法の進路』254 頁以下で指摘したほか，『行政法解釈学Ⅱ』37，107，177 頁で指摘している。

(3)　保険医療機関指定拒否処分と地域医療計画

これについても，『行政法の解釈(2)』67 頁以下，110 頁以下を参照されたい。

(4)　不動産の売却にも随意契約が許されるのか，条文の読み誤り

『最高裁上告不受理事件の諸相Ⅱ』253 頁以下。これも最高裁の条文の読み間違いである。

(5)　消防の消火ミスに失火責任法を適用，国家賠償法 4 条の読み誤り

このことは，『行政法解釈学Ⅱ』550 頁のほか，『国家補償法の研究Ⅰ』289 頁以下で詳論した。

(6)　自治体の賠償請求権を議会が放棄できるのか，条文の読み誤り

これについては，『住民訴訟の理論と実践』303 〜 487 頁に詳しい。

(7)　土地収用法 77 条と 79 条の関係「移転補償の制度のもとで再築補償は？」

『最高裁上告不受理事件の諸相Ⅱ』231 頁以下に詳しい。

---

[29]　阿部『行政訴訟要件論』第 1 部第 4 章。阿部「区と都の間の訴訟（特に住基ネット訴訟）は法律上の争訟に当たらないか」自治研究 82 巻 12 号，83 巻 1 号〜 3 号（2006 〜 7 年），兼子仁＝阿部『住基ネット・自治体の出訴権——杉並区訴訟をふまえて』（信山社，2009 年）。『行政法解釈学Ⅱ』81 頁以下。『地方自治法制の工夫』第 1 部
　　さらに，東京都と杉並区の間の住基ネット訴訟（東京地判平成 18・3・24 判時 1938 号 37 頁）に関する常岡孝好「自治体による住基ネット接続義務確認訴訟と司法権」（判評 580 号 164 頁以下）は，多数の憲法学説を紹介しつつ，「法律上の争訟」は財産権をめぐる訴訟に限られないなどとして，平成 14 年最高裁判決に反対している。

6　文理にとらわれない合理的な解釈を

(1)　これまでの事例，期限，負担

　行政法の解釈においては，往々にして文理を無視する解釈が行われる。例えば，いわゆる条件について，これを単なる負担として行政処分の本来の効力を発生させるが負担の制限があると考えるという扱い（東京地判昭和42・6・29行集18巻5・6号737頁）も，内容の合理性という観点からの解釈からであるし，電波の免許についての3ヶ月の期限は，期限が到来すれば効力を消滅させるという，本来の意味の期限ではなくて，条件改定のための期限であり，期限がきたから効力を失わせるという解釈は許可の撤回にあたると考える（東京地決昭和43・8・9行集19巻8・9号1355頁，判時526号21頁，判タ224号127頁，FM東海事件）のも，法文の合理的な解釈である。これらについては，『行政法解釈学Ⅰ』409頁以下，『地方自治法制の工夫』503～504頁を参照されたい。

(2)　行訴法36条の「，」の位置

　行訴法36条は，「無効等確認の訴えは，当該処分又は裁決に続く処分により損害を受けるおそれのある者その他当該処分又は裁決の無効等の確認を求めるにつき法律上の利益を有する者で，当該処分若しくは裁決の存否又はその効力の有無を前提とする現在の法律関係に関する訴えによつて目的を達することができないものに限り，提起することができる。」と定める。この趣旨は，無効等確認訴訟は，争点訴訟を提起できるときは許されないというように，補充的になっているということである。そして，この条文の「，」の位置に着目して読めば，「当該処分又は裁決に続く処分により損害を受けるおそれのある者」も，「その他当該処分又は裁決の無効等の確認を求めるにつき法律上の利益を有する者」も，「当該処分若しくは裁決の存否又はその効力の有無を前提とする現在の法律関係に関する訴えによつて目的を達することができないものに限り，提起することができる。」として，この両者ともに補充的になるはずである（一元説）。

　しかし，立案関係者によれば，この36条の条文における「，」の位置は立法ミスであり，本来は，「無効等確認の訴えは，当該処分又は裁決に続く処分により損害を受けるおそれのある者，その他当該処分又は裁決の無効等の確認を求めるにつき法律上の利益を有する者で当該処分若しくは裁決の存否又はその効力の有無を前提とする現在の法律関係に関する訴えによつて目的を達するこ

第1章　行政法解釈のあり方

とができないものに限り，提起することができる。」と規定すべきであったとされている[30]。

　文理を重視すると，なお，一元説も有力である[31]が，事柄の性質を見ると，「当該処分又は裁決に続く処分により損害を受けるおそれのある者」について，争点訴訟の提起しかできないとすれば，仮の救済が困難になる（争点訴訟は民事訴訟なので，その仮の救済は仮処分であるが，公権力に対する仮処分は行訴法44条により制限されている）ので，執行停止を申請できるように，無効確認訴訟の対象とすべきであるということになる。

　そうすると，「当該処分又は裁決に続く処分により損害を受けるおそれのある者」は争点訴訟が提起できる場合にも当然に無効確認訴訟を提起でき，争点訴訟に対して補充的になるのは，「その他当該処分又は裁決の無効等の確認を求めるにつき法律上の利益を有する者」に限ると読む（二元説）べきである。

　最高裁は，課税処分を受けたが，納付しておらず，滞納処分を受けるおそれがある場合の無効確認の訴えを適法とした（最判昭和51・4・27民集30巻3号384頁）。これを二元説として理解することも可能である。これは法文の文理に囚われない実質解釈の例である。

　いずれにせよ，立案関係者が立法ミスなどと言っているのはまっとうではない。立案関係者には，立法当局に働きかけて立法ミスを是正させる力もあるはずだから，なぜつまらない議論をしているのか，理解できない。

(3)　行訴法31条の事情判決

　事情判決は無効確認訴訟には適用されないとされている（行訴法38条は31条を準用していない）が，行政処分に重大かつ明白な違法があろうと，ただの違法があろうと，原状回復が公の利益に著しい障害を生ずる場合があることに変わりはなく，無効の場合には何が何でも原状に回復せよというのも無理である。これは，もともと無効とは最初から効力がないので，有効とする前提がないという考え方によったものであろうが，無効も取消しも，違法事由が確認されたら最初から効力がないので，この点に違いはないのである。違いは出訴期間と不服申立前置をクリアーするかどうかだけである。しかも，事情判決を

---

(30)　雄川一郎『行政争訟の理論』（有斐閣，1986年）211頁以下，200頁。

(31)　塩野宏『行政法II〔第4版〕』（有斐閣，2005年）196頁は，この問題を指摘するが，文理にも囚われているのか，一元説と二元説について必ずしも割り切っておらず，曖昧である。

40

適用しないとしている公選法 219 条の下で，法の一般原則として，選挙訴訟では事情判決の適用がある（最大判昭和 51・4・8 判時 808 号 24 頁）[32]とされるのであるから，裁判所は，制定法準拠主義などはおよそ採用していないのであって，無効確認訴訟であろうと，争点訴訟であろうと，事情判決を準用すべきである。仮にそうでないとすれば，無効だからといって，原状回復を求めるのは，権利濫用の法理で対抗すべきである[33]。

(4)　非常勤公務員の繰返し任用

国立情報学研究所非常勤職員雇止め事件に係る東京地判平成 18 年 3 月 24 日（判時 1929 号 109 頁，判タ 1207 号 76 頁，労働法律旬報 1627 号 48 頁）は，1 年任期付きの非常勤公務員が長年繰り返し任期更新されてきたのに，更新拒否された事件で，更新拒否は権利濫用で，更新された扱いになるとした。これに対して，その控訴審東京高判（平成 18 年（ネ）第 2163 号）平成 18 年 12 月 13 日は，この任期付き任用は，任期が満了すれば当然に終了するとした。

最判平成 6 年 7 月 14 日（判時 1519 号 118 頁，判タ 871 号 144 頁）は，大阪大学（国立大学）付属図書館のカウンター業務を担当する職員を日々雇用職員として任用したことが，職員の任用を原則として無期限とした国家公務員法の趣旨に反するものとまでは解し難いとした。

上記の判例は，任期が繰り返し更新されたとき，あり得る法律関係として，常勤職員の地位に移行するか，任期満了により当然失職するかの選択肢しかないと思いこんでいる点に問題がある。長期間継続されてきた任用の更新を突然拒絶するのは，実質的に免職処分と解する第三の道があるのである。そうすると，この雇止めを免職処分とみなして，その取消訴訟を提起すれば，勝訴の可能性が開けたはずである。

7　裁判官の目からだけ見ないで当事者の目を大切に

(1)　住民訴訟における「勝訴」の意義

住民側は，「勝訴」した場合には，訴訟費用を取り戻せるほか，弁護士報酬も「相当と認められる額」を当該地方公共団体から取り立てることができる

---

(32)　阿部「議員定数配分規定違憲判決における訴訟法上の論点」ジュリ 617 号 55 頁（1976 年）。

(33)　阿部『行政救済の実効性』第 8 章。

第1章　行政法解釈のあり方

（地方自治法 242 条の 2 第 12 項）。

　この「勝訴」の意義について，最高裁第三小法廷平成 17 年 4 月 26 日判決（判時 1896 号 84 頁，判タ 1180 号 174 頁）は，「客観的に明確な基準を設け，判断を画一的に行うためのもの」と解釈し，確定勝訴判決や請求認諾・和解が調書に記載された場合には，「勝訴」であるが，裁判外の弁済によるものであれ，訴えが取り下げられた場合には，初めから係属していなかったものとみなされる（民訴法 262 条 1 項）のであるから，これにより当該訴訟が終了したときは，同法の「勝訴した場合」には当たらないと判断した。これでは，弁済されてしまうと，原告はせっかくの「勝訴」なのに，弁護士報酬を取れない不合理が生ずる。

　最高裁は，「勝訴」とは裁判官のもとの記録で「勝訴」となっていなければならないというつもりかもしれないが，弁護士費用を払うのは依頼者であるから，依頼者から見て訴えの目的を達成すれば「勝訴」というべきであり，弁済があれば「勝訴」なのである[34]。

　それどころか，最高裁で本来原告勝訴なのに，権利放棄のために敗訴した場合も弁護士報酬を支給されないのかという問題が起きる。

(2)　青色申告の承認処分取消処分が職権で取り消されたときの救済方法，後付け解釈

　青色申告の承認処分が職権で取り消されたので，それを前提に白色申告として更正処分がなされた。その後に青色申告承認の取消処分が職権で取り消されたとき，白色申告を前提とする更正処分は事後的に違法になったというべきである。これについて判例は減額更正の請求（国税通則法 23 条）をすべきだとする（最判昭和 57・2・23 民集 36 巻 2 号 215 頁，租税判例百選［第 4 版］198 頁）が，この場合に減額更正の制度を利用できるかどうかはそれまで法的に明確ではなかったので，それを利用しないと救済しないとするのは裁判を受ける権利を侵害する解釈である。そこで，筆者は，更正処分の取消訴訟で，事後的違法を主張することを許すべきであったとの解釈論を主張した[35]。

---

[34]　詳細は，阿部「いわゆる 4 号請求住民訴訟が訴えの取り下げにより終了した場合は原告に弁護士費用を払うべき『勝訴（一部勝訴した場合を含む）』には当たらないとされた事例」自治研究 82 巻 9 号 122-145 頁（2006 年）＝『住民訴訟の理論と実務』273 頁以下。

[35]　阿部「後発的瑕疵と行政処分の効力──青色申告承認処分が取り消されたことを前提として更正処分が行なわれた後，右青色申告承認取消処分が職権で取り消された場合に

このほか，原告の立場への配慮がない例は，他に，訴訟類型の選択などに関しかねて主張してきた。先に（2(1)⑦）キャッチ・ボールの弊害として述べたところでもある。

8　合理性を目指して，これまでの学説からの脱却を
　　──マクリーン判決からの脱却を例に──

　これまでの学説もその当時の制度を背景とし，そのときの事例を念頭においている。そこで，新しい問題には新しい発想で対応しなければならない。たとえば，通達その他のいわゆる行政規則は，これまで内部的な効力しかないことになっていた。そこで，いわゆるマクリーン事件最判昭和53年10月4日（民集32巻7号1223頁）は，裁量基準に違反しても，違法ではないとした。

　しかし，行政規則も，実際には行政の運用基準になっているので，合理的な理由なくそれから外れるのは違法である。そこで，例外的には相手方に対して効力あるという（外部拘束力があるという）ことになる。これを認めた判例はかなり前からある（たとえば，大阪高判昭和44・9・30高民集22巻5号682頁）が，これは最近一般的な見解になっている。

　たとえば，東京地判平成15年9月19日（判時1836号46頁）は，長期不法滞在外国人に対する退去強制令書発布処分，在留特別許可という裁量性の広い行為についても，「外国人に有利に考慮すべき事項について，実務上，明示的又は黙示的に基準が設けられ，それに基づく運用がされているときは，平等原則の要請からして，特段の事情がない限り，その基準を無視することは許されない。」とし，マクリーン判決の考え方は，「行政裁量一般を規制する平等原則を無視するものであって採用できない。」とした。そして，適法な在留資格を持たない外国人が長期間平穏かつ公然と我が国に在留し，その間に素行に問題なくすでに善良な一市民として生活の基盤を築いていることが，当該外国人に在留特別許可を与える方向に考慮すべき第一の事由であることは，本件処分時までに黙示的にせよ実務上確立した基準であったとして，これを不利に考慮することを違法とした。したがって，マクリーン判決は今日先例とすべきではない[36]。

　　おける，更正処分の効力──」判評203号＝判時795号138頁以下（1976年）＝『行政訴訟改革論』176頁以下。
[36]　したがって，マクリーン判決は再考の対象である。泉徳治「マクリーン事件最高裁判

第1章　行政法解釈のあり方

9　立法者意思を適切に評価せよ

解釈論のやり方として，立法者意思をどこまで尊重するか，また，立法者意思をどのように発見するかという問題がある。

(1)　国会での発言を無視する判例

①　まず，国会審議の法律論は無駄，ということにならない法解釈論を提言したい。日本では，国会で法律の意味について論争されることは非常に少ない。国会は立法府であるにもかかわらず，法律案の逐条審議によって条文の意味を明らかにしその不明確な点を補いあるいはその欠陥を是正するという作業はめったにやらない。自分の地元あるいは支持者からの声を代弁し，これこれはどうなっているとか，これこれについて大臣の決意のほどをお伺いしたいなどという，非常に一般的な質問をして終わっていることが少なくない。中に救済されるかどうかなどの質問があるときに大丈夫，できますという答弁があると，それでおさまってしまう。しかし，裁判所は，それを完全に無視する。

②　例えば，大学教員任期制法で任期満了により大学から無茶苦茶に追放されるようなとき，「非常に不合理な扱いがなされたということであれば，当然それは司法上の救済という道が閉ざされているわけではない……。」と，当時の文部省雨宮高等教育局長は答弁して何とかその場を取り繕った（第140回衆・文教委員会14号，1997年5月21日）が，しかし，京都地裁はそのような答弁を一切無視して，全く無茶苦茶な再任審査で再任拒否された京大井上教授の訴えを門前払いしてしまった[37]。

③　次に，いわゆる江釣子訴訟の例を挙げる。(旧)大規模小売店舗法では，大規模小売店に対して，店舗の面積は大きすぎる，出店面積を減らせ，あるいは開店日を先延ばせ，開店時間を短くせよ，年間営業日数を減らせなどと知事が勧告することができた。地元小売店からみれば，この勧告は甘すぎるというときでも，当該スーパーなどがこれに応じてしまえばそれで終わりで，より厳しい勧告をせよ，従わなければさらに命令せよというような話には進まない。そうすると，地元小売店としては大変不満である。大規模小売店舗法は，地元小売店の営業を守るための法律であるから，もっと厳しく運用せよと主張したいところである。これについて当時の通産省は，大規模小売店に甘すぎる場合

決の枠組みの再考」自由と正義2011年2月号19頁以下。
[37]　阿部編著『京都大学　井上教授事件』。

44

には地元小売店が争える，という答弁をした[38]が，それが実際に裁判になると，地元小売店にはそのようなことを争う原告適格がないとか，あるいは勧告は相手方に対して強制するものではないからいわゆる行政処分というものに当たらず，行政訴訟の対象にならないなどという判決を下してしまう（東京地判昭和57・3・16判時1035号17頁）。勧告はスーパーとの関係では，意に反して強制されるものではないから，スーパーは勧告に不満でもいちいち訴訟を起こす必要はなくて不満なら従わなくてもよいわけであるが，周辺小売店からみれば勧告のところで相手方スーパーが応じてしまえばもう争えないというのでは不合理である。この場合はもっと厳しい勧告をせよという訴訟ができなければならないはずである。したがって，小売店から見ればこれを処分とすべきである。これが私見の相対的行政処分論である[39]。

④　定年制が導入される前，自治体の条例で定年制を導入できるかといった問題があったが，私見では，当時の立法者意思を分析すると，これを適法と見るべきであった[40]。

(2)　断片的な国会発言を重視しすぎないように

①　保険医療機関の指定拒否

前記（5(3)）の保険医療機関の指定拒否に関する事件では，根拠となっている健康保険法の立法時における議論ではなく，その後，健康保険法とは関係ない医療法での審議のときに当時の官僚がちょっと言ったことが，健康保険法の立法者意思として，健康保険医療機関の指定を拒否できる，という判決（最判平成17年9月8日判時1920号29頁）が下された[41]。

後の別の法律で役人がした答弁が議会の意思などといわれては，「虎の威を借る狐」のインチキ議論に裁判所がだまされたというしかない。

②　第三セクターへの人件費補助

神戸市では第三セクターへ市の職員を派遣している。以前行われていた給与付派遣は，公益法人等への一般職の地方公務員の派遣等に関する法律（派遣

---

(38)　第71回国会衆議院商工委員会会議録第41号24頁，橋本利一通産省企業局次長説明，阿部『行政訴訟改革論』143頁。

(39)　阿部『行政訴訟改革論』87頁以下。

(40)　阿部「公務員の定年制——制度化前の解釈論争」神戸法学年報6号（1990年）1頁以下。

(41)　阿部『行政法解釈学Ⅰ』128頁，その原番，1審判決については，『行政法の解釈(2)』第5章。

第1章　行政法解釈のあり方

法）が施行されて，禁止されたので，神戸市は，休職・無給派遣とし，代わりに，派遣先団体に対して給与相当額を含む補助金を支出した。これは派遣法の趣旨に反して，脱法行為であり，それだけで違法であるとして，住民訴訟が提起された（神戸地裁平成18年（行ウ）第25号，神戸市福祉・医療外郭団体への人件費違法支出損害賠償等請求事件）。これに対して，被告神戸市長は，国会の討論では，このような支出を認めていると主張した（衆議院地方行政委員会第10号平成12年4月18日（火曜日））。

　本稿の初出時には，まだ判決が出ていなかった事件であるが，他の自治体でも同様のことがあれば早期にこの種の違法行為を止めるべきだと考えて，ここで紹介した。

　　委員「営利法人等に対して自治体が別途，補助金とか負担金とかという形で一定の補助をしていくというようなことがあれば，その補助金が給与に使われるというようなことになれば，ある意味では，別の手段で迂回的に給与の負担を自治体がするというふうなことになってしまうわけでして，……そこら辺の整理をどのようにされているのか，……お聞きをしたい……。」
　「○平林政務次官　いわゆる第三セクターの営利法人に退職をして派遣をされる，こういう人に対しましては，職員としての身分を有しませんから，派遣元の地方公共団体は給与を支給することができないということでございます。
　　なお，第三セクターは，本来，みずからの自助努力……で運営されることが原則でありますけれども，第三セクター自体の社会的な便益が広く地域にもたらされるような事業を行うというような場合でありますと，地方自治法の第232条の2の規定……によりまして，地方公共団体が財政的援助を行う場合もあり得ると考えられます。
　　ただし，その場合，その財政的援助の内容につきましては，当該の第三セクターに対する地方公共団体のかかわり方を踏まえて，補助金等に係る公益上の必要性などについて十分検討が行われるものと考えております。これはもう，その当該県なり市町村の長あるいは議会がかかわってお決めになる公益上の判断と言うことになろうかと思うわけでございます。」

　被告はこれを引用して，派遣法施行後も，公益性があれば，第三セクターに補助金を支出することができるのであり，補助対象として，人件費を除外する考えもないから，本件人件費補助は，脱法行為ではないと主張している。
　しかし，この国会答弁は，質問に正面から答えていないが，だからといって，被告主張を正当化するものではない。ここで指摘されているように「第三

46

セクターは，本来，みずからの自助努力」で運営されるべきものである。地方自治法232条の2により補助できる場合も，「第三セクター自体の社会的な便益が広く地域にもたらされるような事業を行うというような場合」に限られる。それは，「当該の第三セクターに対する地方公共団体のかかわり方を踏まえて，補助金等に係る公益上の必要性などについて十分検討」が必要であり，それは，「その当該県なり市町村の長あるいは議会がかかわってお決めになる公益上の判断」であるとされている。これまで行っていた職員の給与付派遣が禁止されたので，職員の派遣自体は給与の付かないものとし，代わりに，人件費補助をした神戸市に，第三セクターは，まずは自らの自助努力で運営されるべきものとの視点があったとは思えない。

　このような国会議事録の意味について参考となる判例がある。長崎地判平成17年3月8日（判時1930号85頁）は，原爆被爆者援護法の居住地要件に関して，国外居住者には適用しないとの施行令19条は，法律の趣旨に反するとして委任の限界を超えたとしたものであるが，国会でのやりとりについて，次のように判断している（判時1930号91頁）。

　「被告は，立法者意思としても，法は国外からの申請を予定していないと主張する。確かに……，立法審議がされていた平成6年12月6日の参議院厚生委員会において，議員から『法は旧来の原爆二法同様，海外の在住者は対象外となるのでしょうか。』との質問がされ，政府委員は『新法の適用につきましては，現行の原爆二法と同様に日本国内に居住する者を対象とするという立場をとっております。ただ，国籍条項というものはございませんので，国内に居住する外国人被爆者についてもこれは適用されるという考え方でございます。』と答弁し，この点に関してそれ以上の審議はされていないことが認められる。しかし，このような委員会におけるごく断片的なやり取りだけで，国外からの各種手当の支給申請はできないとすることが立法者意思であったということはできないのみならず……前記政府答弁は，離日によって被爆者たる地位は当然に消滅するという解釈を述べたものであるから，これが変更された現在において被告の主張するとこ立法者意思であったと解することはできない。」

　神戸市の例でも，国会での断片的なやりとりだけで，派遣法施行後も，派遣職員の人件費を第三セクターに補助できることにはならないのである。

　その後，最終的には最判平成24年4月20日により，このような立法過程を考慮し，市長の過失は否定しつつ，給与付き派遣は違法となった[42]。

────────────
(42)　阿部『住民訴訟の理論と実践』432頁以下。

第1章　行政法解釈のあり方

10　事案を拡大解釈しない法解釈を，判例の射程範囲

　判例はいかにも一般論を展開していても，立法権を有するものではなく，個別事例を見ているのであるし，当事者の主張をふまえているのであるから，より広く意見を聞いて判断する国会と異なって，どうしてもその射程範囲は限られる。判例理論を一般化することには慎重であるべきであるし，射程範囲を限定する必要が生ずることは少なくない。

(1)　専決の場合の首長の責任に関する平成3年の最判

　①　たとえば，住民訴訟で，知事，市町村長の責任が追及されると，それは，実は専決で，部下に任せていたとして，責任を逃れようとするのが被告首長側の訴訟戦術である。それは常に認められるのか。

　②　部下に専決させている場合に，本来の権限を有する者＝首長に責任が及ぶのはどのような場合かについて，最判平成3年12月20日（民集45巻9号1455頁）は，「専決を任された補助職員が管理者の権限に属する当該財務会計上の行為を専決により処理した場合は，管理者は，右補助職員が財務会計上の違法行為をすることを阻止すべき指揮監督上の義務に違反し，故意又は過失により右補助職員が財務会計上の違法行為をすることを阻止しなかったときに限り，普通地方公共団体に対し，右補助職員がした財務会計上の違法行為により当該普通地方公共団体が被った損害につき賠償責任を負う」としている。

　その理由は，「管理者が右訓令等により法令上その権限に属する財務会計上の行為を特定の補助職員に専決させることとしている場合においては，当該財務会計上の行為を行う法令上の権限が右補助職員に委譲されるものではないが，内部的には，右権限は専ら右補助職員にゆだねられ，右補助職員が常時自らの判断において右行為を行うものとされるのであるから，右補助職員が，専決を任された財務会計上の行為につき違法な専決処理をし，これにより当該普通地方公共団体に損害を与えたときには，右損害は，自らの判断において右行為を行った右補助職員がこれを賠償すべきものであって，管理者は，前記のような右補助職員に対する指揮監督上の帰責事由が認められない限り，右補助職員が専決により行った財務会計上の違法行為につき，損害賠償責任を負うべきいわれはないものというべきだからである。」としている。

　そうすると，専決の場合，専決権者が第一次的に責任を負うのであって，本来の権限者は指揮監督の責任を負うということになり，訴訟の争点は，本来の

権限者については指揮監督上の過失の有無となりそうである。

しかし，この判決については，「内部的には，右権限は専ら右補助職員にゆだねられ，右補助職員が常時自らの判断において右行為を行う」ものとされ，「自らの判断において右行為を行った右補助職員」という文言が用いられているので，そのような場合に限るように，射程範囲の限定が必要である。

③　そもそも，専決にも，専決権者に裁量のあるものとないものの2種類があることに留意すべきである。裁量があるものであれば，それに違法がある場合でも，本来の権限者固有の違法とは限らない。専決権者が「自らの判断において右行為を行っ」たものとして，専決権者自身の違法である場合も多い。その場合には本来の権限者に指揮監督上の過失があるかどうかが問題になる。たとえば，宴会で，社会通念を超える出費をしないようにすることは，宴会の幹事である担当課長などが判断すべきことであり，市長が個別に判断するべきことではない。また，宴会費用として支出したが，実はそれは架空の支出であったという場合には，それは現場の管理者が行ったものであり，首長の責任は，指揮監督上のものに限られるとするのは正当である。

上記の平成3年最判の事件では，大阪府水道部総務課長が懇談会名目で行った支出を専決したものであるが，それは架空の支出であった。そして，賠償責任は，本来の権限者である大阪府水道事業管理者にあるのか，現実に支出を担当した補助職員たる課長にあるのかが争点になった。1審，原審は，「地方公営企業の管理者が自己の権限に属する公金の支出行為を補助職員を用いてする場合には，法（地方自治法）242条の2第1項第4号の『当該職員』に該当するのは管理者のみであって，補助職員はこれに該当しないと解される反面，補助職員に違法な公金支出について若しくは過失の帰責事由があるときは，管理者は，現実に右支出行為に関与していなくても，補助職員をいわば手足として自己の権限に属する行為を行わせる者として，補助職員の責任をそのまま自己の責任として負うものというべきである。」とした。これに対して，最高裁は，本件の責任は補助職員にあるとして，これを破棄差戻ししたものであるが，それは，「内部的には，右権限は専ら右補助職員にゆだねられ，右補助職員が常時自らの判断において右行為を行う」，専決権者が「自らの判断において右行為を行っ」た場合を念頭におくからである。こうした事案であれば，本来の権限者に指揮監督上の過失の有無を問わず，責任を負わせるのは不合理であろう。

これに対して，支出のルールは本来の権限者により決められており，専決権者はすでに決まったルールで，ロボットないし自動販売機のように支出事務を

第1章　行政法解釈のあり方

行う場合には，この平成3年の最判が念頭におくものではないから，その射程範囲外である。首長が設定したルールに基づく専決の場合，その違法は，専決権者固有のものではなく，その上のルール設定者＝首長に帰するものである。その場合には，個別の支出行為をした個々の専決権者の責任を追及するのは筋違いである。

④　以上は，この判決を前提として，その射程範囲を限定する解釈論であるが，逆にこのような限定解釈を必要とするような最高裁判決は，専決を必要とする場合を広く調べることなく，大阪府水道局の目前の事例だけ見て，一方的に一般的な法理を述べているもので，不適切である。

⑤　なお，この判例は，もともと，首長などの個人責任を追及する4号請求訴訟は，自治体が首長を被告に行う不法行為訴訟を，住民が代位行使するものであるから，自治体が行う場合と同じく考えると，不法行為者は，権限を現実に行使した者であり，内部的にせよ権限が委任されていれば（専決），専決権者の責任を追及すべきであるという考え方を前提としている。しかし，平成14年の住民訴訟改正により，被告は首長などの行政機関となり，首長から，行為者に対して請求することを求める訴訟形式がとられている。このような制度としたのは，首長の説明責任を果たさせるためである。それならば，自治体内部の権限の所在に疎い（情報公開請求しても専決権者を明らかにするにも手間暇がかかる）住民に，責任があるのは専決権者か本来の権限者かを特定させるべきではなく，住民が，首長に対し，本来の権限者に対して請求せよという訴訟を提起したとき，被告首長は，権限を内部的にせよ委任したから，本来の権限者の責任ではないと反論して，責任を免れることは許されず，むしろ，責任ある行為をしたのは，本来の権限者か，専決権者か，誰がどのように関与したのかを説明すべきであると考えるべきである。

(2)　土地区画整理事業計画の処分性に関する昭和41年大法廷判決

最高裁大法廷（昭和41・2・23民集20巻2号271頁）は，土地区画整理事業計画はまだ事業の青写真にすぎず，訴訟の対象にならず，仮換地処分などの段階で争えばよいとしている。しかし，この事件は，事業が放置されている場合なので，的はずれである。この判決は，事業が進んでいる場合で，しかも，換地照応の原則違反などを主張する場合に限定すべきであり，事業計画がそもそも違法であるとか，事業が進行しないという不服については，射程範囲外というべきである[43]。これがその後もそのまま踏襲されていた（最判平成4・10・6判時

50

1439 号 116 頁）。

やっと，最大判平成 20 年 9 月 10 日に至って判例変更がなされた[44]。

(3)　「法律上の争訟」に関する住基ネット訴訟

先 (5(1)) に述べた「法律上の争訟」に関する平成 14 年最判は，宝塚市が，行政上の義務の民事執行を求めたところ，法律上の争訟に当たらないとして却下したものである。この判決自体不当であるが，さらにこの判例の射程範囲を他の場合に拡張するのはなおさら不当であると考える。

①　東京地裁平成 18 年 3 月 24 日判決は，次のように述べる。

> 「確かに，平成 14 年最高裁判決は，『国又は地方公共団体が専ら行政権の主体として国民に対して行政上の義務の履行を求める訴訟』についての判断であり，本件確認の訴えのように，確認請求に係る訴えや国若しくは地方公共団体又はそれらの機関相互間の権限の存否又は行使に関する訴訟について直接判断したものということはできない。しかし，平成 14 年最高裁判決は『国又は地方公共団体が専ら行政権の主体として国民に対して行政上の義務の履行を求める訴訟』について，この訴訟が『法規の適用の適正ないし一般公益の保護を目的とするものであって，自己の権利利益の保護救済を目的とするものということはできないから，法律上の争訟として当然に裁判所の審判の対象となるものではな』いと判断したものである。そして，上記判断の実質的な理由は，上記訴訟と同じく行政権限の適正な行使の実現を目的とする，国若しくは地方公共団体又はそれらの機関相互間の権限の存否又は行使に関する訴訟についても当てはまるということができるのである。」

これは，前記のように，問題の多い平成 14 年最判を機械的に適用するものであって，不適切である。そうした問題のある判決は，できるだけ影響力を及ぼさないように限定的に解すべきである。異なる場面にまで拡大すべきではない。

②　ところが，この東京地裁判決は，こうした主張に反論して，次のように述べる。「原告は，平成 14 年最高裁判決の射程は，行政権力で規制することができる国民に対する場合である『専ら行政権の主体として国民に対して行政上の義務の履行を求める訴訟』に限定すべきであり，地方公共団体が国を被告として提起する訴訟については，平成 14 年最高裁判決の射程に入らないので

---

(43)　『行政法解釈学Ⅱ』102 頁以下。

(44)　『行政法解釈学Ⅱ』115 頁以下。

第1章　行政法解釈のあり方

あって，法律上の争訟に該当する旨主張する。

　確かに，平成14年最高裁判決は，『専ら行政権の主体として国民に対して行政上の義務の履行を求める訴訟』についての判断であるが，その判断の実質的な理由は，本件確認の訴えについても妥当するということができる。すなわち，平成14年最高裁判決は，『専ら行政権の主体として国民に対して行政上の義務の履行を求める訴訟』が法律上の争訟に該当しない理由として，国民に対しては行政権力で規制することができることを挙げているわけではないのである。むしろ，平成14年最高裁判決は，上記訴訟が『法規の適用の適正ないし一般公益の保護を目的とするものであって，自己の権利利益の保護救済を目的とするものということはできないから，法律上の争訟として当然に裁判所の審判の対象となるものではな』いと判断したのであるから，原告の主張は，平成14年最高裁判決の理解を誤ったものといわなければならない。」

　これもまた，特定の事件に関する判例の文言を金科玉条に墨守して，その射程範囲を不当に拡張するものである。「法規の適用の適正ないし一般公益の保護を目的とするものであって，自己の権利利益の保護救済を目的とするものということはできないから，法律上の争訟として当然に裁判所の審判の対象となるものではな」いとする平成14年判決の理論は何ら根拠づけられておらず，理論的にも実際的にも正しくなく，学界では賛成者はほとんどいない。それにもかかわらず，この判決に依拠するならば，その正当化根拠をきちんと説明すべきものである。さもなければ，判例の発展はない[45]。

　住基ネット事件に関する東京高裁平成19年11月29日判決は，平成14年の最判は，「法規の適正ないし一般公益の保護を目的とする場合は法律上の争訟に当たらないことを明らかにした」ものであるとして，区と都の間のこの訴訟は，「法律上の争訟」に当たらないとした。この最判は，国会のように公の場で議論した上で判断したものではないから，その射程範囲をこのように広く解釈すべきではないと考える。

---

[45]　常岡孝好「自治体による住基ネット接続義務確認訴訟と司法権」（判評580号174頁以下）も，地方公共団体が自治権に基づいて提起した訴訟は「法律上の争訟」と解される場合があるとの趣旨で，平成14年の最判の射程範囲を限定せよと主張している。

52

10　事案を拡大解釈しない法解釈を，判例の射程範囲

■追記2　住基ネット東京高裁平成19年11月29日判決

　10において，判例の射程範囲を拡大しないようにと述べ，平成14年の最判を限定すべきであると主張したが，その高裁判決でも，この最判は，「法規の適正ないし一般公益の保護を目的とする場合は法律上の争訟に当たらないことを明らかにした」ものであるとして，区と都の間のこの訴訟は，「法律上の争訟」に当たらないとした。しかし，この最判は，国会のように公の場で議論した上で判断したものではないから，その射程範囲をこのように広く解釈すべきではないと考える。

　横浜地判平成18年3月22日（判例自治284号26頁）も，池子地区米軍家族住宅を追加建設してはならない義務等確認請求事件において同様の判断をした（ただし，これは，逗子市，神奈川県，防衛施設庁の間の緑地保全などに関する合意が政治的なもので，法的拘束力がないものとして，この訴訟を「法律上の争訟」ではないとしたものである）。

　これに対し，福岡高判平成19年3月22日（判例自治304号35頁）は，公害防止協定に基づくとはいえ，産廃施設を市が使用途上で差し止めることは廃掃法の許可制度の本質に反して違法であるとしたが，平成14年の最判は，地方公共団体等の行政主体の国民に対する義務履行請求を著しく制限するものであるから，本件のような場合にまでそのまま当てはめることはできないと正当にも判示した。最高裁平成21年7月10日判決（判時2058号53頁，判例タイムズ1308号106頁）もこれを是認した。これについては，本書第3章2(3)でも扱っている。

(4)　租税法と信義則

①　信義則が，民法の一般原則であるだけではなく，法の一般原則として，権力関係の典型領域である租税法においても適用されることは，今日一般的に認められている。そのリーディング・ケースである最高裁の判決は，青色申告の承認の申請をしないで，青色申告書を提出した場合に，税務署がそれを受け取っても，青色申告としての効力を認めることはできないとした（最判昭和62・10・30判時1262号91頁，判タ657号66頁）。

　ここで，信義則と租税法律主義の関係では，(ア)納税者間の平等・公平を犠牲にしても納税者を保護しなければならないか，(イ)税務官庁が納税者に信頼の対象となる公的見解を表示したか，(ウ)納税者が税務官庁の表示を信頼して行動したことにより経済的不利益を被ったか，(エ)納税者に責めに帰すべき点はないかが論点とされている。

　その前提として，この判決は，「租税法律関係においては，信義則の法理の適用については慎重でなければならず，租税法規の適用における納税者間の平

第1章　行政法解釈のあり方

等，公平という要請を犠牲にしてもなお当該課税処分に係る課税を免れしめて納税者の信頼を保護しなければ正義に反するといえるような特別の事情が存する場合に，初めて右法理の適用の是非を考えるべきものである」としている。

②　これは理論的に極めて厳しい立場であると評価されるが，法律の解釈運用について権限と責任がある行政のミスは許し，何も知らず，ミスも犯さず，行政を信頼した私人を「信じたあなたは馬鹿だった」とするもので，あまりに不公平である。法の正義の観点からは，逆に，「行政の誤った見解表明のために国民が誤導された場合には，法治主義を優先させることは慎重でなければならず，納税者間の平等，公平という要請を優先すると正義に反するといえるような特別の事情が存する場合に初めて，信頼保護の法理の適用を排除することができる」というべきである。

③　しかも，青色申告は実体的な税額を決めるとか減免する制度ではなく，単に一定の帳簿を付ければ多少の優遇がある（欠損金の繰越控除，青色申告控除，当時は更正の際の理由附記）という程度のものであり，その承認は手続的なもの（ほぼ承認される）であるから，青色申告の承認を得ずに青色申告書を提出していた上記の場合も税務署の方から青色申告の用紙を送付されてきたので，もはや申請不要と錯覚したのは十分やむを得ないと認められるべきではないか。

そして，遡及して承認するという扱いも，納税者間の公平を害さないのではないか。最高裁は，実体的な税額に影響を及ぼす誤った教示と手続的な青色申告を区別していない問題がある。

④　次に実体的な課税処分の場合には，まさに不利益処分の最たるものであるから，行政の運用に対する納税者の信頼はより保護されなければならないのである。

㋐の論点では，法治行政上は違法であるが，これまでの行政の扱いに対する納税者の信頼をどう考えるかという問題である。行政側がミスしたために，納めるべき税金を納めないで済むのは不合理である。有名な文化服装学院のケースでは，固定資産税は，学校用地でなければ納めるべきものであるから，東京都の担当官が勘違いしたというだけで納めないですませることができるとするのは不合理である。しかも，たかが固定資産税くらいでは，当該学院の存亡には関わらないから，私見では，固定資産税は納付すべきであり，ただ，固定資産税はかからないという都の職員の指導を信頼したことによる損害だけを賠償すればよい(46)。

これに反し，法人税，所得税の場合には，これまでの行政運用が覆されて，

課税されれば，税額が巨額に及び，企業の存亡，個人の生活苦にまでも及ぶことが起きる。

(イ)の点では，単に申告がそのまま通ったというだけでは，その申告の方法が適法であるとの信頼は生じないもので，後に税務署から，その申告を否認されることがあるのはやむをえない。単にちょっと窓口で聞いただけで，わかったつもりになっていた場合も同様であろう。

これに反し，長年同様のやり方で申告し，数度にわたる税務調査の際にその旨税務署にも説明してきていたという場合がある。それも同じなのか。その場合にも，常に「公的見解」が必要だとすれば，それは実情を知らない議論であり，無理難題を要求するものである。というのは，税務署に長年説明して，納得を得たのであれば，それ以上文書による同意を求めるなどという動機がないうえ，正式の文書をくれと言っても役所はそう簡単には文書を出さないのである。そこで，文書がなくても，長年申告，調査の際に同じ扱いで通っていれば，それを「公的な見解」として，この判例の文言を限定解釈すべきである。

さらに，(ア)と(イ)は相関関係があるもので，(ア)の点で納税者にきわめて酷な場合（文化服装学院の事件はそうではない）には，(イ)の点は多少緩和して考えるべきである。(ウ)は争われている事件では普通は認められる。(エ)の点では，納税者が税務署に上記のように説明した場合には，責めに帰すべき点はないというべきである。

このように，この判決が求める信義則適用の要件を緩和して，更正処分の方を違法としないと，著しく正義に反する場合もあると考えられる。

11　合憲限定解釈か，法文違憲か

(1)　合憲限定解釈論の問題点

①　違憲と争われている法規につき，不明確であり，広狭二義の解釈が法文上は可能に見え，広義の解釈を取るときは法律が違憲となり，または，違憲となる疑いが濃い場合，それを無効として，立法者に法改正を求めるか，限定解釈して，憲法上問題のない狭義の解釈を導いて，当該事案の解決を図るかという論点がある。判例は，基本的に後者のいわゆる合憲解釈のアプローチを採っている[47]。

---

(46)　この点は，阿部『行政の法システム〔新版〕』717頁に詳しい。

(47)　これを論じた初期の丁寧な論文として，時国康夫「合憲解釈のアプローチ（上・下）」

第1章　行政法解釈のあり方

　その根拠の第一は，違憲とすると司法権が立法権に過度に介入するのではないかという司法消極主義によるとされている。司法権の立法権に対する礼譲でもある。

　②　しかし，ここでの論点はそれだけではない。ここで，曖昧な法律を一旦無効とすると，それに違反した者を無罪とする不合理があるが，それは一度だけである。立法者が早急に対処すれば，今度は明確で，適用範囲も合理的な法律が制定される。立案関係者が条文を作り直すのは簡単である。

　合憲限定解釈をすると，法の核心に違反した者を逃すことなく有罪とすることができるので，具体的な事案では正義が実現するが，それ以後も不適切な法律がそのまま存続する。立法者は司法によって正当化されたとして，改正の動機がなくなるのである。限定解釈された条文が通用するのではなく，条文は変わらないから，一般人には不明確なままであることに変わりはない。そこで，一般人には萎縮効果が生ずると批判されるが，それだけでなく，権力者が，条文の文言に沿って，行政処分をしたり，刑事事件で摘発したりすれば（現場の恣意的な法執行），最終的には，限定解釈によって無罪となっても，それまでの過程で，被処分者や刑事被告人は塗炭の苦しみを受ける。違憲審査権は，司法権の立法権への介入という視点だけではなく，違憲法令による人権侵害の防止の視点を十分に考慮しなければならない。

　これを比較すれば，筆者は，合憲限定解釈よりも，違憲判決のほうが長い目で見て合理的であると思う。立法権への礼譲も大事だが，国民にとって，法の明確性はもっと重要ではないかと思う。

　③　これについて筆者がかねて問題としてきたのは，青少年保護条例によるいわゆる「淫行」の処罰である。

　最大判昭和60年10月23日（刑集39巻6号413頁）は，18歳未満の者との「淫行」，「みだらな性行為」とは，「青少年を誘惑し，威迫し，欺罔し又は困惑させる等その心身の未成熟に乗じた不当な手段により行う性交又は性交類似行為のほか，青少年を単に自己の性的欲望を満足させるための対象として扱つているとしか認められないような性交，又は性交類似行為をいうものと解すべきである」と限定解釈をして，当該事案を有罪とした。最高裁は，この条文を無効とすれば，当該被告人を無罪にしなければならないから，正義感に反すると考えたのであろう。しかし，その結果，この不明確な条文は改正されることな

───────────

　ジュリスト326，327号（1965年）がある。当時までの最高裁判決も掲げられている。

56

く，その後もそのまま通用している[48]。現場で法を執行するとき，いちいち最高裁判決を見ているわけではないから，やはり条文通りの恣意的な法執行がなされる。それについて裁判で争った者だけが救済されるのであり，そうではない大部分の者は，取り調べ，学校への通報など，種々の重大な不利益を被ることになる。

他方，この条文を違憲としたところで，「淫行」を永久に処罰できなくなるわけではなく，条例を制定する地方公共団体が速やかに条例を改正すれば，また処罰できるのであり，その間処罰できないことの不合理は，これが国法では処罰していないところからみても，どうしても処罰しなければならないほどの悪質な行為ではないのである。

筆者が関与した大阪府青少年健全育成条例は，「淫行」なり「みだらな性行為」を次のように具体化した。この程度のことは立法者なら朝飯前である。合憲限定解釈は，これができない愚鈍な立法者を甘やかすだけだと思う。

（みだらな性行為及びわいせつな行為の禁止）
第二十八条　何人も，次に掲げる行為を行ってはならない。
一　青少年に金品その他の財産上の利益，役務若しくは職務を供与し，又はこれらを供与する約束で，当該青少年に対し性行為又はわいせつな行為を行うこと。
二　専ら性的欲望を満足させる目的で，青少年を威迫し，欺き，又は困惑させて，当該青少年に対し性行為又はわいせつな行為を行うこと。
三　性行為又はわいせつな行為を行うことの周旋を受け，青少年に対し当該周旋に係る性行為又はわいせつな行為を行うこと。
四　青少年に売春若しくは刑罰法令に触れる行為を行わせる目的又は青少年にこれらの行為を行わせるおそれのある者に引き渡す目的で，当該青少年に対し性行為又はわいせつな行為を行うこと。

さらに，合憲限定解釈は，司法権の立法権への礼譲を1つの大きな根拠とするが，三権の一翼を担う国の立法者が，内閣法制局の審査を経て制定した法律についてならまだしも，国の立法権にはおよそ属しない地方公共団体の条例については，そのような礼譲は不要である。

---

[48]　この判決の批判は，阿部「青少年保護条例による『いん行，みだらな性行為』の処罰（上）（下）」法時57巻4号68〜77頁，57巻5号88〜96頁（1985年），「18才未満の青少年との性行為の可罰性」法セミ372号（1985年12月）20〜23頁＝『地方自治法制の工夫』273頁以下。

第1章　行政法解釈のあり方

(2)　これまでの主要判例

　これまでは，この問題は，いわゆる全逓中郵事件（最大判昭和 41・10・26 刑集 20 巻 8 号 901 頁），全農林事件（最大判昭和 48・4・25 刑集 27 巻 4 号 547 頁），徳島市公安条例事件，札幌税関事件等の最高裁判決で取り上げられてきた。

　全逓中郵判決は国家公務員法のスト禁止規定について限定解釈をして被告人を無罪としたものであり，全農林判決は，逆に，合憲限定解釈をしなくても合憲として，国家公務員の争議行為を一切禁止してしまったものであり，徳島市公安条例判決，札幌税関事件判決も，合憲限定解釈をしたものである。

　徳島市公安条例 3 条 3 号が「交通秩序を維持すること」と規定していることにつき，徳島市公安条例事件の原判決は，犯罪構成要件としては，はなはだ広義かつ包括的でその内容が不明確なものであって，刑罰法規としての明確性に欠けるとしたのに対し，最高裁大法廷判決（昭和 50・9・10 刑集 29 巻 8 号 489 頁）は，この規定は抽象的であるが，通常人がその意味を読み取れるので，憲法 31 条に違反するような不明確性を有するものではないとした。

　これにも賛否両論があるので，ここで改めて追加するほどのことはないが，この判決によれば，「一般に法規は，規定の文言の表現力に限界があるばかりでなく，その性質上多かれ少なかれ抽象性を有」するにせよ，他の地方公共団体の条例ではより明確に規定しているのであるから，こんな杜撰な条例に対しては，遠慮すべきものはなく，いったんは違憲として，制定しなおさせるほうが，曖昧な条例が永続しないので，はるかに公共の利益に合致する。

　札幌税関検閲事件最高裁大法廷判決（昭和 59・12・12 民集 38 巻 12 号 1308 頁）は，限定解釈により合憲とするために，徳島市公安条例判決に倣い，(1)その解釈により，規制の対象となるものとそうでないものとが明確に区別され，かつ，合憲的に規制しうるもののみが規制の対象となることが明らかにされる場合であること，(2)一般国民の理解において，具体的場合に当該表現物が規制の対象となるかどうかの判断を可能ならしめるような基準をその規定から読みとることができるものであることを要求した。

　もし，「かかる制約を付さないとすれば，規制の基準が不明確であるかあるいは広汎に失するため，表現の自由が不当に制限されることとなるばかりでなく，国民がその規定の適用を恐れて本来自由に行い得る表現行為までも差し控えるという効果を生むこととなるからである」と。この一般論はもとより正当である。

　しかし，関税定率法 21 条 1 項 3 号の「風俗を害すべき書籍，図画」等を猥

褻な書籍，図画等のみを指すものと限定的に解釈することによつて，合憲的に規制し得るもののみがその対象となることが明らかにされたとすることには，賛成できない。普通の日本人がその言葉をこのようにいちいち限定して解釈するべきものであろうか。それよりは立法者がちょっと条文を作り直せばよいだけである。これも怠け者の立案関係者を甘やかすだけの判決である。

(3) 広島市暴走族追放条例最判平成19年9月18日における裁判官の中の意見の対立

これは限定解釈の当否について，最高裁で意見が分かれた興味深い例である（刑集61巻6号601頁）。広島市暴走族追放条例の文言が不明確であるかどうかについて，多数意見は否定した。そこでの裁判官の意見の違いから，限定解釈の方法の問題点が浮き彫りになる。

多数意見は，本条例19条，16条1項1号，17条等について，これらの規定の規律対象が広範に過ぎるため本条例は憲法21条1項及び31条に違反するとの論旨を，いわゆる合憲限定解釈を施すことによって斥けた。

多数意見の堀籠幸男判事は，一般に条例については，法律と比較し，文言上の不明確性が見られることは稀ではないから，このような場合，条例の文面を前提にして，他の事案についての適用関係一般について論じ，罰則規定の不明確性を理由に違憲と判断して被告人を無罪とする前に，多数意見が述べるように，本条例が本来規制の対象としている「集会」がどのようなものであるかをとらえ，合理的な限定解釈が可能であるかを吟味すべきであるとする。確かに，集会の自由という基本的人権の重要性を看過することは許されず，安易な合憲限定解釈は慎むべきであるが，条例の規定についてその表現ぶりを個々別々に切り離して評価するのではなく，条例全体の規定ぶり等を見た上で，その全体的な評価をすべきものであり，これまで最高裁判所も，このような観点から合憲性の判断をしてきているのであるという。そうであれば，本条例については，多数意見が述べるように，合理的限定解釈が可能であるから，そのような方向で合憲性の判断を行うべきであり，これを違憲無効とする反対意見には同調することができないというのである。

しかし，これは合憲限定解釈が持つ前記のような問題点（現場の恣意的な法執行を防止できないこと，条例制定権への礼譲は不要であること）に考慮しないだけではなく，条文が不明確でも，「その表現ぶりを個々別々に切り離して評価するのではなく，条例全体の規定ぶり等を見た上で，その全体的な評価をすべ

第1章　行政法解釈のあり方

きものであり」として，怠惰な立案関係者を擁護し，杜撰な条例を正当化する
点で賛成できない。法の執行の現場では，条例全体の規定ぶりを見た上でその
全体的な評価などという高級な作業をしていることはないのであり，直接に明
示的な規定がなければ，しばられないと思っている行政官が大部分なのである。
まさに，実態を知らない法解釈論である。

　多数意見の那須弘平判事は，「規制の対象となるかどうかの判断を可能なら
しめるような基準をその規定から読みとることができるかどうか」の判断は，
定義規定だけに着目するのではなく，広く本条例中に存在するその他の関連規
定をも勘案して決すべきものであり，そのような広い視点から判断すれば，本
条例における「暴走族」につき多数意見のように限定解釈をすることは大法廷
判決の示す要件にも合致し，十分に合理性を持つと考えるとしている。これに
も同様の批判が妥当する。

　反対意見の藤田宙靖判事は，次のように述べる。

　「多数意見は，本条例2条7号における『暴走族』概念の広範な定義にもかかわ
らず，目的規定である1条，並びに5条，6条，そして本条例施行規則3条等々
の規定からして，本条例が規制の対象とするのは，専ら社会的通念上の暴走族及
びそれに準じる者の暴走行為，集会及び祭礼等における示威行為に限られること
が読み取れる，という。しかし，通常人の読み方からすれば，ある条例において
規制対象たる『暴走族』の語につき定義規定が置かれている以上，条文の解釈上，
『暴走族』の意味はその定義の字義通りに理解されるのが至極当然というべきであ
り（そうでなければ，およそ法文上言葉の『定義』をすることの意味が失われる），
そして，2条7号の定義を字義通りのものと前提して読む限り，多数意見が引く5
条，6条，施行規則3条等々の諸規定についても，必ずしも多数意見がいうよう
な社会的通念上の暴走族及びそれに準じる者のみを対象とするものではないとい
う解釈を行うことも，充分に可能なのである。加えて，本条例16条では『何人も，
次に掲げる行為をしてはならない』という規定の仕方がされていることにも留意
しなければならない。多数意見のような解釈は，広島市においてこの条例が制定
された具体的な背景・経緯を充分に理解し，かつ，多数意見もまた『本条例がその
文言どおりに適用されることになると，規制の対象が広範囲に及び，憲法21条1
項及び31条との関係で問題があることは所論のとおりである』と指摘せざるを得
なかったような本条例の粗雑な規定の仕方が，単純に立法技術が稚拙であること
に由来するものであるとの認識に立った場合に，初めて首肯されるものであって，
法文の規定そのものから多数意見のような解釈を導くことには，少なくとも相当
の無理があるものと言わなければならない。

60

私もまた，法令の合憲限定解釈一般について，それを許さないとするものではないが，表現の自由の規制について，最高裁判所が法令の文言とりわけ定義規定の強引な解釈を行ってまで法令の合憲性を救うことが果たして適切であるかについては，重大な疑念を抱くものである。本件の場合，広島市の立法意図が多数意見のいうようなところにあるのであるとするならば，「暴走族」概念の定義を始め問題となる諸規定をその趣旨に即した形で改正することは，技術的にさほど困難であるとは思われないのであって，本件は，当審が敢えて合憲限定解釈を行って条例の有効性を維持すべき事案ではなく，違憲無効と判断し，即刻の改正を強いるべき事案であると考える。」

まさにその通りで，最高裁判所は杜撰な立法者を甘やかすのではなく，杜撰な立法のために，恣意的な法執行で苦しめられている庶民の立場に立って考えれば，法治行政とは，行政が明確かつ合理的な法に基づいて行動する国家であること，立法者が，杜撰な法律・条例を改正するのは朝飯前であることを考慮して，合憲限定解釈を基本的に放棄して，まっとうな立法を促すべきである。

12　行政法における事実認定は，民事裁判の認定方法ではなく，法治行政に即して

⑴　縦割り法律を超えて運輸大臣が実質的に「容認した」とする神戸空港訴訟判決の誤り

この誤りは『行政法解釈学Ⅰ』139 頁を参照されたい。

⑵　行政の調査義務と立証責任

一般に，立証責任に応じて，行政側にはそれなりに調査義務が発生するというか，調査義務に応じて，立証責任が発生する。

立証責任の所在については，学説判例上不透明な部分が多く，また，争いも多い。

この点は『行政法解釈学Ⅱ』244 頁以下を参照されたい。

13　事実を正確に把握せよ

⑴　水俣病の原因

この点は『国家補償法の研究Ⅱ』に書いたので，ご参照ください。

第1章　行政法解釈のあり方

(2)　カネミ油症事件における危険のサイン

この点も『国家補償法の研究Ⅱ』に書いたので，ご参照ください。

(3)　京都大学　井上教授事件

これも，『京都大学　井上教授事件』に書いた。ひどい事実認定である。

(4)　君が代ピアノ伴奏訴訟最判平成19年2月27日

君が代ピアノ伴奏訴訟最判平成19年2月27日は納得できない。『行政法の解釈(2)』311頁以下を参照されたい。

14　法の解釈においても当事者の主張をふまえて，法的観点指摘義務

裁判の実務をやってみると，当事者にはそれなりに主張責任はあるが，相手方が反論しないので，それ以上の論点はないと思ったら，裁判所はしばしば当事者が全く主張していない理論を構成して，あるいは，勝手に論点を設定して，勝手に判断を下すことがある。これでは，神のご託宣が下ったというだけで，裁判をしたといえるのであろうか。

神戸空港訴訟（3(3)，12(1)）でも，ネズミ捕り事件（4(7)）でも，井上教授事件（2(1)③，13(3)）でもそうであった。

この点で著名なのは，前記（5(1)）の「法律上の争訟」の解釈に関する宝塚パチンコ店規制条例事件最高裁判決である。最高裁では，当事者は，パチンコ店規制条例が，上位規範である風営法に違反するかどうかを争点としていたが，最高裁は，行政上の義務の民事執行を不適法としてしまった。これでは裁判所は独裁者と変わりはない。

弁論主義のもとでは，事実の提出と立証は当事者の責任であるが，法解釈は裁判所の権限であるから，当事者が主張していない理論でも裁判所は自由に採用することができるというのであろう。

しかし，もしそうなら，そもそも当事者に法理論を主張させる必要もなく，当事者の代理人である弁護士は，理論など何もわからなくてもよく，事実だけしっかり主張できればよいことになる。

しかし，そんなことはあるはずがなく，当事者は，法理論についても攻防を繰り返している。その場合，相手方が主張しないすべての理論を想定して，反

論を加えるなどということは，実際上も不可能であるし無駄である。また，相手方が主張していない論点に気がついても，当方に主張立証責任があることでなければ，さしあたり様子を見るのが普通である。

このように，当事者が主張していない法律論で裁くのは，全くの「不意打ち判決」であって，当事者の討議という「裁判」のプロセスを経ていないものであり，一方当事者に利するので，司法のトレードマークである公平に反し，裁判を受ける権利を侵害する違憲の裁判である。本来上告理由とすべきである（民訴法312条）。少なくとも，釈明義務違反でもある（民訴法149条）。

裁判所としては，当事者が主張していない重要な法的観点があると考えたら（そうした観点で判決を下すなら），当事者に釈明して，その返答を踏まえて判断すべきである。法解釈は，難しく，論争をふまえて初めて深められるものも少なくないから，一応返答させたら，そのまま判断するのではなく，当事者の主張する法理論をできるだけ明らかにさせるべきである。

ドイツ民事訴訟法278条3項は，「裁判所は，付帯債権のみに関するものを除き，裁判所が（当事者に対し）ある法的観点について表明する機会をあたえていたときのみ，当事者が明らかに看過した，又は重要でないと考えていた，その法的観点に基づいて裁判することができる」と定めている。これは，実定法に規定されているが，規定がなくても，裁判の本質に属する憲法上の要請であると解すべきである。

そこで，当事者が主張していない点が論点であれば，裁判所は，それを明示して，当事者に主張立証を促すべきである。これは民事訴訟法学で提示されている法的観点指摘義務の問題である[49]が，裁判所も当事者の立場に立って，この理論を採用すべきである。

そうすれば，当事者は，学問の力を借りても，最高裁に意見を述べるであろう。特に宝塚パチンコ条例事件における「法律上の争訟」に関するこの判決の解釈に学説はこぞって反対しているから，事前に最高裁に意見を述べることができなかったのは誠に残念である。

筆者は代理人として，被告の主張にはこれで十分に反論したが，なお裁判所が別の視点から判断するのであれば，釈明されたいとお願いしている。それさ

[49]　『行政法解釈学Ⅱ』218頁以下で整理した。さらに，山本和彦『民事訴訟審理構造論』（信山社，1995年），高橋宏志『重点講義民事訴訟［新版］』（有斐閣，2000年）381頁，納谷廣美「法的観点指摘義務」『現代社会における民事手続法の展開　上巻』（商事法務，2002年）575頁以下に詳しい。

第1章　行政法解釈のあり方

え聞いて貰えないで，想定外の判決を受けることが時々起きるのである。

15　手続ミスで実体法上の権利を奪うな

(1)　実体法上の権利を実現するためには，種々手続ルールを履践しなければならない。行政訴訟の出訴期間，行政不服審査の審査請求期間，各種届出期間，申告納税を誤った場合の更正の請求期間，適切な訴訟類型の選択，各種の添付書類などなど。裁判所は，この手続ルールの順守要求に厳しく，ちょっとでもミスすれば（あるいは裁判所と見解を異にすれば），実体法上の権利を喪失する。これが多くの判例であり，法律家の思考方法である。

　しかし，手続き順守の価値は，実体法上の権利を喪失させるほど重要なのであろうか。手続きをミスした者は，実体法上の権利を喪失させられてもやむを得ないのであろうか。

　私見では，多くの判例の立場は手続上の履践の要請と実体法上の権利保護の要請についておよそ均衡ある解釈とは思われない。手続きミスについては，救済方法を工夫すべきである。

(2)　その不合理の典型例は本書の第5章である。年金分割の確定書提出期限を勘違いで1週間遅れただけで，人生にとって頼りとすべき年金を失うのを裁判所は正当視したのである。

　出訴期間を初日算入制度により一日短くして，訴えを却下した前記2(1)の判例も，裁判を受ける権利を無視するものである。

　さらに，出訴期間は法定安定性のためとされているが，そもそも，法的安定性とは，権利を喪失させることに勝る価値があるのか。出訴期間過ぎても訴えを適法としたら，法的安定性がどのように害されるのか。時効なら，被告としては，証拠がなくなっては防御できないから，必要だが，他方，権利を主張する者のためにも，短期消滅時効を別にすれば，5年とか10年であるから，まあ，一般的にはやむなしであろう。しかし，行政訴訟の出訴期間は，行訴法改正でも6か月，行政不服審査の請求期間は行政不服審査法改正でも3カ月しかない。その期間を過ぎてから争われるのでは，処分庁＝被告としては法的安定性が害されて困るのであろうか。被告も5年程度は書類を保存しているはずであるから，利害関係のある第三者がいない普通の処分では，数年間争われる状態にあっても，さして困ることはない。それどころか，被告の処分庁は，出訴期

64

間が過ぎても，処分を取消変更できるから，処分は法的に安定していない。しかも，課税処分は法的に安定させるべき最たるものとされてきたが，実は，更正の請求制度の期間が平成23年改正で従前の1年から5年に延長された（国税通則法23条）ので，その間は課税処分は法的に安定していない。それなのに，審査請求期間を3か月，出訴期間を6か月と限定する必要はない。

その上，原告が出訴期間を多忙の間に順守して出訴しても，裁判所は，訴状の審査にのんびりと時間をかけている。被告に訴状を送っても，被告は第一回の口頭弁論期日には出てこないかまともな答弁書を提出しないのが普通である。したがって，第三者に関わらない場合には出訴期間を短く定める理由がない。時効と同じ5年とすればよい。

(3)　なお，仮に，どうしても，出訴期間を短期間にする必要があるという考え方を取るとしても，一日遅れたら一切の権利救済の機会を奪うのは比例原則に反する。遅れた日数に応じて訴額の年利14.6％（延滞税率の最高税率）を課せば，早期の出訴のインセンティブになる。

(4)　第三者が争う場合（建築確認，原発許可，競願など），あるいは，利害関係のある第三者がいる場合（公売処分の競落人）には，裁判で権利を奪われる者のことを考慮すれば，法的安定性が必要かもしれないので，出訴期間・審査請求期間を6か月か3か月くらいにすべきである[50]。

(5)　行政訴訟では訴訟類型，処分性の判定を誤ったとして，訴えが却下されるケースが多いが，訴訟類型はそれほど重要ではない。取消訴訟であろうと，当事者訴訟であろうと，違法かどうかの本案の争点には変わりがないのである。訴訟手続に多少の違いはあるが，このような判断の難しいことで裁判所と見解を異にしたというだけで，実体法上の権利を奪う理由はない。裁判所が釈明して，適切な訴訟に変更させればすむことである[51]。

この点は，実務法曹の価値観を変更すべき最も重要なことである。

---

[50]　『行政法解釈学II』166頁以下，『行政法再入門下〔第2版〕』130頁以下，『行政法再入門上〔第2版〕』82頁以下，阿部「期間制限の不合理性——法の利用者の立場を無視した制度の改善を」『小島武司先生古稀祝賀　民事司法の法理と政策　下巻』（商事法務，2008年）1-45頁。

[51]　『行政法再入門下〔第2版〕』107～108頁。

第1章　行政法解釈のあり方

16　ま　と　め

(1)　以上，不適切な解釈の例を多数挙げたが，それは原告と役所に公平に適切ではなく，その多くは，役所有利に解釈されている。これがまた権利救済を阻んでいる大きな理由である。本稿は，もともと行政法の解釈の仕方一般を扱うつもりであったが，実際にその解釈の仕方を検討していくと，単なる抽象的な理論的解釈だけでは空疎であり，具体的な裁判における裁判所の審理の仕方が大きな問題であることに気がついた。つまり，訴訟の審理の仕方が，行政側についているとの印象を持ちたくなるような裁判所が少なくないのである。それがさらに権利救済を阻んでいる原因である。

(2)　ちなみに，刑事事件では，裁判官が，検察官が起訴した以上は有罪だとの予断を抱き，無罪判決を出すと左遷されるのではないか，おいしい公証人のポストをあっせんしてもらえないのではないかと，清水の舞台から飛び降りる気持ちになり，無罪を主張する被告人に対して，検察官と一緒になって，本当にやっていないのかとその供述の矛盾を発見しようとする例があると言われている。筆者が関係した行政事件でも，裁判官は，行政側のやることは適法性の推定があると勘違いしているのか，行政のやることを争うのは不逞の輩とでも勘違いしているのかと言いたくなるような状況があった。被告行政側は，説明できず，沈黙していても（沈黙は金‼），裁判所は，当方の釈明要求を無視して，釈明せず，被告が言わない理由まで挙げて，被告の行為を正当化するということがあるのである（リフォーム業者事件が典型，『行政の組織的腐敗と行政訴訟最貧国』19頁以下，『最高裁上告不受理事件の諸相Ⅱ』第8章）。

(3)　今日行政訴訟改革では，行政訴訟制度を機能するように改善することになっているが，制度改革よりももっと大事なことは，裁判官が，このような予断をなくし，国民も悪いのではないかなどと，行政官と同じ立場で，国民を非難するような運営をせず，行政もたくさんミスをしている，それを是正しなければ，法治国家は実現しないとの信念で，憲法を背景に法律を体系的に解釈し（制定法準拠主義ではなく），権利救済を重視し，法律論においても事実論においても，原告の主張に丁寧に耳を傾けるべきことである。そうして初めて，行政訴訟改革が実現するのである。

16 まとめ

(4) 研究者の解釈論も，こうした点に多少でも配慮していただきたい。行政法は，行政機関に権限を授権し，その運用を監視する法律である。それが法治国家である。裁判所がこれをしっかり監視しているかどうかを解釈論，運用論できちんと監視することが行政法学の大きな役割である。それもまたこれまで不十分であった。「行政法理論・行政法制度は誰のためにあるか」。民事訴訟，刑事訴訟でつとに言われていることを真似て，小生も叫びたい[52]。

(5) なお，大会社を被告とする訴訟でも，大会社は誤魔化しをしないとの偏見に囚われているのではないかと思える事件があるが，保険会社も多数の不払いをし，銀行も証券会社も顧客を騙して儲けてきたから金融商品取引法が施行されたのであり，建設会社は，欠陥工事で訴えられても抗争し，社会保険庁を振り込め詐欺犯と断罪するのが妥当になったといえるように，大会社も官庁も信用してはならないのである。予断偏見なく審理すべきである。

(6) さらに，当事者が「まだ，最高裁がある」と死刑囚並みに，高い上告費用を捻出して上告受理申立てをしても，三行半どころか 1 行の門前払い決定を受ける。本稿でもその例を多数挙げたが，それが上告受理理由である「法令の解釈に関する重要な事項」（民訴法 318 条 1 項）なり職権破棄事由である「判決に影響を及ぼすことが明らかな法令の違反」（民訴法 325 条 2 項）に当たらないということは全く理解できない例ばかりである。たとえば，前記のように，神戸空港訴訟では，飛行場は，滑走路だけではなく，エプロン，誘導路を含めて，許可制となっているが，飛行場の外にエプロン，誘導路を造って良いという解釈が行われた。これは，許可制度を崩壊させる重要な法解釈問題であるのに，最高裁ではなぜ，上告受理申立てが不受理になるのであろうか。これでは，飲食店の隣に許可なしで調理場を造って，許可を受けずに調理場を造ってはならないという規定はないから適法だということになる。前記の井上教授事件でも同様である。高裁が当事者の主張を無視して，このような判決を下し，最高裁が門前払いするのでは，日本の司法は死んだと同然ではなかろうか。

平成 8 年の民事訴訟法改正（平成 10 年施行）で，濫上告対策として上告制限が導入され，まともな違憲事案以外は上告できず，実体法の解釈問題では最高

---

[52] 新堂幸司「民事訴訟理論はだれのためにあるか」判タ 19 巻 9 号 17 頁以下（1968 年），さらに，松尾浩也「刑事訴訟法はだれのためにあるか」判タ 27 巻 11 号頁 32 頁（1975 年）参照。

67

第1章　行政法解釈のあり方

裁の機能が弱まっていると心配されている[53]。濫用的上告の制限は必要であるが，それにしても，「最高」であるからには，高裁の極めて不合理な法解釈やずさんな審理はきちんとチェックして頂きたいものである。前記の上告受理理由である「法令の解釈に関する重要な事項」，又は，職権破棄事由である「判決に影響を及ぼすことが明らかな法令の違反」をもっと活用してほしい。小生の短い弁護士経験でも，現状では，高裁裁判長は，どうせ上がないからと，やり放題に近いと感ずることが何度もあるのである。

---

[53]　奈良次郎「最高裁に対する上告申立と上告受理申立に関する若干に考察」『現代社会における民事手続法の展開　上巻』（商事法務，2002年）609頁以下参照。さらに，富越和厚「最高裁判所における新民事訴訟法の運用」法の支配116号（2000年）38頁以下参照。このほか，近藤崇晴「上告と上告受理の申立て」自由と正義2001年3月号52頁以下，福田剛久「最高裁判所に対する民事上訴制度の運用」判タ1250号5頁以下も参照。

補論　中川丈久「行政法解釈の方法」（民商法雑誌 154 巻 5 号 957 頁以下，2018 年）**について**

　筆者の行政法解釈のあるべき姿の論考を補完するものとして，上記の中川論文を論評しつつ，最高裁判決の在り方について検討する。

　原稿を中川氏に送ったら，この論文は，別稿を予定している未完のものということであるが，種々コメントを戴いたので，理解できるようにそれを入れる。そして，改めてさらに発展した研究を期待するとともに，この段階での筆者のメモを入れる。

1　はじめに

　中川（960 頁）は，行政法解釈の方法という観点から最高裁判決に目を向けると，極めて興味深い例が多数見いだされるとして，司法的創造というべき工夫をした判例（筆者では，特に処分性の拡張，阿部『解釈学Ⅱ』108 頁以下）と，他方，法律文言に忠実な解釈を堅持する判例があることの振幅はどこに由来するのか，これは客観的なのか，裁判の中立性の原則に反しないのかといった問題意識から始める。

　この意味について，中川に質問したところ，次の返事であった。

「拙論は，ふたつの目的をもっています。

　第 1 に，最高裁における解釈方法の多様性そのものをまずはしっかりと認識すべきこと，とりわけ趣旨目的解釈の幅の大きさ（しくみ解釈はともかく，社会通念を反映して裁判所が司法創造するような解釈をしばしば行っている。これは民主的正統性があるのかという議論を呼ぶはず）をまずは指摘することが主眼です。そのことの認識自体が学説上あまり一般的ではないと思われたからです。たとえば品川建築確認留保事件の最判は行政指導の判例として扱われますが，本質的に重要なのは，応答期間を定める条文に明確に反しているかのような解釈をしていることですが，その点に着目してこの判決を理解しようとする姿勢は，行政法学説にないように思います。

　そのうえで，第 2 に，「Ⅵ　行政法解釈の方法論の設計──試論」で，このような多様性をふまえて，では，個々の判決について，その解釈方法をとったのは

第1章　行政法解釈のあり方

適切であったか（規範的評価）の議論を体系的に展開するにはどうすればよいか
を考えています。試論として，個々の判決のとった解釈方法が，公正さや民主制，
効率性といった観点から「よい解釈である」といえるかどうかを検証するという
提案をしています。「この判決がとった解釈は，法治主義に合致している（反して
いる）」，つまり「よい（悪い）解釈である」という結論を，もっと分析的に，体
系的に説明する方法として，民主制なり公正さなり効率性なりといった価値軸を
明確にし，それに位置付けて評価するという作法を明確にすべきではないかとい
うことです。むろん，それぞれの概念はまだ茫漠としていて萌芽的なことしか
かけていませんし，個々の判決を素材にした規範的評価の議論は，拙論ではなく，
別稿で予定しています。

　拙論は，こういうふたつの目的をもっていて，学説が，第1（解釈方法）をあま
り明確にしないまま，第2（規範的評価）を「法治主義」をキーワードとして曖昧
に行っているのではないかという批判です。（試論ですが）民主制，公正さ，効率
性といった価値観にわけて（法治主義には，効率性は入らないと思いますが），そ
の観点から，裁判所のとった法律解釈が適切であったかどうかを評価するには，
まずもって，解釈方法の違いを明確に認識しておくことが必要ではないかという，
批判です。」

　壮大な論文のようであるが，かなり波長が合わないところ，不明確なところ
があるので，この点の論評は後日に委ねることとする。

　ただ，このような判例の振幅については，先に述べた（第1章）原田尚彦の
『行政判例の役割』（弘文堂，1991年）2頁以下「モデル志向型」と「事件志向
型」の分析が有用であると思う。筆者の見るところ，最高裁自身，一貫した方
法論を持っているわけではなく，事件を特定の方向へ解決するためにその場そ
の場で都合のよい（恣意的な）解釈を行い，その結果，不合理な結論を出して
いることが少なくないのである[1]。方法論以前にその判例の当否を含めた批判
的議論の方が重要であると思う。

2　行政法解釈の方法論の不在（961頁以下）

　公法学会で「解釈」が取り上げられたことはあるが，行政法の条文を直接ど
う解釈すべきかという方法論は必ずしも体系的には行われなかったことが指摘
されている。仕組み解釈という指摘はあったが，行政法の司法解釈方法論は不

---

[1]　誤った最高裁判決を筆者は20以上指摘している。『行政法再入門　下〔第2版〕』85
〜88頁。

補論　中川丈久「行政法解釈の方法」（民商法雑誌 154 巻 5 号 957 頁以下，2018 年）について

在であったと評価されている。

　ただ，最近は行政法の司法解釈に関する論考が増えていることを指摘する。法科大学院の授業・新司法試験の設問，2000 年前後からの最高裁判例の変化などによる。しかし，行政法の司法解釈方法を論じる価値はまだ広く共有されていないという。なお，ここで，「阿部泰隆が弁護士としての主として実務経験を通じて，裁判所のとる法律解釈の方法そのものについて見解を展開しているのも，実務とのつながりを契機とするもの」と指摘されている（966 頁）のは正確ではない。筆者は，実務との関連を意識しつつも，弁護士になる前から，むしろ最初から，半世紀以上，裁判所のとる法律解釈の方法そのものについて見解を展開してきたのである。

3　行政法解釈の対象（968 頁以下）

　行政法解釈の対象は行政個別法と行政一般法があるとする。法律が民事手法，刑事手法，行政手法の 3 原色の組み合わせであると指摘する。これは法の体系は憲法を頂点に民刑事のほか行政法が 3 本柱であるという私見（『行政の法システム　上』21 頁以来のもの，『行政法解釈学 1』29 頁，『行政法再入門　上〔第 2 版〕』18 頁）のお色直しと思う（ここで引用されている中川丈久「行政法における法の実現」『岩波講座・現代法の動態 2　法の実現手法』（2014 年）145 頁注(1)は，私見を参照している）。

4　行政法解釈の局面（970 頁以下）

　ここでは，法令適用の局面，裁量存否の局面，原告適格・処分性等の判定の局面の 3 つの局面に分けて検討することが有意義であるとする。

5　行政法解釈の方法（976 頁以下）

(1)　多義的な法解釈方法
　法律解釈方法の多義性を指摘し，最高裁判決が用いる方法として，文理解釈，趣旨目的解釈，憲法適合的解釈，立法過程史解釈をあげて，この意味での法律解釈の方法を取り上げる。

第 1 章　行政法解釈のあり方

(2)　文 理 解 釈

　文理解釈は法律の文言それ自体に着目するものである。中川（979頁）は，パチンコ球遊具が物品税法上の「遊戯具」に当たるとした判例（最判昭和 33 年 3 月 28 日民集 12 巻 4 号 624 頁），毒物劇物法上の登録拒否事由に関する判例（最判昭和 56 年 2 月 26 日民集 35 巻 1 号 117 頁），貸金業者の登録に関する役員の解釈（監査役は含まれない）に関する判例（最判平成 26 年 7 月 18 日民集 68 巻 8 号 3128 頁）をあげる。

　中川は，物品税法の制度趣旨が累次の改正でわかりにくくなっているから，最判は文理解釈で割り切ったと推測している。筆者は，もともとパチンコ球遊具は課税対象ではなかったのに後から行政解釈の変更で課税対象とされたのであるから，すでに物品税を上乗せせずに出荷されたパチンコ球遊具に遡及課税することも可能となるという大問題があった。したがって，文理上課税対象と割り切ることは本来不適当で，むしろ，行政解釈への裁判所の配慮があったのではないかと疑っている[2]。

　毒劇法の登録拒否事由の件（いわゆるストロングライフ事件）は，法律上は設備を規制しており，用途は原則として規制していないから，用途を理由とする規制を類推解釈で認めることは法治行政に反するし，また，用途を理由に規制する必要があれば，法律改正すれば済むことであるから，筆者は正当な判例と理解している。要するに，類推解釈は無理な事案であるから，これは文理解釈の判例というよりも，法治行政の原則通りの判例というのが筆者の理解である[3]。

　租税法においては文理解釈を原則とすべきとされているといわれる。分析すると例外も多そうで，必ずしもそうは言えない[4]が，課税処分は侵害行政処分であるから，法律に明確なルールが必要であることが根拠である。類推適用して課税されたのでは，予測可能性を欠き，国民もたまったものではないし，課税当局も，必要なら法改正すれば済むことだからである。

　役員が禁固刑を受けると会社の登録取消事由となるという貸金業法の制度の下で，監査役が「役員」に当たるかについては，文理上は決め手がなく，最判

---

[2]　『行政法解釈学Ⅰ』278 頁。

[3]　『行政法解釈学Ⅰ』126 頁。

[4]　別論文を予定する。とりあえず，占部裕典『租税法における文理解釈と限界』（慈学社，2013 年），同「租税法の解釈の『実質的側面』と『形式的側面』」同志社法学 68 巻 4 号 1 頁以下（2016 年）参照。

補論　中川丈久「行政法解釈の方法」（民商法雑誌 154 巻 5 号 957 頁以下，2018 年）について

は同じ法律の他の用語例などを分析して決めて，これを否定的に解釈した。したがって，これは文理解釈ではあるが，関連規定の総合的合理的解釈とでもいうものであろうか。もし，この場合も監査役を「役員」とすべきであるとすれば，それは立法ミスであり，監査役や会社にとっては不測の不利益であるから，総合的解釈ではなく，だれでも予測できるような狭い解釈を取り，必要なら法改正すべきである。この観点からこの判例は正当化できる。このように，判例の解釈方法について文理解釈をとったと整理するだけでは済まない問題が少なくない。

　筆者は，文理解釈を用いるかどうかについては，次のように考える。法治国家であるから，法律の文言通りに運用されるべきであるというのは，多くの判例のとるいわゆる制定法準拠主義であるが，それは立法者があらゆる場合を想定して過不足なく，しかも将来の社会情勢の変化をも想定して適切な文言を用いた場合に限る。現実の立法者はそうではないので，法律全体を見ずに，条文の片言の文言にこだわると不合理な結果が生ずる。そこで，文理解釈が妥当するのは，それが法体系全体と調和して，かつ被規制者に予測外の損害を与えることなく，合理的な結論が出る場合に限る。それによって被規制者に予測外の不利益を及ぼすのであれば，限定解釈を行うべきである。

　最高裁がそのような解釈態度を取っているかは不明である。むしろ，制定法準拠主義なる不合理な解釈方法をとっていることが多い。なお，中川によれば，この「不合理な結果」「合理的な結論」をどのような観点から，合理不合理なのかを明確にするべく，民主，公正，効率の 3 点がさしあたり考えられるのではないかというように考えを進めようとしているようである。これが適切な視点かどうかは，よくわからないが，末尾にコメントした。

(3)　趣旨目的解釈

　①　これは，法律の文言だけでは多義的なので，文脈（コンテクスト）に位置付けて解釈するものである。中川（981 頁）は，問題は法律の趣旨目的をどこから導くかにあり，それは法律の外部から（法理解釈，社会通念，行政需要解釈）と，法律の内部から（仕組み解釈）に分かれるという。

　②　中川（981 頁）は，法理解釈とは，法律家が形成してきた共通理解や信念，つまりは公理の如き原理原則に基づく解釈として説明する。

　確かに，裁判所が公理のつもりで説く解釈原理はある。しかし，それは，思い込みであって，筆者はまっとうな方法論とは思わない。例えば，不法行為法

第1章　行政法解釈のあり方

は，損害補塡に限り，懲罰的損害賠償は許されないという解釈は，わが国では公理のごとくであるが，アメリカではそうではない。むしろ，損得なしの制度では，加害者は，実際上は加えた損害の一部しか賠償しないですんでいるので，割増賠償させて公平なのであるから，懲罰的賠償は被害者が得するので取りえないという考え方を公理と考えるのは，日本の法律家の発想が制度の実際の機能に目を向けていない欠陥理論であることを示している[5]。

　行政法規を民事上の法理にとらわれて解釈する判例思考を，中川は，法理解釈の一種として扱っている。筆者はこうした解釈態度を民事法帝国主義として批判してきた[6]。これは，法理といった一見立派なものを用いたというよりも，自分が通暁している民事法の発想を，専門外で法治行政の原理が妥当している行政法にまで及ぼしている越権行為・裁判官の無知ともいうべきものである。

　『行政法ドグマティーク』とは個々の法律が定める法制度の趣旨目的を嚮導すべき原理原則が存在することを想定しているとのことである[7]。兼子仁の「条理」解釈[8]も同種であろうが，どのような条理がどこからなぜ導かれるのか，不明なので，筆者には得体のしれないものと感ずる。したがって，法治行政の原理に反する心配がある。

　それでも，それは，立法を指導すべき原理，あいまいな法律を適切に解釈するための指針になる原理かもしれない。もともとは，法体系が不備であったので，原理原則を打ち立てて，立法・解釈原理とする必要があったが，立法も整備され，憲法に基づいて解釈することが正当である今日，このような原理原則からの立法・解釈の役割は減少した。そうすると，法理解釈は現実には存在するのであろうが，その適切性，妥当範囲はもっと厳密に批判的に分析されるべきものである。

(4) 社会通念，行政需要解釈

　中川（982頁）は，法制度を社会通念・行政需要に適合させる解釈があるとする。

---

(5) 『行政法解釈学Ⅱ』518〜519頁。

(6) 『行政法解釈学Ⅰ』136〜141頁。『行政法再入門 上〔第2版〕』12頁，『行政法再入門 下〔第2版〕』36，47，112頁。

(7) 橋本博之「判例実務と行政法学説」『行政法の発展と変革 上巻　塩野宏先生古稀記念』（有斐閣，2001年）361頁以下。

(8) 兼子仁『私の法解釈学の成立ちと焦点』（編集工房悠々，2017年），同「私の法解釈方法論について」同『地域自治法学論集』（編集工房悠々，2018年）99〜143頁。

補論　中川丈久「行政法解釈の方法」（民商法雑誌 154 巻 5 号 957 頁以下，2018 年）について

①　その例として，住民とマンション業者の間に紛争がある場合に，21 日以内に建築確認をしなければならないという応答期間を守らないことは法の趣旨目的に照らし，社会通念上合理的であれば違法ではないとした判例（最判昭和 60 年 7 月 16 日民集 39 巻 5 号 989 頁）をあげる。

これは，行政指導による事業遅延の賠償請求事案において，行政指導の実効性を担保するための建築確認の留保について相手方が行政指導に従わないとの意思を真摯かつ明確に表明すれば，原則としてもはやこれを継続することは許されないとするものである。

これは行政指導の限界を示したものである。社会通念一般で説明することが必ずしも適切だという気はしない[9]。

中川は，「この判決を，行政指導という観点だけから説明するのではまったく不十分だという考えです。行政指導云々を述べる前提として，7 日以内に応答するという明確な法律上の義務に，明文なき例外があるという解釈をしているわけですから，まずはその解釈がなぜ合理的なのかを説明する必要がある（判旨は法の究極の目的などというよくわからないことを言っている）と思います。」ということである。筆者としては，今日再考するに，事案は多様であるのに硬直的・画一的な条文を機械的に適用することは不適切であり，画一的な基準の下でなされる行政処分について事案に特殊な事情考慮義務という例外があるのと同様に，例外を工夫すべきであると考える。そして，法律の例外であるから，権力行為の発動あるいは発動拒否までは許されないとしても，行政指導がなされており，相手方がこれを拒否する明確な意思を表明するまでは処分を留保するという程度の裁量はある，それは行政指導の限界であるという気がする。詳しい論文を期待する。

原則として当該車両が通行できない狭い道路について，マンション建設のために当該車両通行を許容する車両制限令に基づく車両通行の認定処分がなされた。これについて，認定は基本的には裁量の余地のない確認行為であるが，合理的な裁量があり，住民との紛争があるので，認定を 5 カ月留保したことが裁量の範囲内で違法ではないとした判例（最判昭和 57 年 4 月 23 日民集 36 巻 4 号 727 頁）がある。中川（984 頁）は，これも社会通念解釈としている。思うに，認定は交通の危険防止のために認められるのであるから，住民との衝突防止は裁量の範囲外である。しかし，行政指導をしている間処分を留保できるという

---

[9]　この判決については，阿部「行政指導の担保手段としての建築確認の留保──最判昭和 60・7・16」ジュリ 845 号（1985 年 10 月 1 日）84 ～ 88 頁。

第1章　行政法解釈のあり方

裁量があると理論構成する方が妥当である[10]。なお，中川はこの裁量論を再考する論文を予定しているとのことである。

②　中川（984頁）は，契約締結強制の制度の下で，行政が需要に応えられないことを考慮した判例を行政需要解釈と述べる。その志免町給水拒否事件最判（平成11年1月21日民集53巻1号13頁）は，急激な給水需要を抑制するために給水契約の締結を拒むことは水道法15条1項に言う「正当な理由」があると述べる。そして，根拠として，水道法の規定の趣旨目的のほか，法全体の趣旨，目的や関連する規定に照らして，合理的に解釈するのが妥当であるという。

それなら，これは社会通念解釈ではなく，法体系全体の合理的解釈というべきものではないか[11]。この点も，中川は，次の詳しい論文を予定しているとのことなので，筆者は，筆者の意見書を注で引用するだけにとどめる。

家畜改良増殖法29条は，家畜人工受精所は正当な理由がなければ精液の提供を拒んではならないと定めている。この正当な理由について，最高裁（平成13年12月13日判時1773号19頁）は，当該都道府県内の畜産農家に提供する需要を満たすために，他の都道府県の畜産農家に提供することを拒むことは正当な理由に当たるが，需給状況と無関係に他の都道府県であるという理由で断ることは正当な理由ではないとした。

これも行政需要解釈として独立の解釈原理と考えるのではなく，「正当な理由」という不確定概念の解釈はその法律全体の合理的解釈によるというべきである。最高裁もそのように判示している。

いずれも，行政需要を満たすべき法制度の下で行政需要を満たせないなら，断る「正当な理由」があると解釈することは，法体系の合理的解釈である。

結局，社会通念なり行政需要なりの解釈は，例外状況への対処法であって，一般的な解釈原理ではないと思う。

(5)　仕組み解釈

中川（986頁）は「法の仕組み」から法制度の趣旨目的を導く解釈方法を仕組み解釈とする。これは塩野宏[12]，橋本博之[13]の方法論である。これは，行政

---

(10)　阿部『行政裁量と行政救済』（三省堂，1987年）290頁以下。

(11)　阿部『行政法の解釈(2)』18頁以下。この判決は筆者の意見書を踏まえている。

(12)　塩野宏『行政法Ⅰ〔第6版〕』（有斐閣，2015年）66頁。

(13)　橋本博之『行政判例と仕組み解釈』（弘文堂，2009年）1頁以下。

76

補論　中川丈久「行政法解釈の方法」（民商法雑誌 154 巻 5 号 957 頁以下，2018 年）について

法規はすべて目的・手段の構造で，矛盾なく設計されているという前提に立ち，その構造に着目する解釈方法であるという。そして，行政法規は，目的を達成する手段として，施策，実効性確保，情報収集という重層構造が取られているという[14]。

　しかし，行政法規が矛盾なく設計されているわけはないので，仕組み解釈論者がそのような前提に立っているかどうかはわからないと思う。矛盾，不明確をいかに合理的に解決するかに解釈学の腕前があると思う。

　中川は，仕組み解釈の例として，農地買収の対手方が，真の所有者か，登記名義人か，租税滞納処分の相手は真の所有者か，登記名義人かに関するものをあげる。前者の判例（最判昭和 28 年 2 月 18 日民集 7 巻 2 号 157 頁）が，真の所有者から買収すべきと解釈した理由は，地主の土地を買収して耕作者に売り渡すもので，民法上の売買とは本質を異にするということである。当時は公法と私法論が華やかなりし頃で，農地買収は公法関係だから民法 177 条の適用がないとの説があったところ，それに引きずられることなく，実定法に即して解釈したものである。しかし，登記名義人から買収したところで，耕作者に土地を渡せば，農地改革の目的は達成できるのであって，仮に登記名義人から買収したとすれば，真の所有者が登記名義人から代価を取り立てれば済むともいえる。本質はそうではなく，農地買収には要件の定めがあり，その適合性は真の所有者と登記名義人では異なる（同じ市町村で 1 町歩までは買収されない）ので，真の所有者を対象とすべきなのである。要するに農地買収要件という法システムに着目するのが妥当な見方である[15]。

　後者の滞納処分の判例（最判昭和 31 年 4 月 24 日民集 10 巻 4 号 417 頁）も公法と私法に惑わされることなく，滞納処分が民事上の強制執行と同じ性質を有するとの理解に立つものである[16]。

　中川（988 頁）は，その他多数の判例をあげている。温泉の掘削許可要件としての「使用する権利を有する者」に使用貸借権者が含まれるかどうかについて，判例（最判昭和 33 年 7 月 1 日民集 12 巻 11 号 1612 頁）は，温泉法の目的が「温泉利用の適正化の見地から有害な事態を惹起する」ことがないようにすることであるから，行政庁としては私法上の権利関係の内容を問題とする理由が

---

[14]　筆者も教科書レベルでもこのような行政法規の構造，読み方を説明した。『行政法解釈学Ⅰ』233 頁以下，『行政法再入門　上〔第 2 版〕』219 頁以下。

[15]　阿部『行政法解釈学Ⅰ』197 ～ 198 頁。

[16]　阿部『行政法解釈学Ⅰ』198 頁。

第1章 行政法解釈のあり方

ないとした。そもそも一般的には行政規制は，私法上の権利とは関係とは無関係である[17]から，この場合に特に私法上の権利関係を確保しなければならない理由が示されない限り，使用する権利は何でもいいはずである。判例の解釈は仕組み解釈としても不十分であると思う。

風俗営業法の名義貸しが「著しく善良の風俗……を害し」に該当するかどうかについて，これを肯定することが，「法の趣旨に反するとは言えず，立法者の意思に反するともいえない」とした判例（最判平成12年3月21日判時1707号112頁）について，中川は実効性確保の制度であることから導いたと説明する。最高裁判例の読み方としてはそうかもしれないが，名義貸しされても，業者が健全に営業すれば，「著しく善良の風俗……を害し」に該当するとは言えないのであるから，実効性確保の観点からだけ，しかも，「反するとは言えない」という消極的な理由で法律要件に該当するという解釈には不利益処分の要件の解釈として賛成しがたい。法の仕組み解釈として，取締りの立場に立った，はずさんなやり方であると思う。

延滞税は増額更正によって初めて発生するとの判例（最判平成26年12月12日判時2254号18頁）についてみると，財産評価を理由に減額更正された後，当初申告額に満たない範囲で財産評価を理由に増額更正処分がなされた場合，延滞税の起算日は法定納期限に遡るのではなく，延滞税が発生しないというものである。一般には延滞税は法定納期限から発生するが，この場合には信義則なり課税上の公平も考慮されている。ただ，事例判決なので，その射程範囲も明確ではない。これについて中川が実効性確保の観点からと理解するのはよくわからない[18]。中川は，「この判決は，延滞税の目的が納付遅延を防いで，納税義務の実効性確保を目的としていることを指摘していますから，本件事案のような場面に延滞税をかけても，なんら納付遅延を防ぐという目的に資するところはないので，そのような事案類型は，延滞税の対象から外すべきだという解釈をしたものと考えています。」とのことである。

老齢厚生年金事件（最判平成29年4月21日民集71巻4号726頁）は実質解釈をした原審を覆すために，法律を文理に沿ってあれこれ整合的に解釈したもので，仕組み解釈というほどものかは自信がない。

美術品として価値ある銃砲刀剣の登録のための「細目」を委任された省令で，日本刀に限るとしたことが委任の範囲を超えたかという問題で，最高裁（最判

---

[17] 阿部『行政法解釈学I』340〜342頁。
[18] 『租税判例百選〔第6版〕』192頁。

補論　中川丈久「行政法解釈の方法」（民商法雑誌 154 巻 5 号 957 頁以下，2018 年）について

平成 2 年 2 月 1 日民集 44 巻 2 号 369 頁）の多数意見は，沿革を重視して日本刀に限るとした。他方，反対意見は，日本の美術品に限定されないとした。日本刀に限るかどうかは「細目」ではないので，文理解釈であれば後者になるべきなのに，最高裁は，沿革を重視して，法文上に存在しない日本刀に限るとの規範を定立したのである。これは趣旨解釈といっても，法律に現れていない趣旨解釈であって，行き過ぎだと思う。外国刀剣も登録できることになっては，行政実務が対応できないというのであれば，係争中に法改正すればよかったのである。怠慢な立法者を忖度解釈で甘やかしては，法治行政が成り立たない[19]。

　結局，仕組み解釈というだけでは内容空疎であり，その具体的な分析視点が肝心である。

(6)　憲法適合的解釈

　中川（990 頁）は，憲法適合的解釈の冒頭で，自主条例の法律適合性を検討した高知市普通河川条例事件（最判昭和 53 年 12 月 21 日民集 32 巻 9 号 1723 頁）をあげているが，中川によると，「上位法への適合性に着目する法律解釈方法の細分類として，憲法適合的解釈と，自主条例の法律適合的解釈のふたつがあり，高知市の事件は後者の例であるとのことである。『4　憲法適合的解釈』の第 2 パラグラフ以降に掲げたのが，憲法適合的解釈の例です。」ということである。よく読めばそう書いてあるが，わかりにくい。いずれにせよ，高知市の事件は自主条例が法律を超える定めをおいたとして違法とされた例であるが，その解釈は，事後に制定された法律が既存の条例を一方的に無効とするもので，およそ合理的な解釈ではない[20]。

　中川は憲法適合的解釈として監獄法の判例を 2 つ（最判平成 18 年 3 月 23 日判時 1929 号 37 頁，最判平成 3 年 7 月 9 日民集 45 巻 6 号 1049 頁）挙げる[21]。その通りである。これはずさんな法令を憲法に照らして委任の範囲を超えたとか合憲となるように解釈しなおしたもので，最高裁としては珍しい判例である。むしろ，最高裁は普段憲法を踏まえた法律の解釈を拒否し，違憲を理由とする上告理由はたいていは法律の問題として門前払いするので，最高裁の考える憲法は非常に狭いものである。

　筆者は，先の仕組み解釈と憲法適合的解釈を総合した憲法を踏まえた総合的

---

(19)　阿部『行政法解釈学 I 』266 〜 267 頁。
(20)　阿部『地方自治法制の工夫』221 頁以下。『行政法解釈学 I 』294 頁。
(21)　『行政法解釈学 I 』273 頁，388 頁。

第1章　行政法解釈のあり方

体系的解釈を唱えている[22]。

(7)　立法過程的解釈

　これも1つの方法論であるが，現実の立法者意図がどこに記されているのかは不明である。それを確定するのは至難である。

　中川（994頁）は，閣法であればしっかり作っているので，法律の文言・趣旨・目的だけで解釈でき，立法過程に入る必要はないとしつつ，閣法であっても出来の悪い法文については，最高裁は藁にも縋る思いで立法過程史にさぐりを入れるしかないという。そして，その例として，混合診療事件（最判平成23年10月25日民集65巻7号2923頁）と医薬品ネット販売禁止省令事件（最判平成25年1月11日民集67巻1号1頁）をあげる。

　前者については，中川は，法運用の安定を重視したと理解する。しかし，健康保険法からは，混合診療禁止とはとても読めないことは最高裁判事も理解していた（中川もそのことは否定しない。995頁）。それなら法治行政の原理違反である。それにもかかわらず合憲としたのは，立法過程解釈ではなく，厚労省への遠慮なり，行政官出身の判事の行政防衛解釈に過ぎない[23]。

　後者については，中川は，条文の文理から，立法過程解釈を越えられない例と説明するが，そもそも立法過程も明白ではなく，条文の文理では明白に委任の範囲を超えているのに，最高裁は，厚労省に遠慮してか，委任立法が違法となるために他の種々の要件を賦課している[24]。それにもかかわらず委任の範囲を超えているとしたのは，文理が明確なため，委任の範囲内だとごまかすことができなかった例である。

　そして，この2つの例は内閣法制局でまともに審査すれば違憲となることから，内閣法制局の審査を回避して，運用で，あるいは省令でごまかそうとした例である。最高裁がこの筆者の主張を理解していなかったのが遺憾である。立法過程を参照する解釈は，不可知論に陥るもので，本来不適切であると理解すべきである[25]。

---

[22]　『行政法再入門　上〔第2版〕』56頁。

[23]　『行政法解釈学Ⅰ』130～132頁，『行政法再入門　上〔第2版〕』109頁。本書第1章
　　9（2）。

[24]　阿部『行政法の解釈(3)』47頁以下。第2章全体。

[25]　阿部『行政法の解釈(3)』58頁以下。『行政再入門　上〔第2版〕』57～58頁。

補論　中川丈久「行政法解釈の方法」（民商法雑誌 154 巻 5 号 957 頁以下，2018 年）について

7　私見のまとめ

（1）　中川（996 頁以下）は，行政法解釈の方法論の設計として試論をまとめる。

中川は，裁判所はアカウンタビリティを果たすべきであるが，それは近時は詳細に解釈の根拠を述べており，果たされていると認識する。

しかし，筆者は，最高裁は一方の考え方を述べるだけで，反対の意見をなぜ排斥できるのか，その理由が明確ではないので，これには同意できない。特に上告理由を容れるとき，答弁書は判決文にも添付されていないから，不公正であると思う。

中川は，司法解釈の客観性・中立性は裁判所に求められている組織ガバナンスが確保された解釈であるかどうかという問題に他ならないという。そして，裁判所のした行政法規の解釈が「民主制に適合しているか」，「公正なものであるか」「効率的なものであるか」という 3 つの観点から，行政法解釈の方法「論」を設計している。これについて，中川は，「法治行政」が何でも入るブラックボックスになっているので，これを分解して，民主制とか，公正さとか，効率性とかの要素に分けて，「良い解釈か否か」を議論すべきではないかという趣旨であるという。

筆者にはこれが適切な視点かどうか，まだわからない。まず，「民主制に適合しているか」，という点では，国会や内閣が本来するべき判断を裁判所が占奪していないかというという論点が示されるが，国会や内閣がなすべき法令改正をしていないなどの時に裁判所が適切に補っているかという点では，法律のバグを裁判所が解釈でメンテナンスするのか，法改正に委ねるべきかという問題がある。中川によると，社会通念解釈や行政需要解釈は，法改正に委ねずに裁判所が法創造する典型的な例である（それが適切か否かは別稿で検討する）という。

私見では，裁判所がメンテナンスするのが合憲限定解釈である。上記の例ではその方が妥当であろうから，場合を分けて考えなければならない。例えば青少年保護条例の「淫行」[26]の例では，合憲限定解釈は違憲法律をそのまま残して，国会・行政を救い，またまた違法行政による権利侵害を惹起して，現場での混乱を助長するので，いったん違憲として，立法者の改正を待つ方が合理的である。国会は法改正すれば済むので，それは立法権侵害ではない[27]。

---

[26]　阿部『地方自治法制の工夫』273 頁以下。

[27]　阿部『行政法再入門 上〔第 2 版〕』60 頁。本書第 1 章 11。塩野『行政法 1〔第 6 版〕』

第1章　行政法解釈のあり方

肝心なのは法治行政に適合しているかどうかであり，国会・行政権は敗訴しても，やり直せばよいのであるから，その権限が侵害されたことにもならない。合憲限定解釈を止めることが肝心だと思う。

さらに，「公正であるか」，「効率的であるか」のチェックリストについては，理論の内容と具体例が分からないので，省略する。ただ，救済に関わっては，裁判を受ける権利の実効性確保の観点に立った法解釈こそが肝心である。

(2)　中川においては，各種の解釈方法論が提示されており，最高裁ではそれを種々の場面で使い分けているのかもしれないが，それは並列的なものではない。あるべき解釈方法論としては，憲法を踏まえた法の合理的体系的解釈が基本となるものである。法治行政であるから，基本的には文理を重視しつつ，法律は完結的ではないところから，体系的解釈が必要になるのである。社会観念上などという解釈方法は，正当事由とか違法性の阻却のような例外事案について活用されるものであり，一般的な方法ではない。

そして，仕組み解釈とか法体系の合理的解釈といっても，内容は不明なので，筆者は，第1章において，それを判定する種々の観点を考察したのである。橋本『行政判例と仕組み解釈』もその具体的な例である。そうした観点からの考察の方が重要であろうと思う。

67頁も，立法者意思に関してはその概念規定がなお不確定であり，資料が未整備であることから，参考資料にとどまると述べている。筆者は，立法者意思は，つかみどころのないものであり，資料を整備しても，混乱するばかりであるから，解釈の根拠となるのはよほど明確な場合に限ると思う。

82

第2章 改正タクシー特措法（2013年）の違憲性・違法性特に公定幅運賃，減車命令について

1 はじめに

(1) 公定幅運賃違反の業者に対する運賃変更命令・事業許可取消処分等に対する差止訴訟の提起

大阪では，規制緩和により，ワンコイン＝500円タクシーなどが登場し，5,000円を超えた分の半額割引など，利用者サービスが向上した。

しかし，タクシー業界の多数派は，国会に働きかけて，準特定地域では，タクシーの運賃について個別事業者の自由をほぼ完全に無視して，中型車のワンメーターを例とすると660～680円という公定幅運賃におさめよという，ほぼ統一運賃（「例外なき同一地域・同一運賃の原則」）を強制し，特定地域では減車を強制する，タクシー特措法改正法（「特定地域における一般乗用旅客自動車運送事業の適正化及び活性化に関する特別措置法等の一部を改正する法律」）を議員立法で成立させた（平成25年。平成26年1月12年施行）。それは，「特定地域及び準特定地域における一般乗用旅客自動車運送事業の適正化及び活性化に関する特別措置法」と名称変更された（以下，改正特措法として引用する）。

そして，この統一運賃に抵抗する業者に対しては，運賃変更命令，事業許可取消しという過酷な手段が用意された。そのため，多くの低額タクシー業者は屈服して，運賃を値上げし，利用者の利便は大きく減少した。これに対し，MKタクシー㈱とワンコインドーム㈱，壽タクシー㈱はその差止訴訟を提起した。

(2) 差止訴訟，仮の差止めの状況

ワンコインドームとMKタクシーは，ともに仮の差止めは大阪高裁まで獲得した（ワンコインドーム事件＝大阪地裁（平成26年（行ク）第75号第2民事部）平成26年7月29日決定判時2256号3頁，大阪高裁（平成26年（行ス）第31号第3民事部）平成27年3月30日決定，MKタクシー事件＝大阪地裁（平成26年（行ク）第58号他第7民事部）平成26年5月23日決定，大阪高裁（平成26年（行ス）第29

第2章　改正タクシー特措法（2013年）の違憲性・違法性特に公定幅運賃，減車命令について

号第5民事部）平成27年1月7日決定判時2264号36頁）。

本案については，ワンコインドームは，大阪地裁（平成26年（行ウ）第86号第2民事部）平成27年11月20日判決判時2308号53頁，大阪高裁（第3民事部）平成28年6月30日判決判時2309号58頁により公定幅運賃の定めを裁量濫用として勝訴した。

壽タクシーの提起した差止訴訟は，大阪地裁（平成26年（行ウ）105号第2民事部）平成27年12月16日判決，大阪高裁（民事4部）平成28年6月17日判決で認容された（仮の差止めは申請せず）。

MKタクシーはまず大阪で出訴したが，審理が遅れ，平成28年9月15日に大阪地裁判決が下された。運賃変更命令の差止訴訟だけが認容されている。

MKタクシーは福岡でも同様の訴訟を提起し，仮の差止めは福岡地裁（平成26年（行ク）4号第6民事部）平成26年5月28日決定，同（平成26年（行ク）5号第2民事部）平成26年5月28日決定で認容されている。本案は，福岡地裁（平成26年（行ウ）20号第6民事部）平成28年2月26日判決で認容されている。

(3)　私見の基本的立場＝違憲論

筆者は，この改正特措法は，運賃を公定し減車命令を用意するなど，営業の自由を保障する憲法の下ではあり得ない統制経済立法であり，低額運賃を事業モデルとするタクシー会社の生命線を侵害するものと思量する。これは違憲を論ずる格好の法律であるので，違憲審査権の議論の発展のために違憲論を開陳したい。

目下のところは，この法律が定める公定幅運賃について争われてきた。この定め方は狭すぎて，タクシー事業者の運賃決定という経営の基本権を剥奪して，特に，これまで適法に認められてきた低額運賃を禁止するものとして，営業の自由に対する過大な介入であるから，違憲であり，かつ裁量濫用となると主張するものである。

上記の大阪，福岡の裁判所では，公定幅運賃の定め方が裁量濫用であることはいずれも認められているが，違憲論には触れないか，違憲というほどではないというものであるので，不満である。これを論ずる学説も，違憲論に近いが，必ずしも徹底していない物足りなさがある。さらに，これからは特定地域における減車命令の差止訴訟・取消訴訟，その仮の救済が求められよう。その大きな論点は違憲論である。なお，この事案は，行政訴訟における差止め，仮の差止めという狭き門をこじ開けた点でも貴重であるが，本稿の対象外とする。

※本稿は，ワンコインドーム㈱が提起した，公定幅運賃に従わないことを理由とする運賃変更命令，事業許可取消処分等の差止訴訟の一審（大阪地裁平成27年11月20日）で勝訴した後の国側控訴理由書に対する答弁書を，その他の裁判例や文献も参照しつつ修正したものである。相弁護士である岩倉良宣弁護士の指摘を踏まえてバージョンアップしている。

2　従前の法制度

⑴　規制緩和と規制復活の流れ

①　タクシー業はもともと交通産業の1つとして，新規参入・増車が規制され，運賃は適正原価・適正利潤の原則により規制されていた[1]。

②　小泉内閣の規制緩和の流れの中で道路運送法の需給調整措置が廃止され（同法6条における需給均衡基準の削除。平成12年改正，平成14年施行），新規参入や増車等によりタクシー事業を拡大することが容易になった。事業計画の変更は認可制であることの例外として，増車は届出制となった（道路運送法15条3項）。ただし，この当時は，新規参入や増車を禁止する措置を講ずることができる緊急調整措置（当時の道路運送法8条。2013年削除）が導入されていた（仙台市を指定していた）が，要件（「供給輸送力が輸送需要量に対し著しく過剰となっている場合であって，当該供給輸送力が更に増加することにより，輸送の安全及び旅客の利便を確保することが困難となるおそれがあると認めるとき」）が厳格なものと理解され，他の地域では発動されていなかった。しかも，この制度でも減車を命ずる規定はない。

③　そして，代わりに，特別監視地域の制度及びその増車抑制策が設けられたが，それは法律に基づくものではなく，「行政通達に基づく措置」，つまりは行政指導である。「緊急調整措置の発動要件について」は，「緊急調整措置はきわめて権利制限性の強い規制であるところから，……予防措置が必要であり，このため別途，監査や行政処分の運用上の制度としての特別監視地域の指定制度を設けることとする」とされたのである（国土交通省「公示　特別監視地域の指定等について」平成20年7月11日）。

特別監視地域（行政通達に基づく措置）においては，増車への対策として，重点的な監査や行政処分の厳格化を講ずるとされている。

---

[1]　規制緩和前の法制度，規制緩和後の法制度については，阿部『行政法解釈学 I』331～335頁で説明している。

第2章　改正タクシー特措法（2013年）の違憲性・違法性特に公定幅運賃，減車命令について

④　その後，平成21年10月1日にいわゆる特措法（特定地域における一般乗用旅客自動車運送事業の適正化及び活性化に関する特別措置法）が施行されて，法律に基づいて増車の規制（同法15条1項，認可制，道路運送法15条1項の認可制を同条3項の自動車数を増加させる変更に適用するという趣旨）ができるようになった。ただし，同法でも減車の義務付け制度はなかった。

タクシーの運賃は個別の事業者毎に原価計算をして，適正原価・適正利潤の原則により算定されることとなっている。規制緩和により，適正原価・適正利潤を超えないものとして，下限の定めがない時期もあった（平成12年以降）が，平成21年の特措法（附則）により逆戻りで，適正原価に適正利潤を含めたものとなった。ただし，標準事業者の原価から算定される範囲内では個別の原価の立証を要せず，自動認可運賃として，当然に認可されていた。個別の審査を受けて，自らの原価が適正原価・適正利潤の原則の範囲内であると立証した事業者については，業界多数の望む統一運賃＝自動認可運賃の例外であるいわゆる下限割れ運賃として，低額タクシーも許容されてきた（道路運送法9条の3第2項1号）。

(2)　低額運賃タクシー弾圧の挫折
①　こうして，低額運賃タクシーを禁止する法制度がなかったにもかかわらず，国交省は，これを弾圧しようと，種々違法な手段を講じてきた。
②　その典型例がいわゆる3倍加重事件である。国交省は，道路運送法上の「緊急調整地域」の指定（同法第8条）以外に，増車禁止の制度がない当時，タクシーについてできるだけ同一運賃に移行させ，台数を制限しようとして，増車を抑制するようにという行政指導に従わなかった事業者を特別に監査し，その上，違反を見つけると他の業者の3倍の加重処分を行った。これは裁量濫用として取り消されている（大阪地裁（平成21年（行ウ）第157号，同第158号）平成24年2月3日判決判時2160号3頁，大阪高裁（平成25年（行コ）41号）平成25年4月18日判決，最高裁第2小法廷（平成25年（行ヒ）第298号）平成26年6月4日決定）。筆者は意見書を提出するとともに，代理人として関わった。私見では，3倍加重処分は法治行政の原理に反し，独禁法違反と同じ効果を持つ違法があり，かつ他事考慮の裁量濫用である上，行政手続法32条1項，2項にも違反し，あらゆる観点から，違法として取り消されなければならないと主張して，採用されたものである[(2)]。
③　乗務員の最高乗務距離制限も実質的には低額タクシー弾圧の意味を持つ

（低額タクシーは営業成績を上げるため必然的に長距離を走ることになるので，最高乗務距離の制限に抵触しやすい）が，各地で違法との司法判断が下されている（大阪地判（平成 22 年（行ウ）平成 25 年 7 月 4 日判決裁判所 Web サイト。福岡地判平成 26 年 1 月 4 日 LEX/DB 文献番号 25502898，札幌地判（平成 22 年（行ウ）第 19 号）平成 26 年 2 月 3 日。東京地判平成 26 年 3 月 28 日判時 2248 号 10 頁。名古屋地判平成 25 年 5 月 31 日判時 2241 号 31 頁，名古屋高判平成 26 年 5 月 30 日判時 2241 号 24 頁，最高裁平成 28 年 1 月 21 日決定で国側上告不受理，その他各地にある)[3]。

④　国交省は，限られた市場の中で，革新の意欲もなく，利用者の利便には関心がなく，統一運賃で，競争なくぬくぬくと儲けようという，規制守旧派の意向に沿ってきたものである[4]が，失敗したわけである[5]。

---

(2)　阿部『行政法の解釈(3)』（信山社，2016 年）第 4 章，福井秀夫「タクシー需給調整措置の法的限界──法と経済分析を踏まえて──」自治研究 87 巻 10，11 号（2011 年）。さらに，越智敏裕・判例評論 652 号（判例時報 2181 号）（2013 年），渡辺昭成・ジュリスト 1458 号（2013 年），須田守・自治研究 90 巻 4 号（2014 年）を参照されたい。

(3)　常岡孝好「行政立法の法的性質と司法審査　最近の道路運送法関係に係る裁判例を素材にして」自治研究 90 巻 9，11，12 号（2014 年），91 巻 2 号（2015 年）に詳しい。

(4)　原英史『日本人を縛り付ける役人の掟』（小学館，2014 年）は，いわゆるおばか規制を多数取り上げているが，その冒頭にタクシーの規制を取り上げている。中途半端な規制緩和が問題であり，それは競争しなくても利益が上がる環境になじんだ事業者と規制権限を握りたい官庁の結託によると指摘している。

(5)　改正された特措法以前の関連する論文として，舟田正之「道路運送法と独占禁止法によるタクシーの低額運賃規制」『競争法の理論と課題』（有斐閣，2013 年）497 頁以下，松本哲治「職業選択の自由──タクシーの再規制問題を中心に」同志社法学 64 巻 7 号（2013 年）691 頁以下。友岡史仁「タクシー事業の規制構造と行政裁量」法学 80 巻 2 号（2014 年）217 頁以下。日野辰哉「タクシー事業規制における競争自由と公益」法教 409 号（2014 年）49 頁以下。友岡，日野論文は本稿の対象とする平成 25 年改正法も多少扱うが，違憲論では本稿のように歯切れはよくない。

舟田正之＝渡邉昭成「あおい交通㈱経営許可申請却下処分取消請求事件に係る意見書（平成 25 年 11 月 25 日）」は改正前の特措法時代において「新たに発生する輸送需要によるものが明らかである」との新規参入障壁を法律に基づかずに行政措置で導入して不許可とした措置について違法・違憲とする。裁判所のまとめによれば，供給過剰が利用者の安全性を害するという合理的な関係はなく，労働条件の悪化や安全性の低下の対策は社会的規制によるべきであるとするもので，私見と共通の視点であり，学問的には当然のことと思われる。しかし，その横浜地判（平成 25 年（行ウ）第 3 号）平成 26 年 4 月 16 日はこの訴えを却下・棄却した。その関係は否定できないといった理由である。又，社会的規制のみによることについてはなお慎重な検討を要するという。しかし，これは風が吹けば桶屋が儲かるという論理を否定できないといっているのと大差はない。

亘理格「参入規制緩和と生命・健康そして生存権──タクシー事業を題材に」法教 335 号 38 頁以下（2008 年）は，2000 年の規制緩和により，タクシー運転手の収入が大幅に落ち込み，健康で文化的な生活が脅かされていること，また過酷な運転や長時間勤務を

3 タクシー改正特措法の定める公定幅運賃制度・
減車命令の違憲性

(1) 法改正（改悪）の立法過程と営業の自由の侵害

　国交省とタクシー業界主流派は，低額運賃で市場を拡大してきたワンコイン（500円）タクシー等低額タクシーを弾圧する行政措置が司法の場では通用しないとわかって，今度は法律で弾圧することとした。これが前記の改正特措法である。それは5,000万円ものパーティ券購入[6]により政治家を動かした[7]結果議員立法として成立したものである。

　この法律の規制手法は，車両台数の抑制（増車禁止，減車命令）と運賃の統一化にある。それは指定された地域に限って行われる。地域指定には特定地域と準特定地域があるが，特定地域ではこのすべてが用いられ，準特定地域では運賃が公定価格とされる。

　さて，どの商売でも価格決定の自由，設備の増減はその営業の自由の根幹をなすものである。憲法22，29条で保障する営業の自由は，競争の自由を当然に内包する。それは広告宣伝の自由，サービスの工夫の自由，対価決定の自由，設備の増減の自由等を含む。特に，道路等での客待ちタクシー営業の場合には，顧客からすれば，初めてにしてほぼ最後の売り手に会うのであるが，そのサービスの内容は，運賃以外は不明であり，タクシー業者からすれば，運賃

　　余儀なくされていること，事故が増えていること等を理由に，国土交通大臣は緊急調整地域に指定すべきところこれを怠っていると主張された国家賠償訴訟を想定して，不作為の違法を理由とするこれまでの裁量濫用論を補強するものとして国家の基本権保護義務論の援用を議論する。国家の基本権保護義務論がこの事例でそれだけ役に立つのかはまだ不明であるが，その前提となり立法事実の認識については本文で述べたように賛成できず，また，事故が増えていることの対策方法については，本文で述べたように安全規制の強化が適切であって，緊急調整措置は適切ではない。

(6)　中日新聞平成26年8月19日「タクシー格安規制で『お世話に』業界，会費上げパー券購入へ」。格安タクシーを違法とする改正タクシー特措法が議員立法で成立したことに関連し，業界団体である全国ハイヤータクシー連合会が，常任理事会で，特措法の成立・施行で「お世話になった」タクシー行政に影響力のある政治家のパーティ券購入などのため，格安など一部を除くタクシー会社が加盟する全国のタクシー協会から徴収する本年度分の会費を25％上乗せすることを決定した。また，その金額が5,000万円になるとの報道がなされている。

(7)　なお，国会議員が金銭を受け取って国会質問すると収賄罪になるとされているが，こうした巨額の資金の支援を受けて特定の業界の意向に沿って法律を成立させた国会議員は国民の信託に反し政治献金を隠れ蓑にして受託収賄罪を犯したのではないかと，疑問を感ずる。

だけが他の同業者との差別化の手段である。したがって、タクシーの運賃決定
の自由は、タクシー業にとって営業の自由の根幹をなす極めて重要な事項であ
る。しかし、公定幅運賃の制度により、ワンコインタクシーは運賃設定の自由
という営業の自由の根幹をほぼ完全に奪われたのである[8]。

これは小泉政権の規制緩和政策を完全に逆戻りさせるだけではなく、安倍政
権の規制緩和政策にも真正面から矛盾する。しかも、小泉改革前の道路運送法
よりもさらに規制強化し、行政運用で規制するのではなく、法律でほぼ完全に
営業の自由を奪っている。まごうかたなき統制経済である。

(2) 違憲審査基準
① 社会政策立法ではなく、営業の自由の制限立法であること

この改正特措法の法システムは政策論だけではなく、憲法問題を惹起する。
それは営業の自由の制限である。この法律は、タクシー業の適正化及び活性化
を推進することを目的に掲げているので、いかにも社会政策立法に見える。し
かし、その内実は、活性化はともかく、適正化とは、増車禁止、減車命令、公
定幅運賃の導入であるから、営業の自由の規制である。

また、この法律は、タクシー運転手の労働条件の改善という目的を掲げてい
るので、経済規制立法ではないかという意見もありうる。そうすると、その違
憲立法審査基準は、立法裁量を尊重する合理性の審査、あるいは明白性の審査
によるべきだという意見があるかも知れない。しかし、そもそもそれは終局目
的ではなく、それによって利用者の安全を図ることが目的であることは法律自

---

(8) 国会の審議において、筆者の違憲論、裁量濫用論を覆すようなものは見あたらなかっ
た。改正特措法を正当化する主張は、国交省の主張の中に出ているので、本稿では国会
議事録は個々には引用しなかった。国会議事録は、第185回国会衆議院国土交通委員会
議録第2号(平成25年11月5日)、同3号(平成25年11月6日)、同4号(平成25
年11月8日)、同参議院国土交通委員会第6号(平成25年11月19日)参照。
　さらに、瓦林康人「議員立法で成立した改正タクシー特措法等の概要について」運輸
政策研究17巻2号40頁以下(2014年)、山越伸浩「タクシー『サービス向上』『安全
利用』推進法について──国会における論議と施策への反映について」立法と調査354
号73頁以下(2014年)が国会審議をまとめている。この立法の根拠となる各種審議会
の意見書なども無数であるが、国交省の主張の中に現れているので、原則として特段の
引用はしなかった。
　安部誠治「規制緩和とタクシー産業」関西大学商学論集53巻5号(2008年)1頁以
下は、タクシーの規制緩和について事故増加や労働条件悪化など負の影響があるとして、
タクシー業界規制主流派や国交省に近い立場である。同氏は大阪市域交通圏タクシー特
定地域協議会の会長でもあった。

体にも明示されている。しかも，経済規制立法として，違憲審査権が制限された（いわゆる明白の原則）のはいわゆる小売商業調整特別措置法事件である（最大判昭和47年11月22日刑集26巻9号586頁）が，それは強い大企業を抑えて中小企業を守るための法律であったので，立法者の裁量を広く認めることとなったのである。本件の改正タクシー特措法は，タクシーの安全確保，利用者の利便のためと称して，実は，多数の規制派のタクシーを守って，弱小の低運賃タクシーを弾圧・規制するのであるから，本来の意味の経済規制立法ではなく，強者のために弱者の営業の自由を規制する立法である。

それに，公定幅運賃制度の導入によって低額タクシーが消滅して，運賃競争がなくなっても，労働条件の改善に必ずしもつながらない（詳しくは後述）のである。労働条件の改善は労働者の闘い，経営者の意思とそれを規制する行政機関次第である。このような誤魔化し目的によって，経済規制立法だと騙されてはならない[9]。

宮地基教授（明治学院大学）[10]は公法学会において，改正特措法は，特定業界に対するいわば狙い撃ち規制として少数派の権利侵害の疑いがあるため，厳格審査が妥当するのであり，政治献金については実際の違憲審査において，例えば目的審査で，それがどのような意図で行われたのかという，立法事実の検証の一環として行われると述べている。そして，本件は距離制限を導入した薬事法と同様，既存業者の圧力で成立した利権立法であるから，その根拠となる立法事実も存在しないのである[11]。

② 司法審査は消極的規制における必要性・合理性の欠如を基準に

(ア) こうして，改正特措法は，タクシー事業者の営業の自由を大幅に制限するのであるから，その違憲審査基準はいわゆる消極的規制と理解することを前提としなければならない。既存業界の利益は営業の自由を制限できる「公共の福祉」ではない。

この司法審査の方法について，最近の憲法学上，アメリカ型の違憲審査基準論とドイツ型の三段階審査論の激しい議論がある。アメリカ型の違憲審査基準

---

(9) 松本・前掲注(5)706頁も，積極目的が中間項に入っている場合，薬事法と小売商業調整特別措置法のいずれが適用されるのかという問題を指摘しつつ，タクシー規制によってどの程度利用者の安全が確保されたかあるいは害されたかは統計によって比較的容易に客観的な把握が可能ではないかと指摘して，薬事法判決が先例となるとしている。

(10) 公法研究第77号220頁発言（2015年）。

(11) 山田隆司「『議員立法』と薬事法事件」法セミ2014年2月号58〜64頁参照。

論では，営業の自由の規制は，規制二分論の消極的規制として，いわゆる厳格な合理性の基準で判断される。ドイツ流の三段階審査では，保護範囲，制限，比例原則により審査される[12]。この論争には深入りできないが，ドイツでもアメリカでも，自由権の規制に関する限り，結果はそう変わりはないと思う。

　わが国で営業の自由の制限に関する違憲審査基準について最も重要な判例は薬事法距離制限違憲大法廷判決（最大判昭和50年4月30日民集29巻4号572頁）である。これは「職業の自由に対する……具体的な規制措置について，規制の目的，必要性，内容，これによって制限される職業の自由の性質，内容及び制限の程度を検討し，これらを比較考量した上で慎重に決定しなければならない」としている。そして，「必要かつ合理的な規制」が基準である。さらに，当該制約よりもゆるやかな規制によって同目的を十分に達成することができない（Less Restrictive Alternatives〔LRA〕が存在しない）と認められる必要があるとされている。ドイツ流に言っても，比例原則で審査され，それには目的と手段の均衡が求められるので同じことである。そして，改正特措法によるタクシー運賃規制において目的と手段が対応しないことは後述(6)の通りである。

　(イ)(a)　これに対して，この法律はタクシー業自体を禁止するのではないから，職業選択の問題ではなく，単なる営業態様の規制に過ぎないので，LRAの法理の適用がないというのが国交省の主張である。(10)で紹介する2つの大阪高裁決定も同様の立場である。

　しかし，むしろ薬事法の事件は距離制限にかからない場所での開業は自由であるが，ワンコインタクシーは，低運賃だけがブランドの事業モデルであり，無線配線をせず，路上でお客を拾うので，運賃以外にほとんど競争手段がないから，価格決定の自由は営業の本質・根本である。これを否定されるのは，鳥でも翼を取られるのと同じく，歩けても飛べないので，単なる営業態様の規制にとどまらず，薬局の距離制限よりも厳しい規制であって，上記のLRAの法理をクリアーしなければならないと考えるべきである。なお，MKタクシーのように無線配車をするなら，価格以外に車両の良否，運転手のサービスなど，運賃以外にも多少の競争手段があるが，それでも，運賃は最も重要なサービス手段であるから，基本的には上記と同様に考えるべきであろう。

　しかも，公定幅運賃に従わなければ，運賃変更命令を受け，さらには，事業許可取消しに至るのであって，開業規制を受けても別の場所では開業できる薬

---

(12)　文献多数であるが，さしあたり，駒村圭吾『憲法訴訟の現代的展開』（日本評論社，2013年）71頁以下参照。

局の距離制限よりも厳しくない訳がない。したがって，LRA の原則を適用すべきである。それはドイツ流に言っても，比例原則違反である。減車命令ならなおさらである。

　(b)　営業許可と営業態様について司法審査の強弱に差があるという薬事法距離制限違憲大法廷判決の考え方は，ドイツの薬局開設許可制による開設禁止を違憲とした連邦憲法裁判所判決（1958 年 6 月 11 日）[13]が，職業活動と職業選択を区別した（段階理論）ことに影響を受けている[14]。しかし，これは，職業選択は特に重要な共同体の利益の保護のために，どうしても必要がある場合しか規制できないが，職業活動は，共同の利益を正当に考慮した結果，合目的と思われれば規制しうるとしているにすぎず，本件公定幅運賃を職業選択の問題ではないと捉えたとしても，共同の利益を正当に考慮した結果，合目的性がなければ規制できないことに変わりはない。そして，後述(6)のように，規制の目的と手段が一致しない改正特措法がこれに該当しないことは明らかである。また，規制の態様に応じて審査の厳格さが変化するという芦部信喜説についても，論理が逆との批判もある[15]。

　(c)　この点で，慶応大学の小山剛教授は公法学会においてこの筆者の見解に近い見解を表明している[16]。すなわち，統一運賃を強制することにより，従来のビジネスモデルではやっていけなくなる業者が出るような場合，実質的にはかなり強い規制だということができる。統一運賃は乗客の安全という目的とは極めて迂遠な手段であると考えられ，その適合性や必要性を審査していくと，結論としては，違憲になるかと思うと述べている。

　(d)　そして，事故防止のために違反への制裁強化という直截的な手段がある以上は，供給制限とサービス価格の公定という，実効性も曖昧な手段によることは，立法者の裁量を広く理解しても，およそ合理性のない制度である。薬局の距離制限をしないと，不良医薬品が出回るという，「風が吹けば桶屋が儲かる」式の理屈と同じなのである。むしろ，営業の自由を制限するために，既存

---

(13)　覚道豊治・別冊ジュリスト『ドイツ判例百選』66 頁（1969 年）。

(14)　富澤達調査官解説・判解民昭和 60 年度 208 頁。

(15)　長谷部恭男「書評『憲法の急所』」論究ジュリスト 1 号（2012 年）143 頁。長谷部は，「前もって設定された基準に照らして，所与の立法手段の規制態様が権利の制約を正当化するに足りる合理性・必要性を備えているか否かを判定するのが審査基準論である。態様に応じて審査の厳格さを変えるという議論は，したがって，せいぜい諸般の事情の総合的な利益衡量における指針を与えるにとどまる」という。

(16)　公法研究 77 号 211 頁発言（2015 年）。

業者の利益を守る等と言えば，違憲となるため，安全性という理由を名目的に付けているだけであるからなおさらである。したがって，この制度は違憲である。

(e) なお，国交省は，低額運賃から公定幅運賃へと値上げした方が儲かると主張する。これは営業形態と市場の現実に左右される。MKタクシーは，無線配車を基本としているから，タクシーの多数派よりも安くすれば呼び出しがかかるが，他社と同じ料金にしては儲からない。ワンコインドームは無線配車せず流しだけである。ワンコインタクシーがたくさんあれば，ワンコインタクシーが来るまで待つ顧客が増えるので，実車率が高くなるが，公定幅運賃制度でワンコインタクシーはほぼ絶滅させられ，残って，抵抗している車両はごくわずかなので，顧客はワンコインタクシーが来るまで待たない。したがって，実車率がそれほど高くならないのである。この状況では，値上げした方が儲かる可能性はあるが，それは当局の誤った施策のためである。

以下，この憲法論の視点から，この改正特措法の法システムを分析する。

(3) （準）特定地域の指定とその規制の根拠欠如
① **特定地域のシステム，減車命令**

特定地域になると特定地域計画が作られる。計画策定のため，協議会を組織させる（8条）。タクシー事業者，労働組合，関係地方公共団体の長，住民のほか，学識経験者を入れた任意団体として構成し，いかにも自主的な計画作りに見せているが，結局はアウトサイダーに命令する根拠となっている。

特定地域に指定されると，新規参入・増車は当然に禁止され（14条の2，3），さらに減車命令が重要である。特定地域計画が認可されると，合意をした個別事業者は輸送供給力の削減（減車又は営業方法の制限）について定めた計画を作成し認可を受けなければならない（8条の7）。輸送供給力を削減しない事業者（アウトサイダーを含む）に対して，営業方法の制限の勧告（8条の10），命令を行う（8条の11）。

この計画の認可の要件（8条の2）にはいかにも公正な制度であるかのような基準（最小限，不当な差別禁止，旅客の利益を不当に害しないこと）が置かれているが，同じように減車させる限り，どれにも違反しないとされるだろうから，いかにも独禁法にも配慮しているように見せかけるアリバイ工作条項にすぎない。

93

第2章　改正タクシー特措法（2013年）の違憲性・違法性特に公定幅運賃，減車命令について

②　特定地域指定の要件

　では，こうした厳しい規制はどんな場合に発動されるのか。国土交通大臣は，㋐一般乗用旅客自動車運送事業が供給過剰（供給輸送力が輸送需要量に対し過剰であることをいう）であると認める場合であること，㋑当該地域における一般乗用旅客自動車運送事業の，一　事業用自動車1台当たりの収入の状況，二　法令の違反その他の不適正な運営の状況，三　事業用自動車の運行による事故の発生の状況に照らして，㋒当該地域における供給輸送力の削減をしなければ，一般乗用旅客自動車運送事業の健全な経営を維持し，並びに輸送の安全及び利用者の利便を確保することにより，その地域公共交通としての機能を十分に発揮することが困難であるため，㋓当該地域の関係者の自主的な取組を中心として一般乗用旅客自動車運送事業の適正化及び活性化を推進することが特に必要であると認めるときは，㋔当該特定の地域を，期間を定めて特定地域として指定することができる（同法3条）。

　したがって，この法律は，㋐供給過剰であれば，㋑収入，法令違反，事故という3つの状況に照らして，㋒輸送力の削減をしなければ，事業の健全な経営の維持，輸送の安全，利用者の利便を確保できないことがあるという立場に立ち，事業の適正化と活性化を推進するため特定地域に指定するというものである。

③　特定地域指定要件＝供給過剰は満たされていないこと

㋐　供給過剰，赤字，減収？

　(a)　特定地域指定の第一の要件は「供給過剰」である。「供給過剰」とは，「供給輸送力が輸送需要量に対し過剰であること」をいうという単純なものである。

　国交省の通達（運用基準「特定地域の指定等について」自動車局長，国自旅第305号，平成27年1月30日，http://wwwtb.mlit.go.jp/kinki/tetsuzuki/2tokuteichiikisitei.pdf）で定めた「供給過剰」の基準の第1は，(ⅰ)平成13年（規制緩和前）と比較して実働実車率が10％以上減少していること，(ⅱ)赤字事業者のタクシー台数が2分の1以上又は赤字事業者車両数のシエアが3分の1以上でかつ前年度と比較して赤字事業者の車両数シエアが10ポイント以上増加していること，(ⅲ)総実車キロが前年度と比較して5％以上増加していないこと，(ⅳ)日車営収又は日車実車キロが平成13年（規制緩和前）と比較して10％以上減少していること又は一定の法令違反又は事故（後述(イ)）があることなどの全てを満

94

たすことである。

(b) しかし，競争が原則のこの日本国憲法の下では，規制を前提とするそのような基準は基本的に誤っている。規制緩和前と比較して営業が多少不振だというだけで，価格を公定し，操業短縮を強制できるのでは，日本中統制経済ばかりになる。それはそれ自体で違憲となる。

前記(ⅲ)の基準については，1％でも増加すれば，およそ供給過剰にはならないのではないか。

さらに，通常の業界では，もし供給過剰であれば，新規参入・増車はなく，販売価格が低下し，販売量も減少し，在庫の山となって，企業は赤字を出し，破産していく。しかし，タクシー業界では，売上げが減ったとはいわれるものの，そのような事態には陥っていない。

(c) むしろ，タクシー業界のかなりは大儲けしている[17]。その筆頭であろう第一交通産業（北九州市）は，平成27年3月期の決算短信を公表したが，全体の売上高は218億円余，前期比で22％以上，営業利益は18億円以上，経常利益も18億円以上である[18]。

もちろん，経営が苦しい業者もいるだろうが，競争に負けて敗退する業者は廃業するか営業譲渡すればよい。それが通常の業界の姿であって，タクシー業界だけ例外であって良いわけはない。

(d) 国交省は，タクシー事業は依然として供給過剰ないしそのおそれのある状態にあるとして，平成25年度は車両数にして56％の事業者が赤字経営であったとする資料を提出した。

しかし，日本では，赤字企業が多数である。国税庁「平成25年度分会社標本調査（税務統計から見た法人企業の実態）の「調査結果の概要」によれば，

① 平成25年度分の法人数は259万5,903社で，このうち連結親法人は1,392社，連結子法人は10,171社

② 資本金の総額は139兆6,664億円

③ 平成25年度分の法人数259万5,903社から，連結法人の数（10,171

---

[17] 「交通春秋」2015年12月号6頁～7頁。「急進するグループ，フランチャイズ寡占化全国大手・名門45社年間営収番付」。タクシー事業を営む超大手3社の年間営収が，2012年3月から2015年3月までの4年間年々増大を続け，106.43％の増収率となっていると報じられている。

[18] 「交通論壇速報版」平成27年8月8日。第一交通産業（グループ本社：北九州市）が公表した平成27年3月期の決算短信の内容をみると，全体の売上高は218億円余，前期比で22％以上，営業利益は18億円以上，経常利益も18億円以上である。

第2章　改正タクシー特措法（2013年）の違憲性・違法性特に公定幅運賃，減車命令について

社）を差し引いた258万5,732社のうち，欠損法人は176万2,596社で，欠損法人の割合は68.2％

このうち連結法人（1,392社）について見ると，欠損法人が589社で，欠損法人の割合は42.3％

④　営業収入金額は1,493兆4,688億円で，このうち利益計上法人の営業収入金額は，1,138兆1,711億円，所得金額は49兆7,926億円で，営業収入金額に対する所得金額の割合（所得率）は4.4％である。

したがって，タクシー業界の赤字は，むしろましな方である。それでも倒産せず経営できているのである。税法上は赤字でもやりくりできているのである。したがって，これは，供給過剰として，異例の規制をする理由にはならない。

（e）タクシー業界の特殊性として，供給過剰になって，儲けが少なくなると，増車をして，収益を拡大しようとするので，ますます供給過剰になるという構造的な問題があると言われている。しかし，それでも，増車するのは，増車によって多少の利益が得られると見込んでいるからである。そうすると，それは供給過剰というべきものではない。増車によっても赤字になれば，増車を控えるであろうから，増車を禁止する必要はない。まして，強制的に減車させる理由はない。

（f）多くの駅前ではタクシーが行列待ちしているので，供給過剰に見える。しかし供給過剰かどうかは，タクシー業者の側の言い分だけで決めてはならない。利用者目線が大事である。タクシーの需給は時間，場所によって異なるので，晴天の昼間の駅前を見ればタクシーが余っていて，いかにも供給過剰に見えることもあるが，利用者がタクシーを呼んだら，あまり待たされずに来てくれるのか，雨の日でも，深夜でもタクシーを拾えるのかが肝心である。この基準に照らせば，タクシーが足りないことは頻繁にあるというのが一般の認識であろう。したがって，供給過剰という認識に誤りがある。

タクシー会社が，顧客の需要の増減に合わせて，タクシーの営業時間と場所を調整すれば，顧客にとっても便利になり，また，空車を減らせるのであって，自ら努力しないで，自分たちでもともとは増車していながら，供給過剰を言いつのることは間違いである。

したがって，仮に改正特措法自体は違憲ではないとしても，それを適用する基準である「供給過剰」は，過当競争で，赤字倒産が続出するといった事態に限定すべきであり，国交省の前記通達は法の解釈を誤ったものとして違法である。そのような深刻な事態は少なくとも大阪市域交通圏では発生していないの

96

で，特定地域指定の要件を満たさない。

㋑　法令違反・事故は供給過剰の基準とならないこと

さらに，国交省の通達は，直前5年間の法令違反の件数と事故発生件数が全国平均を上回っていることのいずれかに該当することという基準を置く。

しかし，法令違反や事故はそれとして取り締まるのが合理的である。輸送供給力を制限したら，法令違反や事故が減少するものではないので，これも風が吹けば桶屋が儲かる論理である。

したがって，国交省は供給過剰という基準を正しく解釈していない。又，事業者は，法令違反をしたり，事故を増やせば，タクシー特措法に基づき規制されることになるので，規制守旧派には，法令を遵守し，事故を防止するインセンティブがない。これはますます不合理な制度である。

㋒　運輸審議会の公聴会

筆者は，運輸審議会が開催した大阪市域交通圏における特定地域指定の聴聞において，公述を申し込み，本稿とほぼ同様の反対意見（http://www.mlit.go.jp/common/001101815.pdf）を述べた。

しかし，運輸審議会は平成27年10月20日，何らの反論をすることもなく（http://www.mlit.go.jp/common/001106835.pdf），大阪市域交通圏を特定地域に指定する答申を提出し，大阪市域交通圏は平成27年11月1日に特定地域に指定された。公聴会は単なる儀式，壮大な無駄である。公聴会で述べられた意見に何らの反論もしないで行う反対の判断はあまりにも理由不備・理由欠落であり，違法無効ではないのか。

さらに，国土交通省は運輸審議会の平成28年6月16日付け答申（http://www.mlit.go.jp/report/press/unyu00_hh_000128.html）を受けて，同年7月1日に特定地域の追加指定をした。それは，東京都八王子市や多摩市，千葉県市川市，船橋市，浦安市，千葉市，さいたま市，宇都宮市，富山市，福岡県久留米市などである。それにより新規参入や増車が禁止される。すでに札幌や大阪，福岡などが指定されており，特定地域は27に増える（日経新聞2016年6月16日経済欄）。

④　準特定地域の指定要件の欠如

準特定地域（3条の2）は，3（3）②に掲げた特定地域指定の要件のうち，「供給過剰」が「供給過剰となるおそれ」に変更され，㋑は同じで，㋒についても，地域公共交通としての機能を十分に発揮することができなくなる「おそれ」が

付け加わるだけである。

　大阪市域交通圏は平成26年1月に指定された。大阪市域交通圏では、新規参入・増車は基本的に困難となったうえ（同法14条の4，15条），さらに同年3月には公定幅運賃規制が導入された[19]。

　国土交通省の運用基準（「準特定地域の指定等について」自動車局長，国自旅第402号，平成26年1月24日，http://wwwtb.mlit.go.jp/kinki/tetsuzuki/3jyunntokuteichiikisitei.pdf）で定めた「供給過剰」の基準は，①人口10万人以上の都市であれば，規制緩和前（平成13年）と比較して日車実車キロ又は日車営収が減少するか又は前5年間の法令違反の件数又は事故件数が毎年度増加していることのいずれかに該当すること，②人口10万未満の地域では，規制緩和前（平成13年）と比較して日車実車キロ又は日車営収が10％以上減少していること，前5年間の法令違反の件数，事故件数が毎年度増加していることのいずれかに該当することなどである。これは特定地域の供給過剰の基準とはやや異なるが，同じ考え方が当てはまる。

　なんという大甘の基準であろうか。しかも，違反や事故が増えれば公定幅運賃の規制ができるというのであるから，経済規制と安全規制の混同の最たるものである。

　その上，これは「おそれ」を基準とする。それは普通の日本語では可能性という，確率の高くないものをも含むが，法的規制の根拠とするにはおよそ足りない。そこで，普通には，「おそれ」とは，蓋然性を意味するが，それでも，上記のように，国交省は「供給過剰」の解釈を誤っているから，前記のように，それを，倒産続出といった緊急事態と解釈し直すと，大阪市域交通圏では，そうした蓋然性はないので，「供給過剰のおそれ」は存在しないというべきである。したがって，準特定地域の指定要件は満たされておらず，その指定は無効である。それは，公定幅運賃制度に基づく処分に承継されるから，公定幅運賃制度に反する運賃を届け出た業者に対して運賃変更命令を発する法的根拠が存在しないのである。

---

[19]　平成26年2月28日制定，同26年3月25日改正。公示「一般乗用自動車運送事業の公定幅運賃の範囲の指定について」（近運自二公示第73号）。大阪市域交通圏では，初乗り2.0キロまでの運賃について，大型車は680円〜700円，中型車は660円〜680円，小型車は640円〜660円と設定されている。

3 タクシー改正特措法の定める公定幅運賃制度・減車命令の違憲性

(4) 公定幅運賃の導入による下限割れ運賃の禁止は事業者の既存の権利を侵
害し利用者の利便を害すること

① 運賃については，これまでの同一地域同一運賃的な運用＝いわゆる自動
認可運賃は，運賃認可の裁量権に基づいていたので，個別に運賃を申請して，
合格すれば例外が認められることとなっていたが，改正特措法はこれを法律レ
ベルへと格上げした。適正原価・適正利潤の原則を個別の事業者毎に判断する
のではなく，標準事業者を基準に判断する（同法16条2項1号）。現行道路運
送法9条の3の個別事業者毎の適正原価・適正利潤の原則は適用されない（同
法16条の3）。これは特定地域だけではなく，準特定地域においても適用され
る（改正タクシー特措法16条）。

そのほかに，「二 特定の旅客に対し不当な差別的取扱いをするものでない
こと」「三 道路運送法第9条第6項第3号に規定する一般旅客自動車運送事
業者の間に不当な競争を引き起こすこととなるおそれがないものであること」
（同法16条2項）という定めがある。いかにもまっとうな規定に見せかけてい
るが，低額タクシーはこれに適合すると解されてきたので，これからも実際上
問題とならないものであり，制度が妥当だと誤魔化すアリバイ規定である。

なお，タクシーの場合，低額タクシーといえどもダンピングはあり得ない。
ダンピングは一定期間原価を割って安売りして競争業者を撃退し，それから値
上げして独占企業となって儲けようとするが，タクシーの場合認可期間の長
期間認可運賃に拘束されるので，このような操作はできないからである。した
がって，下限規制は本来不要である。

② そして，運賃は公定幅の運賃の範囲内でしか認められない。つまり，運
賃の範囲（公定幅）が公表された（同法16条1項）場合，事業者はその公定幅
の範囲内で運賃を届けることになる（同法16条の4第1項，第2項）。これまで
の運賃が公定幅の範囲内であれば，届出したものとみなされる（同法16条の4
第4項）。現在運賃認可を申請しているものは届出とみなされる（同法16条の4
第5項）。この範囲外で届けると，変更命令が出される（同法16条の4第3項）。
これに違反すると，事業の停止，許可の取消という事業者の死刑措置へと進
む（同法17条の3）。

この制度では，標準事業者を基準にするといいつつ，利用者の利益を害する
不当に高い運賃が設定される。現に大阪ではこれまでは最低500円（消費税増
税分を入れて510円）であったのに，中型車のワンメーターは660～680円と
異常に高くかつ狭く決められている。

第2章　改正タクシー特措法（2013年）の違憲性・違法性特に公定幅運賃，減車命令について

　これは，最も経営効率の悪い限界企業も生き延びることができるようにする
いわゆる護送船団行政であり，経営効率の良い業者は利用者の利益に反し，超
過利潤を得ることになり，逆に，利用者に喜ばれている低額タクシー業者の営
業の自由を侵害する。

　このような公定幅運賃の制度は，利用者保護を名目に利用者の利益を害する
とんでもない誤魔化し制度である。

　③　その上，ワンコインタクシー業者の一部は，運賃について期限なしのい
わゆる恒久認可を得ていた。公定幅運賃の設定により，これまで下限割れ運賃
であるが，原価で収支相償って，ダンピングにもならず，不当な利益も得ない
ように適法に設定されていた運賃の設定を禁止して，低額運賃というブランド
を剥奪することは，公正な競争を禁止するとともに，ワンコインタクシー業者
の営業の自由を過大に規制するものであり，比例原則にも反する。

(5)　独禁法の空洞化
①　公定幅運賃

　操業を合意して短縮したり料金を統一することは，一定の取引分野における
競争を実質的に制限するもので，普通にはカルテルとして独占禁止法により禁
止されている（同法3条後段）。減車命令や公定幅運賃はいわば法律によるカル
テル（独禁法上カルテルとなる行為を法律で特に例外として認めたもの）である
から，認可特定地域計画及び認可特定地域計画に基づいてする行為について，独
禁法の適用を除外している。例外条項（不公正な取引方法，旅客の利益を不当に
害するとき）はある（同法8条の4第1項）が，これもアリバイ工作条項である。
そもそも，一定の取引分野における競争を実質的に制限して旅客の利益を不当
に害しようというのがこの法律であるから，そうした例外条項はまず適用の余
地がない。

　これまでは，輸送需要の減少地域で住民の足を確保するための協定だけ許容
され（道路運送法18条），しかも，国土交通大臣の認可を要し（同法19条），事
前に公正取引委員会と協議することになっていた（同法19条の3）。これに対
して，今回の改正特措法は，認可後に事後に公正取引委員会に通知（8条の6
第1，2項）し，公正取引委員会は，事後に一定の場合に変更を求めることが
できる（8条の6第3項）とするだけである。公正取引委員会の関与を極度に
弱めている。あまりにも異常な法律である。

② 独禁法不適用の違憲性

戦時中，戦後当初は統制経済で，価格の統制があったし操業短縮命令もあった。しかし，独禁法も自由主義社会の標準装備である。平時で，かつ憲法で営業の自由が保障されている今日，このような価格の標準化，減車命令，増車禁止は，実質的には法律でカルテルをさせたと同一である。料金競争，生産競争があると，業界が大混乱で，消費者の利益を害するというなら独禁法の例外もありうるかも知れないが，そうでなければ，独禁法の適用を除外することは違憲である。

もし，これが合憲というなら，他の業界もみな新規参入禁止の立法を求めるであろう。それは，日本の法体系と正面から衝突する。業界の発展の芽を摘み，縮小再生産に陥る。ごく限られたパイを限られた企業が競争することなく分け合う。それは社会の発展を阻害する。旧ソ連の統制経済と同じで，いずれ瓦解する。

国交省はタクシー業界の特殊性（不景気でも新規参入，歩合給制度等）をいうが，その程度で他の業界と異なり，タクシーにだけ独禁法の適用を除外する合理的な理由はない。したがって，独禁法の不適用は違憲である。

⑹ タクシー新法における規制の目的と手段はおよそ対応しないこと
① 安全性の確保の方策の方角違い

(ア) 改正特措法３条及び３条の２及び国交省は「輸送の安全及び利用者の利便を確保することにより」という文言を用いており，「タクシーが供給過剰になると安全性を損ない利用者の利便を害する」と考えている。

しかし，そのような立法事実は存在しない。少なくともそれなりの関連性のある裏付けがない。タクシーの供給増と事故の増加だけを統計的に見て，因果関係があると理解するのは間違いである（車両数が増えれば事故の絶対数が増えるのも当然である）。

事故防止のためなら，公定幅運賃，車両台数の規制等という手段は，完全に的外れである。これらを導入すれば経営は楽になるだろうが，だからといって，事故を実効的に防ぐ経営方針を採るとは限らない。むしろ，事故を起こしても，儲けだけは確保したいという，およそ利用者の利便に反する行動をとるタクシー事業者を防ぐことができない。

しかも，これまで提出された資料でも，低額タクシーの方が事故は大幅に少ないという運輸局作成の統計[20]もある。

第 2 章　改正タクシー特措法（2013 年）の違憲性・違法性特に公定幅運賃，減車命令について

　事故防止のためなら，タクシー業者の各社毎の事故状況，事故の程度・責任を考慮した事故数，事故率，保険加入状況等を事業者と運輸局のホームページに公開すべきである。そして，有責で事故を起こす者に直接に制裁を加えるのが合理的な手段である。事故率の高い会社については台数の減少を求める制度を作り，また，営業停止などの処分を厳しく活用すべきである。そうすれば，事業者は事故防止策を一生懸命工夫するはずである。つまり運転者について，採用の時に事故歴次第で不採用とし，また有責事故次第で，運転業務停止，免職にすることになる。運行管理も事故防止を基準に行うであろう。そうすれば，高齢運転者でも大丈夫である。

　また，各事業者とも，優良であれば，自社の事故状況，保険加入状況を積極的に公開すればよい。現在は，人身傷害保険は 8,000 万円まで加入を義務づけている（国土交通省告示第 503 号，平成 17 年 4 月 28 日）が，それよりも高い保険に入っている事業者はそのことを宣伝すれば顧客が増えるであろう。そうすれば，ホームページに公開していない業者の顧客は減るであろう。

　なお，個人タクシーについては，一定期間の無事故無違反が求められているのであるから，法人タクシーの運転手にも，同じものを求めるのは無理としても，それなりに安全運転の経歴を要求すべきである。個人タクシーに厳しい要求があるのは，経営者だからといわれるが，安全運転をするかどうかは運転手としての資質の問題であるから，法人個人の区別なく同じ条件とすべきである。

　ちなみに，筆者が先日，大阪の北新地からタクシーに乗ったら，後部座席のシートベルトを椅子の下に隠していて，頼んでも出せないタクシーがあった。筆者は，これは道路運送車両法違反であり[21]，事故の際，乗客の障害の重大化・死亡につながることをかねて指摘している。こうした運転手とその属する会社名は，当局に通報してください，厳重に処分しますと公告すべきである。

　早朝から夜半まで働き，1 日おきに休む隔日勤務は 1 台の車に 2 人の乗務員が乗るので，一人一車制よりも，車の稼働率が上がり儲かる。その最高乗務時間は原則 21 時間と規制されているが，これでは夜中，睡眠不足，過労による事故を起こしやすいといわれている。それなら，厚生労働省から発

---

(20)　大阪地裁平成 26 年(行ク)第 75 号（疎乙 2 号証），その本案大阪地裁平成 26 年(行ウ)第 86 号（乙 5 号証）の裁判で提出された国土交通省自動車交通局「タクシー事業に係る運賃制度について」（平成 21 年 4 月 1 日）34 頁によれば，平成 18 年度における車両 100 台当たりの事故件数は，全事業者 52，新規事業者 47，低額運賃事業者 15 となっている。

(21)　阿部『行政の法システム　上』166 頁。

102

せられている「自動車運転者の労働時間等の改善のための基準」という告示（http://www.jikosoren.jp/data/kaizen.html）を強化すれば良い。事故率の高い会社を厳重に処分すれば，会社の方からこうした勤務形態を変更していくだろう。

　歩合給が無理な運転の原因だという。しかし，それはタクシー業界の特殊事情で，変えられないと思い込んでいるのは誤りである。それは労使の問題で，行政としては直接には介入できないとしても，事故率の高い会社を厳重に処分すれば，歩合給の割合を減らす方へのインセンティブになる。

　事故の多い運転手を採用してはならないという基本を外して，運賃競争をやめれば会社の経営がよくなり，給料が上がり，そして，事故が減るなどというのは詭弁である。

　こうした社会的規制も，行政の監督手法の不備から完全ではないが，しかし，まずはそれから試みて，どうしても効果が上がらない場合に他の方策を講ずべきで，これらの手段を講じることなく，その効果もわからないと称して，経済的規制を行うことは筋違いである。

　(イ)　なお，2012年4月に関越道で高速貸し切りバスの重大事故があり，国交省は安全面の規制を怠っていたことが露見した[22]。そこで，その規制をしっかりするようになったかと思いきや，2016年1月にもツアーバスの大事故（長野県軽井沢町スキーツアーバス事故）が起きた。長距離・長時間・未熟練運転手といった事故要因があるのに，国交省は安全規制の基本を依然として怠っていた。国交省はようやく貸し切りバスにドライブレコーダーの設置を義務づける方針を明らかにした[23]。又，免許の更新制を導入する方針である[24]が，なんと遅いことか。タクシー業界の利益擁護にばかり精力を注がないで，国民の命を守るという基本の基本である安全対策をしっかりやれば，こんな事故も防げたのである。タクシーの規制も同様である。国交省の施策は方角違いである。

　さらに，2016年3月17日広島県東広島市内の山陽自動車道で車12台の追突事故があり，死者2名，負傷者多数を出した。原因は長時間の過労運転と思われる[25]。

　なお，規制緩和で悪質業者が参入したことも事故原因であるように報道され

---

　[22]　寺田一薫「高速スキーバス規制と貸切バスの長時間運転防止」国際交通安全学会誌Vol. 38. No. 1（2013年）参照。

　[23]　毎日新聞デジタル版2016年3月7日。

　[24]　日本経済新聞2016年3月17日朝刊一面。

　[25]　朝日新聞デジタル版2016年3月17日。

るが，それはいわゆる経済的規制と社会的規制（安全規制）の混同である。規制緩和といっても，それを需給調整や料金規制の緩和にとどめ，安全規制をしっかりやって悪質業者の参入を防げばすむのであって，事故原因は規制緩和自体ではなく，安全規制の怠慢なのである。

②　労働条件の改善の方角違い，実は運転手の処遇は悪くないこと

(ア)　国交省は，運転手の給与が悪いとして，全産業平均と比較する表を提出している。年収300万円前後，全産業の平均の半分，労働時間は長いというのである。しかし，それはデータの取り方にまやかしがあって，利用者の安全を害し，営業の自由を制限するという理由にはならない。

(イ)　運転手は，年功を積んで熟練することにより給料が上がるという普通の会社員とは異なり，年齢・熟練関係なしの職務給の職業であるから，この点を無視して全産業平均と比較するのは間違いである。

実は平均年齢は，全産業では42歳，タクシー業では57歳である。タクシーの運転手は，65歳でも採用され，70歳を超えても現役であるが，普通の企業ではこの年齢では採用されないし，採用されてもパートが普通であり，会社に残っていても嘱託などであるから，待遇を単純に比較するのは間違いである。他の産業と比較するなら，スーパーのパートや警備員，シルバー人材センターの斡旋業務，会社の定年後の再雇用職員と比較すべきである。そうすると，ほとんど誰でも持っている免許証だけが資格基準であるタクシー運転手の年俸300万円は決して悪くはない。しかも，それは，年金の足しにタクシー運転手をしている人を含めているから，年金をもらわずにタクシーに専念している運転手の収入はもっと多いのである。

ちなみに，神戸のMKタクシーは，ハイヤー乗務員年収500万円以上として募集している。神戸の相互タクシーは月給26万円保障で募集している。「ダメ人間でも，金なし，ツテなし，取り柄なし，3年で1,000万円貯金できる！」という運転手もいる[26]。そんなに悪い処遇であろうか。

タクシー運転手では家族を養うことはできないと言われるが，台数を減らせば，これまで運転手になれた人も失業してしまう。台数を増やしたから，これ

---

[26]　下田大気『タクシー運転手になって人生大逆転』（KADOKAWA，2014年）。タクシー運転手の著者が，年収800万円を得て，3年で1,000万円を貯めたとし（102頁〜103頁），また，東京23区・武蔵野市・三鷹市では，タクシー運転手の平均月収は，社員なら30万円は超え，タクシー業界は，一般社会より内部競争がラクと指摘している（146頁〜149頁）。

まで失業していた者も運転手になれているのである。又，最低賃金法を守って
も，家族を養えない業種はたくさんある。

　(ウ)　それに対して，改正特措法のような厳しい規制をしている例は現在のわ
が国では存在しない。航空会社も，JALは破綻したし，運賃が自由化された
ので，客室乗務員は高給を得ている花形の職業から契約社員となったものもあ
るが，だから運賃を公定して，高額給与を保障せよ等という立法の動きはな
い。もともと高給だったのは，職務が困難だからではなく，規制により超過利
潤を得ていたためで，現状が正常なのである。家電業界でも安売り合戦をして
いるが，独禁法でダンピング規制をされるだけである。

　(エ)　タクシー運転手の場合，長時間労働といわれるが，待機時間も長く，勤
務の密度は低い。ダンプの運転手とは大違いである。しかも，待機時間でも
賃金が払われ，未払い賃金に対しては労基法114条の付加金まで支払いが命じ
られた例がある（福岡地裁平成25年9月19日判時2215号132頁）。冷暖房完備
の室内勤務で，一日中座っていることができ，時々外に出て体操もできる。事
務所に戻ったとき以外は，上司も部下もいないので，職場のトラブルは少なく，
普通の会社員のようなストレスはかからない。悪い顧客も稀にはいるが，外国
のように防弾防刃ガラスの必要もない。台風・大雨，酷暑・極寒の日でも一
日中戸外で立って，交通整理している工事現場の警備員の方がはるかに厳し
い。大工や庭師は，熟練するまでの修業が必要な上，雨の日は休みなので，日
当は良くても年収はさほどではない。そうすると，タクシーの運転手は，むし
ろ，多くの他の産業よりも待遇が良い仕事ではないか。タクシーに乗って聞く
と，これに同意する運転手も結構いる。

　したがって，規制の根拠である運転手の待遇の悪さという認識に誤りがある。

　(オ)　運転手を募集しても，若者が応募しない，高齢者が増えているので，事
故が増えているとの主張がある。

　しかし，それなら，前記のように，事故が多い運転手を規制すればよいが，
そのほかに，利用者の目線で言えば，若者であろうと高齢者であろうと，安全
に運転し，サービスが良ければ問題ないのである。普通の会社のように年功を
積んで熟練する職業ではないのであるから，若者が入らなければならない必然
性はない。高齢者といっても，会社を定年退職して，年金を受給し始めている
60代後半の者は，病気がなければ元気であり，タクシー業務を行うのに支障
はない。65歳以上を高齢者というのは，人生50年の時代の発想であって，今
日，高齢者とは少なくとも75歳以上に限るべきである。

第2章　改正タクシー特措法（2013年）の違憲性・違法性特に公定幅運賃，減車命令について

㈹　仮に労働条件が悪化しているとしても，主たる原因は，経営者が歩合制で，運転手を安く使うことによるのであって，供給量を制限しても，公定幅運賃により運賃を統一して競争をなくしても，経営者のこの姿勢が変わらない限り，経営者が儲けを懐に入れるだけであって，労働条件はいくらも改善されないであろう。

労働条件を改善するには，最低賃金法をきちんと適用し，最低保証をすればよいことである。それは経営者がなすべきことで，経営者自らができることを怠っておきながら，「供給過剰だから労働条件が悪くなる」などという根拠はない。

それに，労働条件が悪いと仮定しても，それは経営状況が悪化しているためなのか，事業者は儲かっているが，運転手にしわ寄せされているのかという問題がある。国交省は，運転手の待遇が悪いというデータばかり提出するが，事業者の経営状況のデータを出さないから説得力がない。前記のように，タクシー業界の一部は大儲けしているのであるから，事業者の経営状況を公開して，儲けを労働者に還元することが先決である。

③　利用者の利便増進に逆行

運賃を公定し，減車させて，労働条件を改善すれば，運賃以外のサービス競争になり，利用者の利便が向上すると説明されるが，そんなことは全く当てにならない。タクシーは運賃値下げが最大のサービスである。一般にサービスが良ければ次も同じタクシーを拾うという関係にはない，1回限りの商売であるから，捕まえた顧客に特別にサービスする動機もないだろう（呼び出しは別である）。

そして，運賃については，競争しているからこそ，運賃の安いワンコインタクシーが繁栄し，5,000円を超える分は半額（大阪で一般的）という運賃サービスが見られ，呼べばすぐ来る，顧客が待たされることも少ない，雨の日でもタクシーを拾えるという，利用者にとっての真のサービスの向上に繋がっているのである。供給が過剰くらいであれば，利用者の利便が増進されるのである。「供給過剰であれば，利用者の利便が害される」というこの法律の認識は，経験則にも，事実にも反するもので，立法事実を欠いている。

事故防止は利用者の利便の最大のものの1つであるが，それは安全規制によって達成されるのであって，需給調整とか料金規制といった経済規制によって達成できるものではない。

(7) 交通政策審議会の元々の答申に反すること

政府の交通審議会の答申（平成20年12月18日）「タクシー事業を巡る諸問題への対策について答申」（http://www.mlit.go.jp/common/000029284.pdf）の17頁においても，減車を命ずる仕組みについては，事業者の財産的価値や営業上の権利を国が侵害すること等の問題があるほか，複数の事業者が協調して減車を進めることを独禁法の適用除外とする仕組みについては，我が国の競争政策の趨勢の中で，タクシー事業にのみそのような制度を設けることは十分な理解が得られていないものと言わざるを得ず，こうした仕組を導入することは難しいと述べている。さらに，その13頁において，「下限割れ運賃でも，適正な原価で収支相償うものとして実施されるものであり……これを禁ずることは難しい」と指摘されていた。

(8) 用語・名称の誤魔化し

この法律には，タクシー『サービス向上』『安全利用』推進法という名称も付けられている[27]が，運賃低額化という顧客への最大のサービスを阻害し，安全利用を実現するまっとうな法的手段を講じていないので，欺瞞的である。

この法律は「活性化」特別措置法とも呼ばれるが，活性化とは（改正特措法2条7，8項），本来ならタクシー需要の増大であるべきであるのに，輸送需要に対応した合理的な運営などと定義され，輸送需要を増やすことを考えていないのであるから，欺瞞的であり，しかも，活性化措置とは大手による吸収合併のようである。要するに，中小タクシー会社を潰すことを活性化といっているようである。

(9) 違憲論小括

このように，①そもそも，規制の根拠となるほどのタクシーの供給過剰（のおそれ）の事実はないばかりか，②供給過剰が安全性を損なう主要な原因ではなく，安全性の悪化を防止するには，直接的な規制（安全規制）を行うべきであって，この法律は，事故防止という目的を達成するために，およそ合理的で直接的な手段を選択していない。労働条件も悪いとは言えないし，悪いとしても，その原因は経営者にある。

事業規制の方法の選択については，立法者にある程度の裁量はあるが，それ

---

[27] 前掲注(8)の山越論文のタイトル参照。

にしても，およそ合理的な根拠がなく，お門違いの手段を用いている。それは既存の多数の業者の談合を認めよという本音をごまかすことにあるためである。

したがって，この法律で定める(準)特定地域の指定，準特定地域における公定幅運賃，事業者への運賃変更命令，事業許可取消制度，特定地域における減車命令のシステムは，営業の自由を侵害する規制として，目的においても，手段においても，明白に合理性・必要性を欠き，いかなる審査基準を用いても，違憲というほかはない。

学界では違憲説が多数と思われる[28]。筆者は立法事実の不存在を丁寧に論証したものである。

なお，タクシー特措法改正法が議員立法なのは，まともな閣法（政府提案法律）であれば，内閣法制局の審査を経なければならないが，以上に述べたように，違憲であるため，内閣法制局の審査を回避しているからである。薬局の距離制限を定めて最高裁で違憲とされた薬事法改正と同様の手法をとっているのである。裁判所は，議員立法については，特に厳重に監視の目を光らせるべきである。

⑽　いくつかの判決・決定へのコメント

憲法論に触れる判決は少ない。その上，いずれも合憲としている。

①　大阪高裁（民事5部平成26年(行ス)第29号）平成27年1月7日決定

「公定幅運賃の制度は職業選択の自由そのものの制約ではなく，その運賃等についての一定の制約であるから，職業活動としての営業内容ないしは態様に対する制約の範疇に属するものであり，一定期間，特定地域における一定の幅の範囲内にない運賃等を定めて行うタクシー事業の規制に止まるものであるから，昭和50年の最高裁判決が定立した厳格な合理性の基準によって判定される必要性まではない。」

そして，特措法1条が定めた目的が公共の福祉に適合しないことが明らかであるとか，その手段に必要性，合理性がないことが明らかであるとは認められないとして，立法裁量の逸脱濫用を否定した。

---

[28]　渡辺昭成「タクシー運賃変更命令等行政処分の仮差止め決定に対する抗告事件」ジュリスト1480号103頁以下（2016年）。舟田＝渡辺・前掲注⑸意見書，根岸哲意見書「特措法に基づく公定幅運賃制度に係る意見書」（MKタクシーに提出されたもの。2014年8月5日），青木淳一「大阪高判平成27年1月27日決定評釈」自治研究92巻9号140頁以下（2016年）は，疑問を出しながらも違憲とは言い切っていない。

しかし，営業を規制する立法行為については，理屈が付かないことが明白でなければ合憲だ等というのでは，違憲審査権を放棄したのと同じである。しかも，タクシーの場合料金が競争のほとんど唯一の重要な手段であるから，それは単なる営業の内容なり態様に過ぎないわけではないことが理解されていない。しかも，立法者が，金（パーティ券）と数を頼みに少数者を弾圧するのを黙視することになる。民主主義に反する立法過程に直面した場合には司法の出番であり，この重要な点で，この高裁決定は簡単すぎる。

昭和50年の最高裁判決は，薬局の距離制限の違憲性に関するものであるが，それとの比較が誤りであることも3(2)②で前述した。

仮に，厳格な合理性の判断基準によらないとしても，そこから直ちに「明らかに」必要性，合理性がないのでなければ合憲だと飛躍すべきではなく，もうすこし中間的な審査基準によるべきである。

本件規制は，社会福祉立法ではなく，タクシーの安全性を目的とする営業の自由の規制であるから，その目的が誤魔化しではないか，その手段が目的を達成する上で必要性，合理性があるのかを審査すべきである。

そうすると，公定幅運賃，労働条件改善，利用者の安全性，利便性の向上という因果関係は風が吹けば桶屋が儲かるのと同じ論理であるから，明白に誤っているし，仮に明白ではなくても，合理的に考えれば，その関連はないことはこれまで丁寧に説明した。

②　**大阪地裁（平成26年（行ク）第58号他第7民事部）平成26年5月23日決定**
これは，①の大阪高裁決定と非常に近い判断である（というよりも，高裁が地裁に倣ったものであろう）。

③　**大阪高裁（平成26年（行ス）第31号第3民事部）平成27年3月30日決定**
①と同様に「公定幅運賃制度は，……それ自体はタクシー事業者の営業の内容・態様に関する規制であって，狭義における職業の選択そのものに制約を課すものとは解されない。」と判示するので，その問題点も同じである。

「公定幅運賃制度の目的は，……供給過剰を防止することによって，一般乗用旅客自動車運送事業の健全な経営を維持し，並びに輸送の安全及び利用者の利便を確保することにあると解されるところ，目的達成の手段は，能率的な経営を行う標準的なタクシー事業者の収支が相償い，かつ，タクシー事業者の間に不当な競争を引き起こすおそれがないなどの要件を満たすものとして公定幅運賃を設定し，タクシー事業者に対しその範囲外の運賃設定を禁じ，その違反に運賃変更命令そ

の他の行政処分及び刑事罰をもって対処するというものであるから，上記目的と合理的な関連性を有すると解される。」

しかし，この目的と手段が合理的な関連性を有しないことは先に強調したところである。

「加えて，公定幅運賃制度の下でも，タクシー事業者は一定の範囲で運賃の決定の自由を有する。したがって，公定幅運賃制度による営業の自由の制約が立法裁量の範囲を逸脱しているとまではいえない。」

しかし，これまで510円（消費税込み）であったワンコインドーム㈱の料金が他の業者と同じ，660〜680円とされ，幅がわずか20円になったのであるから，運賃決定の自由は存在しないと同じではないのか。

「相手方は，増車と，運賃値下げ競争及び労働条件悪化・運送の安全確保に対する支障との間に因果関係はないと主張するが，疎乙4に照らすと，このような因果関係を否定することはできない。」

この疎乙4は，前記8の交通政策審議会「タクシー事業を巡る諸問題への対策についての答申」（平成20年12月18日）である（本案の乙10）が，安全確保は，安全規制と違反に対する処分により行うべきであるという筆者の反論を覆す理由を付けていないし，いったい，どれだけの因果関係があるのだろうか。これではのれんに腕押しである。

「また，輸送の安全を確保するには事故率の高い会社等の処分が適切であるとか，タクシー乗務員の労働条件向上には固定給の割合を増すことが効果的である旨主張するが，仮に相手方主張の方法が有用であるとしても，公定幅運賃の有用性を否定するには至らない。以上によれば，憲法22条違反をいう相手方の主張は採用できない。」

なぜ，公定幅運賃の有用性が肯定されるのか，これだけでは理解できない。以上，違憲ではないとする判例には説得力がないと思う。

4　公定幅運賃設定における裁量濫用

(1)　公定幅設定の裁量の範囲

公定幅運賃を定める基準は，改正特措法では「標準事業者」というだけで，

曖昧に定められている。国交省は，これまでのいわゆる自動認可運賃基準をそのままスライドさせ，これまで例外としてではあれ認められてきた下限割れ運賃を禁止したが，それは法律の定める裁量の範囲内のつもりである。

しかし，下限割れ運賃事業者の運賃も，3⑷で述べたように，ダンピングではなく，適正原価・適正利潤の原則を満たしたとして認可され，営業の自由を適法に行使してきたのであるから，禁止されるには公共の福祉を害さなければならないが，どんな害悪を発生させたのか。低額タクシーの出現のために既存のタクシーが倒産続出といった自体は発生していない。

なお，インターネットによる医薬品販売を禁止する薬事法施行規則に薬事法の授権があるかどうかという問題についてであるが，最高裁（平成25年1月11日判決民集67巻1号1頁）は，それは郵便等販売をその事業の柱としてきた者の営業の自由を相当程度制約することも考慮して，薬事法の授権の範囲外とした。

ワンコインタクシー業者は低額運賃を事業の柱としてきたのであるから，公定幅運賃を定める裁量権の行使の際，処分庁である近畿運輸局長は，下限割れ運賃事業者の利益を考慮しなければならないというべきで，この点の考慮を欠く公定幅運賃設定には裁量濫用の瑕疵がある[29]。

なお，タクシー特措法には，このような考慮をしてはならないといった規定は存在しない。もし，それを置けばその点で違憲論争が起きるので，立案関係者は，そうした規定を置かず，解釈でそうなると主張する戦略を採ったのであろう。

⑵　判　　例
①　大阪地裁（平成26年（行ウ）第86号第2民事部）平成27年11月20日判決判時2308号53頁
これは最初の本案判決である。この判決の要点を紹介してコメントする。

㋐　まず，「公定幅運賃制度は，タクシー事業の営業形態を決する上で中核的な要素である運賃の設定自体を直接的に規制するものであり，タクシー事業者の営業の自由を相当程度制約するものであることからすると」という理由で，「公定幅運賃の範囲の指定に関する国土交通大臣等の判断が，事実の基礎を欠

---

[29]　前掲注[28]根岸哲意見書。これがMKタクシー事件大阪地裁決定，福岡地裁決定，判決に影響を及ぼしたと見られる。前注[28]青木も公定幅運賃の裁量濫用については同旨である。

第 2 章 改正タクシー特措法（2013 年）の違憲性・違法性特に公定幅運賃，減車命令について

く場合，又は事実の評価を誤ることや判断の過程において考慮すべき事項を考慮しないこと等によりその内容が合理性を欠くものと認められる場合には，裁量権の範囲を逸脱し，又はこれを濫用したものとして違法となる」と裁量濫用論の枠組みを示した。

この前半は，前記 3 ⑽の高裁決定と異なり，妥当である。ただ，その裁量論はあまりにも広い裁量を認めている。こうした理由があればもっと踏み込んで，行政判断がタクシー事業者の営業の自由に十分に配慮しているかを審査しなければならないというべきではないだろうか。

なお，この判決は違憲論には踏み込んでいないが，営業の自由に配慮して，処分の裁量濫用を認める点では，前記ネット販売違法最判の原審（東京高判平成 24 年 4 月 26 日民集 67 巻 1 号 221 頁）⑶⓪の判断手法に通ずるものがある。

　　㈡　「道路運送法 9 条の 3 に基づく認可を受けて下限割れ運賃で営業していたタクシー事業者は，個別の審査により，能率的な経営の下における適正な原価に適正な利潤を加えたもの（又は加えたものを超えないもの）であることのほか，他の一般旅客自動車運送事業者との間に不当な競争を引き起こすこととなるおそれがないものであること等の基準を満たすものとして当該運賃の認可を受けたものといえるから，準特定地域において，当該事業者に当該運賃による営業を認めたとしても，直ちに低額運賃競争が行われ，運転者の労働条件の悪化や，それに伴う安全性やサービスの質の低下等が生ずるということはできない。」

まさにその通りであって，この判示は他の裁判例でも一般に採用されている。これと反対の国交省の見解は妥当ではない。

　　㈢　「ところが，公定幅運賃は，自動認可運賃と異なり，その範囲内にない運賃での営業を許さないものであって，自動認可運賃の下限額をもって公定幅運賃の下限額とした場合には，上記のような下限割れ運賃でのタクシー事業が禁止されることになる。これらの点を考慮すれば，国土交通大臣等は，公定幅運賃の範囲の指定に当たって，当該地域に下限割れ運賃で営業していたタクシー事業者が存在する場合には，当該事業者の運賃や経営実態等をも考慮した上で当該地域における公定幅運賃の下限額を定めることを要するものというべきである。」これを「全く考慮せずに公定幅運賃の範囲を指定したものであるから，その判断は，判断の過程において考慮すべき事項を考慮しなかったことにより合理性を欠く。」

まさに，適法に営業していた既存の低額運賃タクシーへの配慮を欠くことは，

⑶⓪　阿部『行政法の解釈⑶』65 頁以下。

裁量濫用であるだけではなく，営業の自由という憲法上の権利への配慮を欠く違憲の思考である。

㈇　「被告は，……公定幅運賃の下限額を設定するに当たり，下限割れ運賃で営業していたタクシー事業者の営業の利益を考慮することはおよそ予定されておらず，このことは，特措法に関する国会審議における法案提出者等の発言に照らしても明らかであると主張する。

しかしながら，……認可を受けた下限割れ運賃で営業していたタクシー事業者に当該運賃による営業を認めたとしても，直ちに低額運賃競争が行われ，運転者の労働条件の悪化が生ずるといえないことは上記のとおりであって，……下限割れ運賃で営業するタクシー事業者の存在が直ちに運賃の値下げ競争を引き起こすということはできない。そうすると，公定幅運賃制度は，従前の自動認可運賃制度の下で認可を受けていた下限割れ運賃での営業を一律に規制することを目的とするものではなく，公定幅運賃の範囲の指定に当たって，従前の自動認可運賃を標準としつつ，当該地域において下限割れ運賃で営業していたタクシー事業者の運賃や経営実態等をも考慮して下限額を定めることは，特措法の趣旨に反しないものと解することができるのであるから，公定幅運賃制度が下限割れ運賃で営業していたタクシー事業者の利益を考慮することを予定していないということはできない。」

「また，法律の解釈に当たっては，立法目的との関連において合理的に解釈すべきものであるところ，国会審議における法案提出者等の発言内容が直ちに法律解釈の合理性を担保するものではなく，特措法の解釈において公定幅運賃の範囲と自動認可運賃の範囲とを一致させることに合理性がないことは上記のとおりである。」

要するに，「本件公定幅運賃公示に係る公定幅運賃の下限額は，特措法の趣旨に照らして」既存の下限割れ業者の利益という「考慮すべき事項を考慮せずに指定されたものであり，合理性を欠く……裁量権の範囲を超え又はその濫用がある」というものである。

これを本案とするその仮の差止め認容決定（大阪地裁（民事2部平成26年（行ク）第75号）平成26年7月29日決定）もほぼ同様であった。

壽タクシー事件大阪地裁（平成26年（行ウ）105号第2民事部）平成27年12月16日判決は同じ部の判決でもあることからほぼ同旨である。その大阪高裁（民事4部）平成28年6月17日判決も，公定幅運賃を定めるときにこれまで認可されていた原告の利益を考慮しなければならないとしている。

第2章 改正タクシー特措法（2013年）の違憲性・違法性特に公定幅運賃，減車命令について

② 福岡地裁（第2民事部平成26年(行ク) 5 号）平成 26 年 5 月 28 日決定

　この決定は，特措法の立法事実として，タクシー事業への需要の低下，需要の減少にもかかわらず供給が拡大し又は維持される市場構造，このいびつな市場構造の背景となる歩合制賃金，供給過剰や過度の運賃競争がもたらす運転者の労働条件悪化，タクシー事業の安全性及びサービスの質の低下，悪質なサービスを提供するタクシー事業者が排除されないことを指摘する。

　そして，特措法，特に運賃の下限規制としての公定幅運賃制度の目的は，需要の減少に直面したタクシー事業者が，歩合制賃金を前提として，事業用自動車 1 台当たりの売上げ，ひいては運転者の収入の犠牲の下に過度に運賃を引き下げることにより生じる運転者の労働条件の悪化や，安全確保のための経費削減等に起因する，事故の発生その他によるタクシー事業の安全性やサービスの質の低下を防止し，タクシー事業の利用者の利益を保護することであるとし，このような目的は，市場原理によっては達成し難い利用者の利益の実現に向けられている点で，公共の福祉に合致し，ひとまず正当というべきであるとする。

　しかし，これは規制逆戻り派や国交省の見解にまどわされたものであることは本稿 3 で先に述べたところである。

　次に，この決定は，このような目的達成の手段として，本件処分をすることは，MK タクシーの運賃が過度の値下げではないので，必要性及び合理性に重大な疑義があり，憲法に適合的に解釈されるべき特措法の適用に際して処分行政庁に与えられた裁量権の逸脱，濫用に当たる蓋然性が高いといわざるを得ないと指摘している。

③ 福岡地裁（平成 26 年(行ウ) 20 号第 6 民事部）平成 28 年 2 月 26 日判決

　「自動認可運賃制度と公定幅運賃制度とは，その根拠や権利制約の有無の点で全く異なる制度であり，自動認可運賃の範囲外の運賃で申請する場合と，公定幅運賃の範囲外の運賃を届け出る場合とでは，タクシー事業者の置かれる法的地位は大きく異なるのであるから，国土交通大臣等は，両制度の差異を踏まえて適切に公定幅運賃を設定することが求められるというべきであるが，九州運輸局長が本件公示による公定幅運賃の範囲を指定するにあたり，上記の点を検討した形跡は認めるに足りない。」

　「公定幅運賃の下限は，能率的な経営を行う標準的なタクシー事業者が行うタクシー事業に係る適正な原価に適正な利潤を加えた運賃を標準として，一定額を下回る運賃での営業を許容することが過当な運賃値下げ競争を引き起こすおそれがあり，減車等の取組みを停滞させてしまうと考えられる水準に設定すべきである

114

ところ，本件各証拠によっても，福岡交通圏等において，自動認可運賃の下限割れの業者の存在が，過当な運賃値下げ競争や運転者の労働環境の悪化といった弊害をもたらしているとは認めるに足りず，かえって，原告を含む自動認可運賃の下限割れ運賃を採用するタクシー事業者は，旧特措法の成立に伴い下限を引き上げる目的で改定された自動認可運賃の基準のもとで，厳格な個別審査を経て，不当な競争を引き起こすおそれのない運賃であるなどとして認可を受けていたものと認められるのであるから，道運法上の運賃基準を満たすことを合理的に推認させるに過ぎない自動認可運賃の下限と公定幅運賃の下限を一致させることに合理性はないものというほかない。」

福岡地裁（第6民事部平成26年（行ク）4号）平成26年5月28日決定はこの原決定である。ほぼ同旨である。

④　大阪高裁（民事第5部平成26年（行ス）第29号）平成27年1月7日決定

「処分庁は公定幅運賃は自動認可運賃と同じ幅になると主張するが，これは法的効果や届出をした事業者の地位が異なるから，これを同じとする合理性を見いだすことは困難である。下限割れであっても，適正原価適正利潤の基準に適合する運賃として認可を受けている業者は従前適法であった事業が禁止されることになり，その不利益の程度は重大であり，その具体的な利益を斟酌して行うべきである。本件の公定幅運賃は，その判断の基礎の前提を欠くものであって，その内容も相当性を欠くものであるから，裁量権を逸脱・濫用したものである。」

まさに，その通りで，公定幅運賃の定めがこれまで適法であった下限割れ運賃を禁止するのであれば，それだけの必要性，合理性を立証する必要があるが，タクシー運転者の労働条件の悪化防止とか，利用者の利便とか，およそ成り立たないことを理由としては，その立証はおよそ不可能である。

その原審大阪地裁（平成26年（行ク）第58号他第7民事部）平成26年5月23日決定もほぼ同様の判断をしていた。

⑤　大阪高裁（平成26年（行ス）第31号第3民事部）平成27年3月30日決定

大阪地決平成26年7月29日に対する抗告審である大阪高裁（平成26年（行ス）第31号第3民事部）平成27年3月30日決定は裁量濫用とする点で原決定の通りとした。

そして，旧特措法下で下限割れ運賃の認可を個別に受けていた事業者も「特に効率的な経営を行った事業者」と扱われていたと推測され，「他の一般旅客

第2章　改正タクシー特措法（2013年）の違憲性・違法性特に公定幅運賃，減車命令について

自動車運送事業者との間に不当な競争を引き起こすこととなるおそれがないもの」（道路運送法9条の3第2項）と認められていたから，下限割れ運賃で営業していたタクシー事業者が特措法の「能率的な経営を行う標準的な」事業者から排除されるいわれはない。下限割れ運賃で営業していたタクシー事業者を排除することがこの目的の達成のために合理的であるとも考えられず，下限割れ運賃で営業するタクシー事業者の存在が，運賃値下げ競争のおそれを助長していたことの的確な疎明もない。

　したがって，近畿運輸局長は，公定幅運賃の範囲の指定に当たり，運賃原価を見直すべきであり，その際には，下限割れ運賃で営業する事業者も「標準的な事業者」から排除されないのであるから，その原価等も考慮すべきであった。なお，特措法制定時の国会審議における法案提出者等の発言内容が同法の解釈を拘束することはない。

⑥　大阪高裁（第3民事部）平成28年6月30日判決

　㋐　これは①の大阪地裁平成27年11月20日判決の控訴審判決である。先行した大阪高裁（民事4部）平成28年6月17日判決は，事業許可取消処分の差止めは必要ないとしたが，これは運賃変更命令，事業許可の取消処分をともに差し止めた。そして，これまでの判決・決定と比べて，理由は同じであるが，より丁寧になっているので，紹介する。

　ⓐ　「自動認可運賃で認可を受けて営業する事業者も下限割れ運賃のため個別の審査を受けた上で認可を受けて営業する事業者も，等しく，効率的な経営の下における適正な原価に適正な利潤を加えた運賃を設定して営業する事業者であった」

　ⓑ　「そうすると，自動認可運賃制度において下限割れ運賃で営業していたタクシー事業者が特措法の『能率的な経営を行う標準的な』事業者から排除されるいわれはない」

　ⓒ　「とりわけ，……平成26年1月の時点で，近畿運輸局管内においては，他管内に比べ，下限割れ運賃事業者が多く，その割合も全事業者の12％を占めていたことが認められるから，これを『能率的な経営を行う標準的な』事業者から排除することは不合理と考えられる。

　ⓓ　そもそも，自動認可運賃の幅が合理的であったとしても，その幅は公定幅運賃の範囲と趣旨・目的を同じくするとの根拠は見当たらない。道路運送法の認可基準の規定と特措法16条2項の規定とは要件が一致するわけ

ではなく，特措法における公定幅運賃と道路運送法の下での自動認可運賃とは要件・効果が明らかに異なる（……公定幅運賃は，範囲外の運賃での営業を一切認めないという仕組みになっている。）。したがって，公定幅運賃制度という新たな制度を導入した以上，……運賃原価を見直す必要がなかったとは考えられない。」

ⓔ さらに，過当競争に起因する事故も考慮せよとの国の主張に対しては，そのことと，「自動認可運賃をそのまま公定幅運賃にしてよいこととは直ちに結びつくわけではない」と判断されている。

ⓕ さらに，下限割れ運賃を緋除するために公定幅運賃が導入されたという国の主張について，そのことを表す規定は特措法上見当たらないことが指摘されている。

ⓖ そして，公定幅運賃の範囲の指定については，下限割れで営業する事業者における原価を考慮しないことは裁量濫用である。

ⓗ 最後に，本件で差し止められた運賃変更命令は，本件公示による公定幅運賃を前提とするから，行政庁が新たに公定幅運賃の範囲を定めたときは，本判決の効力は及ばない。

(ｲ) ⓐ，ⓑ，ⓓ～ⓖは，これまでの原告主張を採用して，丁寧に説明して頂いたものと理解する。ただ，ⓒの点では，だめ押しの判断ではあろうが，下限割れ事業者数が少なければ無視して良いのか，そういう他の地域では別の判断になるのかという問題が生ずる。私見では，下限割れ事業者が一社であろうと，それが道路運送法の定める適正原価・適正利潤の範囲内の運賃を設定している限り無視される理由はないと思料する。

ⓗの点は，不適切と思う。本件判決は中型車初乗り2キロ660～680円の公定幅が下限割れ事業者の原価を考慮しないことを違法としたのであるから，公定幅を仮に見直そうと，ワンコインドームの510円の幅まで広げない限りは，裁量濫用のはずである。公定幅を例えば600円と見直したとすると，600円で営業しているMKタクシーとの関係では問題がないが，510円で営業するワンコインドームには，根拠のない値上げを強制することになる。それは本判決違反と言うべきである。

第2章　改正タクシー特措法（2013年）の違憲性・違法性特に公定幅運賃，減車命令について

5　ま　と　め

　裁判所は，違憲の主張を排斥し，これまで下限割れ運賃で認可を得ていた事業者についてだけ，公定幅運賃決定の裁量濫用を認めている。違憲の主張がこんなに簡単に排斥されるのは，最高裁が違憲判断に消極的で，ここで違憲の判決を出せば出世に影響するかもしれないということは別として，国から必ず上告されて，権利救済が遅れるから，原告のために，国の上告がなかなか認められない法解釈で問題を解決したのかもしれない。しかし，代わりに，アメリカ法，ドイツ法を参照した憲法学の膨大な研究は実際には反故になっている。誠にむなしいものである。

　もっとも，違憲の主張は，下限割れ事業者の権利を侵害しない公定幅を設定せよという判断に結実しているので，無駄ではない。

　むしろ，問題なのは，ここで，公定運賃幅の設定は，一般的に裁量濫用になるのではなく，下限割れ事業者との関係であるから，この判決が確定しても，下限割れ事業者以外の事業者は，公定幅運賃に従わなければならないと解される可能性がある。判決の効力が及ぶ範囲について難しい問題が残る。

　■追記1　その後，国上告せず，再度の公定幅運賃提示

　大阪高裁平成28年6月30日判決判時2309号58頁により敗訴した国は上告せず，その判決は確定した。国は，下限割れ運賃で営業している事業者が存在する地域のみを対象とし，運賃原価に下限割れ運賃事業者の2014年度の実績値を加えて再査定するという方針を示した。

　大阪市域交通圏では中型車640～680円の幅が示された。これまでから20円下がっただけである。下限割れ事業者の利益を考慮していないので，これまた違法である。これでは，何のためにこれだけの裁判をしたのか，低額タクシーに苦労させ，疲弊させるのが作戦としか思われない。

　しかし，MKタクシーをはじめ多くの低額タクシーはおりてしまった。2社だけが残って，550円の運賃を申請した。本来なら，運賃変更命令，再度の訴訟となるはずであるが，当局がこれを放任している状態である。

　■追記2　貸切バスの規制強化

　本文で述べたツアーバス事故などを受けて，道路運送法が2016年12月に改正された。貸し切りバスの会社の事業許可を5年ごとの更新制度とし，安全対策や経営状況を国が厳しくチェックする。また，国の監査を補うため，指定を受けた

追　記

民間の機関が，バス会社から徴収する負担金をもとに各社を巡回指導する仕組み
を新たに導入する。

　さらに，安全確保の命令に従わないバス会社に対する罰金の額を，従来の 100
万円以下から 1 億円以下に引き上げる。なんと遅いことか。

■追記 3　中島徹説・友岡史仁説

　中島徹・大阪高判平成 28 年 6 月 30 日評釈（判時 2327 号＝判評 700 号 148 頁以
下）は，差止訴訟の適法性と裁量濫用を中心に分析する。これは本稿が簡単に述
べたところであるので，併せて参照されたい。

　運賃変更命令を差し止めれば，その後の使用停止命令，事業許可取消しの差止
めは不要という大阪高裁平成 28 年 6 月 17 日判決（大阪地裁平成 28 年 9 月 15 日
も同様）の考え方は，一連の処分が反復継続的で累積的で，比較的短期間に公定
幅運賃を遵守させるための威嚇的な作りになっていることから，運賃変更命令を
差し止めれば後の処分を受ける余地がないというのは形式論である，口頭弁論終
結後次の処分がなされることもある（同 151 頁 2 段目）と指摘している。もっと
もである。

　違憲論については，同じ雑誌に半年ほど前に掲載されている私見が参照されて
いないのは残念である。

　裁判所が違憲論を取り上げなかったのは憲法判断回避のルールに従った典型例
だと言うが（152 頁 1 段目），それだけではなく，五で述べたこともあるだろう。

　本件は，認可された下限割れ運賃が原価割れでないのであるから，徹頭徹尾，
それを公定幅運賃から排除したことの違法性が争われた事案であり，そこから遡っ
て制度違憲まで論じることには無理があると指摘されている。しかし，違憲論の
論点はそれだけではないし，公定幅運賃の定めの裁量濫用は，制度の違憲性を考
慮すれば容易に認めやすくなるのである。そこから遡って制度違憲を論じたわけ
ではない。制度自体が違憲であるから，公定幅運賃の定めは，違憲であるし，裁
量濫用となるというものである。

　中島は歩合給の制度に関連して，たとえば，公定幅運賃制度という規制によっ
てタクシー事業者の利潤を保障し，社会的規制を通じて乗務員に分配するという
選択も立法ないし行政裁量として正当化できるはずと述べる（153 頁 2 段目）が，
そもそも，タクシー乗務員の待遇が悪いという事実認識に間違いがあるし，極端
な規制によって事業者に利潤を保障するという制度は，他の業界には何処にもな
い。また，事業者が儲けたら，それを乗務員に配分する社会的規制の方法は何な
のかも不明である。それは最低賃金以外は労使交渉によるべきものであって，そ
れ以上の規制手段は現行法上存在しない。

　友岡史仁・大阪高判平成 28 年 6 月 30 日評釈（ジュリ 1506 号，2017 年 5 月）99

頁は，自動運賃認可制度下における下限割れタクシー事業者を一掃することが公定幅運賃制度の趣旨と解される以上，公定幅運賃制度の憲法適合性判断が求められるべきであり，むしろこのような判断がストレートな紛争解決につながる点において，本判決の立論は憲法判断をやや強引に回避したと評価することができようと指摘している。

■追記4　棟居快行説

棟居快行「憲法訴訟の実践と理論(4)——タクシー事業における運賃設定の自由と規制」判時2331号3頁以下（2017年7月11日）も同じ雑誌に掲載された同目的の拙稿に言及がなかった点は残念である。

これは規制目的二分論が妥当するかどうかを論じているが，筆者は，法律に書かれた積極目的なるものは誤魔化しなので，それを分析して，そのような目的に左右されるべきではないことを論じている。そして，必要性，合理性の見地から検討したものである。規制手段と目的の関係も誤魔化しであることを立証した。目的と手段の合理的関連性を肯定する棟居説（9頁2～3段目）は，立法事実をきちんと見ていないと思う。

棟居説は，最後に首尾一貫性審査として地裁判決を捉え直すとして，その観点から営業の自由を積極的に保障するものと捉える。私見は，そのような視点には気がつかなかった。

■追記5　特定地域計画の認可

大阪市域交通圏では，特定地域計画について2017年9月29日付けで認可がなされた。ただ，この特定地域計画の認可申請に当たっては，特定地域協議会の会議で，強制減車はしない約束になっている。筆者の強硬な主張が通ったともいえる。

■追記6　特定地域指定の延長に際しての阿部発言
1　はじめに
2019年1月22日に大阪市域特定地域協議会において特定地域指定の延長議決がなされた。

これは2016年9月の特定地域指定の延長である。その際の筆者の発言の要点を記載する。

特定地域の指定延長の前にやるべきことがたくさんある。
2　減車して増車するとき条件なしにすべき
特定地域に指定されると増車禁止で，さらに減車命令をだせることになっている。実際には減車命令は出されていないが，今は自発的に減車して，後で増車したくなっても簡単に認められない。そして，UD車にせよといった条件が付く（補

追　記

論）。それよりも，減車しても，条件なしで元に戻せるようにすれば（増減車自由にすれば），運転手不足で車が余っている今日，有休車両の減車が進むだろう。

　特定地域指定の要件を満たしているとのことだが，指定要件は，法律ではなく，国土交通省が決めている内規である（「特定地域などの指定について」国土交通省自動車局長，平成 27 年 1 月 30 日。http://wwwtb.mlit.go.jp/kinki/tetsuzuki/taxi/index.html）。しかも，不合理である。それは営業の自由を制限する根拠にはならない。まずは，その変更を求めるべきである。

3　規制のあり方

　実車率，日営収入，実車キロは，平成 13 年との比較が基準であるが，そんな景気の良い時を基準としていては，いつまでたっても，特定地域から抜け出ることはできない。これらはせいぜいは最近数年の変動で決めるべきである。赤字会社が半分という基準があるが，日本の中小企業の過半数は赤字である。その程度のことで，新規参入・増車を禁止する理由にはならない。

　法令違反，事故が多ければ，特定地域になるとされている。これでは，特定地域になって，新規参入を防ぎたい多くのタクシー会社は，法令を守らず，事故を防止しない。事故防止に努力した会社が得する仕組みになっていない。安全というタクシーの使命に反するきわめて不合理な基準である。

　違反を減らし，事故が少ないなら，立派な会社ばかりだから，新規参入を禁止して，仲間だけで営業させるという考え方もあるが，違反が多い，事故が多ければ，新規参入を認めて，そんな会社をつぶす方がよい。

　そこで，法令違反，事故防止にどれだけ努力しているのか，事故状況を公表すべきだし，各社ごとにＨＰに載せるべきだ。処分も厳しくすべきだ。そうすれば，各社とも，労務管理をしっかりやるから，事故が減るし，顧客には安全になる。

　活性化と称して，顧客サービスの努力もなされているが，ごく少しである。顧客満足度を高めるなら，特定地域の延長をやめるのが筋だ。タクシーを呼んでも来ない，駅で待っても来ない現状を改善すべきだ。乗合タクシーも積極的に増やすべきだ。

　統計データのとり方も間違いだ。タクシーの運転手は全産業の労働者と比較して低賃金だとされているが，運転手の給料は，年金の足しにする高齢者が多いので，安いのが当たり前である。本職でタクシーに専念すれば，年収 400 万円くらいにはなっているので，悪い職業ではない。年齢 60 歳を境にした統計の取り方とか，年金をもらっている者をはずすとか，統計の取り方を工夫すべきだ。

　本来は，顧客サービスの向上が肝心であるが，特定地域の制度は内向きの制度，みんな規制で同じくやっていく制度である。これでは業界の発展もないし，お客のサービスも改善されない。

　運賃も公定幅で統一しているが，これでは努力するインセンティブがない。ポ

121

ンコツの中古車なら安く，高級車は高くしてもよい。運賃は業者ごとではなく，タクシーごとに自由に選択できるようにすべきである。

4　外圧と戦え

これまではタクシー業界は，新規参入との闘いで，新規参入を阻止するために特定地域の制度を作った。しかし，今は敵は新規参入業者ではなく，外圧である。ライドシェア，配車アプリなど，新しい工夫と規制緩和の波に襲われている。特定地域の延長は，いわば黒船が来ているときに鎖国だなどと言っているのと同じである。展望がない。

特定地域の延長はやめて，競争することによって，工夫ができるし，当局にも規制緩和策を提案できる。規制緩和による企業内個人タクシーを認めれば，事故が少なく経営もしやすくなるといわれている。それを積極的に要求していったらどうか。

ウーバーは，一般人が自家用車に有料で顧客を乗せる乗り合いタクシーでる。これは現行の道路運送法では白タクとして違法であるが，いつ何時，規制緩和されるかわからない。これも，タクシーと同じ資格要件を満たしてから，検討して下さい，と言った方がまだよい。しかし，この仕組みでは，運転者をアプリで評価して，低評価の運転手は排除される仕組みになっているので，運転手は丁寧に運転・接客する動機がある。法律による規制よりも情報によって悪質な運転手が淘汰されることになっている。スマホの操作で簡単にタクシーを呼べる「配車アプリ」が一部のタクシーで導入され，営業利益をかさ上げしている。

これに迎え撃つことなく特定地域の延長することには反対である。もちろん，結果は賛成多数で特定地域の延長が認められた。タクシー業界の未来は暗い。

以上については，太田和博ほか『総合研究　日本のタクシー産業』（慶応大学出版会，2017年）が包括的な研究として大いに参考になる。さらに，堀井亮「技術革新を潰す時代遅れの規制」週刊エコノミスト（2019年5月7日）48頁。

補　論

補論　特定地域及び準特定地域における一般乗用旅客自動車運送事業の適正化及び活性化に関する特別措置法に基づく営業方法の制限に関する取扱いについて

1　UD 車等導入を義務づける公示の内容

　この公示（https://wwwtb.mlit.go.jp/kinki/tetsuzuki/eigyouhouhounoseigenn.pdf, 最終改正は平成 29 年 3 月 29 日）は，「特定地域において，地域指定解除までの間の全日，同一の車両について営業方法の制限を行う場合」，まず，登録を抹消し，特定地域の指定が解除されたら，新規登録を行う方法について，その第 2 の 3 において，UD 車両や電気自動車，燃料電池自動車に限るとしている。さらに平成 29 年 3 月 29 日の公示において，先進安全自動車の補助対象機器搭載車の初年度登録車が追加された。

　ここで，UD 等車両とは，「ユニバーサルデザインタクシー（標準仕様ユニバーサルデザインタクシー認定要領（平成 24 年 3 月 28 日付け国自旅第 192 号）に基づき国土交通大臣の認定を受けたものをいう。）又は電気自動車（電気を動力源とし，かつ，動力源とする電気を外部から充電する機能を備えている自動車をいう。）のタクシー若しくは燃料電池自動車（電気を動力源とし，かつ，動力源とする電気を水素と酸素を化学反応させて作る自動車をいう。）のタクシー（以下「UD 車両等」という。）に限り行うことができる。」

　営業制限の根拠は，タクシー特措法の次の条文である。

第 8 条の 11

　一の特定地域に係る全ての合意事業者が第 8 条の 7 第 1 項の認可を受けた場合において，当該特定地域に係る認可協議会から申出があったときは，国土交通大臣は，当該特定地域において，次の各号のいずれかに該当する事態が存し，かつ，このような事態を放置しては当該特定地域における一般乗用旅客自動車運送事業の健全な経営を維持し，並びに輸送の安全及び利用者の利便を確保することにより，その地域公共交通としての機能を十分に発揮することに著しい支障が生ずると認めるときに限り，当該特定地域に係る認可特定地域計画の内

第2章　改正タクシー特措法 (2013年) の違憲性・違法性特に公定幅運賃, 減車命令について

容を参酌して, 国土交通省令をもって, 営業方法の制限による一般乗用旅客自動車運送事業の供給輸送力の削減について定め, 当該特定地域内に営業所を有する一般乗用旅客自動車運送事業者の全てに対し, これに従うべきことを命ずることができる。この場合において, 国土交通大臣は, その事業活動がこの条に定める事態の生じたことについて関係がないと認める一般乗用旅客自動車運送事業者については, その者に限り, 当該営業方法の制限に関する命令の全部又は一部の適用を受けないものとすることができる。

　　一　合意事業者以外の当該特定地域内に営業所を有する一般乗用旅客自動車運送事業者の事業活動により, 当該特定地域における一般乗用旅客自動車運送事業の適正化の推進が阻害されていること。
　　二　合意事業者による一般乗用旅客自動車運送事業の自主的な供給輸送力の削減をもってしては, 当該特定地域における一般乗用旅客自動車運送事業の適正化を推進することができないこと。
2　前条第2項及び第3項の規定は, 前項の申出について準用する。

　特定地域の指定が解除されたが, 準特定地域の指定が残っている場合, タクシーの増車は認可制 (特措法15条, 道路運送法15条3項) となる。その審査基準は道路運送法6条による。建前としては, 需給調整規定はなくなる。新規は許可制 (14条の4) となるが, 道路運送法6条の許可基準の他, 供給過剰となるかどうかを審査することになる。

　その際に, UD車等の導入を義務付けるのがこの公示である。そうすると, これは認可, 許可の際の裁量権を根拠としていると考えられる。そこで, その裁量権行使が法律の枠内であるのかどうかが論点となる。しかし, これは多数の違法事由がある。

2　国土交通省令

　ここで, 「国土交通省令をもって, 営業方法の制限による一般乗用旅客自動車運送事業の供給輸送力の削減について定め」となっているから, 「営業方法の制限による一般乗用旅客自動車運送事業の供給輸送力の削減について定め」るのは国土交通省令である。ところが, 法8条の11第1項に基づく省令は,

124

「（証紙の表示）

　第3条の13　法第8条の11第1項 の規定による命令を受けた者は，国土交通大臣が当該命令に応じて交付する証紙を事業用自動車の前面ガラスの内側に，証紙の表を事業用自動車の外部に，裏を内部に向けて，利用者に見易いように表示しなければならない。」

　というもので，供給力の削減について定めているものではない。

　そうすると，供給力の削減は，特措法に基づいて定められていないから，この点で既に違法である。

3　タクシー特措法の目的違反

　UD車等とは，障害者福祉に寄与する車両，地球温暖化対策車両である。こうした車両の導入を求めるのも1つの政策ではある。しかし，それは自動車交通政策とは関係がない。タクシーの供給力をいったん削減させ，戻すときは，障害者福祉政策，地球温暖化政策に従えというのでは，完全に別個の政策を潜り込ませるのであるから，タクシー特措法の目的外であり，裁量濫用である。

4　平等原則違反

　同じタクシーでも，特定地域に指定されていない地域では，このような規制はない。特定地域の指定が解除された地域とこの政策は何の関係もないから，指定が解除された地域でだけこのような規制をする合理的な理由はない。

　障害者福祉政策，温暖化対策なら，タクシーに限らず，全ての公共交通機関に対して行うべきである。バスも電車も，各種の施設についても同じである。

　また，障害者福祉政策は国庫補助により行われるものが多い。特定地域の減車対象車についてだけ補助金なしに強制することは平等原則に反し許されない。

　地球温暖化対策も地球温暖化対策推進法により公平に行うべきものである。たまたま特定地域が解除された場合だけ強制する理由はない。

5　財産権侵害

　特定地域が解除されてから新規登録は6ヶ月以内とされている（公示第2の2）が，UD車は1台370万円くらいもする（つくば市の新興タクシーによれば1

台500万円。タクシー・ナウ2017年4月15日＝400号22頁）。特定地域に指定されたときに，減車（使用登録抹消）して，まだ使える車両をただ同然で売却することを強制し，特定地域の指定が解除された場合，普通の中古車を買う自由を奪い，UD車の購入を強制するのは，仮に供給過剰対策が妥当であるとしても，タクシー事業者の財産権に対する過度の制限である。なお，その余裕がある会社は決して多くない。

6　営業制限の廃止は，元に戻すこと

営業方法の制限は，輸送供給力が過剰であるとの前提で行うものであるから，特定地域の指定が解除された場合には，準特定地域の指定が残るとしても，供給過剰のおそれがあるだけである。そして，これまでUD車などの導入のような車両の種類については制限がなかったから，制限のない状態に戻せば十分である。このように，元に戻すときに，全く新しい条件を付すのは，車両の復活が，補助金のように恩恵的措置であって初めて可能である。

運輸当局は，これまでも3倍加重[1]，1日最高乗務距離制限など，裁量濫用的な措置を講じて，違法判断を受けているが，それはタクシー事業の許可は恩恵的な措置と誤解して初めて成り立つ措置である。特定地域指定解除後の車両の復活の際のUD車条件も同様である。

しかし，タクシー事業は国家から恩恵的に与えられるものではなく，憲法で保障する営業の自由によるものであるから，上記のような恩恵的発想は違憲である。

7　本来は補助手法を使え

本来，このような施策は強制する前に任意でなければならない。タクシー事業者が，福祉や地球温暖化で需要があると思えば，自発的にUD車に変えるはずである。それが足りなければ，足りるまで補助すれば済むのである。

障害者の割合は，一定程度にとどまるから，その割合の需要を満たすだけのタクシーが障害者対応車両であれば十分である。

---

(1)　『行政法の解釈(3)』第4章，本章2(2)。

補　論

8　強制しなければ合法？

伝えられるところによれば，減車割合は 8 ～ 12 ％とするが，それを守って
いるかどうかを監視しない方針であるということである。そのような実効性の
ない，いわばざる法的減車システムは，正直者が馬鹿を見るだけで，はたして
適法であるのか。

9　増減車は自由にせよ

今は，需要が低下しているから，事業者は，減車したいのが本音である。し
かし，将来，復活するとき，自分だけが，UD 車両に切り換えさせられるのは，
不公平である。そんな制約があるのでは，どの事業者も，自主的には減車しな
いだろう。供給力の削減は，供給力に弾力性をもたせる事であり，増減車自由
の現行道路交通法に基づいた方法しか，合理性はない。

10　結　　論

このように，減車から復活する際に UD 車等を強制するこの公示はどこから
見ても，違法である。減車命令を発するとすれば，その取消訴訟において，復
活の場合の UD 等車強制の違法性も論点となり，特定地域の指定，減車自体は
合憲・適法とされても，復活の場合を考慮して，制度自体が違憲となる可能性
が高い。

UD 車等の導入に消極的な事業者も少なくないであろうから，この公示を廃
止しなければ，特定地域の減車制度は実際上意味がないものとなる。天下の愚
策の 1 つである。

どうせ遊休車を減車すればよいとしても，この UD 車導入強制を廃止しなけ
れば進まない。

11　追　　記

国交省は，UD 車の導入促進について補助制度を導入するようである。大阪
府では補助制度を導入する余裕はないと報じられている。また，特定地域にお
ける預かり休車制度では，準特定地域と同様，先進安全自動車の補助対象機

127

第2章 改正タクシー特措法（2013年）の違憲性・違法性特に公定幅運賃，減車命令について

器搭載車を復活増車の対象車種に加える方針である（交通界 2017 年 3 月 13 日号 12 頁）とされていたが，3 月 29 日の公示でそのようになった。

第3章　摂津市とJR東海の間の地下水保全協定の効力
——その摂津市外への効力と，地下水採取規制
について地盤沈下の具体的危険性の要否——

はじめに

本稿は，摂津市（原告）とJR東海（被告）の間において紛争となっている表記の法律問題について摂津市に提出した意見書である。理論的に一般性を持つものと思われるので，掲載をお願いした。

まず，JR東海の事業場が，一部摂津市外の茨木市にまたがっているところから，公害防止協定の一種たる地下水保全協定は，その事業場に対して効力を及ぼすかが争点となった。

大阪地裁第12民事部平成26年（ワ）第11023号地位確認等請求事件平成28年9月2日判決（裁判長柴田義明）はこれを否定した。筆者はこれに反対して，平成28年12月16日付で大阪高裁に意見書を提出した。これは地下水保全協定は，摂津市外にも効力を及ぼすと主張したものである。

大阪高裁第7民事部平成28年（ネ）第2542号平成29年7月12日判決（裁判長池田光宏）はこの主張を認めた。しかし，地下水保全協定は地盤沈下の具体的危険性がなければ地下水採取を禁止できないとした。これは想定外であったので，これに反対する意見書を平成29年9月20日付で最高裁宛に提出した。最高裁は摂津市の上告，上告受理申立てを平成29年11月2日に受け付けたが，結局三行半の憂き目にあった（平成30年3月8日第一小法廷）。

第1節　一審判決批判

1　はじめに

原判決（一審判決をいう）は，摂津市（原告）とJR東海㈱（被告）が締結した地下水保全協定（平成11年環境保全協定8条，原判決65頁）は，その対象である鳥飼基地のうちの茨木市内（摂津市外）にある土地からの被告JR東海に

第3章 摂津市とJR東海の間の地下水保全協定の効力

よる地下水採取に効力を及ぼすかという論点を消極に解することにより，JR
東海の勝訴を導いた。

本意見書では，その地理的範囲の論点に入る前に，まず，この環境保全協定
の中の地下水保全協定（8条）の効力を解明した上で，この論点を検討する。

本件については，摂津市側から野澤正充意見書，北村喜宣意見書，JR東海
側から髙木光意見書[1]が提出されているので，適宜引用する。事実問題につい
ては，基本的には原判決の認定による。事実が変われば，理論も変わることが
あることを留保しておく。

2　公害防止協定の効力

(1)　公害防止協定の効力一般論

①　地方公共団体又は住民と公害の発生源を持つ企業との間で締結されるそ
の公害の防止に関する協定，いわゆる公害防止協定については，もともと紳士
協定なのか，私法契約なのか，公法契約（行政契約）なのかが争われた。

②　紳士協定説として引用されるのは成田頼明の「公害行政の法理」[2]である。
これは次のように述べる。上記の「三つのいずれか一つというふうに一律に
割り切ってしまうことには問題があるように思われる。協定の条項の中には，
単なる努力義務，協力義務・道徳的責務をうたった精神規定や義務内容が不確
定な規定が多いので，このような部分については法的効力を認めることができ
ないことはもちろんであり，紳士契約と認めざるをえないことになる。しかし，
土地売買契約の約款にとりこまれている条項のうちには，民事上の効果を有す
ると認められるものもありうる」

「しかし，協定中の具体的な義務に関する定め，たとえば，法令の規制より
厳しい排出基準の遵守義務，法律上未規制の低サルファ重油の使用，特定の除
害施設の設置，一定高度以上の集合高煙突の設置，立入検査の受忍義務等の条
項の法的拘束力を認めようとする場合の問題として，次の諸点を考慮しておか
なくてはならない。」

---

(1)　髙木意見書の一部は「公害防止協定と比例原則」『現代行政法の構造と展開：小早川
　　光郎先生古稀記念』（有斐閣，2016年）＝髙木『法治行政論』（弘文堂，2018年）所収。
　　さらに，比例原則に関しては，髙木「比例原則の実定化」『現代立憲主義の展開：芦部
　　信喜先生古稀祝賀 下』（有斐閣，1993年）209頁以下があるが，行政契約にも比例原則
　　の適用があるかどうかには言及されていない。
(2)　成田頼明「公害行政の法理」公法研究32号100頁以下（1970年）。

「その第一は，相手方との合意という形式をとるにせよ，公害発生源の規制という行政目的の下に，立法府が規制法において定めているところよりも厳しい規制を加え，又は規制法が未だ行政上の高権的規制対象にとりこんでいない事項について一定の作為・不作為を内容とする法律上の義務を行政客体に課すことが『法律による行政』の原理と十分に両立しうるか否かである。規制行政の契約への逃避が一般化し拡大する場合には，『法律による行政』の原理は自己崩壊し，行政の相手方を合意による協定の名の下に事実上の特別権力関係にひきずり込む結果を招くことになりはしないであろうか。」

「その第二は，これらの義務の不履行がある場合の履行強制の手段との関連である。行政契約説をとる論者は，企業側が義務を履行しない場合には，公法上の当事者訴訟によって契約上の給付判決を得，民事訟訴法上の強制執行……仮処分その他の措置を裁判上請求することができる場合がありうるかもしれないが，このような約定もない場合に，義務違反に対して代替執行，間接強制等の方法で直ちに裁判所に履行を求めることが認められるかどうかは疑問である。民事訴訟法上のこのような強制執行の方法は当事者間の私的自治を基礎とする民事上の財産契約を前提として設けられているものであるから，行政上の規制目的の下に合意されたこの種の義務の履行手段に適しないのみならず，裁判所が法律による規制の範囲を超えて契約上の義務履行の形式で規制的行政処分，又は行政強制に代わる強制措置を命ずることは，立法，司法，行政の権限分配の基本的な姿にふれる根本的な問題をさえ含むものといえよう。そうして，協定当事者も現実には協定締結に際して，裁判所に訴えてまでも強制履行を図るということまでは意識していないようである。」

こうして成田説は，公害防止協定の性格を包括的行政指導と把握するのである。

③ これに対して，原田尚彦[3]は，公害防止協定は，おおむね，地方公共団体が，法令上の権限を有しない場合に，それを補うため，法律の定める基準を超える協定（上乗せ・横出し）などを締結するものであるが，それが事業者の任意の同意に基づくのであるから適法であるとするものである。

法治行政に違反するとか企業を特別権力関係に引き込むといった成田説の第一に対しては，企業が任意に合意している限り，その見解は社会的実態に合わないと反論している。

---

(3) 原田尚彦『環境権と裁判』（弘文堂，1977 年）212 頁以下。

第3章　摂津市とJR東海の間の地下水保全協定の効力

　私見でも，行政が権力を背景に契約を事実上強制するなら，成田のいう「規制行政の契約への逃避が一般化し拡大する場合には，『法律による行政』の原理は自己崩壊し」ということはありうる。江戸の敵を長崎で討つような，行政権力を背景とする行政指導（日本ではよくある）ではそのような問題がある。しかし，地方公共団体が法令上の規制権限を有せず，法的な権限を背景に事実上強制するのではなく，企業の社会的使命に訴えて合意に達する場合には，そのような問題はありえない。

　「民事訴訟法上の強制執行の方法が，行政上の規制目的の下に合意されたこの種の義務の履行手段に適しない」という成田の第二の主張の根拠もわかりにくい。行政上の義務の履行確保は民事訴訟ではできないという理論（最判平成14年7月9日民集56巻6号1134頁）はありうるが，学説はそれにはおおむね批判的であり，まして，それを超えて，行政主体と事業者の民事契約まで，行政規制目的であるというだけで民事執行の対象とならないという理由は，法的根拠がなく，おそらくは判例でも採用されないであろう（後述の福岡県福津市事件でも最高裁は公害防止協定の法的拘束力を認めている）。

　さらに，「裁判所が法律による規制の範囲を超えて契約上の義務履行の形式で規制的行政処分，又は行政強制に代わる強制措置を命ずることは，立法，司法，行政の権限分配の基本的な姿にふれる根本的な問題をさえ含む」という成田の理由も，なぜ権力分立の問題になるのか，不明である。法律で規制すればそれに関する争訟は行政訴訟になる。契約の場合，法律による規制の範囲を超えた場合でも，無効でなければ，法治国家・司法国家である以上は，司法的に執行できなければならないはずである。「規制的行政処分，又は行政強制に代わる強制措置を命ずる」という成田の説明も，公害防止協定は，規制的行政処分又は行政強制に代わる強制措置ではないので，的外れである。

　当事者の意識も，どこまで実証的なのか，不明である。このように，成田説には賛成できない。

　④　今日では，公害防止協定に法的拘束力があるかどうかは，協定について一般的にいずれと決まるものではなく，その個々の条項の定め方が具体的に権利を定め義務を課すほどに具体的に定められているかによって決まるというのが一般の見解になっている。民事契約か行政契約か，公法上の契約か，特殊契約かの議論も，契約の拘束力には影響しない。この現在の学説の状況は，本件ではすでに，野澤正充意見書で説明されている。つまり，公害防止協定も具体的に定められていれば，拘束力のある契約であることが認められている。その

第1節　一審判決批判

趣旨に争いがある場合には，契約の解釈の一般的な方法が妥当する。その文言だけではなく，その協定が締結されたいきさつ，当時の背景等を考慮して，当事者の客観的意思を探求することが必要である。当事者の意思としては，契約が合理的なものとして，成り立つように理解することが必要である。

　この点に関する文献は多数である[4]が，これをくり返すのは無駄なので，注[4]の文献を参照されたい。成田説はすでに克服されている。

(2)　本件の地下水保全協定の法的拘束力

①　北村意見書（3～4頁）が整理するように，本件の協定には種々のものが含まれている。大気汚染もあれば水質汚濁，騒音もあり，義務規定もあれば訓示規定のようなもの（明確な書きぶりも曖昧な書きぶりも）もある。それについて一律に法的拘束力があるかどうかを議論しても意味はない。

②　昭和52年の協定は，「地下水の保全及び地域環境の変化を防止するため原則として地下水の汲み上げを行わないものとし，現に地下水の汲み上げを行っている場合は，工業用水等に切り換えるため，地下水汲み上げ抑制計画を策定し，その達成に務めるものとする」（原判決4頁）という文言を用いている。この前半はすでに地下水汲み上げを中止している業者に対しては法的拘束力（裁判所で強制する力）があるが，後半は努力義務であり，法的拘束力はない。旧国鉄は，昭和51年に地下水の汲み上げをやめていたので，この後半は関係がなく，前半の適用を受けるので，地下水の汲み上げを行わないことを約束したことになる。

③　これに対し，本件平成11年環境保全協定書の中の第8条地下水保全協定は「事業者は，地下水の保全及び地域環境の変化を防止するため，地下水の汲み上げを行わないものとする」と定めている。

　前記の通り，昭和52年協定でも何らの例外規定もおいておらず，旧国鉄との関係では例外なく地下水汲み上げは禁止されていると解されるが，平成11

---

[4]　中山充「公害防止協定と契約責任」『契約責任の現代的諸相（上巻）』（東京布井出版社，1996年）319頁以下，野澤正充「公害防止協定の私法的効力」『環境法学の挑戦』（日本評論社，2002年）129頁以下，碓井光明『行政契約精義』（信山社，2011年）136頁以下，196頁以下，北村喜宣『自治体環境行政法〔第7版〕』（第一法規，2015年）58頁以下，山本隆司『判例から考える行政法』（有斐閣，2012年）201頁以下，芝池義一「行政法における要綱及び協定」『岩波講座　基本法学4　契約』（1983年）289頁以下，島村健「合意形成手法とその限界」『環境法大系』（商事法務，2012年）310～319頁の参照を勧める。そのほか，私見として「公害防止協定と住民の救済方法」判時988号（1998年）18頁以下＝『環境法総論と自然・海浜環境』（信山社，2017年）158頁以下がある。

133

年協定では昭和52年の協定の「原則として」という文言を削除し，その文言も，「務める」などという言葉を用いることなく，一義的で，具体的に定められている。これが地下水の汲み上げを一切しないという約束であることは明白である。

④　髙木意見書12頁は，本件協定は行政指導とその尊重という紳士協定としての合意と理解すべきと述べるが，これはすでに克服された成田説の再来の感じがする。では，どのような文言を選べば，紳士協定ではなく，法的拘束力のある文章と理解されるのであろうか。上記を超える文言は作れないのである。あえて，これは法的拘束力のある契約であるという文言を入れれば，そのように理解されようが，そのような文言を入れた契約は寡聞にして知らないのである。

⑤　平成11年環境保全協定書16条3項は，事業者が協定違反をしたとき市は施設の改善等必要な措置をとることを指示することができるというその第2項の規定を受けて，この措置によってもなお違反事実が継続しているときは，市はその違反に係る操業の停止を要請するものとし，事業者はこれを尊重するものとすると定めている。この要請と尊重が紳士協定説の根拠とされるが，これは，広く環境全般を対象とするこの協定全体について適用されるからこのような定め方になったもので，この規定があるから，地下水だけを対象とするこの8条の契約としての拘束力が失われるものではない。

⑥　原判決58頁は，本件協定は国鉄と個別交渉の結果締結されたものではない，70以上の事業者と基本的に同一内容で締結されたということから，本件協定違反に対して義務の履行を強制することはできないと判断している。なぜそうなるのか。拘束力を持たせようとすれば，いちいち個別交渉を要するとする理由は寡聞にして知らない。いささか不可解である。

これは髙木意見書11頁で引用する碓井光明著[5]の影響があるかも知れない。碓井は単に例文に従って締結された協定と，粘り強い交渉に基づいて合意に至った協定とは区別されるべきであって，後者については契約的効力を認めても良い場合が多いと述べている。

しかし，この碓井説はこれ以上の説明がないので，根拠を何ら示すことなく，断片的な，いわば思いつきの記述と評価すべきであるから，重視すべきものではない。

---

(5)　碓井光明『行政契約精義』（信山社，2011年）150～151頁。

第1節　一審判決批判

　しかも，必ずしも碓井説のとおりとはいえない。粘り強い交渉の場合は，権力的手段の活用を示唆するなど，相当に無理して合意に至っていることも少なくない（後記(3)で言及する福岡県福津市の産廃処分場の協定はその一例）から法的効力が否定されるべき場合もある。例文の場合でも，相手方は特段問題がないと，いちいち面倒な交渉をすることなく了解した場合も多いはずである。その場合には法的効力がある。本件の場合も，JR東海は，摂津市に対して，同意しないことはいくらでもできた（減速に応じなかったのはその証明）し，同意しない事業者もあったのである(6)から，個別交渉がなくても応じた以上は効力があるというべきで，碓井説が念頭に置く場合とは逆である。

　多数の者と個別の交渉なしで，同一内容で締結される契約は附合契約として，たとえば旅行会社，保険会社と一般人の間でも無数にある。その履行を強制できないわけはないから，上記の理由だけで，個別の交渉がないと，履行を強制できないと考えることはできない。

　それに，強制力を持たせるためにはいちいち個別の交渉を要するという考え方は一般的にはないから，これでは摂津市に予測外の不利益を及ぼす不当な解釈である。

　さらに，本件では，原告摂津市は，旧国鉄と地下水汲み上げ中止交渉を昭和48年から同51年まで行い，旧国鉄等の大口事業者が汲み上げを中止したため，昭和52年協定8条が盛り込まれた旨主張し，昭和52年協定も，少なくとも地下水汲み上げを中止した事業者に対しては法的拘束力があり，昭和63年協定・平成11年協定はこれを引き継いだものと主張している。したがって，昭和52年協定に遡れば丁寧な交渉がなされていると主張しているのである（原告準備書面(1)第4（12〜17頁），原告準備書面(2)第2（1〜4頁），原告準備書面(4)（1〜3頁），原告準備書面(6)第1）。この事実が認定されれば，原判決の根拠は失われる。

(3)　最高裁平成21年7月10日判決から学ぶもの

　①　廃掃法においては，県知事が事業者に対して許可権限を有するが，この事件では，廃掃法上の権限を何ら有しない福岡県福津市が廃棄物処分場業者と締結した公害防止協定の効力が争われた。より詳しく述べれば，その協定の中に，期限なしで許可された廃棄物処分場を一定の期限で廃止するとの期限条項

---

(6)　原告は，昭和52年協定の締結を拒否した事業者は8社ある旨主張している（原告準備書面2の22頁）。

第3章　摂津市とJR東海の間の地下水保全協定の効力

が存在した。事業者が期限後もこの処分場を廃止しなかったので福津市が差止訴訟を提起した。そこで，この期限条項の有効性が争われたものである。

福岡高裁判決（平成19年3月22日判例自治304号35頁）は，下記の最高裁判決のまとめによれば，この期限条項は廃掃法上の許可に期限を付したに等しいものであって，知事の許可の本質的な部分であって，許可を変容させるものであり，この協定が福岡県産業廃棄物処理施設の設置に係る紛争の予防及び調整に関する条例に基づく知事の助言に基づいて締結されたという経緯を踏まえるならば，この期限条項は法的拘束力を有しないと判断した[7]。

これに対し，最高裁平成21年7月10日判決（判時2058号53頁，判例タイムズ1308号106頁）はこの期限条項を適法とした。

「上記の知事の許可が，処分業者に対し，許可が効力を有する限り事業や処理施設の使用を継続すべき義務を課すものではないことは明らかである。そして，同法には，処分業者にそのような義務を課す条文は存せず，かえって，処分業者による事業の全部又は一部の廃止，処理施設の廃止については，知事に対する届出で足りる旨規定されているのであるから……，処分業者が，公害防止協定において，協定の相手方に対し，その事業や処理施設を将来廃止する旨を約束することは，処分業者自身の自由な判断で行えることであり，その結果，許可が効力を有する期間内に事業や処理施設が廃止されることがあったとしても，同法に何ら抵触するものではない。したがって，……期限条項が同法の趣旨に反するということはできないので，本件期限条項が，本件協定が締結された当時の廃棄物処理法の趣旨に反するということもできない。

そして，旧期限条項及び本件期限条項が知事の許可の本質的な部分にかかわるものではないことは，以上の説示により明らかであるから，旧期限条項及び本件期限条項は，本件条例15条が予定する協定の基本的な性格及び目的から逸脱するものでもない。」

---

(7)　ただし，島村健「評釈」自治研究87巻5号120頁（2011年5月）は，控訴審判決には論理の混乱又は誤解を招く表現があり，それが肩すかしを食らわせるような上告審判決となったとコメントしている。

　　後に本文で述べるので，重複するが，私見では，高裁判決が，期限が許可の本質的部分という説明をしたところから，最高裁から間違いだと批判されたが，本当は，公害防止協定を締結しなければ廃掃法の廃棄物処分場の許可手続に進めないという県の方針のために事業者が廃棄物処分場を一定の期限で廃止するという協定に合意せざるを得なかったので，まさに規制的協定ないし従属法的契約であり，厳しすぎる場合には比例原則違反と言うことができる。ただし，差戻し高裁でも，公序良俗違反もないとされたので，私見とは異なる。しかし，それと本件は全く違うのである。

すなわち，処分場の許可は操業継続義務を課すものではないので，使用期限を定めたこの協定は許可の本質的な部分にかかわるものではないとして，廃掃法に違反しないと判断したのである。この公害防止協定自体は適法であって法的拘束力を有することが前提となっている。これは公害防止協定の法的拘束力を認めた最初の最高裁判決と言われている[8]。

② 本件協定も，規制権限を有する大阪府とは別に，摂津市が当事者となっているものであり，しかも，国や大阪府の方から，JR東海に，公害防止協定を締結せよとの圧力がかかっているわけでもなく，地下水条例を制定してそれに基づいて規制権限を行使するといったこともなく（後述），摂津市は事業者と対等の立場で締結したものであるから，なんら問題なく有効である。

③ 髙木意見書2頁は，「法律ないし条例の留保および民主制の原理との迂回ではないかとの疑念は払拭できない」という山本隆司の文章を引用して，公害防止協定の許容性は単純に認められるべきではなく，法的拘束力の範囲も限定的に解されるべきであると主張している。これは前記の成田説に通ずるが，それはそもそも今日支持されていない上，これは断片的な文章であり，公害防止協定がなぜ法律や条例の留保，民主制を迂回するのかの説明がないので，根拠とすべきではない。しかも，山本著は，結局は「結論としては通説と同様に，公害防止協定は，事業者が協定を任意に締結したといえないような特別の事情がない限り，法律や条例に根拠がなくても法的拘束力を有すると解されよう」と述べている[9]のであるから，上記の髙木の引用はミスリーディングであり，その結論も前提を欠くものである。

3　地下水採取禁止の条項は，私法上の差止請求権の根拠とならないのか

① 本件平成11年環境保全協定（原判決66頁）13条2項，16条3項には，違反に対しては，指示し，さらに禁止を要請し，企業はこれを尊重するという規定がある。これは民法上の請求権を排除するのか。

原判決（56頁）は，被告が本件協定に違反した場合に原告がとりうる措置について交渉はなかったこと，地下水の汲み上げに関し義務の履行を強制しうることを示唆する定めはないこと，他方，対象となる定めを限定することなく，

---

(8)　山本・前掲注(4) 209頁，島村・前掲注(7) 114頁。

(9)　山本・前掲注(4) 212頁。

第3章　摂津市とJR東海の間の地下水保全協定の効力

本件協定に違反した場合に原告がとりうる措置が明示的に定められていること
を理由に，被告が本件協定に違反した場合に原告がとりうる措置は協定に明示
的に定められたものに限られると解釈している。原判決59頁イも同旨である。

　②　これも成田説に近い。しかし，本件の協定には種々のものが含まれてい
る。前記のように，大気もあれば水質汚濁，騒音もあり，義務規定もあれば訓
示規定のようなものもある。それをまとめて規定しているので，違反に対して
は改善の指示，禁止の要請という一般的な構成がとられるのも不合理ではない。
たとえば，大気汚染，騒音について，排出基準には反しないが，もっと低減で
きるときはそれを求めて指示することは許される。上記の条項はこれを念頭に
置いたものである。

　この条項は，公害が発生した場合の対応を定めているので，地下水採取禁止
とは関係がない。

　なお，地下水の場合には，指示して改善ということも考えられるが，それは
取水量の減量くらいであろう。しかし，地下水の取水許容量を科学的に判断す
るのは至難である。そこで，本件のような場合には全面的に禁止するしかない。
そのためには指示改善では足りない。

　③　もともと，本件協定は，訓示規定のようなものは別として，地下水採取
禁止については前述のように明確になっている。公害防止協定についてかつて
は紳士協定説もあったが，今日では，具体的なものは拘束力がある契約である
とされているのであるから，JR東海の権利を制限していると解されるべきで
ある。

　協定が地下水採取を禁止する点で具体的で，法的拘束力があると解釈できる
以上，被告が本件協定に違反した場合に原告がとりうる措置について交渉はな
かったこと，地下水の汲み上げに関し義務の履行を強制しうることを示唆する
定めはないからといって，公害防止協定に専属する差止めの権利が否定される
ことにはならない。つまりは，協定で指示とか禁止，尊重という規定を置いた
からといって，摂津市の手段がそれに限られるという制約は見い出せない（北
村意見書5頁3と同旨）。

　原判決のような解釈では，本件地下水汲み上げ禁止条項は，公害防止協定と
しては大幅に意味を失う。それなら，いったいどのような協定を結べば拘束力
があるのか。指示，禁止，尊重という言葉は別の協定書に入れれば良かったの
か。それは形式的なことではないのか。

　そこで，仮に協定のこの条項が本件地下水保全条項に適用されるとしても，

138

指示や禁止を求めても，応じてもらえなければ，契約の本来の力を発動して，差止めを司法に求めることができると解すべきである。

④　原判決 57 頁は，昭和 52 年協定と平成 11 年協定を比較し，文言が異なることを前提に，平成 11 年協定締結時に，旧協定が定めた義務の内容や義務違反時の効果を変更するやりとりはなかったからなどとして，本件協定は地下水の汲み上げ禁止を強制することを予定していなかったのが当事者の意思であると判断した。

しかし，文言は明らかに異なるといっても，昭和 52 年協定のうち，前半部分から，「原則として」という言葉が削除された以外は同じである。後半部分が削除された点が異なるが，この文言変更について JR 東海が異議を述べたという形跡もない上に，もともと旧国鉄は昭和 51 年には地下水汲み上げをやめて，昭和 52 年協定の前半部分に拘束されているのである。後半部分は JR 東海とは関係がない。そして，平成 11 年協定はそれを引き継いでいるのであるから，昭和 52 年協定が定めた義務の内容や義務違反時の効果を変更するやりとりは JR 東海との関係ではもともと不要である。したがって，そのようなやりとりの有無にかかわらず，文言通りとするのが契約の正しい解釈方法である。

⑤　髙木意見書 14 ～ 15 頁は，本件協定に法的拘束力が認められるとしても，裁判所による強制は比例原則に反すると述べる。しかし，もともと，次に述べるように，本件に比例原則を適用することは誤りであるから，この立論には賛成できない。

また，法的拘束力があるのであるから，仮に比例原則の適用があっても，比例原則に違反しない範囲では法的に強制できるはずである。

4　この採取禁止条項は，比例原則に違反するか，公序良俗違反か

(1)　比例原則は，規制代替型行政契約にのみ妥当

本件協定が比例原則に反するとの見解もある（髙木意見書）。

しかし，比例原則[10]は，国家公権力（一方的に拘束力を発生させる行為）の恣意的行使を制限する法理であって，国又は地方公共団体が当事者でも，対等関係に立つ契約には適用がない。契約に関し比例原則違反の主張ができるのは，従属法上の契約つまりは対等関係にない，公権力を背景とした契約の場合であ

---

[10]　須藤陽子『比例原則の現代的意義と機能』（法律文化社，2010 年）は比例原則に関するモノグラフィーであるが，本稿のテーマから外れているので，ここでは引用しない。

る。被告のいう，規制代替手段としての行政契約つまりは片務契約の場合（原判決8頁における被告の主張）はそうした場合に限る。

　この点について，詳しい検討をしているのはドイツ法であろう。大橋洋一[11]は，ドイツでは，契約は私法契約と公法契約に分けられ，後者のうち対等法契約（行政主体間契約）を除いたものを，行政手続法において公法契約＝従属法契約として規律していると説明している。これには交換契約，和解契約があることが紹介されている。交換契約は行政行為に代替する行政契約というものである。そうした契約では，行政行為形式が用いられるべきだとして，契約方式が禁止されているものも少なくない。他方，建築免除契約では，行政による免除の付与と私人による金銭支払いが申し合わされる。たとえば，駐車場法上定められている駐車場の設置義務を免除する代わりに一定の金銭の支払いを求めるものである。これについては，連結禁止原則（無関係の権限を結合させて，法律上適法な行為を別個の権限を利用して禁止することなど。たとえば，マンション建設の際には寄附せよとの指導に従わない業者に対して，水道を止めて実際上建築を禁止すること），比例原則ないし過剰規制禁止原則（この2つは大橋教授に問い合わせたら，同意義で用いているとのことである）が憲法原則として妥当する。これをみても，比例原則の適用があるのは従属法契約である。

　髙木意見書7頁が引用する藤田宙靖説は，公権力の行使には，実体法的に憲法上の諸制約（平等原則・比例原則を含む）があり，手続法上の法的制約があるので，行政行為を行う権限が行政庁に与えられているとき，行政行為に代えて契約の締結により同様の目的を達することを広く認めれば，これらの法的制約を免れるための脱法手段として契約方式が利用される道を開くことになりかねないと指摘している。

　したがって，藤田説は，行政の行う契約について一般的に比例原則の適用があると主張しているものではなく，行政行為に代えて締結される契約についてだけ論じているのである。また，藤田説は，そのような道を開くことになりかねないという危惧があるからといって，規制代替型契約が違法だとまでは述べていないのであって，そのような道を開かないように配慮しつつ，契約方式を導入すれば良いのである。

　髙木意見書自身（9頁），藤田説は，規制行政の領域における行政契約を想定したものであり，ドイツの行政契約論を参考にしたものと認めている。そし

---

[11]　大橋洋一『現代行政の行為形式論』（弘文堂，1993年）161頁以下。

て，髙木意見書7～8頁は，藤田説に共感すると述べている。

　そして，髙木意見書は，それに続いて，<u>どのような行為形式で活動するにせよ</u>，国や地方公共団体は「憲法」を初めとする「公法的拘束」から逃避することは許されないと考えるべきであると述べ，規制行政一般について，行為形式の濫用ではないか，比例原則が満たされているかという観点から審査されるべきであると主張している。

　しかし，従属法上の契約と規制行政の領域における行政契約が同義であるかも明かではない。領域としては規制行政分野における契約でも，行政行為を背景としていなければ，対等関係の契約であるから，これを同義のように述べるのも混乱を招くものである。したがって，髙木説は，藤田説からすればやや飛躍であろう。

　前記の福津市の公害防止協定事件では，福岡県産業廃棄物処理施設の設置に係る紛争の予防及び調整に関する条例に基づく福岡県の指導があり，地元の市と公害防止協定を締結しなければ，廃掃法に基づく許可手続に進めないという県の運用があった。そこで，廃棄物処理業者としては，福津市の要求に応じなければ廃掃法の許可を得られないという状況にあったのである。高裁判決は，「Y（事業者）としては，本件処分場についての変更許可を得るためには旧協定を締結するほかはなく，これを円満に締結するためには施設使用期限条項が盛り込まれることを受け容れるほかはないという状況下に置かれていたものというべく，当時，Yにとって，それ以外の選択肢はなかったものといってよい（したがって，施設使用期限条項を，同協定と切り離して，これとは別個の合意であると解することもできない。）。」と認定している。

　そうすると，福津市の公害防止協定は，対等関係にない，従属法上の契約というべきであり，この事業者は心から任意でこの協定を締結したものではない。そうすると，それは事業者に過大な不利益を及ぼしてはならないという比例原則の制限があるというべきであり，処分場の経営がこの期限のためにどのくらい困難になるのかを審理すべきであったと思われる[12]。

　最高裁は，その点について審理せず，ただ，この協定が公序良俗に違反するかどうかだけを審理するように差し戻しただけであった。

　差戻審は，公序良俗に違反しないとした（福岡高判平成22年5月19日判例集未登載[13]）。その理由は，①協定が無理矢理締結されたものではない，②期限

---

[12]　山本・前掲注(4) 208頁は，高裁判決について，要するに，比例原則違反を言おうとしたのではないかとコメントしている。正しいと思う。

第3章　摂津市とJR東海の間の地下水保全協定の効力

条項はある程度交渉を経た後の合意である，③厳しい条件を覚悟の上の協定締結であるということのようである（北村意見書7頁。島村健評釈[14]125頁，海道俊明評釈[15]もこれを扱う）。しかし，公害防止協定が締結されない状態で県に許可すべきと要求してすんなり通るものではないので，事実上の強制というべきである。

　なお，そもそも，もともと公害防止協定は，法律の基準を超える義務を企業に課したり，法令よりもきめ細かい運用を求めるものであっても，法の不備を補うためのもので公害防止のために必要であり，企業が任意に応ずるのであれば，適法であるとされてきたもの[16]であって，規制行政の領域で行われるのだからといって，企業に事実上強制するものでなければ，比例原則をそのまま適用するのはいきすぎである。契約という任意の契機を基本とする場合には，権力で（事実上にせよ）強制される場合とは異なって，比例原則の適用はないと考えるべきである。

(2)　本件環境保全協定は規制権力を背景としないので，比例原則の適用はないこと

①　そして，本件の契約（環境保全協定）は，何らの公権力を背景としていない。本件環境保全協定は，摂津市が有する行政行為権限の代わりではないので，藤田説の適用場面ではない。

　JR東海が，原告摂津市と地下水保全協定を締結せざるをえないような事態に追い込まれるという事情は何らなかった。地下水条例を制定して，あるいは都市計画条例を制定して，強制する旨を定め，その権限を背景として協定を締結するように事実上強制することも可能かも知れないが，本件ではそのような事実上の強制は行われなかった。むしろ，JR東海は，昭和51年から地下水採取をやめていたのであるから，これまで通りのことを確認したにすぎず，福津市事件の廃棄物処理業者とは異なり，特段権利を制限されたものではない。それに，国鉄やJR東海が，中小企業のように，小さな地方公共団体と意に反する契約を結ぶわけはない。実際，JR東海は沿線住民から出された新幹線の減

---

(13)　本件甲21。これに対する上告受理申立ては却下された。最高裁平成22年11月25日決定。本件甲22。

(14)　島村・前掲注(7)。

(15)　海道俊明「いわゆる公害防止協定の法的拘束力」近畿大学法科大学院論集12号57～88頁（2016年3月）。

(16)　阿部・前掲注(4)18頁でもまとめている。

142

速要求には応じていない（そこで提起されたのが名古屋新幹線訴訟である[17]）。この地下水汲み上げ禁止協定は，地盤沈下防止のためであり，新幹線の騒音振動問題と一緒に対応されたようであるが，JR が新幹線の減速には応じないで，こちらには応じたところからも，昭和40年代に発生した路盤沈下対策（甲3）と併せて，社会的使命を感じて任意に締結された対等な契約である（原判決42 〜 45頁参照。そのほか，原判決4頁の協定締結の経緯，同10頁(5)原告準備書面(1)17頁，原告準備書面(2)5頁参照）。

　したがって，これについて規制行政のものと思い込んで，比例原則の適用があるとする高木説は，前提事実を理解しない誤解である。

　②　摂津市の平成11年摂津市環境の保全と創造に関する条例は地下水の採取を原則禁止としたが，許可することもあるとしている（原判決32頁）。摂津市はそれを背景として本件協定を締結させたのではないかという疑問があるかも知れないが，時間的にありえないことである。

　すなわち，この条例は，同じ年度であるが，本件平成11年協定（4月6日締結，原判決64頁）よりも後になって平成11年6月29日に制定され，12月1日に施行されているので，それを背景に平成11年協定を締結させることはできるわけがなかったのである。協定には，公害関係法令の定めに従ってとなっているだけで，平成11年条例に基づくとは言及されていない。しかも，平成11年協定も昭和52年協定前半と同じ（「原則として」の言葉が削除されただけ。昭和63年協定は内容に変更がなく，旧国鉄の民営化に伴うもの）であるから，条例の圧力によると考えるのはなおさら無理である。

　なお，この協定では，当時施行されていた昭和52年摂津市生活環境条例には言及されているが，用語の定義（1条）だけである。そして，摂津市昭和52年条例には地下水規制の規定はない。

　したがって，平成11年の本件協定は，その当時，地下水採取規制の条例はなかったから，規制行政の契約とはいえず，権力を背景として締結させたとはいえないのである。

　③　その上，平成11年の条例が協定に先立って施行されたと仮定しても，協定に応じなければ，条例による規制をするぞと言う脅しが可能であったのか。

---

[17]　名古屋地判昭和55年9月11日（判時976号40頁）。昭和61年4月28日和解が成立した。

　　名古屋新幹線訴訟については，阿部『国土開発と環境保全』（日本評論社，1989年）119頁以下。

そういう脅しが可能であれば，この協定は規制代替型，従属的な契約と言うことができるので，この協定には比例原則の適用もある程度はありうることであろう。それは前記福岡県福津市の例には言えると思われる。その例では，公害防止協定を締結しなければ，廃棄物処分場の設置が許可されないからである。

しかし，本件では，協定に応じなくても，そのような不利な扱いはない。あるとしても，条例によって地下水採取が規制されるだけである。

そうすると，仮に地下水条例が先に制定されていても，それが圧力となって協定を締結したという事情は生じない。

④　このように，本件の環境保全協定（公害防止協定）は何ら強制力を背景とすることなく，JR東海が路盤沈下対策（甲3）と併せて社会的使命を果たすために自由意思で応じたものであるから，従属法型ではなく，比例原則の問題は生ずることなく，民事法上の契約として，公序良俗に違反する場合だけ無効になる。北村意見書6頁(3)が妥当である[18]。

しかも，前記福津市の公害防止協定の例でも，廃棄物処分場の存続期間について法律では制限がないのに市と業者の協定で制限したものについて，裁判所は比例原則を適用するという発想がなく，むしろ，その差戻審（福岡高判平成22年5月19日判例集未登載）（甲21）でも，前記のように，公序良俗違反にもならないとしているから，なおさらである。

私見では，廃掃法の許可権限を有する福岡県が，使用許可期間を短縮したとすれば，それは廃棄物行政上，生活環境を守るために不可欠の範囲かどうかが論点になる。許可は生活環境を守ることに支障がない場合に与えられるのであるから，そうでない場合にそれに期限を付すことはいきすぎで違法であろう。そして，福岡県が行政処分権限を発動しないで，事業者と廃棄物処分場契約を締結して，使用期間を短縮させたとすれば，それは違法な行政処分権限の発動に代えて私法へ逃避したものとして違法になる。

しかし，本件では，地下水条例も制定されず，規制権限のない摂津市との協

---

[18]　仲野武志「平成21年最判解説」地方自治判例百選＜第4版＞（別冊ジュリスト215）77頁（2013年5月）も髙木意見書5頁が引用するように，同方向である。

なお，髙木意見書5頁においては，水道水源条例（最判平成16年12月24日民集58巻9号2536頁）の例もあることから，市町村は「抽象的」ないし「潜在的」には「規制主体としての立場を有している」として，福津市の立場を私人のそれと類似したものとみるこの仲野解説に疑問を寄せている。しかし，水道資源条例の例は，条例で具体的に規制したので，市町村が現実の規制主体となった例であるが，本件では条例では何ら規制していないのであるから，別の話と思われる。

定であるから，この点の問題はない（北村説は，本件協定は廃掃法や紛争処理条例とは別世界である[19]とする。その通りではあるが，条例との関係では，本件協定締結時はまだ条例がなかったのである）。

福岡県は紛争条例[20]を制定して，地元合意があるまで廃掃法の手続を進めないという（これは行政手続法7条，32〜34条違反の疑いもある）運用をしていることを背景として，事業者にその意に反して使用期限を強制した疑いのある点で[21]，私見では違法の疑いがある[22]。ただし，福岡地裁判決（平成18年5月31日判例自治304号45頁）は，事業者の上記の主張を記載しつつ，締結を事業者に無理矢理押しつけたとは認めることができないとしている。島村も，この場合，規制代替的契約とは見がたい面があるという[23]。山本隆司がこの判決に対して疑問を持っている[24]のも，理解できる。

しかし，いずれにせよ，本件では，過去に発生した地盤沈下の経験に鑑み（原判決42〜45頁），いったん発生すれば原状回復が至難な地盤沈下防止のために，市内の業者みんなに一律に地下水という公共の資源を保全することを求めるのは，必要であるし公正である。本件協定は，JR東海が30年も採取をやめていたことを確認するだけであって，特段の不利益を及ぼしたものではない。この点について特段の交渉はなかったということであるが，もしJR東海がこれに不満であれば，新幹線の減速と同じく抵抗し，拒否できたはずである。このような事情を考慮すれば，本件の協定には比例原則の適用はあるわけがなく，そして，公序良俗に違反するわけがなく，有効である。

⑤　髙木は，公害防止協定は規制行政の分野のものと考えているようである（同意見書10頁3行目，注27参照）が，本件協定は公害防止協定といっても，規制的手段を用いておらず，任意の協定であるから，それに当たらないと考える。

---

[19]　髙木意見書3頁2段目で引用する北村喜宣「平成21年最判解説」速報判例解説5号335頁の右側。

[20]　この条例は兵庫県が先である。これについては，阿部「廃棄物法制の課題（中）四4」ジュリスト945号68頁（1989年）＝阿部『廃棄物法制の研究』（信山社，2017年）第1部第1章。

[21]　北村喜宣「解説」速報判例解説〔5〕（法学セミナー増刊）334頁右も法治主義の観点から大いに問題があるとする。

[22]　浅野直人・私法判例リマークス〔42〕＜2011〔上〕〔平成22年度判例評論〕＞（法律時報別冊）57頁（2011年2月）も，本文の私見に近く，事業者に同情的である。

[23]　島村・前掲注(7)127頁。

[24]　山本・前掲注(4)210頁。

第3章　摂津市とJR東海の間の地下水保全協定の効力

　高木は，規制行政における行政契約＝規制代替型行政契約について行為形式の濫用という観点から検討すべきで，条例ないし行政処分による規制が可能であることが要求されると述べる。これは前記の成田説に近い。

　そのような考え方が妥当するのは，行政主体が，事実上優越的な立場で，一方的な契約を呑ませる場合であろう。

　これに対し，仮に本件で住民とJR東海が協定を締結した場合はどうか。それは有効であろう。摂津市は，自治体ではあるが，JRに対しては行使できる何らの公権力も有しない。県とは違うのである。本件は対等の関係における契約である。したがって，本件の協定を規制代替型とか従属契約と評価するのは不適切である。

　高木は，摂津市が条例で地下水の汲み上げを未来永劫禁止するとすれば違法であると述べる。それは被処分者の意に反して強制できるからこそ，法治主義の制約が働くのである。又，摂津市の地下水条例は地下水採取を未来永劫禁止するものではない。これに対して，本件協定ではJR東海は，拒否する完全な自由を有しているのである。自由意思で同意したことは，強制された場合とは同じにはならない。

　そして，地下水の場合，その地下の挙動は不明な点が多く，採取許容量などを科学的に判定することは容易ではない。そこで，条例制定で対応するとすれば，その調査研究，限度の判定，裁判の負担など，種々の問題がある。これに対して，合意による場合には，それらの点を不問にして，他の何らかのメリットがあれば，地下水取水禁止に応ずるという選択肢は不当なものではない。

　高木意見書は，全くの任意の同意を，強制された場合と実質的に同視しているのではないかと思われる。

　なお，野澤意見書19～20頁は，地盤沈下住民の財産に対し不可逆的な損害をもたらすことを考えると，本件協定8条による地下水の汲み上げ禁止は比例原則にも違反しないと述べている。

　仮に，本件の協定が規制代替型で，比例原則の適用があるとしても，公権力で強制したのではなく，JR東海の同意を得たのであるから，それは緩めに適用されるべきである。

第1節　一審判決批判

5　地下水汲み上げ禁止は，地盤沈下などの具体的危険が なければ許されないか

⑴　具体的危険は必要か，抽象的危険の存在

　JR 東海は，地盤沈下の具体的な危険がないので地下水採取禁止は許されないと主張している。

　しかし，地下水の挙動，地盤沈下は，科学的に予測しがたいし，地盤沈下してから回復することは至難である。しかも，もともと鳥飼基地で地下水採取していた昭和 40 年代当時地盤沈下があったのであるから，摂津市は JR 東海に地下水採取をやめるように求め，JR 東海はこれに応じたということである（原判決 42 〜 45 頁。その経緯に関する原告主張として，原告準備書面⑴ 12 〜 17 頁，原告準備書面⑵ 1 〜 5 頁，原告準備書面⑼の 16 頁参照）。そして，被告は 30 年以上にわたって地下水採取せずに操業することに支障はなかった（原告主張，原判決 8 〜 9 頁）のである。

　今地下水採取をほぼ同じ場所でしても，地盤に顕著な変化がないことが明らかにされない限り，地盤沈下の可能性があり，具体的危険があるというべきであろうが，仮にそうでなくても，抽象的危険はある[25]。環境法予防原則，特に地盤沈下の予測困難と不可逆性からはこれだけで，対策を講ずべきである。それが権力（条例）で行うほどの危険かどうかはともかく，任意の合意で行ったことを無効とするほどの理由はない。

⑵　他の事業者が追随すれば影響大

　さらに，原告を含め複数事業者が日量 1 万 2,000 平方メートルの地下水取水をしているのに（原判決 11 頁），被告の採取量は日量 750 平方メートルに過ぎない（原判決 32 頁⑺イ）から，被告 JR 東海だけの取水なら影響はない（JR 東海の主張，証拠乙 29，原判決 35 頁）と仮定しても，JR 東海との協定が無効となれば他の多数の業者も取水するであろうから，その影響は大きくなる。もし，他の業者が地下水をこれ以上取水しないとわかっていれば，JR 東海の地下水取水の影響は大きくないが，そのようなことは何ら期待できない。

---

[25]　抽象的危険が否定できないことについて，原告は，研究所の報告書（甲 40 の 1 ）を証拠提出して，原告準備書面⑷ 7 〜 8 頁で主張している。

147

第3章　摂津市と JR 東海の間の地下水保全協定の効力

(3)　予 防 原 則

　また，地盤沈下が生ずるかどうかは取水量だけではなく，地下空間の状況によって異なる。鳥飼基地はかつて取水により地盤沈下したというのであるから，これから取水すれば影響を生ずるが，原告が太中浄水場で水道のために取水していても影響は生じていない[26]から，地盤が異なるのであろう。JR 東海だけの日量 750 平方メートルの取水が影響を生じないとは言えない。

　こうみると，JR 東海だけの取水では，地盤沈下などの具体的な危険が見られないと仮定しても，地盤沈下はいったん起きれば原状回復が至難であることから，環境法の大原則である予防原則が適用され，条例によるのはともかく，契約によって，鳥飼基地における取水を禁止することは，行きすぎではない。仮に比例原則の適用があるとしても，合意によるから緩めに適用するべきで，そうすれば取水禁止条項は適法である。

　そして，JR 東海に茨木市内での地下水採取を許容し，他の業者にも市域外であれ，これを禁止するのは難しいから，許容するとすれば，地盤沈下は防げないだろう。そして，原状回復は至難である。環境法の予防原則の観点からも，原状回復が至難な事態は避けなければならない。

6　約束を破棄する合理的な根拠の有無

(1)　勝手に取水をするのは約束違反

　JR 東海はこれまで地下水採取をやめて，上水道に頼っていた。それは，茨木市内においても同様である。従って，本件協定は，鳥飼事業場全体つまりは茨木市内にも効力があったと同じ扱いであった。その状態が 30 年以上にわたって続いた（原判決 11 頁 1 行目の原告主張）。これは昭和 52 年の協定の効力によるというべきであろう。

　今回茨木市内でとはいえ，地下水を採取するのは，約束違反と評価すべきである。JR 東海がそうまでして，摂津市内でないとしても，地下水を採取する必要性がどれだけあるのか。被告は，大規模災害等に備えて本件計画による水源の二重系化が重要であると考えている（原判決 39 頁下から 4 行目）ということであるが，それなら，普段は，施設が維持できる程度の少量の取水にとどめ，大規模災害等が起きたときに稼働させればすむのではないのか。

---

[26]　原告は，甲 40 に基づき，原告が地下水を汲み上げている大中浄水場と鳥飼基地では地盤は異なる旨主張している（原告準備書面(4) 10 ～ 11 頁）。

第1節　一審判決批判

(2)　地下水を採取したければ協定の改定が先決

また，もし JR 東海が地下水採取をする必要性があれば，環境保全協定書17条に基づいて，摂津市に，協定の改定を求めるのが筋であって（北村意見書5頁3），それをしないで，勝手に地下水採取を開始するのは契約違反である。

7　摂津市と JR 東海が締結した地下水保全協定（平成11年環境保全協定8条，原判決65頁）は，その対象である鳥飼基地の内の茨木市内にある土地からの被告 JR 東海による地下水採取に効力を及ぼさないか

(1)　条例と協定の適用範囲は同一か

①　原判決（45頁）は，本件協定は，昭和52年環境保全条例（原判決17～18頁）に基づき，「その規制を補完し又は条例に基づく規制を代替する趣旨」で締結されたものであると判断する。その理由は，条例と協定の趣旨が同じ，協定書は多数の事業者と締結されたが，不動文字で印字されていた等を理由とする。

しかし，条例による規制を補完し代替する趣旨との意味，それから何を導けるのかは，わかりにくい。

原判決は，そのことから，本件環境保全協定の適用範囲は，環境保全条例の適用範囲に限ると判断している。

②　しかし，条例を補完し代替するから，条例でできないことはできないというのは，条例の施行規則については言えるが，協定でもできないと解するのは必ずしも正しくない。逆に，条例でできないことがあるからこそ，それを埋めるために協定を締結しているとも解される。一般的にも，前記の通り，法令で規制できないこと，法令の定めを超える厳しい規制を定めることに公害防止協定のメリットがあるとされている。そして，それは任意の合意であれば適法とされている。

もし，条例によるのであれば，特定の行為（この場合には地下水採取）を規制するためには，行為地（茨木市）に管轄権がなければ規制できない。被害発生地（摂津市）を管轄していても，市域外の茨木市で行われる行為を規制することはできない。被害が摂津市で発生しても，茨木市内で行われたその原因たる行為を規制することはできないことになる。

しかし，条例という公権力の行使と民事契約とは異なる。民事訴訟の差止訴

149

第 3 章　摂津市と JR 東海の間の地下水保全協定の効力

訟であれば，管轄外から管轄内に被害を及ぼしてはならないという権利を主張することができる。契約でも，自分の管轄地域なり土地に，その外から被害を及ぼしてはならないという契約は適法である。例えば，隣の騒音，大気汚染をこちらに侵入させるなという契約や訴えは当然に許される。

　なお，関西電力と京都府の間で締結された「高浜発電所に係る京都府域の安全確保等に関する協定書」（甲 27）において，京都府は福井県にある発電所に関する協定を締結している。これが違法であるわけがない。

　この契約が条例に基づいていると仮定しても，そもそも，契約は条例に基づく必要もないので，このような契約の本質を阻害することはできない。まして，それが隣接自治体の施政権を侵害する（被告主張，原判決 14 頁）わけはない。

　③　しかも，本件の場合，昭和 52 年の条例は，昭和 52 年協定よりも先に制定された（条例の施行は同年 7 月 1 日，昭和 52 年協定は，同年 9 月 30 日に締結）が，第 7 条において単に環境保全協定を締結できるとしているだけであって，地下水の汲み上げについて何ら規定をおかず（原判決 18 ～ 19 頁，21 頁，乙 8，27），契約の対象地まで制限しているわけではない上に，この協定は，条例に基づかなければ締結できないものではない（条例に基づかなければならないのは，権利義務を一方的に規制する場合である）ので，たまたま条例で根拠規定があっても，協定の内容を規制しているものではなく，この協定の効力の及ぶ地理的範囲を条例のそれと一致させなければならない理由はない。昭和 52 年協定は平成 11 年協定に引き継がれたが，被告が地下水の汲み上げをやめたことに伴い，文言が変わっているに過ぎず（原判決 27 頁），主な契約内容に変更があるわけではない。

　④　本件協定は，JR 東海の事業場（それは鳥飼基地しかない）を対象とし，そこでの地下水採取を禁止しているが，その一部は茨木市内にまたがっている（原判決 3 頁(2)）。それが対象外になるという条項はなく，地下水は，市町村の境界とは関係なく地下で流れているので，摂津市内における地下水の涵養量を維持するというこの協定の趣旨・目的からも，事業場の一部が市外にある結果この協定が骨抜きになることは想定外であることからも，条例では禁止できないとしても，この協定は，茨木市内における地下水採取を禁止するという趣旨と考えるのが妥当である。

　なお，摂津市は，JR 東海が茨木市域内の施設について環境保全協定に基づく事前協議書を提出している（甲 68）。また，JR 東海の建物の一部は，摂津市域と茨木市域をまたがっている（甲 69，甲 70 - 2，甲 71 - 2）。

第1節　一審判決批判

原判決は，いわば協定の抜け穴をくぐるような JR 東海の主張の問題点を認識していない。それでは，本件協定 8 条は，明確に拘束力のある契約であるのに，実質的には死んでしまう。それは蟻の一穴から堤防が崩れると同じである。そうした不当な解釈は許されない。

したがって，この協定により，条例の適用範囲を超えて茨木市域部分における被告の行為が規制される合理的理由はないとする被告の主張（原判決 9 頁）及び原判決には賛成できない。

⑤　原判決は，この協定書が不動文字で印刷されていたことを消極的に考える根拠としている。しかし，約款などは不動文字で印刷されているが，これに符合すれば契約が成立し，前述のようにそれでも有効である。違法となるのは例外である。問題とするに足りない。この点で，北村意見書（2 頁）に賛成する。

高木意見書 11 頁は，本件協定は規制行政における行政契約であるから，公法的拘束が働くとして，条例や行政処分でできないことは行政契約という行為形式ではできないから，協定の及ぶ地理的範囲も原則として条例のそれと同じになると述べるが，上記の通り，本件協定は規制行政の代替的な，従属的な契約ではないし，契約はその地理的範囲外のことでも適用できるのであるから，賛成できない。

(2)　適用範囲は不明確か

①　もっとも，原判決（50 頁）も，原告市域外の行為について協定を締結することに合理性がある場合があること，茨木市域内における地下水汲み上げが原告の環境に影響を及ぼしうる場合があることを認めている。しかし，大気汚染や水質汚濁について原告の住民の健康や環境に影響を及ぼしうる行為と解すると，市域外の行為についてその適用の範囲を明確に確定することができなくなると反論している。他の個所（48 頁）でも，本件協定が原告市域外の事業場にも適用されるとすると，その適用範囲は不明確になると述べる。

②　しかし，本件協定は原告市域に事業場を有する 76 社との間で（原判決46 頁）締結されたものであり，市域外の行為といっても，その事業者がたまたま市域外から環境上の影響を原告市域内にもたらす場合だけが問題になる。そんな会社はいくつあるのか[27]？　また，その会社は，原告の市域内に事業場を有しているから，特定可能である。

---

[27]　原告は，実例として，東罐興業の例を挙げている（原告準備書面(4) 5 頁）。

第3章　摂津市と JR 東海の間の地下水保全協定の効力

協定も条例も,「事業場」を特定していない（原判決51頁イ）が, 摂津市域内の事業場を対象としているし, JR東海の場合, 事業場は鳥飼基地しかないのであるから, 特定されているというべきである。

範囲が不明確という議論も, 一方的に権利義務を規制する権力行為の場合には成り立ちうる場合もあろうが, 協定は任意に同意した契約であるから, 不明確なために拘束力がないという前に, 協定を締結した当事者にとって不測の不利益なのか, 当事者の合理的意思は何かを問題とすべきである。そして, 鳥飼基地での地下水採取が禁止されていることは JR 東海も承知していたことであり, 現にそのように30年も行動していたのであり, ただ, その範囲について, 茨木市域部分が含まれるかどうかについて[28], 今になってお互いの理解が違っていたわけである。茨木市域部分が含まれないとすると, 摂津市にとっては, 協定がほぼ完全に骨抜きになるので, 何のための協定かということになる。不測の不利益である。JR東海にとっては, 茨木市域部分も, 協定の対象となれば, 不利益ではあるが, 鳥飼基地の大部分では, 地下水採取が禁止されているので, 重大な不利益ではない。もともと, 地下水採取をしていたが, 昭和51年9月に地下水採取をやめて, 上水を利用するようになっていた（原判決52頁最下段〜53頁1段目, 2段目）のであるから, 今ここで地下水を採取できなくても, 重大な不利益とは言えない。これらを考慮すれば, この協定は, 条例とは異なり, 摂津市内の環境を害する行為であれば, それが市域外を発生源としても, 対象とする趣旨と理解するのが合理的である。

原判決（53頁3段目から）は, 昭和52年協定は国鉄との個別交渉の結果締結されたものではない, 条例を補完するためと述べるが, 前述のように, 条例を補完するためであれ, 契約の場合は附合契約も十分存在するし, 条例の適用対象外の行為をも対象とすることができるから, これだけでは, 協定の適用対象を区切ることはできない。

原判決は, 協定の地理的適用範囲に関する交渉がされたのかを問題とし, 交渉がなかったことを摂津市に不利に判断する（原判決49頁ウ）が, こんな抜け穴があるとは思えなかったので, 両当事者とも問題と意識しなかったのであろ

---

[28] もともと, 摂津市は, 地下水汲み上げ中止の要望書において, 「東海道新幹線鳥飼基地における地下水汲み上げの抑制」を要望し, 旧国鉄も書面で「新幹線鳥飼基地における地下水汲み上げの抑制について」と題する書面で回答しているので, 当時は, 被告（旧国鉄）も茨木市域を含む鳥飼事業所全体で地下水汲み上げ禁止に合意していたと評価できるというのが原告の主張である。この点については, 原告準備書面(1) 13〜15頁で詳述している。

うから，摂津市に不利に考慮するのは不公平である。

なお，大阪府公害防止条例が原告の地域に適用がない（原判決 39 頁）ことは
この点とは関係がない。

第 2 節　高裁判決批判

1　はじめに——地盤沈下に具体的な危険性を要求した大阪高裁
平成 28 年（ネ）第 2542 号平成 29 年 7 月 12 日判決

本件については，本件地下水保全協定（環境保全協定 8 条）に基づく摂津市
の差止め請求を棄却した大阪地裁第 12 民事部平成 26 年（ワ）第 11023 号地位確
認等請求事件平成 28 年 9 月 2 日判決（裁判長柴田義明）に対して，先の意見書
（本稿第 1 節）において，摂津市と JR 東海の間で有効に締結されている地下水
保全協定は，JR 東海の事業所（鳥飼基地）のうち，摂津市の境界のちょっと外
側の茨木市内にある部分に対しても，地下水採取の禁止効が及ぶと主張した。

大阪高裁第 7 民事部平成 28 年（ネ）第 2542 号平成 29 年 7 月 12 日判決（以下，
高裁判決という）は，「本件協定…は，法的拘束力を有するものとして当事者
……を拘束し，本件協定が定める義務のうち，内容が明確であるものについて
被控訴人が違反したときには，控訴人は，上記義務の強制履行を裁判所に請求
することができる」（27 頁），「本件協定のうち，内容が明確である本件協定第
8 条に被控訴人が違反したときには，控訴人は……本件協定第 8 条の定める義
務の強制履行を裁判所に請求することができる」（33 頁），本件協定の適用範囲
について，「本件協定は……控訴人の有する行政上の権限に基づいて締結され
たものではなく，あくまで被控訴人が任意で締結に応じたものであるから，そ
の適用範囲について，控訴人の定める条例と適用範囲が同じであると解すべき
必然性があると認めることはできない。」（36 頁 5⑵ア）と述べている。

これは，本件公害防止協定が法的拘束力を持って摂津市域外の茨木市内にあ
る JR 東海の事業場に及ぶことは認めたもので，私見が大幅に認められたと考
える。

しかし，高裁判決は，本件協定第 8 条は，被控訴人の「事業場」である鳥飼
基地における地下水の汲上げを一律に禁止した規定であると解することはでき
ず，同条が定めるとおり「地下水の保全及び地域環境の変化を防止するため」
に，地下水の保全及び地域環境を損ねる具体的な危険性があると認められる場

合に限り，地下水の汲上げを禁止した規定であると解するのが相当であるとし，本件では，その具体的な危険性がないとして，差止め請求を棄却した。予防原則が否定されたのである。それは契約の解釈による。想定外であるので，ここに再検討することとする。

2　高裁判決の詳細

この点の判示を詳しく紹介する。

ア　……昭和52年協定は，控訴人と国鉄との交渉経過を経て国鉄が地下水の汲上げを止めたことをも踏まえて締結されたものであることを認めることができることに加え，昭和52年協定の締結後，国鉄及び国鉄から東海道新幹線に係る旅客鉄道事業を引き継いだ被控訴人が，被控訴人が本件計画を立てるまで，鳥飼基地において地下水の汲上げを行っていない。

イ　しかしながら，……昭和52年協定第8条は「事業者は，地下水の保全及び地域環境の変化を防止するため原則として地下水の汲み上げを行わないものとし，現に地下水の汲み上げを行っている場合は，工業用水等に切り換えるため，地下水汲み上げ抑制計画を策定し，その達成に努めるものとする。」と規定しており，規定の文言上，同条前段は，「地下水の保全及び地域環境の変化を防止するため」に地下水の汲上げを「原則として」禁止する内容である。また，昭和52年協定を含む旧協定と基本的に同一の内容である本件協定第8条は，「事業主は，地下水の保全及び地域環境の変化を防止するため，地下水の汲み上げを行わないものとする。」と規定しており，昭和52年協定第8条前段のような「原則として」との文言はなく，同条後段は削除されている。そして，この点について，控訴人と被控訴人は，本件協定の締結の際に内容の確認を行ったところ，旧協定の第8条のうち，「現に地下水の汲み上げを行っている場合は，工業用水等に切り換えるため，地下水汲み上げ抑制計画を策定し，その達成に努めるものとする」との文言が，既に地下水の汲上げを行っていない被控訴人と締結する内容としてそぐわないとして削除されて，地盤沈下に関する定めの変更がされたものであり，控訴人は，その定めも含めて旧協定から大きな内容の変更はないと認識している。

ウ　控訴人の水道事業における水源は，水量全体の約3割が自己水源である太中浄水場で汲み上げている地下水である。太中浄水場における1日当たりの揚水量は，6,800立方メートル（平成26年5月時点。平成24年度は1万688立方

メートル）である。また，控訴人市域において，控訴人が4か所で地下水の汲上げを行っているほか，9か所で地下水の汲上げが行われているところ，平成24年度の控訴人市域における地下水の1日当たりの揚水量は約11万2,000立方メートルである。そして，太中浄水場は鳥飼基地から直線で約2キロメートルのところにある。

エ　控訴人は，本件協定の締結後の平成11年12月1日から平成11年条例を施行しているところ，平成11年条例は，規則で定める用途に供するため地下水を採取する場合であって，<u>当該地下水に代えて他の水源を確保することが著しく困難であると認めるときは，</u>市長は地盤沈下を防止するための必要な条件を付し地下水を採取することを許可することができるが，許可を受けた場合を除き，控訴人市域内において井戸から地下水を採取することを禁止している。他方，茨木市域は，大阪府公害防止条例による地下水の採取により地盤が著しく沈下し又は著しく沈下するおそれがある地域の指定を受けておらず，茨木市は，地下水の汲上げを規制する条例を制定していない。

オ　前記アないしエの諸点を総合すると，地下水の汲上げの禁止を定めた本件協定第8条は，被控訴人の「事業場」である鳥飼基地における地下水の汲上げを一律に禁止した規定であると解することはできず，同条が定めるとおり<u>「地下水の保全及び地域環境の変化を防止するため」に，地下水の保全及び地域環境を損ねる具体的な危険性のあると認められる場合に限り，地下水の汲上げを禁止した規定であると解するのが相当である。</u>

カ　そこで，更に進んで，被控訴人の本件計画による地下水の汲上げが本件協定第8条に違反するものと認められるか否かについて検討する。

本件計画による地盤沈下の可能性等については，……このうち，朝倉教授の意見……によれば，本件計画の実行により地盤沈下が発生する具体的な危険性があると認めることはできない。

また，一般財団法人地域地盤環境研究所の技術者である北田奈緒子及び伊藤浩子の意見……によれば，鳥飼基地において地下水を汲み上げることにより将来的に確実に地盤沈下が発生しないとは言い切れず，地下水の揚水による影響が鳥飼基地の外に及ぶ可能性も否定できないと述べるにとどまり，本件計画の実行により地盤沈下が発生する具体的な危険性があると述べるものではない。

控訴人自身，……本件計画の実行により地盤沈下が発生する具体的な危険性があることまでは主張していない。そうだとすると，被控訴人が本件計画の実行，すなわち，茨木市域部分において本件井戸から地下水を汲み上げることに

より，地盤沈下が発生するなどの地下水の保全及び地域環境を損ねる具体的な危険性があるとは認められないから，被控訴人による本件計画の実行が本件協定第8条に違反するものと認めることはできない。（アンダーライン阿部）

3 反 論

(1) 「地下水の保全及び地域環境の変化を防止するため」という目的規定から，具体的危険を要すると読むのは無理であること

高裁判決は本件協定の文言解釈を明白に誤っている。

① 「地下水の保全及び地域環境の変化を防止するため」というのは目的規定であって，それから，要件規定が当然に導かれるわけではなく，まして，具体的危険を要するという要件が導かれるわけではない。

高裁判決のように，地下水採取禁止を地盤沈下の具体的な危険性を要する場合に限定して解するためには，「地下水の保全及び地域環境の変化を防止するため」という一般的な書き方ではなく，地盤沈下の具体的な危険がある場合（要件）には地下水採取を禁止する（効果）という趣旨の定めが必要である。「地盤沈下の具体的な危険が生じない範囲で，地下水の汲み上げを認める」，あるいは，「地盤沈下を現実に防止するために必要な範囲で，地下水採取を禁止する」というような趣旨の文言が選択されるべきであった。そうであって初めて具体的な危険性を要件とすることができるのである。本件8条はそうではないので，予防原則を唱ったものとしか解することはできない。

仮に，目的規定が，地下水採取禁止という効果を生ずる要件となると仮定しても，この目的規定の文言は単に「地下水の保全及び地域環境の変化を防止するため」と述べるだけで，具体的危険性を何ら要求していないのであるから，地盤沈下，地下水保全への何らかの影響が可能性として考えられる場合もこの目的を満たすものである。高裁判決の論理は完全に飛躍している。

② JR東海は，すでに地下水採取をやめており，その再開が論じられていたわけではないので，具体的な危険性がなければ，効力を生じない（地下水採取を再開できる）などということは両当事者の契約締結時における意思ではあり得ない。

③ それに，JR東海は，すでに地下水採取をやめている以上は，地盤沈下の具体的な危険性がないにもかかわらず地下水採取を禁止されても困ることはなく，地盤沈下の具体的な危険性がなければ，地下水採取を再開したいのであ

れば，事情が異なるのであるから，協定に何らかの留保文言を入れるべきで
あった。

摂津市としても，JR 東海が地下水採取をやめているのであるから，再開す
るとは想定されず，その再開を防止するためにそれ以上の文言を工夫する必要
はなかったのである。

④　したがって，高裁判決は，協定の文理（文言）解釈からも，当事者の客
観的な意思解釈からも，誤りである。

(2)　協定締結当時の事情からみて，摂津市が自ら地下水採取していることは
　　関係がないこと

高裁判決（上記ウ）は，摂津市が地下水を大量に取水していることを考慮し
ているが，そのことと，本件協定の意味は関係がない。本件協定を締結した当
時も，摂津市は地下水を水道用として採取しており，JR 東海は，それを承知
で，地下水採取をやめて，「地下水の汲み上げを行わないものとする。」との協
定を締結しているのであるから，今更，摂津市が地下水を採取していて，地盤
沈下の具体的な可能性はないからとしても，JR 東海が，自分も地下水採取で
きるという趣旨だったなどといえるわけがない。先の意見書＝本稿第 1 節の 2
(2)③でも述べたように，これが地下水の汲み上げを一切しないという約束で
あることは明白である。

(3)　地下水条例の文言は協定の解釈を左右しないこと

①　高裁判決は，地下水条例を考慮対象としている。しかし，これは本件協
定よりも後に制定されたものであるし，協定の効力を左右する文言はないから，
条例の制定により協定の効力に影響があるわけはない。

しかも，協定と条例とは，合意と権力的手段という違いがある。もともと公
害防止協定が締結されたのは，法律上の規制では足りないところを，双方合
意の上で埋めることに 1 つの大きな意味があった（先の意見書＝本稿第 1 節の 2
(1)）。条例が先にあっても，条例とは異なる協定は，合意を前提としているか
ら，有効なのである。

逆に，先に協定が締結されていて，後から条例が制定されたときに，協定を
無効とする特段の定めがなければ，協定も有効なのである。

②　その上，この条例は，「当該地下水に代えて他の水源を確保することが
著しく困難であると認めるときは」，「市長は地盤沈下を防止するための必要な

条件を付し地下水を採取することを許可することができるが、許可を受けた場合を除き、控訴人市域内において井戸から地下水を採取することを禁止している。」と定めているのであるから、市長が地下水採取を許可するのも、代替水源の確保が困難であり、かつ、地盤沈下を防止するためという条件を付した場合であり、代替水源があれば、そもそも許可要件を満たしていない。本件では水道水を購入すれば済むのであるから、代替水源は十二分に存在する。

代替水源を利用することが著しく困難である場合は本件では存在しないので、仮定の問題であるが、そうした場合には、市長は地盤沈下を防止するための必要な条件を付し地下水を採取することを許可することができることになっている。地下水採取にもかかわらず、地盤沈下防止が図られる場合だけ許可される。

この解釈として、地盤沈下の具体的な危険性が防止されさえすれば、その抽象的な危険があろうと、許可されるのか。地盤沈下のメカニズムは必ずしもわかっていないから、具体的な危険性がなければ許可することとすれば、地盤沈下が起きることも十分にあるのであって、条例の目的を達成できない。したがって、「地盤沈下を防止するための必要な条件を付し」との文言は、抽象的な危険をも防止するための条件という意味と解するべきである。

権力的手段である条例においても、このように解されるのであるから、任意の合意に基づく協定の解釈において具体的危険性を要求することは不合理である。

⑷　具体的危険性がなくても地下水採取規制ができることに協定の存在意義があること

地盤沈下の具体的危険性があれば、協定など存在しなくとも、民事法の一般理論により差止め請求は可能であるから、協定8条の適用について具体的危険性を要求するならば、協定の実質的意義は大幅に減殺される。協定は、そのような無意味なことを定めたものではなく、裁判で具体的な危険性の有無が争点にならないように、地下水を汲み上げないことと、留保なしの文言が選択されているのである。まさに予防原則に立った協定なのである。

高裁判決は、協定なしで差し止めるには、具体的な危険性を要するという一般論を本件にそのまま当てはめたもので、協定の存在を実質的には看過したのではないかという疑いを禁じ得ない。

（5）比 例 原 則

高裁判決は，第8条の法的拘束力を判断するにあたり，比例原則が問題となるものではないと判示している（34頁）。比例原則は権力的手段をコントロールする原則であって，広げても，いわゆる規制代替的契約には多少妥当するかも知れないが，対等当事者間の契約に妥当するものではないことは前回の意見書＝本稿第1節の4で述べた。高裁判決はこれを採用したものと理解する。

しかし，具体的危険性を同条の要件とすることは，結果的に比例原則が適用されることになると考えられるから，矛盾である。さらには，比例原則を問題とするならば，JR東海の取水も，上水での代替が可能であることも検討すべきであった。

⑹　筆者の先の意見書
①　先の意見書

先の意見書（本稿第1節）「5　地下水汲み上げ禁止は，地盤沈下などの具体的危険がなければ許されないか。」において，(1)　具体的危険は必要か，抽象的危険の存在，(2)　他の事業者が追随すれば影響大，(3)　予防原則を取り上げ，詳しく論じた。

②　**高裁判決はこの主張にきちんと応えたものではない。**

協定による場合には，条例による場合とは異なって，権利を一方的に規制するのではないので厳格に考える必要はない。予防原則で協定が締結されたのに，それを反故にする解釈は不合理である。

しかも，JR東海に地下水採取を認めると他の業者が追随する<u>可能性がある。これを防止することは平等原則上法的に無理であるから</u>，大量に地下水が採取<u>されることになり</u>，具体的な危険も生ずる可能性がある。高裁判決は，この意見書及びこれを踏まえた摂津市の準備書面（平成29年9月9日）に応えていない。

さらに，高裁判決は，摂津市側の研究所の意見書においても具体的危険性があるとは述べていないことを根拠としているが，その意見書では，太中浄水場と鳥飼基地の地盤状況は全く異なり，単純に比較はできない旨述べられている。そして，「鳥飼基地において地下水を汲み上げることにより将来的に確実に地盤沈下が発生しないとは言い切れず，地下水の揚水による影響が鳥飼基地の外に及ぶ可能性も否定できないと述べるにとどまり」ということであるから，予

防原則により地下水採取の規制をすることは，条例ならともかく，合意に基づく協定によるなら許されるのである。

(7) 筆者の「地下水」論文との関連

筆者は，「地下水の利用と保全－その法的システム」ジュリ増刊　総合特集23「現代の水問題」223～231頁（1981年6月）において，地下水の利用と保全に関する国法と条例のあり方を検討した。地下水は有用な資源であるが，その過剰採取のため，地盤沈下など地下水障害が起きていること，これに対する私法的救済は，地下水障害の未然防止には役立たないこと，そこで，事前規制としての行政規制が導入されているが，ビル用水法はビル用，工業用水法は工業用に限定しているだけではなく，指定地域が限定され，地下水の総採取量を自然の涵養量を超えないようにする法的手段を用意していないといった問題がある。これに対し条例による規制ではこのような制約をなくしている。そこで，国のレベルでも地下水管理法案が多数作成されている。そこでの論点として，地下水は私水か公水かという点で言えば，河川の沿岸の者が公水である河川の水を自由使用できるのと同様，土地所有者が，自分の土地の下に流れてきた水を自由使用しているもので，地下水は公水というべきであるから，公共的な管理になじむものであるとの説を唱えている。そして，地盤沈下はいったん発生すると，不可逆的であるから，予防原則に立った法的規制が求められるとしている。これは協定手法については述べていないが，地下水の採取規制は，予防原則によるべきことを強調している。

地下水公水論は，さらに，阿部「大深度地下利用の法律問題(2)」法時68巻10号63～68頁に詳しい。

なお，これらの論文は，阿部『まちづくりと法──都市計画，自動車，自転車，土地，地下水，住宅，借地借家──』（信山社，2017年）に収録されている。

(8) 予防原則に関する文献

予防原則に関する文献は多数である。

筆者は，『環境法総論と自然・海浜環境（環境法研究Ⅰ）』第2章第3節「リスク管理法制の現状と課題」（1989年）において，人為起源物質のもたらすリスクと予防原則を取り上げている。従来の環境汚染問題は，「多量，集中，短期，直接」と特徴づけ，新しいタイプの環境問題は「少量，広域，長期，複合」という特色を有するとして，対比して，そのリスク（特に発がんリスク）

第2節　高裁判決批判

に対応する法システムを検討している。

　ただ，本件は，人為起源物質とは異なり，地盤沈下である。地下水の挙動，地盤沈下は，科学的に事前に予測することは至難である。そして，地盤沈下してから回復することは至難である。ところが，本件地域では地下水採取を原因とする地盤沈下は過去にも生じたことがある。今回もいったん生じたら，回復不可能であることは明白である。したがって，予防原則がより強く妥当することは明かである。

　上告受理申立理由書12頁では，「裁判では，個々の地下水汲み上げ行為と地盤沈下の因果関係を立証することは難しく，事前差止めは，被害の蓋然性もない段階では活用しにくく，被害発生のおそれが出てきた時は既に遅すぎる。また，法的規制では揚水機の深さとポンプの吐出口の口径を規制するのみで，地下水域の総採取量を考慮していないことなどの問題点があるため，事業者に対し，任意に環境保全協定の締結を要請し，地下水域の総採取量の抑制を図ったものである。」と述べることに賛成する。

　さしあたり，主要文献として，戸部真澄『不確実性の法的制御』（信山社，2009年），下山憲治『リスク行政の法的構造』（敬文堂，2007年），新美育文「環境リスク・損害と法的責任」，山田洋「環境リスクとその管理——ナノ物質のリスク？」，織朱實「我が国の環境行政におけるリスクマネジメントおよびコミュニケーションの取り組み」，松村弓彦「予防原則」以上，『環境法大系』（商事法務，2012年）所収，桑原勇進『環境法の基礎理論』（有斐閣，2013年）第2部「危険防御とリスク統制義務」，岸本大樹「環境リスク」高橋信隆他『環境保全の法と理論』（北海道大学出版会，2014年）56頁以下を挙げておく。

　いずれも優れた文献であり，予防原則の理解にも種々なものが見られるが，地盤沈下を扱っていないので，ここでは省略する。

　冒頭に記載したように，これだけ論じても，高裁では理解されず，最高裁では門前払い，誠に残念である。

■追　記

　本件高裁判決は，判例自治429号57頁に，一審判決は，同76頁に掲載されている。島村健「環境保全協定の地理的適用範囲・法的拘束力」民事判例16－2017年後期102頁以下は，地理的適用範囲，具体的危険性の要否について，結論的には私見と同旨である。野田崇「環境保全協定の一部について法的拘束力が認められた例」新・判例解説WATCH行政法No.182号1頁以下（電子版2017年11月

161

第 3 章　摂津市と JR 東海の間の地下水保全協定の効力

掲載）は主に判決の解説である。池田敏雄・判例自治 443 号 60 頁以下（2019 年）は，1，2 審判決を比較しつつ解説しているが，公害防止協定に比例原則，平等原則を適用するという一審判決に近い立場であり，地下水のくみ上げ禁止には具体的危険性を要するとする高裁判決の立場について，JR 東海の公益性などを勘案するならばそれなりに妥当な判断であろうと述べる。しかし，この前半は高裁段階における私見を参照しない見解（私見は参照されていない）であり，JR 東海の公益性だけ勘案し，摂津市の公益性を勘案しないのは不公平であると思う。

第4章　不利益処分の理由附記（行政手続法14条1項）のあり方

1　はじめに

(1)　理由附記判例の現状を明らかにする意義

本稿は，熊本地裁平成23年(行ウ)第14号，15号，平成26年10月22日判決（D1. com）を中心に，不利益処分における理由附記について検討したものである。もともと2015年10月に福岡高裁に提出した意見書である。この地裁判決は，介護保険法に基づく介護老人保健施設の開設許可等の取消処分取消訴訟において，処分は実体法上適法であるとしつつ（したがって，国家賠償訴訟においては請求棄却），理由附記の瑕疵を理由に処分を取り消したものであり，理由附記を厳格に考えたものである。私見はこれを正当とする理由を述べるものであるが，一般向けに公表することにより，理由附記に関する判例理論をさらに明らかにすることができると考え，公表させて頂くものである。以下，原判決とはこの判決をいい，本件とはこの事件をいう。

(2)　照会事項

① 行政手続法第14条第1項に基づき，行政機関が不利益処分を課す際に要求される理由附記に関し，その制度趣旨，従前の最高裁判例，学説，重要な下級審裁判例から導かれる理由附記の内容，程度について

② 原判決が本件各処分について理由附記の程度が不十分であるとして，本件各処分の違法性を認定したことが正当であるか

(3)　本稿の要旨

① 判例法をまとめると，ⓐ 理由附記の目的は，行政庁の判断の慎重・合理性を担保してその恣意を抑制するとともに，不服の申立てに便宜を与えることにあり，その記載の不備・欠缺は独立の取消事由となる。

ⓑ どの程度の理由の記載をなすべきかは，処分の性質と理由附記を命じた各法律の規定の趣旨・目的に照らしてこれを決定すべきである。

第4章　不利益処分の理由附記（行政手続法 14 条 1 項）のあり方

ⓒ　処分理由は，いかなる事実関係に基づきいかなる法規を適用して当該処分がされたのか（処分基準がある場合にはその適用関係も）が，附記理由の記載自体から明らかにならなければならないのであり，根拠規定を示すだけでは原則として十分ではない，基因事実自体についても，裁量権行使の違法を的確に争えるように，いかなる態様，事実によって取り消されたのか，処分の相手方が具体的に知りうる程度に特定して摘示しなければならない。

ⓓ　審査決定の理由としては，「不服の事由に対応して，その結論に至った過程を明らかにすべきである。」

ⓔ　理由附記は，処分の公正妥当を担保する趣旨をも含むものであるから，被処分者が処分理由を推知できると否とにかかわらない，ということになる。

この判例法はきわめて厳格であるが，学説も下級審判例も，主流はこの厳格な判例を支持している。

②　この判例法に沿って考えると，本件における処分理由は，誰がいつどれだけの回数でどのような内容の不正をおこなったのか，不正金額はどの程度なのか，それは故意なのか，過失なのか，重過失かが具体的に特定されていないため，処分庁の判断の慎重・公正を確保できず，また，不服申立て・訴訟を提起するにも支障を生ずる。特に，処分が過大・重すぎるという比例原則違反の主張をする手がかりがない。それは，聴聞手続がどのように行われようと関係はない。これでは本件の理由附記は判例法の要求する水準を満たさないので，違法であって，処分自体の取消事由となる。従って，本判決は妥当である。

2　理由附記の制度趣旨に関する判例法

(1)　従前の最高裁判例法

①　理由附記の要求は，行政手続法の制定（1994 ＝平成 6 年施行）により一般的になったが，それ以前は個別法で要求されていたに過ぎなかった。個別法に理由附記を要求する規定がない場合に理由附記を要求する判例は存在するが，例外であった[1]。個別法で理由附記を要求する場合として，特に税法の運用を巡って判例が発展した。理由附記のあり方は処分の場合と審査請求に対する裁決の場合を分けて考えられる。

②　まず，処分の段階で法律上理由附記（提示）が求められる場合に，附記

---

[1]　おそらくは本案に理由があるが，その認定が困難な場合であろうと推定される。阿部泰隆『行政裁量と行政救済』（三省堂，1987 年）220 頁以下。

すべき理由としてはどの程度のものが要求されるか？

　これは理由附記の機能として何を考えるかによって決まる問題である。

　判例はこれを，ⓐ「処分庁の判断の慎重・合理性を担保してその恣意を抑制する」（恣意抑制機能）とともに，ⓑ処分の理由を相手方に知らせて不服申立てに便宜を与える」（不服申立て便宜機能）ことに求める（最判昭和 38・5・31 民集 17 巻 4 号 617 頁）。したがって，理由の記載を欠く場合には処分自体の取消しを免れない。理由附記を訓示規定とするかつての一部の説はとっくの昔に消滅している。

　③　そして，この判決は，一般理論として，どの程度の理由を附記すべきかは，処分の性質と理由附記を命じた各法律の規定の趣旨・目的に照らして決定すべきことであり，処分理由は附記理由の記載自体から明らかでなければならないとしている。

　④　これは所得税青色申告の承認を受けた者に対する更正処分の通知書に「売買差益率検討の結果，記帳額低調につき，調査差益率により基本金額修正，所得金額更正す」と記載されていた事案である。

　判決は，この理由では，「いかなる勘定科目に幾何の脱漏あり，その金額はいかなる根拠に基づくものか，また調査差益率なるものがいかにして算定され，それによることがどうして正当なのか，右の記載自体から納税者がこれを知るに由ないもの」であるから，それをもつて所得税法 45 条 2 項にいう理由附記の要件を満たしているものとは認め得ない。」としたものである。

　⑤　次に，最高裁は，この先例を引用し，「青色申告の更正理由として『売上計上洩 190,500 円』と記載しただけでは，「いかなる理由によつて計上洩を認めたかが明らかでなく，理由として極めて不備であって，右の記載をもつて法律の要求する理由を附記したものと解することはできない」（最判昭和 38・12・27 民集 17 巻 12 号 1871 頁）と判示した。

　⑥　さらに，昭和 49 年の最高裁においては，理由「附記の内容及び程度は，特段の理由のないかぎり，いかなる事実関係に基づきいかなる法規を適用して当該処分がされたのかを，処分の相手方においてその記載自体から了知しうるものでなければならず，単に抽象的に処分の根拠規定を示すだけでは，それによって当該規定の適用の原因となつた具体的事実関係をも当然に知りうるような例外の場合を除いては，法の要求する附記として十分でない。」「この見地に立つて旧法人税法 25 条の規定をみるに，同条 8 項各号に掲げられた承認取消しの事由……特に同項 3 号の取消事由は極めて概括的で具体性に乏しいため，

第4章　不利益処分の理由附記（行政手続法14条1項）のあり方

取消通知書に同号に該当する旨附記されただけでは，処分の相手方は，帳簿書類の記載事項の全体についてその真実性が疑わしいとされた理由が，取引の全部又は一部を隠ぺいし若しくは仮装したことによるのか，それともそれ以外の理由によるのか，また，右の隠ぺい又は仮装が帳簿書類のどの部分におけるいかなる取引に関するのか等を，その通知書によって具体的に知ることはほとんど不可能であるといわなければならない。のみならず，承認の取消しは，形式上同項各号に該当する事実があれば必ず行なわれるものではなく，現実に取り消すかどうかは，個々の場合の事情に応じ，処分庁が合理的裁量によって決すべきものとされているのであるから，処分の相手方としては，その通知書の記載からいかなる態様，程度の事実によって当該取消しがされたのかを知ることができるのでなければ，その処分につき裁量権行使の適否を争う的確な手がかりが得られないこととなるのである。」

　ここで，当時の法人税法が定める青色申告承認取消処分の根拠となっている3号は，「当該法人の備えつける帳簿書類に取引の全部又は一部を隠ぺいし又は仮装して記載する等当該帳簿書類の記載事項の全体について，その真実性を疑うに足りる不実の記載があること」という文言で記載されていたのである。

　最高裁は更に続けて，「以上の点から考えると，同条9項後段の規定は，その文言上だけからは，一見，取消しが同条8項各号のいずれによるものであるかのみを附記すれば足りるとするもののようにみえないでもないけれども，このような解釈が前記理由附記の趣旨，目的にそうものでないことは明らかであり，他方，そのような不十分な附記で足りるとする特段の合理的理由も認められないのである（取消しを行なう処分庁としては，既に具体的な取消事由についての調査を経ているはずであるから，これを具体的に処分の相手方に通知すべきものとしても，さほど困難な事務処理を強いられるものとは考えられない。）から，同条8項3号におけるように該当号数を示しただけでは取消しの基因となった具体的事実を知ることができない場合には，通知書に当該号数を附記するのみでは足りず，右基因事実自体についても処分の相手方が具体的に知りうる程度に特定して摘示しなければならないものと解するのが相当である。」（最判昭和49・4・25民集28巻3号405頁）とした（アンダーラインは阿部泰隆）。

　⑦　次に，不服審査に関しては，「貴社の審査請求の趣旨，経営の状況，その他を勘案して審査しますと，芝税務署長の行った青色申告届出承認の取消処分は誤りがないと認められますので，審査の請求は理由がありません」という理由は，理由になっていない。審査決定の理由としては，「不服の事由に対応

して，その結論に至った過程を明らかにすべきである」（最判昭和37・12・26民集16巻12号2557頁）とした。

前記昭和38年5月31日の最高裁判決も，この判決を引用して，「あなたの審査請求の趣旨，経営の状況その他を勘案して審査しますと，小石川税務署長の行った再調査決定処分には誤りがないと認められますので，審査の請求には理由がありません」との記載だけでは，所得税法の理由附記として不十分であり，……違法としている。

⑧　さらに，このこと（理由附記の不備）は，「請求人が棄却の理由を推知できる場合であると否とにかかわりのないものと解すべきである。」（前掲最判昭和37・12・26）。「かかる理由を附記せしめることは，単に相手方納税義務者に更正の理由を示すために止まらず，漫然たる更正のないよう更正の妥当公正を担保する趣旨をも含むものと解すべく，従って，更正の理由附記は，その理由を納税義務者が推知できると否とにかかわりのない問題といわなければならない。」（前記最判昭和38・12・27）。

「税務調査の過程において帳簿書類の不備等が指摘されたとしても，これにより処分庁が最終的判断としていかなる事実を取消事由と認めたのかを知りうるものではなく，また，承認取消処分が常に理由の附記された更正処分を伴うとも限らないのであるから，取消通知書に事実の附記がなくても処分の相手方が具体的な取消事由を知りうるのが通例であるとは，とうてい認めることができない。」（前記最判昭和49・4・25）。

つまりは，理由附記の趣旨は，処分の相手方の不服申立てに便宜を与えることだけでなく，前記のように処分の慎重・合理性の担保にあるから，相手方が処分の理由を（調査などで）知っていても，なお必要とされるのである。

⑨　この判例法をまとめると，前記1(3)で記載したとおりである。

⑩　これは，理由の追加を許容する判例（最判昭和56・7・14民集35巻5号901頁，最判平成11・11・19民集53巻8号1862頁），結果に影響しなければ聴聞手続の瑕疵も取消事由にならないとする郡中バス事件判決（最判昭和50・5・29民集29巻5号662頁）などと比較して，きわめて厳格である[2]。

そこで，これを緩和すべきだという意見もあり得る。聴聞手続で処分理由を十分に伝えたから，処分理由の記載が不備でも瑕疵にならないという説（後述）も，その立場であろう[3]。

---

[2]　本多滝夫「行政手続法における理由の提示と瑕疵の効果」龍谷法学45巻5号1229頁（2013年）参照。

第4章　不利益処分の理由附記（行政手続法14条1項）のあり方

　しかし，この判例法はその後の判例で踏襲されている。上記の判例は行政手続法制定前，理由附記が要求されている個別法，特に税法に関する判例法であった。そして，その後，旅券法（最判昭和60・4・23民集39巻3号850頁），情報公開請求（最判平成4・12・10判時1453号116頁），建築士法（次に述べる最判平成23年6月7日）にも拡大され，広く一般的な判例法理になった。このことは次の最判における田原判事の意見にも見られるところである。

　このような判例の傾向は，学説でも基本的には一般的に支持されている[4]。

　また，理由附記は行政手続法制定（8条，14条）により若干例外ももうけられているので，判例法はそのままでは維持できないのではないかとの疑問もあり得たが，次に述べる平成23年の最判は先例をそのまま生かすことを表明している。つまりは，これらの判例法は理由附記が行政手続法施行により一般法となった今日でも，当然に生きている[5]。

(2)　最判平成23年6月7日から学ぶもの

　①　こうした判例のある中で，最高裁第三小法廷平成23年6月7日判決（民集65巻4号2081頁）は，一級建築士免許取消処分等の理由附記について，単に法条の適用関係だけではなく，処分基準の適用関係の記載を求める，次のような丁寧な判断をして判例を発展させたものであり，原判決も同判決を参照している。

　上記最判の事例において，国土交通大臣が一級建築士に対して行ったその免許取消処分の理由は次のとおりであった。

　「あなたは，北海道札幌市……を敷地とする建築物の設計者として，建築基準法令に定める構造基準に適合しない設計を行い，それにより耐震性等の不足する構造上危険な建築物を現出させた。また，北海道札幌市……を敷地とする建築物の設計者として，構造計算書に偽装が見られる不適切な設計を行った。

---

(3)　西鳥羽和明.「理由付記判例法理と行政手続法の理由提示(1)(2)」民商法雑誌112巻6号，113巻1号（1995年）参照。

(4)　上記の最高裁判例に関するジュリスト誌の累次の行政判例百選・租税判例百選，本多滝夫・ジュリスト重要判例解説平成23年の34頁，宇賀克也『行政法概説 Ⅰ〔第5版〕』（有斐閣，2013年）349頁，梶哲教「処分理由の提示」ジュリスト『行政法の争点』（2014年）80頁，室井力外編『行政手続法・行政不服審査〔法〕』（日本評論社，2008年）118頁以下，160頁以下，阿部『行政法解釈学Ⅱ』12頁以下，阿部泰隆『行政の法システム下』（有斐閣，1997年）521頁以下。

(5)　大橋洋一「行政手続と行政訴訟」法曹時報63巻9号1頁以下（2011年），本多・前掲注(2)1229頁も，基本的にはこの趣旨である。

このことは，建築士法第10条第1項第2号及び第3号に該当し，一級建築士に対し社会が期待している品位及び信用を著しく傷つけるものである。」

　裁判所はまず，これまでの判例で認められている一般論を述べる。「行政手続法14条1項本文が，不利益処分をする場合に同時にその理由を名宛人に示さなければならないとしているのは，名宛人に直接に義務を課し又はその権利を制限するという不利益処分の性質に鑑み，行政庁の判断の慎重と合理性を担保してその恣意を抑制するとともに，処分の理由を名宛人に知らせて不服の申立てに便宜を与える趣旨に出たものと解される。そして，同項本文に基づいてどの程度の理由を提示すべきかは，上記のような同項本文の趣旨に照らし，当該処分の根拠法令の規定内容，当該処分に係る処分基準の存否及び内容並びに公表の有無，当該処分の性質及び内容，当該処分の原因となる事実関係の内容等を総合考慮してこれを決定すべきである。」

　そして，処分基準の適用関係に関する新しい判断を示した。「この見地に立って建築士法10条1項2号又は3号による建築士に対する懲戒処分について見ると，同項2号及び3号の定める処分要件はいずれも抽象的である上，これらに該当する場合に同項所定の戒告，1年以内の業務停止又は免許取消しのいずれの処分を選択するかも処分行政庁の裁量に委ねられている。……

　そうすると，建築士に対する上記懲戒処分に際して同時に示されるべき理由としては，処分の原因となる事実及び処分の根拠法条に加えて，本件処分基準の適用関係が示されなければ，処分の名宛人において，上記事実及び根拠法条の提示によって処分要件の該当性に係る理由は知り得るとしても，いかなる理由に基づいてどのような処分基準の適用によって当該処分が選択されたのかを知ることは困難であるのが通例であると考えられる。これを本件について見ると，……本件免許取消処分は上告人X1の一級建築士としての資格を直接にはく奪する重大な不利益処分であるところ，その処分の理由として，上告人X1が，札幌市内の複数の土地を敷地とする建築物の設計者として，建築基準法令に定める構造基準に適合しない設計を行い，それにより耐震性等の不足する構造上危険な建築物を現出させ，又は構造計算書に偽装が見られる不適切な設計を行ったという処分の原因となる事実と，建築士法10条1項2号及び3号という処分の根拠法条とが示されているのみで，本件処分基準の適用関係が全く示されておらず，その複雑な基準の下では，上告人X1において，上記事実及び根拠法条の提示によって処分要件の該当性に係る理由は相応に知り得るとしても，いかなる理由に基づいてどのような処分基準の適用によって免許取消処

第 4 章　不利益処分の理由附記（行政手続法 14 条 1 項）のあり方

分が選択されたのかを知ることはできないものといわざるを得ない。このような本件の事情の下においては，行政手続法 14 条 1 項本文の趣旨に照らし，同項本文の要求する理由提示としては十分でないといわなければならず，本件免許取消処分は，同項本文の定める理由提示の要件を欠いた違法な処分であるというべきであって，取消しを免れないものというべきである。」

　②　裁判官の間で，聴聞手続との関係について争いがあった。那須裁判官は，反対意見において，上告人 X1 は，本件免許取消処分に先立って行われた聴聞の審理が始まるまでには，自らがどのような基準に基づき，どのような不利益処分を受けるかは予測できる状態に達しているはずであり，聴聞の審理の中で更に詳しい情報を入手できるとされ，このような場合にもなお，不利益処分の理由中に一律に処分基準の適用関係を明示しなければ処分自体が違法になるとの原則を固持しなければならないものか，疑問が残ると述べた。これは，原判決における一審被告の主張と同内容であると考えられる。

　しかし，かかる反対意見に対しては，行政手続法の意義を踏まえた田原睦夫裁判官の下記の意見により反論が行われている。

　「しかし，不利益処分に理由付記を必要とする判例法理は，……相手方がその理由を推知できるか否かにかかわらないとするものであって，聴聞手続において上告人 X1 が自らの不利益処分の内容を予測できたか否かは，理由付記を必要としない理由とはなり得ないのである。」

　「本件において聴聞手続が行われたことをもって，本件処分通知書の理由記載の不備の瑕疵が治癒され得るとは到底解し得ないのである。」

　③　この最判の古田孝夫調査官解説[6]も，本件のように処分基準の適用関係が併せて示されなければ，名宛人において，いかなる理由に基づいてどのような処分基準の適用によって当該処分を選択されたのかを知ることができないような場合には，その処分基準の適用関係についての説明を欠く不利益処分は，行政手続法 14 条の趣旨・目的に反するものとして手続上の瑕疵があり，その瑕疵は当該処分の取消事由になると解するのが相当であると述べている。

　④　この平成 23 年最判は，評釈[7]においても，基本的に支持されている。

　⑤　本件では処分基準の設定はないようであるので，この最判自体は直ちに

---

[6]　法曹時報 66 巻 3 号 187 頁。

[7]　北島周作・法教 373 号 49 頁，高木光・判評 639 ＝判時 2142 号 2 頁，藤原静雄「理由附記判例にみる行政手続法制の理論と実務」論究ジュリ 3 号 69 頁，宇賀克也・自治実務セミナー 50 巻 11 号 38 頁など多数。

は関係がないが，それでも，これまでの厳格とされる理由附記判例が維持されること，聴聞手続が行われても，理由附記の要求が緩和されないことは参照されなければならない。

　なお，私見は，そもそも，行政裁量とは，行政に煮て食おうと焼いて食おうと勝手という自由を認めるものではなく，立法者が将来を予測して全ての場合に適用できる個別具体的な定めをおくことは，不可能で，かつ適切でもないために，個々具体のケースにおいて事案の状況にふさわしい判断をなすように行政に一応授権するものであるから，具体的行為の段階では個々の具体的事情にふさわしい適切な解決が取られたかどうかを司法的に統制すべきである。裁量が認められる場合であっても，処分庁は何の理由も根拠もなく処分をしたりしなかったりすることが許されるわけではなく，具体的事案にふさわしい解決をする必要があるのであるから，処分庁はいかなる事実認定のもとにいかなる筋道で結論に到達したのかを可能な範囲で説明すべきものである。これはドイツ法の考え方であるが，日本の行政手続法においても妥当する考え方であり[8]，本件のように処分基準が策定されていない場合にも妥当する。

(3)　重要な下級審判例から学ぶもの
①　東京高裁平成 13 年 6 月 14 日判決（判時 1757 号 51 頁）
　これは，「当該処分が行政手続法 5 条の審査基準を適用した結果であって，審査基準を公にすることに特別の行政上の支障がない場合には，当該処分に付すべき理由は，いかなる事実関係についていかなる審査基準を適用して当該処分を行ったかを，申請者においてその記載自体から了知しうる程度に記載することを要すると解される」としている[9]。

　さらに，大阪地裁平成 19 年 2 月 13 日判決（判タ 1253 号 122 頁）も，「行政手続法 14 条 1 項本文の規定する理由提示義務の趣旨には，処分の相手方の不服申立てに便宜を与えることだけでなく，行政庁の処分自体の慎重と公正妥当を担保し，行政庁の判断の恣意を抑制するという公益的な要請も含まれていることからすれば，当該処分の理由は，理由書の記載自体において明らかにされていることを要し，処分の相手方が処分の理由となるべき事実を知っていたと

---

(8)　阿部『行政裁量と行政救済』，さらに同『行政法解釈学 I』374 頁，同『行政法再入門〔第 2 版〕』276 頁。

(9)　この判決については，筆者の意見書『行政法の解釈(2)』（274 頁以下に収録）が参考にされている。

第4章　不利益処分の理由附記（行政手続法14条1項）のあり方

しても，理由提示義務の程度が緩和されることにはならないというべきである（最判昭和49年4月25日第一小法廷・民集28巻3号405頁参照）。」としていた。

②　広島高裁松江支部平成26年3月17日判決（判時2265号17頁）

（ア）　事　　案

これは，タクシー会社が，処分行政庁（中国運輸局長）から受けた，車両使用停止処分が，行政手続法の定める弁明手続，処分の理由附記の不備を理由に取り消された事案である。これは下級審判例ではあるが，これまでの判例理論を集大成している格好の事例であると思われるので，ここで丁寧に紹介する[10]。

（イ）　弁明通知書の理由

処分行政庁は，本件巡回監査の結果から，営業所において，〈1〉運転者に対して過労運転を防止するための措置が適切に行われていなかったこと（以下「本件違反行為①」という。），〈2〉点呼記録表の記録に不実の記載があったこと（以下「本件違反行為②」という。）（違反行為③は省略）の違反行為が認められたとして，タクシー事業者に対し，道路運送法40条に基づく事業用自動車の使用停止処分を行うこととし，それに先立ち，行政手続法30条に基づき，営業所における本件違反行為①及び②について表（これは判時2265号20頁に掲載されているので，ご参照）のとおり記載した上，上記各違反事実について弁明書の提出を求める通知書を送付した。この文書には，A営業所に係る本件違反行為①については「乗務時間等告示の遵守違反13件・二暦日の拘束時間が21時間を超えている。・一箇月の拘束時間が270時間を超えている。」，B営業所に係る本件違反行為〈1〉については「乗務時間等告示の遵守違反7件・二暦日の拘束時間が21時間を超えている。・一箇月の拘束時間が270時間を超えている。」と記載されていた。

しかし，両営業所に係る本件違反行為①を構成する13件（A営業所）又は7件（B営業所）の「乗務時間等告示の遵守違反」の具体的な事実，すなわち，日時，自動車ないし運転者名，あるいは二暦日の拘束時間が21時間を超えていることが13件又は7件中何件で，一箇月の拘束時間が270時間を超えていることが13件又は7件中何件であるかなどの事項が本件弁明通知書に記載されていないことはその文面上明らかであった（判時2265号28頁4段目）。

---

[10]　この広島高裁松江支部平成26年3月17日判決については，下川環評釈（判時2290号＝判例評論688号200頁）がある。これはこの判決の論理を説明しているだけで，これに特に異論を唱えることはない。

被処分者は，本件弁明通知書には本件違反行為①，②の違反内容，根拠が記載されていないので弁明することができないとして，違反内容等を詳細に記載した弁明通知を求めた（アンダーラインは阿部泰隆）。

しかし，処分庁側はこれに応ずることなく（判時 2265 号 28 頁 2 段目），この弁明通知書と同内容を記載した「輸送施設の使用停止及び附帯命令書」を被処分者に送付した（判時 2265 号 28 頁 3 段目）。

(ウ)　弁明通知に関する判断

裁判所（判時 2265 号 29 頁 1 ～ 2 段目）は，本件弁明通知書によって，本件違反行為①となる乗務時間等告示の遵守違反が A 営業所で 13 件，B 営業所で 7 件とだけ示されても，被処分者としては，違反の対象とされた運転者が誰，あるいは誰と誰であり，それが何時の違反なのかなどといった点については，本件弁明通知書の記載によってはほとんど推知し得なかったと認められ，このことは，処分庁の職員においても認めているところであると判断した。

そして，この判決は，理由附記に関する前記最判平成 23 年 8 月 7 日を引用し，弁明手続における不利益処分の原因となる事実の通知も同趣旨と解して（判時 2265 号 29 頁 2 段目），次のように判断した。

「そうすると，不利益処分の名宛人となるべき者に弁明の機会を付与するための弁明通知書は，その者に反論の機会を与え，行政庁の判断の慎重と合理性を担保してその恣意を抑制するという機能を全うするためにも，その通知書の記載によって名宛人となるべき者にとって不利益処分の原因となる事実が理解可能でなければならないというべきである。」（判時 2265 号 29 頁 2 ～ 3 段目）。「しかるところ，本件弁明通知書においては，本件違反行為①に関して，「乗務時間等告示の遵守違反 13 件（A 営業所）又は 7 件（B 営業所）・二暦日の拘束時間が 21 時間を超えている。・一箇月の拘束時間が 270 時間を超えている。」と，不利益処分の原因となる事実は概括的に記載されているものの，上記「乗務時間等告示の遵守違反」の件数を構成する個々の違反に関する具体的な日時，自動車ないし運転者名等の事実は明らかではなく，前記のとおり，被処分者においてそれを推知することも困難であったのであるから，本件弁明通知書における本件違反行為①に係る不利益処分の原因となる事実に関する記載は，不利益処分の原因事実を明示するものとは到底認められず，被処分者における実効的な反論を不可能とするものとして，行政手続法の定める弁明の機会の付与ないし意見陳述のための手続の趣旨に反するものであったというべきである（アンダーラインは阿部が付した）。

第 4 章　不利益処分の理由附記（行政手続法 14 条 1 項）のあり方

そして，控訴人が本件弁明通知書では本件違反行為の違反内容，根拠が明らかではないので弁明できないとして，違反内容等を詳細に記載した弁明通知を求めたのに対し，……処分行政庁は，別紙 2 及び 3 のとおりの一覧表等を作成，提示して本件違反行為〈1〉の内容となる具体的な事実を説明することは容易であったにもかかわらず，文書による弁明通知を発出しなかった。」

「そうすると，本件処分における本件違反行為①に関する弁明手続は，行政手続法に反しており，控訴人は，事実上弁明の機会を付与されなかったといわざるを得ない。」（判時 2265 号 29 頁 3 〜 4 段目）。以上によれば，本件弁明通知書における不利益処分の原因となる事実に関する記載は，行政手続法 30 条 2 号に反しており，本件処分における弁明手続は，同法 13 条 1 項 2 号に違反するものとなるから，それに基づく本件処分も，違法な処分となると認められる（判時 2265 号 30 頁 2 〜 3 段目）。

ここで別紙 2，3 は判時 2265 号 33 〜 34 頁に掲載されている。ここでは，A 営業所の運転者 G について，乗務開始日と点呼時間，乗務終了日と点呼時間，拘束時間が記載され，違反事項として，2 歴日の拘束時間が 21 時間を超えていると指摘されているが，この文書は，弁明通知書にも処分理由書にも添付されていなかった。

　㈓　処分の理由附記に関する判断

更に続いて，裁判所は次のように判断している。

被処分者は，本件弁明通知書の送付を受けるまでに，本件違反行為①の「乗務時間等告示の遵守違反 13 件（A 営業所）又は 7 件（B 営業所）・二歴日の拘束時間が 21 時間を超えていること・一箇月の拘束時間が 270 時間を超えていること」を構成する個々の違反全てに関する日時，自動車ないし運転者名等の具体的な事実及び「点呼簿の点呼執行者名に事実と異なる記載があった。不実記載の件数 196 件中 78 件（A 営業所）又は 162 件中 58 件（B 営業所）」を構成する日時，不実とされる点呼執行者名，運転者名等の具体的な事実については，鳥取支局又は中国運輸局の担当官等から説明を受けていなかったものであり，かつ，……その後も本件命令書による本件処分に至るまで，本件違反行為①に係る A 営業所の違法事実は G に関するもので その具体的内容は別紙 2 のとおりであり，B 営業所の違法事実は H に関するもので その具体的内容は別紙 3 のとおりであるとか，本件違反行為〈②に係る点呼簿の点呼執行者名の事実と異なる記載は A 営業所では別紙 4 のとおりであり，B 営業所では別紙 5 のとおりであるなどといった具体的な違法事実の全容については説明を受けなかったもの

174

である。

　行政手続法 14 条 1 項本文の不利益処分における理由付記の趣旨は前記……のとおりであり，行政庁の判断の慎重と合理性を担保してその恣意を抑制するとともに，処分の理由を名宛人に知らせて不服申立ての便宜を与えるものであるから，本件命令書の記載自体によって，不利益処分の原因となる事実が明らかにされなければならないと解されるところ，前記……のとおり，本件命令書における不利益処分の原因となる事実ないし理由の記載は，違反事実として本件違反行為②に係る「基準日車数」が両営業所共に「20 日」となっていることのほかは本件弁明通知書の表と同一の内容であったのであるから，その理由の記載は，被処分者において個別具体的な違法事実を正確に理解してそれに対する反論が可能な程度であったとは到底認められない。

　したがって，本件命令書の本件違反行為①及び②に関する理由附記の程度は，行政手続法 14 条 1 項に違反するというべきである。

　更に，裁判所は，処分庁の説明でも，被処分者が違反行為の内容を正確に了知していたとは認められないとした上で，「そもそも，行政手続法 14 条 3 項は，『不利益処分を書面でするときは，前 2 項の理由は，書面により示さなければならない。』と規定し，不利益処分の理由を口頭の説明で補完することを認めていないから，処分庁の主張は，書面による理由附記を求める同法 14 条の趣旨を没却するものとして，失当といわざるを得ない。」として，「本件命令書に基づく本件処分は，行政手続法 14 条 1 項本文の要件を欠く違法なものであったと認められる。」と判示した（判時 2265 号 30 〜 31 頁）。

　(オ)　本案との関係

　この判決は，処分自体の実体的な適法性を認めつつ（判時 2265 号 25 〜 26 頁），理由附記の不備を理由に取り消したものである。本案が適法であっても，理由附記自体は独立に処分の違法事由になるとする判例法が維持されている。そして，この判決は上告されることなく確定しているようである。

　(カ)　原　　審

　その原審（判時 2265 号 41 〜 42 頁）は，行政手続法は第三者が読んでも違反事実が特定できる事実を逐一記載することまで求めていないと解釈し，被処分者は，違反事実①の日時，乗務員，拘束時間などを認識していたから，本件命令書を見れば優に本件処分対象としての違反事実を特定，理解でき，不服申立てにも困ることはなく防御権の保障に欠けることはないと判断していた。この高裁判決は，これを逆転させたのであるから，行政手続，特に理由附記の判例

第4章　不利益処分の理由附記（行政手続法14条1項）のあり方

として，判例法に沿った重要な位置を占めるものである。

③　名古屋高裁平成25年4月26日判決（判例地方自治374号43頁）

(ア)　事　　案

これは介護保険法に基づく指定通所リハビリテーション事業者の指定取消処分に手続上の違法があるとして，請求を棄却した原判決を取り消し，処分を取り消した事案である。

処分理由は実際には提供していないサービスを提供したとする不正である。

　⑦　取消理由1について

　　実際には提供していない指定居宅サービスは，〈1〉Bに対する平成21年5月12日から同年8月25日までの合計17回，〈2〉Cに対する同年7月6日から同年8月24日までの合計8回の各指定居宅サービスを指す。

　⑦　取消理由2について

　　実際には提供していない指定居宅サービスをあたかも提供したかのごとく，諸記録を装った上，リハビリテーションマネジメント加算を算定した利用者及び算定回数等は，〈1〉Bに対する平成21年6月及び同年7月の合計2回，〈2〉Cに対する同年7月の1回を指す。

　⑦　取消理由3について

　　居宅サービス計画に位置付けられた所要時間の指定居宅サービスの提供を行わず，かつ，当該指定居宅サービスに係る居宅介護サービス費を不正に請求した利用者及び提供回数等は，以下の合計845回である。

(イ)　判　　決

裁判所は最判平成23年6月7日を先に掲げ，「上記の見地から検討するに，本件処分の根拠である旧介護保険法77条1項柱書き及び同項5号は，居宅介護サービス費の請求に関し不正があったときに，都道府県知事が指定居宅サービス事業者の指定を取り消し，又は期間を定めてその指定の全部若しくは一部の効力を停止することができると定めているところ，上記処分要件は抽象的である上，上記同号に該当する事由がある場合に，指定居宅サービス事業者の指定取消処分をするか，又は期間を定めて指定の全部若しくは一部の効力を停止する処分をするかは処分行政庁の合理的裁量に委ねられているから，本件処分の相手方である控訴人としては，本件通知書の記載から，いかなる態様，程度の事実によって取消しがされたのかを知ることができなければ，本件処分について裁量権行使の適否を争う的確な手掛かりを得られないことになる。」

「さらに，被控訴人が不正請求として指摘した事実関係は区々であり，また，控訴人は聴聞手続において事実関係を争っているのであるから，最終的に認定された処分理由を構成する具体的事実を把握できない限り，処分行政庁による裁量権行使の適否を判断することはできない。

以上によれば，処分原因事実が争われている本件処分における取消理由の提示については，根拠となる法令の規定はもとより，同法令の適用対象となった個別具体的な事実（処分原因となった具体的な事実）をそれ以外の事実と区別できる程度に特定して摘示し，処分の名宛人である控訴人に対し，いかなる事実関係に基づきいかなる法規を適用して処分がされたのかを具体的に了知させるものでなければならないというべきである。」

「これを本件についてみると，本件取消理由の記載は……極めて抽象的であり，不正請求と認定された請求に係る対象者，期間，サービス提供回数及び請求金額等は何ら特定されておらず，その記載から，控訴人が具体的にいかなる期間や回数，いかなる金額について不正請求を行ったとして本件処分を受けたのかを読み取ることはできない。

この点について，被控訴人は，本件処分理由の基礎となる事実関係は聴聞手続等において十分に伝達されていると主張する。しかし，控訴人は，被控訴人が指摘した不利益処分の原因となる事実を争っていたのであり，また，聴聞手続において問題とされた事実関係が最終的に全て認定されて本件処分の理由となるとは限らないことからすれば，本件取消理由程度の記載では，控訴人にとって，聴聞手続で不正請求と指摘された居宅介護サービス費の請求のうち具体的にどの事実関係に基づく処分であるのかを了知できないといわざるを得ない。そして，聴聞手続を経ているからといって処分理由の提示の程度が軽減されるものではなく，むしろ聴聞手続における控訴人の反論・反証を踏まえた理由提示をすることこそが，行政庁の判断の慎重と合理性を担保してその恣意を抑制するとの行政手続法14条1項本文の趣旨に適うものというべきであり，これに反する被控訴人の上記主張は採用できない。

なお，本件聴聞手続の経緯等に関する事実関係に照らすと，本件処分について上記程度に処分原因事実を個別具体的に特定して摘示するよう求めることが，処分行政庁に過度の事務負担を強いるものということはできない。」とした（アンダーラインは引用者）。

(ウ) この判決から学ぶこと

介護サービス費の請求が不正に当たるかどうかが，聴聞で争われていること

第 4 章　不利益処分の理由附記（行政手続法 14 条 1 項）のあり方

からすれば，処分時の理由附記は，聴聞の時の処分通知書の理由そのままではなく，聴聞における相手方の反論・反証を踏まえたものでなければならないし，その理由提示が極めて抽象的で，不正としてもどの程度の処分をするかについて裁量権行使を争うには，不正請求と認定された請求に係る対象者，期間，サービス提供回数等が特定されている必要があるわけである。

　これも原告の請求を棄却した原判決（津地判平成 24・7・30 判例自治 374 号 50 頁）を逆転させたものである。

　原審は，「〈1〉処分行政庁は，本件通知書において，本件処分に至った理由として，取消理由 1 ないし 3 のとおり記載したこと，〈2〉旧介護保険法 77 条 1 項 5 号は，都道府県知事が，居宅介護サービス費の請求に関し不正があったときに，当該指定居宅サービス事業者に係る指定を取り消すことができる旨定めていること，〈3〉上記取消処分に関し処分基準は定められていないことが認められるところ，これらの事実によれば，本件通知書には，本件処分の原因となった事実及びそれに適用されるべき法令の条項を特定できる理由が付されているということができる。また，本件通知書には，リハビリテーションマネジメント加算に関して定める算定基準や算定通知の具体的な条項は記載されていないが，〈4〉リハビリテーションマネジメント加算の要件として，月に 8 回以上の通所が必要である旨が記載されていることから，原告において，算定基準や算定通知の適用条項を特定することは可能である。そして，本件通知書には，不正請求の対象となった指定通所リハビリテーションの利用者，日時，回数等については記載されていないものの，〈5〉原告に対し，本件回答書が送付され，不正請求の対象となった利用者，日時，回数等を含め，処分理由の概要が明示されていることを併せ考えれば，本件処分に関して原告が不服申立てをするに際して，本件処分の原因となった具体的な事実関係を特定することは可能であるから，本件通知書の記載は，行政手続法 14 条 1 項の趣旨に照らし，同項本文の要求する理由付記として十分でないとまではいえず，この点に関し，本件処分に瑕疵があるといえるものではない。」としていた。理由附記について厳格に要求しない立場であるが，高裁で否定されている。

　以上によれば，下級審判例でも，理由附記について，緩やかな考え方を否定するのが主流になっている。以下，これらの判例の考え方の延長線で考えることとする。

3 本件で付された処分理由

本件処分は3つある。

処分1 介護保険法104条1項に基づく開設許可取消処分及び同法77条1項に基づく指定取消処分,

処分2 介護保険法77条1項に基づく指定取消処分

処分3 介護保険法84条1項に基づく指定取消処分

である。同一の条項に基づく処分でも,次に示すように違反したとされる事業所が異なる。

本件において付された処分理由は,原判決70頁～72頁に添付されている。ここに転記する。

本件処分1の取消理由

「(1) 介護老人保健施設ヘルシープラザ十六及び短期入所療養介護事業所において,平成16年12月から平成19年2月までの間,許可を受けた入所定員を超える入所者及び利用者(以下「預り入所者」という。)を起居させ,これらの人の存在を利用して架空の入退所の扱いを行い,当該架空の入退所者に係る介護報酬の不正請求を行ったことが,介護保険法第104条第1項第6号に該当する。

(2) 平成16年12月から平成19年2月までの間,通所リハビリテーション事業所において,居宅要介護者ではない預り入所者に対し,通所リハビリテーションを提供したとして介護報酬を不正に請求したこと及び実際には通所リハビリテーションに相当するサービスを提供していない者に係る介護報酬を不正に請求していたことが,法第77条第1項第5号に該当する。」

本件処分2の取消理由

「平成16年12月から平成19年2月までの間,ホームヘルパーステーション十六において,居宅要介護者ではない預り入所者に対し,訪問介護を提供したとして介護報酬を不正に請求していたことが,法第77条第1項第5号に該当する。」

木件処分3の取消理由

「平成16年12月から平成19年2月までの間,居宅介護支援事業所十六において次に示すように,介護老人保健施設ヘルシープラザ十六内において行われていた架空の入退所等に合わせたケアプランを作成するとともに,そのプランに基づく給付管理を行うことによって事業者の不正な報酬請求を幇助

第4章　不利益処分の理由附記（行政手続法 14 条 1 項）のあり方

したことが法第 84 条第 1 項第 3 号に該当する。

① 介護老人保健施設ヘルシープラザ十六及び短期入所療養介護事業所において，許可を受けた入所定員を超える入所者及び利用者（以下「預り入所者」という。）を起居させ，これらの人の存在を利用した架空の入退所の扱いを行っていたことを知りながら，架空の入退所等に合わせたケアプランを作成した。

② 通所ハビリテーション事業所においてサービスを提供した要介護者が，居宅要介護者ではない預り入所者であることを知りながら居宅要介護者であるかのようなケアプランを作成した。また，預かり入所者に対して，実際にはサービスを提供しないことを知りながら，サービスを提供するかのようなケアプランを作成した。

③ ホームヘルパーステーション十六においてサービスを提供した要介護者が，居宅要介護者ではない預り入所者であることを知りながら居宅要介護者であるかのようなケアプランを作成した。」

以上

ここで，「預かり入所者と」はわかりにくいが，原判決 33 頁によれば，「介護保険法に基づく介護報酬請求の場面では，居宅要介護者として扱っているが，実際には，本件建物（本件施設及び各事業所が所在する建物をいう。原判決 3 頁）で起居している者」を表すということである。

4　本件処分理由の附記は行政手続法に反し違法であること

(1)　処分事由が特定されていないこと

本件処分 1 の取消理由の(1)を見ると，いつの誰のサービスなどに関して不正を行ったのか，その回数・金額はどの程度か，架空の入退所とは何か，ヘルシープラザ十六と短期入所療養介護事業所のいずれで行われたのか，許可を受けた入所定員を超える入所者及び利用者というものは漠然としており，いつの時点で何人（人数）なのか，誰のことか，何ら示されていない。処分理由は大まかすぎて何ら具体的には定まっていないというべきで，処分庁の判断の慎重を確保するという理由附記の要請を満たさないし，被処分者も争うための手掛かりがない。

前記 2 (3)③の名古屋高裁平成 25 年 4 月 26 日判決（判例地方自治 374 号 43 頁）

180

4 本件処分理由の附記は行政手続法に反し違法であること

がこの点で適切な考え方を提供している。それは，「不正請求と認定された請求に係る対象者，期間，サービス提供回数及び請求金額等は何ら特定されておらず，その記載から，控訴人が具体的にいかなる期間や回数，いかなる金額について不正請求を行ったとして本件処分を受けたのかを読み取ることはできない。」と指摘していたのである。

訴訟になってからの書面を見れば，実際には施設に継続して起居する者について，架空の入退所を装い，入所退所日両方で重複して請求した（その一方は不正である）というのが処分理由らしいが，上記の処分理由だけでは，このことはわかりにくい。しかも，それは入退所予定表に☆印などがついていることを根拠としているらしいが，それは処分理由には示されていない。肝心のこの処分理由は曖昧なのである。そして，その入退去は，実際に施設を出て，自立館（介護保険法の適用対象外）に移ったなど，不正でないものかもしれないので，そのことを争うためには，誰のいつのことかが特定されなければならないのである。

したがって，これは抽象的で，具体的に認定されたとは言えず，不服申立て・訴訟を提起するにも，この期間内の全ての介護報酬について，違法ではないと主張せざるを得ず，雲をつかむようで，原告に過大な負担をかける。

もしこれが刑事事件なら，このような起訴状では，犯罪行為が特定されないので，無効であろう。行政処分は，法治国家の原則により，法律で定めた要件に合致する行為についてのみなし得るもので，刑事訴追と同じであるから，その理由附記も，起訴状並みとは言わなくても，争うために十分な手掛かりを必要とするが，上記の程度では，実際は雲をつかむようで，争うための情報が足りない。これは冒頭に述べた理由附記の要請，①「処分庁の判断の慎重・合理性を担保してその恣意を抑制する」（恣意抑制機能）とともに，②処分の理由を相手方に知らせて不服申立てに便宜を与える」（不服申立て便宜機能）に反する。

原判決50頁が，「本件各取消理由は，……不正請求の期間が平成16年12月から平成19年2月までと一応特定されているものの，不正請求と認定された請求及び幇助の対象とされた居宅サービス計画に係る対象者，サービス提供回数等は何ら特定されておらず，その記載から，控訴人が具体的にいかなる回数，金額について不正請求を行ったとして本件各処分を受けたのか読み取るのは困難である。」と判示しているのは，この点で正当である。これは前記の下級審の動向にも一致する。

特に，不正があったとされる一定期間のなかでも，不正とされていないもの

第4章　不利益処分の理由附記（行政手続法14条1項）のあり方

もある（原判決46頁）ので，どれが不正とされているのかは処分庁の責任において特定すべきである。一定期間に不正があれば，それは全期間同じと考える（チャンピオン方式というようである）（一審被告の控訴理由書平成26年12月22日22頁参照）のは，一定期間内に一定の窃盗を行っていれば，長期間窃盗をしていたと見なすようなもので，責任を追及する認定方法としては不合理である。違法行為は個別に特定しなければならない。

　原判決49頁が，「処分行政庁は，本件各処分にあたり，平成16年12月から平成19年2月までに原告本田会が行った本件施設及び各事業所に係る介護報酬請求全てを不正請求と認定したわけではないのであるから，処分行政庁が，最終的に上記介護報酬請求のうちどの請求を不正請求と認定したのかを明らかにしなければ，原告本田会は，処分行政庁が最終的に認定した処分理由を構成する具体的事実を把握できず，処分行政庁による裁量権行使の適否を判断できないというべきである。」と判示するのは，この点で妥当である。

(2)　比例原則違反を主張する手掛かりがないこと

①　行政処分には裁量が広くても，「すずめを狙って大砲を撃ってはならない」（F. フライナー）という表現で示されるように，行為と制裁の間に均衡が必要であり，軽微な事案に重い処分を科してはならないとする比例原則の適用がある。比例原則違反は裁量濫用の一態様とされる。このことは一般に認められており（どの教科書にも書いてある），判例法でもある。本件で処分基準が定められていないことの問題は後述するが，処分基準を定めることは，比例原則に違反しないようにするためのものでもある。

　多くの行政処分には処分基準が定められている。たとえば，健康保険法80条の保険医療機関の指定取消しは，条文上は，一定の違反をしたとき（相当の注意及び監督を尽くしたときを除く）となっており，81条の保険医登録の取消しには，違反とだけあって，このかっこ内の規定はない。

　しかし，厚労省の「保険医療機関等及び保険医等の指導及び監査について」（平成7年12月22日，保発第117号，各都道府県知事あて厚生省保険局長通知）では，取消しは，

①故意に不正又は不当な診療を行ったもの。

②故意に不正又は不当な診療報酬の請求を行ったもの。

③重大な過失により，不正又は不当な診療をしばしば行ったもの。

④重大な過失により，不正又は不当な診療報酬の請求をしばしば行ったもの。

182

となっている。軽過失では取消しはできない。

そして、「行政手続法の施行に伴う実施上の留意事項について」（平成6年9月30日、老健第280号・保険発第131号）において、「指定や登録の取消等の『不利益処分』に係る処分基準の策定に当たっては、既に通知等で示したものを処分基準とされたい。」とされている。

一級建築士の懲戒処分の基準（平成20年11月14日）は、ランク表を作って、処分の加重軽減措置をとることとなっている。

廃棄物処理法による廃棄物処理業者の許可の取消しなどについては、環境省産業廃棄物課長から、積極的かつ厳正に行政処分を行うようにとの「行政処分の指針」（現在は平成25年3月29日）という通知が発せられ、処分権者は、これを根拠に不利益処分の基準を作っている。

道路運送法違反の自動車運送事業者の処分基準も各地の運輸局が公示している（近畿運輸局の例、http://wwwtb.mlit.go.jp/kinki/osirase/2015-0129-1005-10.html）。

しかも、処分基準を定めても、それが画一的すぎれば、比例原則に違反するものである。

飲酒運転はすべて懲戒免職とする内部基準の下で飲酒運転として捕まったが、前夜飲んで自覚症状なく、血中アルコール濃度が厳しい基準に引っかかっただけで、事故を起こしたわけでもない公務員を免職にするのは過大な制裁とするのがその例である。多数の判例がある[11]。

日の丸起立・君が代斉唱の職務命令違反事件で、この命令の合憲性を前提として、戒告、減給、停職、免職のどの処分を選択できるか。最高裁（平成24・1・16日判例自治356号15頁）は、これについては、学校の規律や秩序の保持等の見地から重きに失しない範囲で懲戒処分をすることは、基本的に懲戒権者の裁量権の範囲内に属する事柄としつつ、不起立行為に対する懲戒において戒告を超えてより重い減給以上の処分を選択することについては、本件事案の性質等を踏まえた慎重な考慮が必要となるものといえるとして、比例原則に関して丁寧な判断をした。

これらの例からも分かるように、事犯と制裁の均衡というときは、事犯の軽重（不正金額の多寡、入所者への不利益の程度など）だけではなく、それを犯したのは故意か、重過失か、軽過失か、無過失かという情状も大きく影響する。それによって、いかなる処分が選択されるかが決まるのである。

---

[11] 安藤高行「判例にみる公務員・教員の飲酒運転と懲戒免職処分」判例自治373〜381号（2013〜2014年）。

第 4 章　不利益処分の理由附記（行政手続法 14 条 1 項）のあり方

②　本件の処分理由では，仮に不正があったとしても，なぜ処分取消しに至るのか，停止処分でなぜすまないのか，その理由はまったく記載されていない。処分基準が存在するならば，その適用関係を示すべきことは，前記の平成 23 年の最判の示すところであるが，処分基準が策定されていなくても，軽微な違反なら，取消しには至らないのであるから，重すぎるという比例原則違反の裁量濫用を主張することができる手掛かりが必要である（不服申立て便宜機能）。そのためには不正とされる案件一つ一つにつき，その行為態様，故意過失の程度，金額，行為者，雇用主の責任の程度などがきちんと示されなければならないのである。

しかし，前記の処分理由の程度の理由では，違反したと指摘しているだけで，取消しを選択した理由は示されていないので，被処分者としては，重すぎると主張する手掛かりがないし，処分庁が慎重に判断（恣意抑制機能）したという事実は認められない。少なくとも，比例原則違反の判断をしないようにと注意しているとは思われない。

原判決（49 頁以下）が，「上記各処分要件は抽象的である上，同要件に該当した場合にいかなる処分を行うかは処分行政庁の合理的裁量に委ねられているといえ，本件処分通知書の記載からいかなる態様，程度の事実によって開設許可等の取消しがされたのかを知ることができなければ，本件各処分について処分行政庁の裁量権行使の適否を争う的確な手掛かりを得られないことになる。」と判示しているのはこの意味で妥当である。

これは前記 2 ⑶の名古屋高判平成 25 年 4 月 26 日（判例地方自治 374 号 43 頁）を参照していると思われるが，さらには，「概括的で具体性に乏しいため，取消通知書に同号に該当する旨附記されただけでは，処分の相手方は，帳簿書類の記載事項の全体についてその真実性が疑わしいとされた理由が，取引の全部又は一部を隠ぺいし若しくは仮装したことによるのか，それともそれ以外の理由によるのか，また，右の隠ぺい又は仮装が帳簿書類のどの部分におけるいかなる取引に関するのか等を，その通知書によって具体的に知ることはほとんど不可能であるといわなければならない。のみならず，承認の取消しは，形式上同項各号に該当する事実があれば必ず行なわれるものではなく，現実に取り消すかどうかは，個々の場合の事情に応じ，処分庁が合理的裁量によって決すべきものとされているのであるから，処分の相手方としては，その通知書の記載からいかなる態様，程度の事実によって当該取消しがされたのかを知ることができるのでなければ，その処分につき裁量権行使の適否を争う的確な手がかり

184

が得られないこととなるのである。」とする前記2(1)の昭和49年4月25日の最判を考慮した判示のようである。事案は多少異なるが、裁量権行使の違法を主張する手掛かりを与えるべき点では同じであり、その意味でも妥当である。

なお、道路運送法40条の規定に基づく輸送施設使用停止命令処分の理由欄に条文の列挙以上の理由が記載されず、処分基準の記載もなかったある事件で、被告（処分庁）は、処分基準も公にされ、法の定める違反事項を単純に処分基準に当てはめれば、自動的に処分の内容が導かれるような事案においては、理由提示の程度としては、違反事由と根拠条文を示せば足りると主張した。しかし、裁判所は、違反の程度、加重事由の有無、初犯か再違反かを本件命令書等の記載から了知できず、原告にとって、いかなる処分基準が適用されて本件処分がされたのかを知ることはできない（それ故、処分基準の適用が正当であったか否かが判断できない。）として、理由提示は不十分であるとした（大阪地判平成19・2・13判タ1253号122頁）。

本件は一応の理由が付された案件であるので、条文が列挙されただけのこの事件とは異なるが、しかし、違反の程度、加重事由の有無、初犯か再違反かを本件命令書等の記載から了知できないことは本件も変わりがないので、参考にすべきである。

(3) 特に故意、過失など主観的な重大性が示されていないこと

以上のとおり、故意、過失の程度は、比例原則の判断、裁量濫用の判断に影響することを示した。

先にも述べたように、預かり入居者という方法で、入退所日を両方ともカウントしても、実際に両方の日は入居している以上は、費用がかかるので、果たして、どれだけの不正なのか、また、これを不正と認識していたのか、悪質と言えるのか、吟味を要するが、処分理由書だけではこの点を争う手掛かりがない。

一審原告は、預かり入所者を利用して、入退院日の一方を不正請求したという事実を否定している。処分庁が預かり入所者と認定している者は、自立館で起居し、又は本田医院に入院していると主張している（原判決31～32頁、51頁）のであるから、この主張が否定され、請求できない日の分について請求したことになるとしても、それが、一審原告本田会の事実誤認なのか、故意の仮装なのか、また、担当の職員のミスなのか、担当の職員の監督に重大な落ち度があったのかも明らかにしなければ、不正即取消しという結論を出すことは許されない。したがって、そのことは処分理由書にも明示されるべきであって、

第4章　不利益処分の理由附記（行政手続法14条1項）のあり方

この理由附記の不備は違法である。

　なお，この点は，原判決（31，32頁）は，一審原告は，預かり入居者とされた者は，本件建物とは別の自立館に起居していたと主張しているが，それは直ちに信用できるとは言いがたいとして採用していない。また，一部の者は本田病院に入院していたとの主張に対しては，本田医院の院長が本件施設及び各事業所の施設長の母であったとの人的つながりや自身が本田会の理事であったことなどを理由に，カルテがあっても実態に即したものと直ちに認めることはできないといった認定をしている。これでは，人的つながりがあれば，いかに真実を陳述しても否定されてしまうので，行きすぎである。また，この点は，一審原告の立証が十分ではなかったとされているだけで，そこから，一審原告が預かり入所者を利用して故意に不正をした（原判決47頁）と認定できるのかには，疑問が生ずる。

　更に，原判決別紙10，11における被告の主張を見れば，入退去予定表と実際の介護記録の間の矛盾を追及しているので，仮に被告の主張が正しくても，これは介護現場を巻き込んだ不正ではない。管理ミスではあろうが，当然に故意があるというものではなく，管理者の故意が認定されるべきことにはならない。それどころか，新証拠の「入所者管理表」が控訴審で発見された結果，「入退所予定表」は信用性がないので，それを根拠とする本件処分は違法になるというのが一審原告の主張である（答弁書平成27年2月16日4頁以下）から，それによれば本田会にはそもそも違法行為はない。

(4)　行政庁の裁量の幅について

　一審被告は，原判決が，本件処分の原因は預かり入所者を利用した故意のものであり，認定できる件数も相当数に上るから，行為の違法性はきわめて重大と判断していることから，行政庁の裁量の幅は極僅かだと主張している。

　しかし，第1に，仮に裁量の幅が狭くても，事案によっては，裁量濫用になることがあるので，その可能性を先験的に排除する思考は誤りである。どの程度，どのような内容であれば取消しに至るのかの処分基準が示されていないので，本件の理由附記だけでは，比例原則違反，裁量濫用をきちんと争うことは困難である。

　第2に，故意のもので，件数も相当数に上るとしても，同一のやり方で行ったものであり，多数に上るのは，指摘が遅れたためであるから，違法性の重大さとは関係がない。当局が調査をのんびりしていれば，被処分者の違法性がど

んどん重大になるという考え方は不合理であるからである。

　第3に，認定できる不正が相当数に上がるというのも，一審でさんざん審理した結果である。理由附記の必要性の程度は，冒頭で述べたように，そのような裁判の前に，そもそも，訴訟を提起すべきか，どのような主張をすべきかの便宜を図ることと，処分庁の判断の慎重さを確保するためであるから，このような結果から判断してはならない。このように結果論が通用すれば，事前に理由を附記せよとの要求は空文に帰する。

　もし，処分理由において，いつの誰のどの行為がなぜ不正なのか，その金額が示されていれば，原告として，それに関する文書を閲覧謄写すればすみ，それ以外の記録を参照する必要はないので，無駄な準備をする必要がない。そうすれば，認定された相当数の不正についても，よりしっかりした反論ができたはずであるから，さらに，不正でないとされるものが増える可能性があり，そうすると，比例原則違反となりやすい。一審被告は，不十分な理由附記により，処分庁の裁量権行使の適否を速やかに争う方法を一審原告から奪ったのであるから，その結果として認定された不正の数を比例原則に違反しない根拠とすることは不当である。

　第4に，故意か過失かは，違反の重大性，処分の軽重に直結する。したがって，処分理由書においてその点の指摘がなければならない。また，故意とは何を言うのか，違法となることを承知で行ったのか，違法ではないと思っていたのかも，重要である。処分理由書では預かり入所者を利用して架空の入退所を行ったため，故意であるとの判断がなされているが，一審原告の主張を前提とすれば，架空の入退所などはなかったのであるから，仮にあったとしても不注意による定員オーバーの部類であろう。

(5)　処分基準の不存在の問題点

①　処分基準の設定は不利益処分では義務的にはなっていない（行政手続法12条）が，合理的な理由がなければ，処分の慎重を期すためにも設定すべきである。処分基準がなければ，単に広い裁量権を行使するだけになり，恣意的な処分となるおそれが大きいので，基準なき処分はそれ自体実体法上の違法性を惹起しやすくなるものである。

　塩野宏＝高木光[12]は，「裁量が認められる場合にも恣意的判断が許されるわ

---

[12]　塩野宏＝高木光『条解　行政手続法』（弘文堂，2000年）186頁。

第4章　不利益処分の理由附記（行政手続法14条1項）のあり方

けのものではなく，行政庁の判断過程を合理的なものとするためには何らかの基準の設定は不可欠である。そこで，不利益処分の実績がなく，机上であらかじめ基準を設定することが困難な場合を除いては，内部的にせよ，基準を予め設定することが，本法の趣旨に合致する。その意味では，遅くとも不利益処分の必要性が生じた時点では内部的な基準を設定して，それに従って事案を処理すべきである」としている。

　行政管理研究センターの書物(13)は，「努力義務としているものであっても，合理的な理由なく処分基準の設定や公にすることを怠ることが許されないのは当然である」としている。

　②　そうすると，処分基準を設定しない合理的な理由が明らかにされない以上，その点で違法となる可能性があるが，仮にそのことには直ちには違法ではないとしても，処分基準に代わる理由附記が必要となると解すべきである。しかしながら，その点は本件の理由附記には何ら見られないところである。

(6)　その他の処分理由

　その他の処分理由についても，右記のことが当てはまる。

(7)　ま　と　め

　原判決は，「以上によれば，本件各処分の取消理由の提示については，根拠となる法令の規定のみならず，同法令の適用対象となった個別具体的な事実（処分原因となった具体的な事実）をそれ外の事実と区別できる程度に特定して摘示し，処分の名宛人である一審原告本田会に対し，いかなる事実関係に基づきいかなる法規を適用して処分がされたのかを具体的に了知させるものでなければないというべきである。」と述べる。上記のように，原判決49〜51頁は委曲を尽くしており，まったく正当である。本意見書はこれにいくつかの観点から補充したものである。

5　熊本地裁平成24年1月31日判決との関係

(1)　判　決　内　容

　この判決は，介護保険法77条1項5号に基づく処分の通知書に記載された

---

(13)　『逐条解説　行政手続法〔27年改訂版〕』（ぎょうせい，2015年）162頁。

「実際には提供していない指定介護について，職員に指定訪問介護をしたかのようなサービス提供の記録をさせ，当該サービスに係る介護報酬を不正に請求した」との理由提示について，同処分が理由の提示を欠いた違法なものであるということはできないと判示した。

詳しくは，「本件処分通知書において，具体的な日時等は記載されていないものの，具体的な行為態様が記載されており，同事実の内容等からすれば，処分の原因となる事実関係もまた明らかであるといえる。本件聴聞の経過（特に，本件処分検討調書や本件各証拠書類，本件聴聞における審理内容）をも考慮すれば，尚更である。」等と判示されている。

一審被告答弁書（平成 26 年 12 月 22 日 25 頁）は，これを根拠に本件でも理由不備ではないと主張する。

(2)　反　　論

①　しかし，具体的な日時が記載されていなければ，いつの誰に対する訪問介護のことなのかがわからないので，雲をつかむようで，争うことが容易ではないから，不服申立て便宜機能を満たさないし，6 で述べるように，聴聞の経緯は理由附記の要請を緩和するものではないので，この判決は不適切である。

次に，この判決を正当と仮定しても，一審被告の主張には妥当ではない点がある。

②　特に，この判決の事案としては，実際にはサービスを提供していないのに，サービスを提供しているかのような記録をつけていたという比較的単純な事案なのに対し，本件は，退所したと記録されていた人について，実際には施設から出ていないから退所としてカウントするべきではないにもかかわらず，退所したとしてカウントして，同日付で新たな入所者を迎え入れ，入退所双方の介護報酬を請求したとされた事案であり，「実際に入退所者の双方にサービスを提供している」という点で，通常の意味で言われる「水増し請求」や「架空請求」とは態様が異なり，不正とされる行為の複雑さも異なる。仮に預かり入所であるとしても，それは単なる手続的なもので，金銭的な利得はなく，介護保険財政に損害を加えていないのではないか，それがなぜ不正なのか，どの程度の悪質な不正なのか，このような疑問が生ずるが，そのことが分かるような理由は附記されていないので，この判決を前提としても，本件の理由附記は違法である。

第4章　不利益処分の理由附記（行政手続法 14 条 1 項）のあり方

6　聴聞手続との関係

(1)　被告の主張

　一審被告前記答弁書 26 頁では，「行政処分が聴聞等の一連の手続を経て行われるものであることからすれば，理由提示の程度の判断において，処分の経過を考慮すべきである」と主張して，前記熊本地判を援用するが，理由附記の制度を無にするもので，誤りである。

(2)　聴聞手続の流れ

　聴聞手続は，許認可などを取り消す処分，その他処分の名あて人の資格または地位を直接にはく奪する処分などにおいて実施しなければならない（行政手続法 13 条 1 項 1 号）。こうした特に重大な不利益処分については，弁明手続よりも丁寧な事前手続がおかれる。すなわち，行政庁による処分理由の事前通知（特に，予定される不利益処分の内容及び根拠となる法令の条項，不利益処分の原因となる事実，同 15 条）と，相手方に口頭での反論の場を提供することを目的とするもので，行政庁と当事者とのやりとりを通じて争点が明確になり，一層公正な判断が期待できる制度である。「聴聞が終結する時までの間，当該不利益処分の原因となる事実を証する資料の閲覧を求めることができること。」（同 15 条 2 項 2 号），「聴聞の通知があった時から聴聞が終結する時までの間，行政庁に対し，当該事案についてした調査の結果に係る調書その他の当該不利益処分の原因となる事実を証する資料の閲覧を求めることができる。」（文書閲覧請求権，同 18 条）。「当事者又は参加人は，聴聞の期日に出頭して，意見を述べ，及び証拠書類等を提出し，並びに主宰者の許可を得て行政庁の職員に対し質問を発することができる。主宰者は，聴聞の期日において必要があると認めるときは，当事者若しくは参加人に対し質問を発し，意見の陳述若しくは証拠書類等の提出を促し，又は行政庁の職員に対し説明を求めることができる。」（同 20 条）。つまりは，この聴聞で処分の相手方は，十分意見を述べ，立証を尽くす機会が与えられる。

　そして，聴聞の主宰者は，「聴聞の審理の経過を記載した調書を作成し，当該調書において，不利益処分の原因となる事実に対する当事者及び参加人の陳述の要旨を明らかにしておかなければならない。」（同 24 条 1 項）。「主宰者は，聴聞の終結後速やかに，不利益処分の原因となる事実に対する当事者等の主張に理由があるかどうかについての意見を記載した報告書を作成し，第一項の調

書とともに行政庁に提出しなければならない。」（同24条3項）。

　そこで，行政庁は不利益処分をするときは，聴聞主宰者の作成した聴聞調書と報告書を十分に参酌しなければならない（同26条）。これは，処分を行うときは，聴聞の全過程を考慮するものとし，聴聞において審理の対象となった事実以外の事実に基づいて処分を行うことは許されない，という趣旨と解される。

(3)　聴聞を経た処分理由の書き方

　そこで，聴聞や弁明の機会の付与の通知に示された理由以外の理由への差替えは許されない[14]。

　このように，聴聞では，主宰者が，処分通知書に沿って，反論をふまえて，事実に基づいて審理して，聴聞調書と報告書を作成する。処分庁は，それを十分に参酌して処分を決定する。それは処分理由に反映されなければならない。つまり，処分理由も，聴聞通知書のそれとは必ずしも同じではない。

　また，理由附記は処分庁の判断の合理性・慎重性を担保するためであるから，聴聞を踏まえても，同じ理由を示すのでは，この担保がないと同じである。むしろ，聴聞手続における当事者の反論，反証を踏まえて理由を提示することが行政手続法14条の趣旨に合う[15]。

(4)　下級審判例

　ここで，パチンコ店営業許可取消しのケースについて判断した盛岡地判平成18年2月24日（判例地方自治295号82頁）を取り上げよう。これは，理由附記の要請に反する処分を取り消し，しかも，聴聞手続を経ても，理由附記の不備は緩和されないことを明らかにしたものである。

　原告会社は，パチンコ店と焼肉店を経営しているが，在留期間を徒過した不法滞在の外国人を後者で雇用していたので，入管法違反で罰金刑に処せられて，風営法8条2号のパチンコ店営業許可取消事由に該当することとなった。ただし，「許可を取り消すことができる」と定められており，当然に取り消さなければならないものではない。聴聞では，原告代表者は，入管法違反を認め，寛

---

(14)　宇賀克也『行政手続法の解説〔第5次改訂版〕』（有斐閣，2006年）120頁。

(15)　宇賀克也『行政法概説Ⅰ〔第5版〕』（有斐閣，2013年）439頁。宇賀克也はこの趣旨として，名古屋高判平成25・4・26判例集未登載を挙げているが，未見。前記田原意見もこの趣旨である。筆者も，処分理由書の瑕疵が，それに先行する聴聞手続の審理で除去されるという考え方について，上記のような理由で批判している（阿部泰隆『行政法の進路』（中央大学出版部，2010年）242～243頁。

第4章　不利益処分の理由附記（行政手続法 14 条 1 項）のあり方

大な処分を求めた。ここでは，本件聴聞の結果，被告がいかなる裁量判断をするかが唯一の争点であった。しかし，公安委員会は，「許可を取り消すことができる」との規定にもかかわらず，このような違反をした者はパチンコ店の営業許可を得られないこととの均衡上，許可を取り消すべきものと判断した。そして，その許可取消処分通知書には，根拠となる法令の条項として，風営法 8 条 2 号と記載されているだけであった。

　裁判所は，「不利益処分の根拠となる規定につき行政庁の裁量性が認められている場合であって，聴聞において裁量性に関する判断が重要な争点であることが明らかとなり，名あて人もその点の判断について強い関心を有しているときには，少なくとも同判断に当たって依拠した処分基準のほか，その判断を支える主要な根拠事実を示さなければならない」と判示し，本件取消処分には行政手続法の要求する理由の提示を欠くとした。

　さらに，聴聞を経てなされる不利益処分の場合には，処分理由は，聴聞と相まって，相手方との相対的関係において判然としていれば十分であるとの被告主張に対しては，処分庁の裁量権の行使が重要な争点になっているこの事件では根拠法条だけでは行政手続法 14 条違反になるし，「聴聞を経た場合に，一般に理由提示の程度が緩和されるとすれば，多くの不利益処分について，いかなる事実関係に基づきいかなる法規を適用して当該処分を行ったかを示さなくてもいいことになりかねず，行政手続法 14 条の存在意義を大きく失わせることになる」と指摘した。これが妥当な判断である。

　この事案は，根拠法条が示されているだけであるので，一応の理由がついている本件とは異なるとの反論もあり得るが，本件の理由はなお抽象的であり，どの行為が不正なのか，どのように重大なのかは明らかにされていないので，なお足りない。

　東京地判（平成 10・2・27 判時 1660 号 44 頁，判タ 1015 号 113 頁）は，馬主登録の申請に対し日本中央競馬会が行った拒否処分の理由が根拠規程の条文とその条文の文言のみであった（日本中央競馬会競馬施行規程　第 8 条，第 9 号「第 10 条第 3 号（第 2 号又は第 3 号に係る部分に限る。）又は第 11 条第 2 号から第 4 号までの規定のいずれかに該当することにより，第 10 条又は第 11 条の規定により登録を取り消され，その取消しの日から 5 年を経過しない者」，日本中央競馬会競馬施行規程第 8 条第 12 号「前各号に定めるもののほか，競馬の公正を害するおそれがあると認めるに足りる相当な理由のある者」に該当）事案で，「いかなる根拠に基づきいかなる法規を適用して当該申請が拒否されたのかということを，申請者に

192

おいてその記載自体から了知し得るものでなければならず，単に，当該拒否処分の根拠規定を示すだけでは，それによって当該規定の適用の基礎となった根拠をも当然知り得るような場合は格別，……理由提示として，不十分というべきである。」と判示した。

被告は，「本件拒否処分前の原告との折衝の過程における被告側の説明等により，原告は，本件拒否処分がいかなる理由によりなされたかということを，本件通知書に記載された各規程の条文を見ただけで十分知り得る状態にあったと主張する」が，しかし，裁判所は，「申請者が当該拒否処分理由を推知できると否とにかかわらず，当該拒否処分がなされた時点において，いかなる根拠に基づきいかなる法規を適用して当該申請が拒否されたのかということを，申請者においてその記載自体から了知し得るものでなければならない」として，取り消した。

原判決50頁(3)イは同趣旨を言うものとして，正当である。すなわち，

「本件各処分については，聴聞手続を経ており，本件聴聞通知書には「不利益処分の原因となる事実」として別紙4（不利益処分の原因となる事実）のとおり記載されている ……。しかしながら，不利益処分に関する聴聞を行う際に不利益処分の内容及び根拠となる法令の条項，不利益処分の原因となる事実等を書面により通知した場合に，処分行政庁の判断が通知された内容に拘束される訳ではなく，不利益処分に当たって，上記通知に記載された不利益処分の原因となる事実が全て認定されるとは限らないこと，聴聞手続を経たからといって一般に理由提示の程度が緩和されるとすれば，多くの不利益処分について，いかなる事実関係に基づきいかなる法規を適用して当該処分を行ったかを示す必要がないことにもなりかねず，行政手続法14条の趣旨を没却する危険があることからすれば，聴聞手続を経たがらといって，処分の際の理由提示を簡略化することが許されることにはならない。」

そして，これは「税務調査の過程において帳簿書類の不備等が指摘されたとしても，これにより処分庁が最終的判断としていかなる事実を取消事由と認めたのかを知りうるものではなく，また，承認取消処分が常に理由の附記された更正処分を伴うとも限らないのであるから，取消通知書に事実の附記がなくても処分の相手方が具体的な取消事由を知りうるのが通例であるとは，とうてい認めることができない。」（最判昭和49・4・25民集28巻3号405頁）とする前記の判例からして妥当である。

第4章　不利益処分の理由附記（行政手続法14条1項）のあり方

(5)　本件の場合

実際，一審原告の高裁答弁書（平成27年2月16日，39頁）によれば，聴聞通知書における不利益処分の原因となる事実（原判決別紙4）と，処分理由（原判決別紙5，6，7）とは少し異なっている。特に，聴聞通知書では，不正の件数を一部あげているが，処分通知書ではなぜか不正件数を記載していないので，事実がかえって曖昧になっている。

別紙4の①
　　　「少なくとも平成16年12月から平成19年2月までの間」
　　　「許可を受けた入所定員を超える利用者（常時5人から15人程度）」
　　　「架空の入退所者の両方について介護報酬を請求」
　　　　　↓
別紙5の(1)
　　　「平成16年12月から平成19年2月までの間」
　　　「許可を受けた入所定員を超える利用者」
　　　「架空の入退所者に係る介護報酬を不正請求」

別紙4の②
　　　「預かり入所者について」
　　　　↓
別紙5の(2)
　　　「居宅要介護者ではない預かり入所者に対し」

別紙4の②
　　　「この間（注：少なくとも平成16年12月から平成19年2月までの間)」
　　　　↓
別紙6
　　　「平成16年12月から平成19年2月までの間」

別紙4の③
　　　「この間（注：少なくとも平成16年12月から平成19年2月までの間)」
　　　　↓
別紙7
　　　「平成16年12月から平成19年2月までの間」

また，聴聞通知書の記載を勘案すると，件数が記載されていることになるとしても，どの案件が不正請求なのかは記載されていない。ただ，一審被告の主張によれば，聴聞手続において，入退所予定表に基づきいずれかが不正請求と判断するかについて具体的に説明していたという。そして，この聴聞の経緯を勘案すれば，本件各処分の処分通知書の記載から処分行政庁の裁量権行使の適否を争う手掛かりを十分に得ることができると主張されている。

しかし，理由附記の要否，程度は相手方の知不知を問わないのが判例である（冒頭）し，聴聞段階でどの行為が不正であるかを説明した結果相手方がこれを知ることになったとしても，処分に際しては，聴聞の結果を踏まえて再考することになるはずであるから，聴聞の時に説明したとおりになるとは限らず（実際，処分理由書では，件数が消えているから，聴聞手続で示されたとおりの件数が不正と判断されたのかは不明である），処分時において改めて理由を具体的に説明し直す必要がある。このことは，前記6の(4)に掲げた下級審判例の他，1(3)③の名古屋高判平成25年4月26日も認めている。

7 前訴差止訴訟における主張との関係

前記一審被告答弁書28頁以下は，一審原告は，前訴差止訴訟，仮の差止めなどで本件訴訟とほぼ同じ主張をしていたので，本件処分の理由を知ることができたと主張するが，それも，聴聞の経緯と同じく処分前の話である。処分に際してはこれまでの聴聞の内容や経緯（あるいは差止訴訟の経緯）を踏まえて判断し直すのであるから，処分通知書において，それ自体で，その時点の理由をきちんと明示すべきものである。

一審被告は（控訴理由書29頁），一審原告本田会は差止訴訟の控訴審の経過中，自らの判断によって，有償にて，本件施設を他の社会福祉法人に譲渡したことを指摘し，「本田会が介護報酬の不正請求を行っていなかったのであれば，本件譲渡を行う必要などなかったはずである」と主張するが，これは完全に的外れである。本田会としては，不正請求していないと確信していても，現に指定取消処分がなされて，事業ができないのであるから，とりあえずは経営上の理由でも，入所者などの介護の必要からも，従業員の雇用確保の観点からも，事業譲渡するしかなかったのである。したがって，このことを理由に，「不正請求を認識していた」とする被告の主張は誤りである。また，それだけでは「本件各処分の原因となる事実関係を誰よりも了知していた」ことになるわけがな

195

第4章　不利益処分の理由附記（行政手続法14条1項）のあり方

い。

　更に，本件原判決（51頁）は次の指摘をする。

　「本件聴聞通知書に記載されている『不利益処分の原因となる事実』についても，本件処分1については平成18年6月の介護老人保健施設に係る不正請求として73件を認定したこと，同月の通所リハビリテーション事業所に係る不正請求として206件を認定したこと等を記載しているが，原告本田会の請求のいずれにつき不正請求と認定されたかについて明らかにされていないことは本件各処分の理由提示と同様である。そのため，聴聞通知書の「不利益処分の原因となる事実」の記載を勘案したとしても，本件各処分の理由提示が行政手続法14条1項本文に違反しないとはいえない。

　むしろ，原告本田会は，聴聞手続において，処分行政庁による個々の不正請求の認定について争っており，その理由として，処分行政庁が預かり入所者と認定している者は自立館で起居し，又は本田医院に入院しているなどと主張していた……のであるから，処分行政庁が聴聞手続で不正請求であると指摘した介護報酬請求のうち最終的に認定された処分理由を構成する介護報酬請求がいずれであるのか，原告が聴聞手続で自立館で起居し，又は本田医院に入院していると主張した者について不正請求認定されたのかなどを把握できない限り，処分行政庁による裁量権行使の適否を判断することはできないというべきである。

　以上によれば，本件各処分の理由提示は，行政手続法14条1項本文の要求する理由提示として不十分であるから，本件各処分は同項本文及び同条3項の定める理由提示の要件を欠いた違法な処分であり，取消しを免れないというべきである（ただし，このことは，被告において本件各処分と同等の処分を改めて十分な理由提示の上で行うことを何ら妨げるものではない。）。」

　一審被告控訴理由書32頁は，原判決は仮の差止めの経緯とその内容を検討・吟味しないままに誤った判断をしたと主張するが，上記の通り十分それを検討しているのである。

8　訴訟段階での理由の追加

　理由が不備でも不服審査の段階で理由を示せば瑕疵は治癒されるか？

　理由附記の趣旨が前記2(1)の通り，①「処分庁の判断の慎重・合理性を担保してその恣意を抑制する」（恣意抑制機能）とともに，②処分の理由を相手方

に知らせて不服申立てに便宜を与える」（不服申立て便宜機能）ものである以上
は，あとから理由を示しても，瑕疵は治癒されない（最判昭和47・3・31民集26
巻2号319頁，最判昭和47・12・5民集26巻10号1795頁，最判昭和49・4・25民集
28巻3号405頁）。

　さらに，不服申立て・訴訟を提起するための便宜の観点でも，抽象的な理由
のままでは，具体的に，誰に関するいつの時点のいかなる行為が処分事由とな
る違法行為なのかが読み取れないので，被処分者としては，有効な反論をする
ことは至難である。裁判になってから，それを示すというのでは，事前手続の
一つである理由附記の意義が消滅する。本件はその一例である。

9　結　　論

　理由附記に関する判例法は厳格で，被処分者が処分理由の見当をつけること
ができたとか，聴聞手続で知らせた等ということがあっても，最終的に処分の
段階で，いかなる事実関係に基づいて，なぜこの処分がなされたのか，その結
論に至った過程を明らかにすべきであり，特に，裁量権行使の違法を争うこと
ができるように，誰がいつ何のためにどのような違法行為を犯したのか，また，
違反の程度なり違反の態様，回数，違反の金額，被処分者の故意過失等を指摘
されなければならない。

　本件処分の理由附記は，この点で曖昧であるので，判例法に違反する違法の
ものであって，処分が実体法上適法であるかどうかとは関係なく，独立に違法
というべきであり，処分の取消事由となる。聴聞手続などで理由が示されても，
このことに変わりはない。

■追記1　福岡高裁平成28年5月26日判決
1　逆 転 判 決
　本稿の対象とした熊本地裁平成26年10月22日判決の控訴審福岡高裁平成28
年5月26日判決は，本件の処分1及び処分2について実体法上適法とし，その附
記理由にも不備がないとして，完全に逆転させた。まずその理由を紹介する。
　「本件処分1の取消理由(1)（原判決別紙5。介護老人保険施設に関する介護報酬
の不正請求），同(2)（原判決別紙5。居宅サービス事業に関する介護報酬の不正請
求）及び本件処分2の取消理由（原判決別紙6。居宅サービス事業に関し不正が
あったとき）との要件は，抽象的とはいえず，その内容は一義的である。

197

第4章　不利益処分の理由附記（行政手続法14条1項）のあり方

　また，本件では，被控訴人は，施設の入所日及び退所日の両日の介護報酬を算定できることを悪用して介護報酬を請求していたもので，これが不正な請求であることは明白であり，しかも故意に架空の入退所を装うなどして介護報酬を2年以上の期間にわたって，多数回請求したものであって，被控訴人の当該行為の違法性は重大であるから，処分行政庁としては軽微な処分を行うことは考え難く，当該裁量の幅は極めて狭いものと解される。

　そして，本件処分1及び処分2の各取消理由として，本件処分通知書では，原因事実の期間が平成16年12月から平成19年2月までの間と特定され，その行為態様についても具体的記載されており，これらの各事実の内容からすれば，処分の原因となる事実関係はいずれも明らかであるといえる。

　以上によれば，被控訴人としては，本件処分通知書の記載内容により，いかなる理由に基づいて本件処分1及び2が選択されたのかを知ることができたものといえる。」

　2　私　見

　この判決は，2で述べた理由附記の一般理論を否定することなく，「故意に架空の入退所を装うなどして介護報酬を2年以上の期間にわたって，多数回請求した」という認定を前提に理由附記の適法性を判断している。このように認定を前提とすれば，故意の重大な不正は明白であるから，処分は指定取消し以外にはないことになる。高裁判決が「裁量の幅は極めて狭い」というのはこの趣旨であろう。したがって，故意か過失かとか，重大な不正かとかを争う余地はなく，処分の裁量濫用を争う手掛かりを与えなくてもよさそうに見える。

　しかし，それは結果論ではないのか。理由附記が十分かどうかは，不服申立ての手掛かりを与えることと，処分庁の恣意を抑制するためであるから，処分時を基準に判断すべきである。処分の通知を受けたときは，「故意に架空の入退所を装うなどして介護報酬を2年以上の期間にわたって，多数回請求した」ということは通知されていなかったし，架空の入退所の内容も具体的には指摘されていない。誰の故意かもわからないし，どの入所者に関する不正かもわからない。理由附記の是非は通知文書で判断するしかない。そして，「不正」が当然に「一義的」とは言えない。そうすると，どのような処分をするかに裁量があるはずである。そして，処分の裁量を攻撃するために，より詳しい理由が必要なのである。

　したがって，この判示は妥当なのか。疑問に思う。判例理論に反するものと愚考する。

　しかし，最高裁は，原告側の上告受理申立てを不受理としたと聞く。

追　記

■追記2　処分の理由附記と行政裁量論・判決の理由付けと の関係

　以上のように，行政庁が不利益処分をするときは，いつ誰がどのような事情でどのような態様で（故意か，過失か，重過失か，本人の行為か，監督責任か），どの程度の回数で違法 行為を冒したのか，どの程度の損害を与えたのか，行政裁量があるとしても，その裁量濫用，比例原則違反を争うことができるように，その違法の状況，程度をきちんと理由として記載しなければならない。申請に対して不許可処分をするときも，同様に，なぜ不許可なのか，わかるような理由を付す必要がある。

　裁判所が行政裁量を審査する方法としては，社会観念審査と考慮事項審査があるとされる。このうち，前者は，社会観念上著しく妥当性を欠くと言った基準であるので，なぜこのような判断をするのか，さっぱりわからない。これが行政処分の理由附記なら裁判所は間違いなく違法とするであろう。そして，私は，自分に出来ないことを他人に要求すべきではない，他人に要求することは自分も出来なければならない，と思っている。そうすると，裁判所も社会観念審査は廃止して，考慮事項審査とすべきである。

　さらに，私は，行政機関は専門家として法令をしっかり解釈し，事実をできるだけ調査して，合理的な判断過程（経験則，論理法則など）により認定すべきものであるから，行政裁量という言葉を使うべきではないというのが本音である。私見は，2の(2)⑤で述べたように，そもそも，行政裁量とは，行政に煮て食おうと焼いて食おうと勝手という自由を認めるものではなく，立法者が将来を予測して全ての場合に適用できる個別具体的な定めをおくことは，不可能で，かつ適切でもないために，個々具体のケースにおいて事案の状況にふさわしい判断をなすように行政に一応授権するものであるから，具体的行為の段階では個々の具体的事情にふさわしい適切な解決がとられたかどうかを司法的に統制すべきであるというものである。これと理由附記に関する判例はかなり調和的であり，行政裁量の審査もこの立場で行うべきであると思っている。

■追記3

　大阪地裁平成31年4月11日判決は，一型糖尿病の患者の障害基礎年金受給資格を取り消した処分に理由が付いていないことを理由に違法として取り消した。厚労省は年間700万件もあるので理由は付けておれないということだったそうである。理由はあるはずであるから，それを文章にできないようでは，公務員たる資格がないはずである。それは同じ理由なら同じように印刷すれば済むはずである。

第4章　不利益処分の理由附記（行政手続法14条1項）のあり方

■追記4　浅妻章如のコメント

　浅妻章如「租税手続法と租税手続」日税研論集71号（2017年）は理由附記判例を検討し，理由附記を課税庁に義務付けることで，処理件数が減るのではないかという問題意識を持ったが，そんなことはないというようである。私見では，理由附記についてそんな心配をするよりは，むしろ，納税者の納得を得られ，不服申立て，裁判を円滑に進めることができるという利点が大事である。

第5章　離婚によるいわゆる年金分割の
申請期間と説明義務について

1　はじめに

　本稿は，原告（年金分割の審判を受けた元妻）が一審（東京地裁平成27年(行ウ)第32号平成28年5月17日民事第38部判決，裁判長・谷口豊，裁判官・工藤哲郎，和久一彦）で敗訴後，高裁係属中に原告代理人から依頼されて，2016年10月に東京高等裁判所民事第23部に提出した意見書（若干曖昧な文章を訂正している）に追記を加えたものである。期限のほんのちょっとした徒過については，それによる相手方，社会の不利益も考慮しつつ，法的にも，うっかり失敗をしやすい平均的な人間の心理を考慮した，人間味のある裁判が必要であるというのが筆者の基本的な考え方である。法に定めたルールは絶対であり，それを守らない者を甘やかしてはならないといった考え方は法の正義に反すると考えている。同年12月末に小早川光郎氏の意見書が提出されたが，筆者の後のもので，簡単かつほぼ同旨であるので，引用しない。

　遺憾ながら東京高裁平成28年(行コ)第225号平成29年3月15日第23民事部判決（裁判長・小野洋一，裁判官・若林辰繁，本吉弘行）はこうした筆者の見解に触れることもなく無視した（読んだのであれば，反論があるはずである）。それについては追記で反論しているが，重要な問題提起をしたつもりで，これからも参考にしていただきたいと思い（最高裁でもいわゆる三下り半却下となったと聞く），公表させていただくものである。

2　法制度と事実

(1)　標準報酬改定の申請期間

　厚生年金法は，離婚等をした場合における標準報酬の改定の特例として，当事者の婚姻期間中の厚生年金保険の標準報酬などに関し一方当事者の請求により婚姻期間中の厚生年金記録を当事者間で分割できる旨を定めている。これは2004年（平成16年）の法改正により導入されたものである。この分割は当事

者の合意によるほか，「家庭裁判所が按分すべき割合を定めたとき」（審判分割）
による（同法78条の2第1項，平成24年改正前。ただし改正前は社会保険庁長官
とされていたのが改正により実施機関となっただけで，その後も実質は変わりはな
い）。家庭裁判所は，「当該対象期間における保険料納付に対する当事者の寄与
の程度その他一切の事情を考慮して，請求すべき按分金額を定めることができ
る」（同第2項）。

　この請求をすることができる期間については，厚生年金保険法78条の2第
1項但し書きにおいて，「当該離婚等をしたときから2年を経過したときその
他の厚生労働省令で定める場合に該当するときはこの限りでない」として，厚
生労働省令に委任している。

　厚労省令78条の3は，この期間について，原則として離婚が成立した日か
ら2年を徒過した日としているが，2年を経過した日又はその日の前1ヶ月以
内に請求すべき按分割合を定めた審判が確定した場合には，その日の翌日から
起算して1ヶ月を経過した場合としている。

　つまり，審判分割が確定した場合には，それから1ヶ月は，標準報酬改定申
請が離婚等から2年を経過していても，期間内とするものである。

　そして，この場合審判の謄本又は抄本を提出することになる（同78条の3第
3項）。

(2) 本件申請，却下，原判決

　事案は，離婚後2年経過してから家庭裁判所が按分割合を決定し（平成25
年3月22日），その確定（平成25年4月9日）前の同月4日に原告（元妻）が年
金事務所に出向き改定請求をしたところ，「確定書を添えて申請するように」
と言われ，提出した書類の返還を受けて，確定証明書の日付である5月2日か
ら1ヶ月と思い込んで，後日（同年5月16日），確定書を添えて再度年金事務
所に出向いたときには，確定から1ヶ月をわずか1週間徒過していたため却下
処分された，というものである。年金事務所が確定日から僅か1ヶ月しか申請
できないという事実を告げなかったかどうかには争いがあるようである。

　東京地裁平成28年5月17日民事38部判決（以下，原判決という）は教示義
務違反を認めず，また，期限切れとして原告の請求を認めなかった。その理由
については本文中で引用する。

　後に紹介するように年金窓口の「誤」説明は国家賠償責任を発生させるとい
うのが最近では普通の判例になっているので，本件原判決は異例である。

202

3 法制度上の検討

(1) 原告の不利益に帰すべきか，原告の落ち度だけに注目すべきか

本件には多数の論点があるが，正義公平の観点から，制度の作り方，運用の仕方を考える。何処が悪いのか。誰が損すべきか。

原判決は，期限に遅れた本件原告が失権してもやむなしという発想である。

確かに，本件原告は，期限を知らないわけではなく，ただ，「再度の申請の期限を明確に意識していたことはうかがわれない」のであって（原判決21頁2行目），審判確定時からではなく，確定証明書を取った5月2日から1ヶ月と勘違いしていた（原判決21頁8〜11行目）ので，落ち度がないわけではない。

しかし，それだけの落ち度で，しかも，一週間遅れたというだけで，人生を左右する年金の権利，しかも保険料の対価である財産権を喪失させるほどのことか。

年金の権利は個人の財産権であるから，必ず保障するという基本的な視点が必要である。これを簡単に失権させるのは，上告理由となる，財産権を侵害する違憲性がある。そして，申請者の落ち度だけをあげつらうのではなく，原告が損する代わりに得する人の利益，厳格で短期の期間を定めた法制度の不合理性，年金事務所の不親切な対応との比較が必要である。

そして，それらを正義・公平の観点から総合的に見て，原告に失権させるほどの理由があるのかを検討すべきである。原判決にはこうした視点が欠けている。これは上告受理理由となる法解釈上重要な視点である。

(2) 期間制限制度の不合理性，違憲性

① 2年徒過で年金権を奪う合理的な理由がなく，違憲

「当該離婚等をしたときから2年を経過したときその他の厚生労働省令で定める場合に該当するとき」は，審判の確定から1ヶ月という短期間を定めることを授権しているか。

そもそも，年金分割について，離婚から2年で，もはや請求できないとする合理的な理由はあるか。これは長年積み立てた権利＝財産権剥奪である。それには十分合理的な理由が必要である。

ここで，財産権制限に関する憲法判例を参照する。

いわゆるインサイダー取引を規制している証券取引法（当時）の解釈に際し憲法29条の制限の合憲性が論じられた事件において最高裁は，一般論として

第5章　離婚によるいわゆる年金分割の申請期間と説明義務について

次のように判示した。

「財産権は，それ自体に内在する制約がある外，その性質上社会全体の利益を図るために立法府によって加えられる規制により制約を受けるものである。財産権の種類，性質等は多種多様であり，また，財産権に対する規制を必要とする社会的理由ないし目的も，社会公共の便宜の促進，経済的弱者の保護等の社会政策及び経済政策に基づくものから，社会生活における安全の保障や秩序の維持等を図るものまで多岐にわたるため，財産権に対する規制は，種々の態様のものがあり得る。このことからすれば，財産権に対する規制が憲法29条2項にいう公共の福祉に適合するものとして是認されるべきものであるかどうかは，規制の目的，必要性，内容，その規制によって制限される財産権の種類，性質及び制限の程度等を比較考量して判断すべきものである」（最高裁判所大法廷平成14年2月13日判決民集56巻2号331頁）。

これは財産権の制限に関する判例である。本件の年金権は，長年積み立てた私人の財産である。その請求の期間制限は，財産権の内容そのものを規制しているのではないので，財産権の制限の問題ではないとの反論も予想されるが，しかし，権利が失権するということは財産権の制限どころか剥奪というべきである。

この年金権は，申請して，裁定を得て初めて発生する（最判平成7年11月7日民集49巻9号2829頁）もので，それまでは権利ではないとの反論も予想されるが，それは完全に誤りである。年金は恩恵ではなく，保険料の対価であるから，財産権として確実に発生しなければならないものである。上記最判も，「給付を受ける権利は，受給権者の請求に基づき社会保険庁長官が裁定するものとしているが，これは，画一公平な処理により無用の紛争を防止し，給付の法的確実性を担保するため，その権利の発生要件の存否や金額等につき同長官が公権的に確認するのが相当であるとの見地から，基本権たる受給権について，同長官による裁定を受けて初めて年金の支給が可能となる旨を明らかにしたものである。」というだけである。つまりは，年金を受給するには，法律の要件を満たしても，民事訴訟によって請求できるのではなく，社会保険庁長官の裁定，拒否された場合にはこれに対する抗告訴訟というルートを経るべしと定められているだけであって[1]，年金受給の実体法上の権利の有無が社会保険庁長官の裁量に委ねられているわけではない。

---

[1]　これは，雄川一郎「現代における行政と法」『現代の行政』（岩波書店，1966年）18頁の説明である。さらに，阿部『行政法再入門　上〔第2版〕』（信山社，2016年）48頁，

そこで，この期間制限が公共の福祉による制限の範囲内かどうかを考えると，「規制の目的，必要性，内容，その規制によって制限される財産権の種類，性質及び制限の程度等を比較考量して判断すべきものである」ということになる。

剥奪されるのは，保険料の対価である年金の権利であり，今後の人生にとって，生存にとって不可欠の重要な権利である。他方，審判確定後わずか1ヶ月で権利を消滅させる目的は何なのか，その必要性は何なのか。

年金を受給し始めてから，過去に遡って清算し直すというのであれば，すでに受給した既存の権利を奪うものであるから，期間制限をする理由があるどころか，それは認められないことになろう。しかし，受給前であれば，あるいは受給後でも，将来に向かってであれば，算定し直すだけであって，日本年金機構にとってたいした負担ではなく，その内容は審判で確定していることで，相手方（元夫）は異議を述べることはできないから，年金分割を拒否する合理的な理由はない。むしろ，せっかく年金分割審判を得たのに，それに基づく年金を得られないことは極めて重大な不利益であるのに対し，分割審判を受けたのに，相手方（元夫側）が分割しないで済むのは，全くの不当利得で，保護に値しない。

筆者は，行政訴訟の出訴期間についても，行政と私人の関係のいわゆる二面関係（第三者が関わらない）では，出訴期間の存在理由はないと主張している[2]。出訴期間の存在理由は法定安定性を確保するためとされるが，行政側はいつでも職権で取り消し変更するのであるから，処分を法的に安定させていないのである。行政側は，時効にかかる5年近くになって訴えられても記録が存在するのであるから，困ることはない。私人の訴えだけ制限する理由がないのである。

僅か2年という短期間で年金請求権を行使できないこととする理由は，年金分割制度が財産分与（民法768条1項，2項本文）の具体化であるため，その除斥期間（同法条2項ただし書）に倣ったものといわれている[3]。

しかし，離婚した場合の財産分与と，法律で定められている年金とは制度の

西村健一郎『社会保障法』（有斐閣，2003年。版を重ねているが，改訂版ではないので，初版のまま引用する）53頁参照。

(2) 阿部『行政法解釈学Ⅱ』（有斐閣，2009年）166〜169頁，『行政法再入門』（信山社，2015年）78〜79頁，124〜126頁。「期間制限の不合理性――法の利用者の立場を無視した制度の改善を」『小島武司先生古稀祝賀　民事司法の法理と政策　下巻』（商事法務，2008年）1〜45頁。

(3) 高裁で被告から提出された最高裁判所事務総局家庭局監修『離婚時年金分割制度関係資料』（司法協会，昭和19年）33頁注(68)。

第5章　離婚によるいわゆる年金分割の申請期間と説明義務について

趣旨が違いすぎる。財産分与についてはいつまでも請求できることとすると，その財産が第三者に譲渡されたりして，複雑になるし，請求を受ける方は長年の後の請求により重大な不測の不利益を受けるので，早期確定の要請がある。遺留分侵害請求権の行使が知ってから1年に限られている（民法1042条）のも同様である。

　しかし，年金請求権は，譲渡できないので，問題となるのは権利者と年金機構等との関係だけであって，第三者の権利関係にはなんら影響がなく，年金機構等としても，数年後に請求されても不測の不利益を受けるものではないので，短期間の期間制限で財産権を剥奪する理由は存在しないのである。年金分割の場合でも，分割される方に配偶者ができても，年金分割制度ができた以上，離婚した者と婚姻する以上は，分割請求がでるのは想定内であり，数年後に分割されても，過去に遡って請求されない限り，保護される利益はない。分割される方が死亡していて，遺族が年金を受給している場合が問題になるが，それでも，子どもは働いていれば遺族年金の受給資格はなく，障害者は自分の年金を貰っていれば，親の遺族年金をもらえない。その分割される配偶者の親が子ども（分割される配偶者）の遺族年金を貰っている場合に，後で分割されると不利益ではあるが，子どもが離婚している以上，しかも，年金分割審判をしている以上，年金分割は想定内のであるので，将来に向かって年金を減額されることは保護に値する利益はないというべきである（しかも，本件の夫の親は既に死亡している）。

　なお，債権の時効期間でも，一般には10年（民法167条），行政法関係でも5年（地方自治法236条，会計法30条）であるから，離婚後2年は短すぎる。時効にも短期消滅時効はあるが，特殊な場合を念頭に置くもので，重要な財産権で一生に一度しか行使しないようなものに適用すべきではないし，債権法改正により短期消滅時効（170〜174条）は廃止された。

　さらに，西村健一郎[4]も，年金の時効は一般に5年であるが，25年も積み立てた権利がわずか5年で消滅するのは不合理であると主張している。菊池馨実[5]も同旨である。

　このように考えると，年金の権利を2年で消滅させる必要性も合理性もないから，このような制度は財産権の制限として違憲である[6]。

---

(4)　西村・前掲注(1)73〜74頁。
(5)　菊池馨実『ブリッジブック社会保障法』（信山社，2014年）324〜325頁。

3 法制度上の検討

② 期間徒過を宥恕する正当な理由規定の必要

それに期限ぎりぎりトラブルことがある。その場合には「正当な理由」による期限徒過を認めるのが多くの立法例である（行政不服審査法18条1項但し書き，行政事件訴訟法14条1項但し書き等）。

特に，本件のように，手違いがある場合には，2年経過しても，正当な理由があるとして，期間徒過を認める制度を作るべきである。

③ 審判確定から1ヶ月の短期間も違憲

さらに，審判確定から1ヶ月というのは，もともとの離婚から2年を基準とする例外のつもりであろうが，権利行使の期間がこのように短い例は一般にはない。

裁判の場合，控訴・上告でも二週間という厳しい期間の定めがあるが，それは裁判の当事者にとっては，一応わかっている期間であるし，相手方もあることであるから，早期確定の要請がないではない（ただし，当事者が期間を守っても，裁判所のその後の扱いはのんびりしているから，筆者はこの期間を厳格に扱う理由はないと感じている）。

行政訴訟には出訴期間がある（行訴法14条）が，今は処分を知ってから6ヶ月である。

裁判が確定して，課税処分の変更が必要になる場合の更正の請求期間は，確定から2ヶ月である（国税通則法23条2項）。これでも短いが，本件の場合，2ヶ月以内であれば救済されていた。

年金という，今後の人生を左右する重要な権利の行使について，請求期間をこのように短期とする合理的な理由はない。

短期消滅時効の対象になる債権でも，確定判決があれば，時効期間は10年となる（民法174条の2）。上記財産分与が裁判で争われ，財産分与請求を認容する判決が下された場合，請求権は10年間存続する（民法167条1項）。

この場合，審判により権利は確定しているのである。しかも，この分割を1か月を超えて請求するとき，権利を侵害される者はいない。誰の権利も侵害し

---

(6) 東京地裁平成27年(行ウ)第398号平成28年1月26日は，裁判上の和解により離婚した者が，病気などを理由にその後7年経ってから年金分割請求をした事案で，離婚が弁護士の関与の元に成立し，原告が年金分割請求をしなければならないことの説明を受けていたので，年金分割を2年以内に請求できなかったとは認められないとして，この制度が憲法14条違反という主張は独自のものであるとして，一蹴した。これはいかにも時間が経っており，1ヶ月以内を誤解して1週間遅れた本件とは全く事情が異なる。

第5章　離婚によるいわゆる年金分割の申請期間と説明義務について

ないのに，勘違いした者を短期間で救わないという合理的な理由はない。

　1ヶ月あれば普通は書類を用意できるとされているが，多忙な者は1ヶ月の間に余分な仕事が入ってきたら対応しにくいし，1か月の期間も，病気とか，事故とか，本件では勘違いしたものであるが，勘違いも一般庶民には生じうることであるから，それを救う制度が必要である。

　したがって，この審判確定後1ヶ月の期間制限は，権利実現の手段を合理的理由なく減縮したものとして，完全に違憲である。

　なお，これにも，せめて，正当な理由という期間制限を緩和する規定が必要である。

④　小　　活

　したがって，もともとの2年の期間制限も，権利行使を不合理にも制約して違憲と考えるが，少なくとも1ヶ月の期間制限は違憲である。まして，正当な理由による期間徒過を認めていないのはますますもって違憲である。

(3)　申請権を審判確定後1ヶ月に制限する省令は委任立法の限界を超えること

　私人の権利義務を定めるのは法律であるが，それを政省令に委任することはできる。しかし，権利義務を左右するのであるから，委任の範囲は合理的で，かつ明示されなければならない。

　厚生年金保険法は，「当該離婚等をしたときから2年を経過したときその他の厚生労働省令で定める場合」と規定しているに過ぎないから，厚労省令で定めることができるのは，「当該離婚等をしたときから2年を経過したとき」に類する場合に限る。施行規則は，審判確定後1ヶ月という短期の期間はその例外だからという発想であろうが，審判を例外とするのも合理性がなく，そのような授権がなされているとは読み取れないし，同法施行規則は，授権の範囲を逸脱していると解すべきである。

　少なくとも，1ヶ月の期間徒過につき，正当な理由がある場合はこの限りではないという但し書きを置かなかった点で，授権の範囲を超えて，違法であり，そのような但し書きがあるとの前提で，本件申請の適否を判断すべきである。

208

4　本件の事案に即した説明義務の解釈

(1)　説明義務違反に関する先例

①　次に，仮に上記の違憲論，委任立法の範囲逸脱論が受け入れられないとしても，具体的な事案を検討する時は，そのことを背景において正義公平の観点から合理的な結論を導くべきである。さもないと，上告受理理由ともなる重要な法解釈を怠ったことになる。

ここでは，窓口担当者の説明義務が重要である。厚生年金保険法上も，「被保険者に対し，当該被保険者の保険料納付の実績及び将来の給付に関する必要な情報を分かりやすい形で通知するものとする。」とされている（厚生年金保険法31条の2，同法施行規則12条の2）。これは年金情報に関するもので，本件とは多少異なるが，年金に関する情報を「わかりやすく」教えよという基本的視点は共通である。

他の分野でも，公務員の説明義務の有無が争われた例は少なくなく，結構認められている[7]。

②　社会保障関係の年金，手当の説明義務に関しては，一般的な周知説明義務と窓口での具体的な相談段階での説明義務を分けて考えるべきである。

児童扶養手当の受給権について，産後の休暇6週間の間受け取れなかったのは，周知不徹底のためかが論じられた事件で，地裁（京都地判平成3年2月5日判例自治81号42頁）は，限定的ながら周知徹底義務を認めて手当相当額の国家賠償請求を認容したが，控訴審（大阪高判平成5年10月5日判例自治124号50頁）は，周知は国の義務であるが，法律に規定がないので，強制できるような義務ではないとして，国家賠償責任を否定した。

これは窓口で種々応答したものではないので，その説明はなお抽象的なものでも許される面があり，周知の仕方が不備でも直ちに違法とまでは言えないという立場もあり得るであろう（筆者は，不親切な広報が多すぎるので，必ずしも賛成しない）。

寡婦年金の説明不足で国家賠償責任を認めた先例がある。これは大阪地裁平

---

[7]　阿部「公務員の説明義務」判例自治379号114頁（2014年）。本文とこの論文に掲載しなかった「誤説明」に関する判例として，さいたま地判平成25年2月20日判時2196号88頁（生活保護），福岡地判平成21年3月17日判タ1299号147頁（生活保護），名古屋高裁金沢支判平成17年7月13日判タ1233号188頁（介護慰労金）がある（判時2328号79頁の指摘により検索）。その後，『国家補償法の研究1』（信山社，2019年）235頁以下において大幅にヴァージョン・アップした。

第5章　離婚によるいわゆる年金分割の申請期間と説明義務について

12年5月10日判決である。判例集に搭載されていなかったので，拙著を引用する[8]。

③　障害基礎年金の受給資格に関する説明の誤りを理由に国家賠償責任を認めた東京高判平成22年2月18日（判時2111号12頁，賃金と社会保障1524号39頁）を紹介する。

裁判所の認定した事実は次のとおりである。控訴人（年金申請者）が，「障害年金を受けられると聞いて申請をしたいのですが。」と申し出ると，本件職員（窓口担当者）は，「手帳をお持ちでしたら確認させて下さい。」と述べたので，控訴人は三級の身体障害者手帳を本件職員に見せた。すると，本件職員は，「国民年金を納める前の発病で年金を納めてないから無理ですね。等級も三級だから無理です。」と発言した。控訴人が，「医師から申請できると聞いたのですが。」と述べると，本件職員は，「まあAさんの場合，これ以上手足が不自由になるか，車いすになるとかで障害が重くなれば申請できますが。」と発言した。控訴人は，この発言を聞き，返す言葉も見つからず，「そうですか分かりました。」と述べて退出した。控訴人が旧E市役所市民課国民年金係にいたのは数分ばかりであり，この間，本件職員は，管轄の社会保険事務所に問い合わせることも他の国民年金係の職員に確認することもしなかった。

そして，この判決の理由の要点は次のようなものである。

控訴人から「障害年金を受けられると聞いて申請をしたいのですが。」との申出を受けた本件職員としては，控訴人の申出が障害基礎年金の裁定請求の手続をしたいとの趣旨であることが明らかであるから，控訴人の申出の趣旨に沿って，控訴人に，上記記載事項を記載した障害基礎年金裁定請求書を作成させ，記載事項に記載された内容によって添付すべき書類等を提出させ，障害基礎年金裁定請求書の作成と添付書類の提出が整えば，裁定請求書等に受付印を押印後，受付処理簿の所定欄に所要事項を記入する等所要の処理を行い，管轄社会保険事務所に進達するための部内処理手続をする必要があり，かつ，それをもって足りたものというべきである。そして，身体障害者福祉の理念からして障害基礎年金の受給権が極めて重要な権利であると認められること，障害基礎年金の受給要件に関する法令の規定が複雑かつ難解であること，受給権者の請求に基づく裁定主義を採用していることから受給権者による裁定請求がなければ当該受給権者に対する給付が行われることはなく，当該受給権者に対する

---

(8)　阿部『行政法解釈学I』（有斐閣，2008年）544～545頁。

関係において上記の目的を達成することはできないこと及び本件職員が国民年金に関する事務の窓口担当者として，控訴人とは比較にならないほどの豊富な障害基礎年金の支給要件等に関する情報を保有していることを併せて考慮すると，裁定請求書等の受付事務を上記内容で遂行することを本来の職務とする本件職員としては，控訴人に対して，その窓口を閉ざすに等しい対応をしてはならないというべきであって，仮にも，控訴人に対し，自らの判断により，裁定請求をしても裁定を得られる可能性はないとか，裁定されることは困難であろうとか，あるいは，請求が却下されるであろうとか意見を述べ，教示するなどして，裁定請求の意思に影響を与えて請求意思を翻させたり，請求を断念させたりする結果を招いたり，そのように仕向ける窓口指導等をしてはならず，法令の定める手続に従って裁定の審査を受ける機会を失わせてはならない職務上の注意義務を負うものというべきである。そして，この義務は，日本国憲法 25 条 2 項に規定する理念と障害者が社会生活及び地域社会の発展に参加し，社会経済の発展の結果である生活向上の平等の配分を受け，他の市民とともに同等の生活を享受する権利の実現を促進するという身体障害者福祉の理念とに基づき，障害によって国民生活の安定がそこなわれることを国民の共同連帯によって防止し，もって健全な国民生活の維持及び向上に寄与することを目的とする国民年金制度の下における障害基礎年金裁定請求手続において，住民の福祉の増進を図ることを基本として地域における行政を実施する旧 E 市が担う事務を担当する本件職員が，障害基礎年金の裁定請求をしたい旨の申出をした控訴人に対して職務上負う法的義務であるということができる（控訴人の注意義務に関する主張は，上記の職務上の注意義務の主張を含むものと認める。）。

　本件は，20 歳前の障害なので，20 歳になれば，保険料の納付を要件とせず，裁定を申請して障害福祉年金や障害基礎年金を受給できる場合であるから，本件職員の説明は明白に誤っている。

　そこで，裁判所は，本件職員は職務上の注意義務に違反したものであり，本件職員の上記行為について不法行為が成立すると判示した。

　これについては，多数の解説[9]がある。いずれも賛成している。

　④　脳腫瘍に罹患した子を持つ両親に対する特別児童扶養手当の教示を問題とした大阪高判平成 26 年 11 月 27 日（判時 2247 号 32 頁）は，窓口職員に教示

---

[9]　木下秀雄「障害基礎年金と行政の注意義務」賃金と社会保障 1524 号 34 ～ 38 頁（2010 年 10 月 25 日），長尾秀彦「誤教示と国家賠償責任」中京法学 46 巻 1 = 2 号 59 頁以下，地神亮祐『社会保障判例百選〔第五版〕』（2016 年）90 頁。

第5章　離婚によるいわゆる年金分割の申請期間と説明義務について

義務違反があったか否かについて次のように判示している。

　(ア)「本件手当に関しては，受給資格者が認定の請求をした日の属する月の翌月から支給を開始し，災害その他やむを得ない理由により認定の請求をすることができなかったときでない限り，請求をする前に遡って支給することはしないといういわゆる認定請求主義ないし非遡及主義が採用されている。このように受給資格者の請求を前提とする社会保障制度の下においては，受給資格がありながら制度の存在や内容を知らなかったために受給の機会を失う者が出るような事態を防止し，制度の趣旨が実効性を保つことができるよう，制度に関与する国又は地方公共団体の機関は，当該制度の周知徹底を図り，窓口における適切な教示等を行う責務を負っているものというべきである。もっとも，制度の周知徹底や教示等の責務が法律上明文で規定されている場合は別として，具体的にいかなる場合にどのような方法で周知徹底や教示等を行うかは，原則として，制度に関与する国その他の機関や窓口における担当者の広範な裁量に委ねられているものということができるから，制度の周知徹底や教示等に不十分な点があったとしても，そのことをもって直ちに，法的義務に違反したものとして国家賠償法上違法となるわけではないというべきである。ただし，社会保障制度が複雑多岐にわたっており，一般市民にとってその内容を的確に理解することには困難が伴うものと認められること，社会保障制度に関わる国その他の機関の窓口は，一般市民と最も密接な関わり合いを有し，来訪者から同制度に関する相談や質問を受けることの多い部署であり，また，来訪者の側でも，具体的な社会保障制度の有無や内容等を把握するに当たり上記窓口における説明や回答を大きな拠り所とすることが多いものと考えられることに照らすと，窓口の担当者においては，条理に基づき，来訪者が制度を具体的に特定してその受給の可否等について相談や質問をした場合はもちろんのこと，制度を特定しないで相談や質問をした場合であっても，具体的な相談等の内容に応じて何らかの手当を受給できる可能性があると考えられるときは，受給資格者がその機会を失うことがないよう，相談内容等に関連すると思われる制度について適切な教示を行い，また，必要に応じ，不明な部分につき更に事情を聴取し，あるいは資料の追完を求めるなどして該当する制度の特定に努めるべき職務上の法的義務（教示義務）を負っているものと解するのが相当である。そして，窓口の担当者が上記教示義務に違反したものと認められるときは，その裁量の範囲を逸脱したものとして，国家賠償法上も違法の評価を受けることになるというべきである。」

212

4 本件の事案に即した説明義務の解釈

(イ) 「これを本件についてみると…控訴人X2がEセンター（筆者注：本件手当に関与する機関）において行った相談内容をみると，Bが脳腫瘍で長期療養しなければならず，控訴人X2は仕事をすることができないので，何か援助してもらえる制度はないかというものであるところ，その発言内容からは，その監護に属する子が脳腫瘍に罹患したこと，母親として経済的な面における公的援助を必要としていることが明らかである。ところで，一般に脳腫瘍に罹患した場合，病状が重くなって日常生活に大きな困難を来し，かつ，治療が困難であるため長期の療養が必要となる可能性が高いことは，社会通念上容易に推察できるところである。また，本件手当に係る悪性腫瘍（悪性新生物）による障害の認定基準によれば，悪性腫瘍に係る疾患においては全身衰弱と機能障害とを区別して考えることが疾患の本質に照らして不自然なことが多いという特質があることに鑑み，腫瘍の悪性度や病状の経過等を参考にして，具体的な日常生活状況等により総合的に認定するものとされ，当該疾病の認定の時期以後1年以上の療養を必要とするものは，安静の必要性の度合いに応じて本件手当の1級又は2級に該当するとの認定をすることとされている。これらの諸点からすれば，脳腫瘍に罹患した児童については，法に定める障害児に該当するものとして，本件手当の対象となる可能性が高いということができる。

その上，控訴人X2は，Eセンターにおいて，対応した被控訴人の職員に対し，大学病院の医事課に相談した結果を踏まえて同センターを訪れた旨をも伝えている。このことは，重病患者を日常的に受け入れている大学病院の関係者が，Bについては少なくとも何らかの社会保障制度による公的援助を受けることができる可能性があると判断したことを示すものにほかならない。

これらの事情からすれば，たとえ控訴人X2の具体的な質問が，長期療養や長期入院を必要とする病気となった子を扶養する者への援助の制度の有無を尋ねるものであったとしても，控訴人X2の相談の趣旨が経済的な援助を受けたいとすることにあったことは明らかであり，かつ，その相談内容に照らして，脳腫瘍に罹患したBが本件手当の対象となる可能性が相当程度あったものと考えられるから，控訴人X2の相談を受けた窓口の担当者としては，本件手当に係る制度の対象となる可能性があることを控訴人X2に教示し，又は控訴人X2からBの具体的な病状や日常生活状況等について聴取することにより，控訴人らが本件手当に係る認定の請求をしないまま本件手当を受給する機会を失わないように配慮すべき法的義務を負っていたというべきである。」

(ウ) 「そうであるにもかかわらず，控訴人X2の相談を受けた窓口の担当者

213

は，控訴人X2に対し，本件手当に係る制度の対象となる可能性があることを教示することもせず，また，控訴人X2からBの具体的な病状や日常生活状況等について聴取することもしないまま，本件手当に係る制度を含め，援助の制度はない旨，二度にわたって回答をしたものである。しかも，上記担当者はその際，控訴人X2に対し，本件手当の受給要件に該当しない理由等に関して何らの説明もしていない。こうした対応は，控訴人X2の相談を真摯に受け止め，その相談内容から本件手当に係る制度を想起すべきであったのに，これを怠った結果，教示義務に違反したものと認めざるを得ないのであり，窓口の担当者の裁量の範囲を逸脱したものというべきである。」

大田裕章[10]は，これを肯定的に解説し，さらに，次のように指摘している。

「行政の窓口を訪問する住民は，藁にも縋る思いで，有効的な解決方法を教示してもらいたいと切に願っていることでしょう。そうである以上，社会保障制度窓口の担当職員の方においては，『自分が相談する立場であれば，どのようなことを求められるだろうか。』という視点から，来訪者からできる限り詳細に現状を聞き出し，適切な制度を教示することが必要ではないでしょうか。又，その際には，窓口段階で申請の途を閉ざすことのないよう，自分では要件不該当であると考えたとしても，可能性のある制度を教示し，要件判断は（正式な）申請に対する審査に委ねるように注意すべきです。」

⑤　更に追加すると，年金情報に関する次の判例がある。

「社会保険事務所の年金相談窓口において保険相談業務を担当する職員は，法令上，年金保険事業を適正に運営することを任務とし，かつ，これを達成するために具体的な事務の分掌を受けて相談業務を遂行しているのであり，実際にも，社会保険庁自身が被保険者を社会保険事務所の相談窓口等に相談するよう誘導しており，複雑な年金制度について，自己が受給権を有するかを判断するのが困難な被保険者としては，年金相談の窓口担当職員のした回答内容を信頼することが通常であると考えられるから，年金相談の窓口相談職員は，相談業務を遂行するに当たっては，被保険者の相談内容に応じて，できるだけ正確な教示をすべき職務上の注意義務を負っていると解される。」（東京地方裁判所平成22年(行ウ)第608号平成24年9月27日民事第2部判決）。

したがって，国民の権利義務を左右する行政の担当者は，権利者が間違っても権利を失うことがないように十分に配慮して説明する職責がある。窓口担当

----

[10]　大田裕章「社会保障制度に関する窓口の教示と国家賠償請求」判例自治411号99頁（2016年）。

者の仕事はそれだけであるから，それを怠ってはならない。期限が過ぎたとして却下することが仕事ではないのである。

⑥　東京地裁平成 26 年（ワ）10943 号損害賠償請求事件民事第 10 部平成 28 年 9 月 30 日判決（判時 2328 号 77 頁）

㋐　次の報道がなされた。「社会保険事務所の誤説明で年金受け取れず国に賠償命令（http://www.asahi.com/articles/ASJ9Z5SR1J9ZUTIL031.htm　朝日新聞 2016 年 9 月 30 日 21 時 03 分）

　　元妻は 1983 年に夫と離婚。1987 年に元夫が死亡した後，「離婚後も夫婦同様の生活をしていた」として，遺族厚生年金を受け取れるのか社会保険事務所に相談した。職員からは「死亡時に離婚しており遺族厚生年金は受け取れない」と説明されて，いったん断念した。女性は 2010 年になって社会保険労務士から「受給できる可能性がある」と助言され，支給裁定を受けて，2005 年以降の分を受け取り，「時効」として受け取れなかった 2005 年以前の年金分 18 年分の損害賠償として約 2,100 万円を請求したところ，約 1,400 万円が認容された。

㋑　判旨「争点 1（国家賠償法 1 条 1 項の違法な行為の有無）について」

（ⅰ）「年金制度においては，保険者である厚生労働大臣（平成 21 年 12 月 31 日までは社会保険庁長官。以下同じ）において，全ての被保険者について支給要件の充足の有無を把握することは不可能であることから，年金の受給に当たっては，支給要件の充足のみでは足りず，被保険者が自ら裁定請求をし，それに基づき厚生労働大臣が裁定を行うことによって受給権を実現することが予定されている（厚年法 33 条，国民年金法 16 条）。そのため，社会保険事務所等で行われている年金相談は，被保険者の権利行使の要件となるものでも，被保険者の権利の内容に影響を与えるものでもなく，また，相談時に確認すべき内容が法令上定められているものでもない。

　　もっとも，年金制度については，厚年法，国民年金法その他の関係法令に年金の支給要件，受給に必要な手続，受給額等様々な事項が定められているが，その制度は複雑で一般人がこれを正確に理解することは困難なものであるから，社会保険事務所等で行われている<u>年金相談は，被保険者の権利行使を容易にするための情報を提供する行政サービスとして，その役割は重要であるというべきである。</u>

　　これを踏まえると，年金についての相談を受けた社会保険事務所の相談担当職員は，年金相談の回答に当たって，関係法令，関係通知，被保険者の記録の

第5章　離婚によるいわゆる年金分割の申請期間と説明義務について

ほか，相談者から聴取した情報に基づき，相談内容に応じた適切な説明をする必要があるというべきであり，少なくとも，相談者に対し，相談時点で聴取した情報に基づき，誤った説明や回答をしてはならないという職務上の法的義務を負うと解するのが相当である。

(ⅱ)　……原告及び原告長男は，遅くとも平成4年6月15日には，品川社会保険事務所の年金相談において，本件担当職員に対し，原告と柏崎は借金の取立てを逃れるために離婚をしたが，その後も原告が柏崎を看病し，原告が柏崎を看取ったこと，柏崎の医療費を原告が負担していたことなど，原告と柏崎は離婚後も夫婦同様の生活をしていたことを説明し，原告が柏崎の年金を受け取る方法はないか相談した。

このような説明内容からすると，仮に，原告が，柏崎との離婚後も死亡するまで柏崎の看病を続けており，経済的な共通性もあったことなどの事情が，提出書類その他の調査により認められた場合には，原告と柏崎には事実上の婚姻関係と同様の事情が認められるとして，厚年法59条1項の配偶者要件を充足することもありうることは，前記のとおり重要な行政サービスである年金相談を担当していた本件相談職員としては，当然に思いを致すべき事項であったといえる。もっとも，家計の状況については，本件の証拠上，柏崎の医療費を原告が負担していたということ以外の事情を原告及び原告長男が説明した事実は認められず，本件担当職員が，原告が柏崎の死亡時において柏崎と生計を同じくしていたとの生計維持要件を充足することがありうると直ちに考えることができたか否かは不明であるが，配偶者要件充足の可能性を認識すべき状況にあった以上，もしそれに加えて配偶者としての生計同一要件が認められる可能性もあるならば，原告が柏崎の遺族厚生年金を受給できる可能性がないわけではないと考えることも容易なことであったといえる。実際……原告が平成22年10月15日に遺族厚生年金の支給を請求したところ，厚生労働大臣は支給要件を充足するとして遺族厚生年金を支給する旨裁定していることから，原告には，柏崎との関係において配偶者要件に加えて生計維持要件を充足するに足る事実関係があったといえ，平成4年6月15日の年金相談時においても，配偶者要件充足の可能性を前提に，住所が住民票上同一であったか，同一でなければそれに止むを得ない事情があったかどうかなどについて本件担当職員が訪ねたとするならば，原告及び原告長男からは，生計維持要件（配偶者としての生計同一要件）に何らかの関係のある事実関係について説明があった可能性がある。

216

4　本件の事案に即した説明義務の解釈

　このような事情の下では，平成4年6月15日の年金相談を担当した本件担
当職員は，原告及び原告長男からの説明内容を踏まえ，配偶者要件充足の可能
性を認識した上で，原告が柏崎の死亡時に離婚していた場合，原則として柏崎
の遺族厚生年金を受給することはできないが，もし，配偶者要件及び生計維持
要件を充足する事実関係が認められたとするならば，原告が柏崎の遺族厚生年
金を受給することができる可能性もある旨説明すべきであったというべきであ
る。しかし，本件担当職員は，このような説明をすることなく，また，<u>配偶者
要件や生活維持要件の充足に関する事情を聴取することもないまま，死亡時に
離婚していたので遺族厚生年金はもらえない，遺族厚生年金を受け取る方法は
ない旨誤った説明，回答を断定的にしたものといえ</u>，これは，職務上の法的義
務に違反する国家賠償法1条1項の異常な行為に該当すると解するのが相当で
ある。」

　㈦　私　　見

　厚生年金法は，配偶者（夫，妻）とは，婚姻届を出していなくても，「事実
上婚姻関係と同様の事情にある者」いわゆる内縁関係にある者を含むと定義し
ている（3条2項）。そして，遺族年金は，この意味での配偶者の場合，さら
に被保険者によって「生計を維持していた者」という要件を満たした者に支給
される（59条1項本文）。この点について厚労省の通知もある（この判決の3頁）。

　したがって，「死亡時に離婚していたので遺族厚生年金はもらえない，遺族
厚生年金を受け取る方法はない旨」の説明は，この判決の言うとおり，「誤っ
た説明，回答を断定的にしたものといえ」ることになる。

　これは，遺族年金に関してイロハに属する基本的な知識であるから，この説
明をした職員には過失どころか重過失があると思われる。この程度の職員を窓
口に配置した上司にも人員配置，訓練，学力確認の不備で過失があると思われ
る。もちろん，その点は論点になっていないが，「本件相談職員としては，当
然に思いを致すべき事項であったと」との判示からは，そのように感じられる。

　そこで，この判決の事実認定を前提とすれば，この判決は当然のことを判示
したに過ぎないことになるが，その前の一般論が重要である。

　すなわち，「年金相談は，被保険者の権利行使を容易にするための情報を提
供する行政サービスとして，その役割は重要であるというべきである。」

　「相談担当職員は……相談内容に応じた適切な説明をする必要があるという
べきであり，少なくとも，相談者に対し，相談時点で聴取した情報に基づき，
誤った説明や回答をしてはならないという職務上の法的義務を負うと解するの

が相当である。」

　説明義務の内容はいちいち法令には規定されていないが，年金相談の担当者の職務義務の解釈として妥当なものである。

(2)　本件の事案に即した検討

①　考え方の指針

　本件の事案に即して検討する。事案は種々であるが，上記の諸判決が言うように，窓口職員は，「法令の定める手続に従って裁定の審査を受ける機会を失わせてはならない職務上の注意義務を負うもの」「年金相談の窓口相談職員は，相談業務を遂行するに当たっては，被保険者の相談内容に応じて，できるだけ正確な教示をすべき職務上の注意義務を負っている」「年金相談は，被保険者の権利行使を容易にするための情報を提供する行政サービスとして，その役割は重要であるというべきである。」「相談担当職員は……相談内容に応じた適切な説明をする必要がある」という観点から敷衍する。原判決にはこの視点が足りない。

②　教示の仕方の不備

　本件では，期限を教えたかどうかは，口頭であるので，争いがある。

　原判決は，「原告自身，起算日がいつであるのかはともかく，申請に期限があることを認識していたといえるし，また，少なくとも当初の認識であった「審判日から1か月以内」という期限が，再度の申請に当たりどのように適用されるのかについて疑問に感じることができる状況に直面していたということができる。」（原判決21頁12～16行目），「仮に，本件職員が，第1改定請求の取り下げを求める行政指導（本件行政指導）に際し，原告に対して，再度の請求に係る申請の期限の起算日を明確に説明していなかったとしても，そのことをもって，本件却下処分に係る手続につき重大な違反があったと評価することはできないと解することが相当である。」（原判決21頁下から7行目～1行目）と判示し，教示の不親切さには目をつぶり，控訴人の過失に全ての責任があるかのように判断している。

　しかし，行政処分を行うときは，不服申立てと出訴について，期間を含めて書面で教示する（行政不服審査法57条，行政事件訴訟法46条）ことになっている。年金分割の申請期間も，年金の権利を奪うかどうかという重大な期間であるから，本来は，それは書面で教示する制度を置くべきことである。口頭で教示す

ることは不備になりやすいから，担当者は細心の注意義務を負っているというべきである。

原告は，審判の確定前に年金事務所に申請に行ったら，確定書を持ってこいと言われたのであるが，そもそも，法律では，「家庭裁判所が按分すべき割合を定めたとき」（審判分割）による（同法78条の2第1項，平成24年改正前）としか定められていないので，審判があった時その確定書なしで申請に行ったことは法律通りの行動なのである。実は，この条文の意味が審判確定の時であることは省令を見て初めてわかるのであるが，そんなことまで私人にわかるわけがない。

したがって，法律を信じて申請に行った私人に対しては丁寧な説明がなされるべきである。

口頭で教示したとしても，相手方にきちんと伝わったかどうかを確認する必要がある。法は平均人を基準に運用されるべきである。一生に一度のことで，1ヶ月以内に審判の確定書を持ってくるようにと言われただけでは，十分には理解できていない可能性がある。100％伝わるように説明すべきである。原告は「再度の申請の期限を明確に意識していたことはうかがわれない」（原判決21頁2行目）という事案であるから，なおさらである。審判確定時からではなく，確定証明書を取った5月2日から1ヶ月と勘違いしていた（原判決21頁8～11行目）ということも起きうるのであるから，審判が確定したら確定証明書を持参するように，それは審判確定の日から起算します。具体的には，審判がいついつ行われたので，元夫から異議申立てがなければ，いつ確定するから，それから起算して，いつまで，土日もあるからと，カレンダーを見て教えるべきである。そして，大事なことであるから，きちんと文書を作り，アンダーラインを引くべきである。そして，ぎりぎりに病気になることもあるから，すぐ持ってくるようにというべきである。

本件では，仮に口頭の教示があったとしても，このような丁寧な教示はない。

そこで，上記のように，教示を正しく理解せずに，証明書発行の日からと勘違いしたし，それでも，期間を徒過したのはわずか一週間である。この程度のことは私人には往々にしてあることである。期間徒過の正当な理由もある。

本件の場合，直ちに誤った説明をしたことにはならないとしても，誤解を生む説明をしてしまった（相談者が十分に理解していない状態だった）のであり，前記東京地判平成28年9月30日の言うように「相談内容に応じた適切な説明をする必要がある」との観点からは，やはり説明不十分だったことになる。

第5章　離婚によるいわゆる年金分割の申請期間と説明義務について

これに対しては，正当な理由は，天災地変などに限定する立場もあろうが，しかし，これは通常の私人に適用されるのであるから，その行動原理を基準に考えるべきである。そうすると，多少の勘違いは，正当な理由とすべきである。

③　第一次申請と第二次申請の関係

(ア)　原審（16頁以下）は，第一次申請は取り下げられ，第二次申請は，期限切れと，分断して解釈した。

それは原告にとっては想定外である。

取り下げたのか，申請を残しているのかという争点について，原判決は微妙な事実認定を行っている（原判決17頁から18頁全体）。しかし，このような細かい事実の認定で人生を左右する重大な判断をすべきものであろうか。それではたまたま年金権が認められるとか否定されるといったことが生じ，年金を国民に保障する制度の目的にも反する。些末な事実認定に拘泥すべきではない。

(イ)　そもそも，申請書類が不備なときは，補正を命ずるか，却下するかという問題がある。行政手続法の許認可申請であれば，補正か却下かは選択制である（同法7条）。普通は，却下されても期限の問題はないので，申請し直せばよいからである。これに対して不服申立ては補正原則主義である（行政不服審査法23条）。却下されては期間に間に合わないからである。

本件は，1ヶ月という短い期間内に審判書を持参して申請しなければならないとされているから，期限の制限のない普通の許認可を求める単なる申請とは異なる。権利救済の観点から，同じく申請といっても，行政不服審査法の考え方がとられるべきである。

不作為の違法確認訴訟（行訴法3条5項）においても，不作為が違法となる期間が経過する前に訴えを提起すれば，却下される建前であるが，少し時間をおけば不作為が違法となる相当の期間を経過するのであるから，慌てて却下する必要はなく，訴えを受理して様子を見ればよいのである。

原判決（22頁）は，(3)公平原則違反についてとして，次のように判示する。

原告は，①　審判確定後に標準報酬改定請求をしていれば，一旦請求を受理してもらえて審判確定証明書を追完できたのに，②　本件審判の確定前に改定請求をしたために，審判確定証明書の追完による救済を受けられない結果となったとして，①と②の差異は，より早く手続を行った者を不利に扱うもので公平性に著しく反し，本件却下処分の取消事由となる旨主張する。

しかしながら，審判の確定は，審判分割による標準報酬改定請求の実質的要

220

件であると解されるところ，原告の主張する上記①の場合は，審判の確定という実質的要件は満たしている以上，通常，これを受理した上で確定証明書の追完を求めることになるのに対し，上記②の場合には，そもそも審判が確定していない以上，請求の取下げを求めた上で，審判確定後，請求期限内に改めて請求すべきことを求めることが，直ちに不合理で違法な取扱いと断じることはできないから，これをもって公平原則に反する取扱いとはいえない。

しかし，これは，公平の原則で捉えるべきではないし，審判の確定が実質的要件であるかどうかが基準ではない。取下げさせるのではなく，受理して，確定書を持参するまで待てばよいだけのことであるから，何が合理的な取り扱いかという基本的な視点を見失っているものである。

そうすると，年金事務所が書類を返還したのも，取下げさせたと理解するのではなく，補正を求めたと理解すべきである。本件は単純に期限を長期間徒過したのではなく，期限内に申請し，書類不備（というよりも，審判確定まで待てということ）で持ち帰って，改めて審判確定書を提出したと善解すべきである。そうすれば，原告は，補正に応じて確定審判書を提出したと解釈されるので，期限を守っていると理解されるのである。

あるいは，年金事務所は，書類を返還するのではなく，申請がなされたとして，審判書を預かっておく，後日審判が確定したら追完されたいという教示をすべきであった。そうしなかったことに説明義務違反がある。

原判決（20頁）は，「審査の結果，審判が確定していることが判明しない場合には，申請者に対し，当該申請を取り下げた上で改めて同審判の確定後，請求期限内に標準報酬改定請求をすべき旨の行政指導を行うことは，不合理で違法な取り扱いと断じることはできない」と判断したが，これは上述のところより賛成できない。

㋒　もし，取下げと理解するならば，権利喪失の可能性があるから，年金事務所はそのことを明確に指示すべきである。つまり，第一次申請書を返却するときに，これは取下げになるから，審判確定から1ヶ月以内に審判書持参で来なければ失権する，補正なら失権しないが，やはり取り下げにしますかと丁寧に聞き，しかも，口頭では曖昧なので，書面で教示すべきである。

これが，人の人生を左右することについての公務員の遵守すべきルールである。

年金事務所はそうしなかったのであるから，原告の勘違いを重視すべきではない。

第5章　離婚によるいわゆる年金分割の申請期間と説明義務について

この点について重大な手続違反ではないとする原審の判断は，一方的な判断である。原告の方にも重大な違反はないのである。それで原告は失権し，いい加減な説明をした年金事務所にはおとがめなしでは不公平すぎる。

5　結　　論

このように，2年，1ヶ月といった期間，正当事由の規定がないことは，年金という財産権を剥奪する規定としては，必要性，合理性を欠き違憲である。

また，本件の運用としても，多数の先例に照らし，こうした違憲の疑いに配慮して，失権しないように留意して教示すべきであり，また運用すべきであるから，本件では取下げではなく，申請があり，不備な書類の追完を待つという運用をすべきで，そうしなかったとしてもそうしたものとして解釈すべきである。

したがって，本件の原告は，年金分割のための手続を適法に行ったと解される。

■追記　高裁判決とそれへの反論
1　はじめに，人間味のある正義に合致する判断を
高裁判決は，筆者の意見書の「三　法制度上の検討，1　原告の不利益に帰すべきか，原告の落ち度だけに注目すべきかにおいて，本件には多数の論点があるが，正義公平の観点から，制度の作り方，運用の仕方を考える。何処が悪いのか。誰が損すべきか。原判決は，期限に遅れた本件原告が失権してもやむなしという発想である。一週間遅れたというだけで，人生を左右する年金の権利，しかも保険料の対価である財産権を喪失させるほどのことか。」と述べたことに何らの反論もない。3の(2)で述べた「剥奪されるのは，保険料の対価である年金の権利であり，今後の人生にとって，生存にとって不可欠の重要な権利である。他方，審判確定後わずか1ヶ月で権利を消滅させる目的は何なのか，その必要性は何なのか。」という筆者の主張にも何らの答えもない。「期限に遅れた本件原告が失権してもやむなしという発想そのままで」，期限の意味も，うっかり期限に遅れた者を救済しないことが正義に合致することの説示もなく，人間味はまったくない。

4(2)で，これまでの判例のポイントを整理して次のように述べている。窓口職員は，「法令の定める手続に従って裁定の審査を受ける機会を失わせてはならない職務上の注意義務を負うもの」「年金相談の窓口相談職員は，相談業務を遂行するに当たっては，被保険者の相談内容に応じて，できるだけ正確な教示をすべき職務

上の注意義務を負っている」「年金相談は，被保険者の権利行使を容易にするための情報を提供する行政サービスとして，その役割は重要であるというべきである。」「相談担当職員は……相談内容に応じた適切な説明をする必要がある」という観点から敷衍する。原判決にはこの視点が足りない。

高裁判決は，筆者の意見書を読んだとは思えないもので，これでは裁判にならない。意見書は，証拠に過ぎず，準備書面ではないので，直接に返事する必要はないとはいえ，原告が控訴審での主たる根拠としたのであるから，もっと正面から受け止めてほしかった（ただし，原告の準備書面は，筆者の意見書をきちんとふまえていなかった。この点で筆者は不満である）。又，審理の経過としても，被告から平成29年2月に書面がでてから，原告が書面を出す前に結審し，原告がその後に準備書面(3)を提出したが，判決には反映はされていない。

最高裁におかれても，本件には違憲及び判例違反その他重要な法解釈上の誤りが含まれているので，私見を正面から受け止めてほしいと思う。

2　厚年法施行規則78条の3の違憲性

⑴　判　　旨

「控訴人は，標準報酬改定請求をすることができる期間を2年間に制限した。厚年法施行規則78条の3の規定は不合理なものであり，憲法29条1項に違反すると主張する。

まず，前記関係法令の定めのとおり，離婚等をしたときから2年を経過したときは標準報酬改定請求ができない旨を定めているのは，厚年法78条の2第1項ただし書きの規定であって，厚年法施行規則の規定ではない。また，控訴人の主張を厚年法の規定の違法をいうものと解したとしても，次のとおり，かかる2年間の期間制限が不合理ということはできず，憲法29条1項に違反するものと解することはできない。すなわち，標準報酬の改定請求により，第1号改定者の標準報酬総額は減少し，これによって年金受給額も減少することになるが，これは当該離婚当事者だけではなく，遺族厚生年金受給者など離婚当事者以外の者の受給権にも大きな影響を及ぼす。そして，当該離婚当事者はいずれも離婚後，配偶者のいない新たな生活を始めることになるのであって，離婚後の生活設計に重要な位置を占める年金の受給額の見通しを早期に見極める必要性が高い。このような点に鑑みると，離婚後早期にその後の年金受給額の見通しを明確にさせる必要があるということができるから，法律関係の早期安定の見地から標準報酬改定請求をすることができる期間を限定することには合理的な理由がある。そして，離婚後の財産分与の請求に関し，家庭裁判所に協議に代わる処分を請求することができる期間が離婚後2年間であること（民法768条2項）などとの対比において，上記期間を離婚後2年間としたことに不合理な点はない。したがって，このような合理的な内容を持つ期間制限に関する規定が憲法29条1項に反するとは言えな

第5章　離婚によるいわゆる年金分割の申請期間と説明義務について

い。」

　(2)　反　　論

　法的安定性を金科玉条とすべきか。筆者は，3(2)で，「その内容は審判で確定し
ていることで，相手方は異議を述べることはできないから，年金分割を拒否する
合理的な理由はない。むしろ，せっかく年金分割審判を得たのに，それに基づく
年金を得られないことは極めて重大な不利益で，分割審判を受けたのに，分割し
ないで済むのは，全くの不当利得で，保護に値しない。仮に元の配偶者が全額年
金を受けていたとしても，将来に向かって分割するのであれば，審判があるので
あるから，覚悟しているはずで，保護されるべき不利益はない。」「年金分割の場
合でも，分割される方の配偶者は，年金分割制度ができた以上，分割請求がでる
のは想定内であり，数年後に分割されても，過去に遡って請求されない限り，保
護される利益はない。分割される方が死亡していて，遺族が年金を受給している
場合が問題になるが，それでも，子どもは働いていれば遺族年金の受給資格はなく，
障害者は自分の年金を貰っていれば，親の遺族年金をもらえない。親（年金を分
割される方の配偶者の親）が子ども（年金を分割される配偶者）の遺族年金を貰っ
ている場合に，後で分割されると不利益ではあるが，子どもが離婚している以上，
年金分割は想定内であるので，将来に向かって年金を減額されることは保護に
値する利益はないというべきである。」と主張していた（本稿では3(2)の文章を若
干修正していることがある。文意に変わりはない）分割される夫が再婚して死亡
していれば，その妻に遺族年金請求権が発生していることもあり得るが，審判確
定からわずか1ヶ月を1週間過ぎたくらいで，そのような事態が生ずることはま
ずないし，仮にあっても，その妻は，離婚した男と再婚し，年金分割審判中であっ
たのであるから，年金が分割されることは覚悟の上のはずであって，保護に値す
る程のことではない。なによりも，別れる前の婚姻期間に対応する年金は，別れ
る前の妻の権利であって，その後に再婚した妻の権利とすることは不合理である。
したがって，この点で法的安定性を重視するのは誤りである。親は，すでに死亡
していたそうである。

　離婚した場合の財産分与と，法律で定められている年金との対比については，
筆者は，3(2)①で，制度の趣旨が違いすぎるとして，財産分与についてはいつま
でも請求できることとすると，その財産が第三者に譲渡されたりして，複雑にな
るし，請求を受ける方は長年の後の請求により重大な不測の不利益を受けるので，
早期確定の要請がある。遺留分侵害請求権の行使が知ってから1年に限られてい
る（民法1042条）のも同様である，しかし，年金請求権にはそうした問題はない
ことを指摘していた。上記の判示だけでは，私見に対するまともな反論とは思え
ない。これからの分割であるから，法的安定性をわずか1週間でも重視すべき理
由はないはずである。

追　記

3　正当な理由による救済

(1)　判　　旨

「次に控訴人は，この期間制限について，正当な理由による例外を認めていないことを財産権の侵害で違法であると指摘する。しかしながら，この期間制限は，標準報酬改定請求の要件が整ったことを前提に年金事務所に書類を提出するための期間制限であり，この期間制限には上記説示のとおり，早期に法律関係を安定させるという合理性がある以上『正当な理由』というような極めて抽象的で要件該当性を明確に決めかねるような基準をもって例外を定めることはかえって不合理であり，これをもって違憲をいう控訴人の主張を採用することはできない。」

(2)　反　　論

この点も，筆者の意見書3(2)②に対する反論とはなっていない。「しかし，それに期限ぎりぎりトラブルことがある。その場合には『正当な理由』による期限徒過を認めるのが多くの立法例である……。特に，本件のように，手違いがある場合には，2年経過しても，正当な理由があるとして，期間徒過を認める制度を作るべきである。」とする筆者の主張に答えていない。

そして，「この期間制限は，標準報酬改定請求の要件が整ったことを前提に年金事務所に書類を提出するための期間制限であり」とはいうが，それでも勘違いした場合の救済制度を置かないことは，そのことによる重大な権利喪失を考慮すれば，重視すべきではない。「この期間制限には上記説示のとおり，早期に法律関係を安定させるという合理性がある以上『正当な理由』というような極めて抽象的で要件該当性を明確に決めかねるような基準をもって例外を定めることはかえって不合理であり，」という判旨は，「正当な理由」という例外条項が多くの法律に規定されている基本的な正義であることを無視し，法的安定性がどれだけの価値のあるものかを何ら説明せずに，年金という人生を左右する権利の喪失にも勝るという価値観を示したものである。高裁判決は人間というものを知らず，法的安定性という，得体の知れないものだけを重視していることになる。

4　厚年法施行規則78条の3の違憲性(2)

(1)　判　　旨

「控訴人は，厚年法施行規則78条の3第2項が，特例としての期間延長を1か月にしたことをもって法による委任の趣旨に反する旨主張する。

しかしながら，厚年法78条の2第1項ただし書きは，標準報酬改定請求をすることができなくなる場合について「当該離婚等をしたときから2年を経過したときその他厚生労働省令で定める場合に該当するとき」としているのであるから，法が具体的に定める原則は「離婚等をした時から2年を経過したとき」であり，その原則的な定めを具体的に定義するのであれば，当該法による委任の趣旨に反する

225

第5章　離婚によるいわゆる年金分割の申請期間と説明義務について

ものではないと解するのが相当である。そして，厚年法施行規則 78 条の 3 第 2 項は，離婚の当事者間で，請求すべき按分割合を定めるべき調停又は審判が申し立てられていたが，その結論が出される前に離婚等をしたときから 2 年が経過したからといって，標準報酬の改定請求をすることができないとすることは，当該離婚の当事者のみの責任による場合でないのに，不利益を与えることになってしまうことにかんがみ，すでに離婚等から 2 年を経過した場合でも，調停が成立し又は審判が確定してから 1 ヶ月間を加えた期間を延長するものである。

　これは，離婚等のときから 2 年経過後，さらに調停成立又は審判確定までの期間とその後の 1 か月を加えた期間を延長するものである。厚年法が離婚等をしたときから 2 年を経過したときには標準報酬改定請求をすることができないとしていることの趣旨が，法律関係の早期安定を図ることにあることや標準報酬改定請求に必要な書類を取得することに時間を要しないことからすれば，この 1 か月は，調停成立又は審判確定後標準報酬改定請求のための準備期間として十分である。したがって，上記規定が厚年法の規定による委任の趣旨に反するとはいえないから，この点に関する控訴人の主張を採用することはできない。控訴人は，財産分与請求が裁判で確定した後に請求権が 10 年間存続することとの対比をしているが，控訴人がいう 10 年間とは，審判等によって財産分与の申立てが認められて債務名義となった後，その確定した債権の消滅時効期間をいうものであって，本件における標準報酬の改定請求の期間と対比すべき期間として相当なものとはいえない。」

　(2)　反　　論

　「法律関係の早期安定を図ることにあることや標準報酬改定請求に必要な書類を取得することに時間を要しないことからすれば」1 ヶ月で十分というのは正常の場合である。人間生活には，勘違い，病気，その他各種のトラブルもある。1 か月は，「調停成立又は審判確定後標準報酬改定請求のための準備期間として十分である」とは限らないのである。筆者は，3(2)③で，「本件の場合，2 ヶ月であれば救済されていた。年金という，今後の人生を左右する重要な権利の行使について，請求期間をこのように短期とする合理的な理由はない。」と述べているが，完全に無視されている。しかも，この分割を 1 か月を超えて請求できるとしても，元夫など，権利を侵害される者はいないから，勘違いした者を救わないという合理的な理由はない。

　法的安定性がそれほど重要なのか。高裁判決はバランスを失していると言わざるを得ない。

　筆者は，3(3)で，筆者は，申請権を審判確定後 1 ヶ月に制限する省令は委任立法の限界を超えるとして，「施行規則は，審判確定後 1 ヶ月という短期の期間はその例外だからという発想であろうが，審判を例外とするのも合理性がなく，そのよ

うな授権がなされているとは読み取れないし，同法施行規則は，授権の範囲を逸脱していると解すべきである。少なくとも，1ヶ月の期間徒過につき，正当な理由がある場合はこの限りではないという但し書きを置かなかった点で，授権の範囲を超えて，違法であり，そのような但し書きがあるとの前提で，本件申請の適否を判断すべきである。」と述べているが，まともな反論があったとは思えない。

　財産分与が裁判で争われ，財産分与請求を認容する判決が下された場合，請求権は10年間存続する（民法167条1項）。このことは，「本件における標準報酬の改定請求の期間と対比すべき期間として相当なものとはいえない。」という高裁判決の理由は明確ではない。

　3(2)①の私見への反論とはいえない。

5　審判の確定を要するとの被控訴人の運用の違憲性

(1)　判　　旨

　「厚年法78条の2第I項2号は，標準報酬の改定請求ができる場合について，「家庭裁判所が請求すべき按分割合を定めたとき」と規定している。これは上記引用に係る補正後の原判決の説示のとおり家庭裁判所が審判により按分割合を定め，かつ，当該審判が確定していることをいうものと解すべきである。したがって，被控訴人の運用は，法の規定の趣旨に沿うものであり，何ら不合理なものとは言えないから，違憲であるとは思えないし，審判の確定を要することを前提とした本件職員の措置にも違法はない。」

(2)　反　　論

　しかし，4(2)②で述べたように，審判の確定を要することは省令には書いてあっても，法律には書いていないのであるから，庶民は誤解しやすいものである。それを間違えたら救済しないというのは行きすぎであると考える。これに対する反論もない。

6　期間徒過についての正当な理由の有無

(1)　判　　旨

　本件職員において控訴人が主張するような教示義務違反があったことを認めることができないことは上記引用に係る原判決が説示するとおりである。

　控訴人は，標準報酬改定請求の期間制限について，認識不足から請求期限を徒過する者が弁護士でも珍しくないことをもって標準報酬改定請求の期間制限が不合理であり，控訴人には期間を徒過した正当な理由があるというが，厚年法及び厚年法施行規則は法令であり，弁護士は，法令及び法律事務に精通しなければならない（弁護士法2条）のであって，弁護士が厚年法及び厚年法施行規則に定められた期間制限を失念することが珍しくないからといって標準報酬改定請求の期間制限を不合理であるということはできない。甲18には，離婚事件（特に女性から

第5章　離婚によるいわゆる年金分割の申請期間と説明義務について

受任したとき）は，年金分割のことを念頭に置いて年金のことを聞いておく必要
があることのほか，受任範囲の問題，説明義務の問題には注意しなければならな
いとの指摘もされている。控訴人の主張は弁護士に賠償責任を負うべき落ち度が
ある者が多いとの主張にほかならず，だからといって，本人が期間を徒過するこ
とについて正当な理由があるということにはならないのであるから，控訴人の主
張を採用することはできない。

　(2)　反　　　論
　このことが平均人の行動原理に反することは，4(2)②で丁寧に説明したのに無視
されている。
　「控訴人の主張は弁護士に賠償責任を負うべき落ち度がある者が多いとの主張に
ほかならず，だからといって，本人が期間を徒過することについて正当な理由が
あるということにはならない」のはなぜなのか。本件では弁護士の過誤の責任を
追及する訴訟ではなく，素人が勘違いした事件である。そこで，専門家でも勘違
いしやすいのだから，素人が勘違いすることはなぜ許されないのか。それは法制
度がわかりにくいためで，個人の責任にする理由があるのかというのが原告の主
張である。高裁判決はこれに答えたことにならない。なお，原告代理人が，弁護
士過誤を引き合いに出したのは，申請期間の不合理性を強調するためであり，高
裁は正しく理解していない。

7　信義則違反の有無
　(1)　判　　　旨
　「本件職員において控訴人が主張するような教示義務違反があったことを認める
ことができないことは上記引用に係る原判決が説示するとおりである。
　したがって，その違反があることを前提とする控訴人の信義則違反との主張を
採用することはできない。」
　(2)　反　　　論
　これは上記の4(2)②の主張を完全に無視している。

8　審判確定について補正を求めることの要否
　(1)　判　　　旨
　「上記のとおり，標準報酬の改定請求に際しては，按分割合を定める審判の確定
を要するものであり，確定証明が付されていないことは単なる形式的な不備にと
どまるものではない。そして，本件職員が申請書類を控訴人に返却し，これによっ
て第1改定請求が取り下げられたと解すべきことは上記引用に係る原判決が説示
するとおりである。したがって，この点に関する控訴人の主張も採用することは
できない。」

追　記

(2)　反　　論

　これも 4(2)③ の筆者の主張を否定するような論拠が示されている訳ではない。

　多くの裁判所は，年金事務所を初めとする行政機関の窓口にきちんとした説明をすることを求めている。この高裁判決は，年金事務所よりもはるかに時間をかけ，当事者の主張も聞いているのに，窓口行政官並みの説明もしていない。これも「誤説明」であろう。

　裁判所におかれては，当事者が真剣に努力して作成した書面を素直に読んで，普通の人間は勘違いしやすいこと，それで他者の利益を大きく害するわけでもないのに，人生を左右されるような不利益を課されるのは余りにも不合理だ（バランス感覚を欠く）ということを考慮に入れて判断して頂きたく，お願いする。

第6章　残業・休日労働に関するいわゆる 36協定の情報公開について

1　はじめに——本稿の趣旨と 36協定情報公開訴訟の意義

　本稿は，過労死弁護団が，労基署に届けられている，労基法 36条の定める いわゆる 36協定文書，つまりは残業・休日労働に関する労使の協定書が過労 死の温床であるとして，その公開を求めたところ，国の情報公開審査会（当時） において，事業所名をはじめ，その多くが行政機関情報公開法の非公開事由に 該当するとして非公開とされた（平成 16年 1月 23日答申 503号）ので，取消訴 訟を提起した事件（被告，大阪労働局長，実質は国，本件は行訴法改正前の事件で あるが，以下，改正行訴法に倣って，被告は国としておく）において，2004年 11 月頃，同弁護団から依頼を受けて大阪地方裁判所に提出した意見書である（こ れに対する国側の反論を入れているが，内容の基準時は 2004年のままである）。

　最初に，この依頼者である松丸正弁護士の「36協定の情報公開訴訟判決とそ の活用」（http://homepage2.nifty.com/karousirenrakukai/15-150-0508_36kyoteijoho koukaihanketsu(matsumaru).htm）を借りて，この訴訟の意義（判決の効果は末 尾に）を紹介しておく。

　「厚労省の過労死の認定基準は発症前 1ヵ月間（30日間）で週 40時間を超え る時間外労働が 100時間を超えるか，発症前 2ヵ月間ないし 6ヵ月間のいずれ かの月の時間外労働の平均が 80時間を超えるときは，業務と発症との関連が 強いとして原則として業務上と判断している。

　一方，36協定についての限度時間を定めた厚労省の告示は月 45時間，年間 360時間などの時間外労働の限度時間を定めている。

　従って，事業所ごとに労使間で締結される 36協定が厚労省の告示の限度時 間を遵守し，告示には法的拘束力はないという限界はあるものの，届出にあ たって適切かつ強い指導を行い，かつそれが職場で実行されていれば月の時間 外労働が 80時間，更には 100時間という長時間労働は生じるはずはなく，過 労死は死語になるはずである。

　では過労死が生じた職場では，36協定を無視した（労基法違反として 6ヵ月

第6章　残業・休日労働に関するいわゆる36協定の情報公開について

以下の懲役又は30万円以下の罰金となる）労働が行われているのだろうか。

　ある過労死事件のなかで，会社と交渉した際に被災者の遺族の代理人として36協定違反の有無を追及した際に，「当社では36協定違反行為はない」として示された36協定には「特別な事情があるときは年間900時間まで延長できる」と記載されていた。

　このように大企業を含めて，多くの会社では告示の限度時間以内にとどめた一般協定とともに特別の事情があるときは，更にこれを延長して時間外労働をさせることができるとする特別協定が締結されている。職場のなかでは，特別協定で定められた限度時間が，時間外労働の限度時間と考えられているところが少なくない。

　特別協定の限度時間を調べてみると，年間960時間（月80時間），更には1,200時間というものが見うけられ，1,800時間という常軌を逸したもの（病院の医師）さえある。このような明らかに過労死ラインを超えた36協定が労使間で締結され，かつ労基署もこれを受理しているという実態が過労死事件に取り組むなかで明らかになってきた。

　時間外労働の限度を画すはずの労使の「合意」による36協定が，賃金不払労働（サービス残業）と並んで過労死の温床となっているとの認識から，労働基準オンブズマンは36協定の実態を明らかにすべく，大阪労働局長に労基署に届出られた36協定の情報公開請求を行った。しかし，事業所名は非開示（黒塗り）となった一部開示しかなされず，どの会社のどの事業所のものであるかは判明しなかった。それが開示されないことには，具体的な企業名・事業所名を指摘して，労基署・労働局を通じてその是正を求めさせることはできない。

　そこで平成15年7月24日，大阪地方裁判所に対し，大阪労働局を被告とする情報公開請求を提訴した。」

　残業時間・休日労働を規制するはずの36協定が空文化して，労働者に無限の奴隷労働を強いて過労死を惹起し，これを禁止すべき厚労省がそのままこれを受理し，しかもこれを世間に知らせないように，いわば悪徳使用者側に回って情報を非公開とし，さらには，国の情報公開審査会（裁判官や役人の天下りポストとして役所の立場を正当化しがちである）までがこれに加担している現状に，筆者は恐怖の念を抱いた。

　そこで，筆者は依頼を受けて検討し，情報公開制度の考え方と36協定の法的性質を明らかにすることにより，行政機関情報公開法の非公開事由のいずれにも該当しないとの結論に達した（ただし，過半数代表者の氏名，印影を除く）。

その後，大阪地裁は，国の情報公開審査会の答申を大幅に覆し，私見とかなりの点で同方向の判決を下した（大阪地判平成17年3月17日判タ1182号182頁，労働判例893号47頁）。しかし，全部認められたわけではないので，末尾で若干の追加的コメントをする。

この判決は地裁段階で確定し，その後36協定が事業者名を含め，基本的には公開されるようになったので，過労死を招くような協定は減り，酷使する事業者は雇用市場で不利になり，労働条件の改善に寄与したものと思っている（大学教授のいわば社会貢献としては，一般に審議会委員の経歴が挙げられるが，御用学者の社会貢献とは異なり，過酷な労働を強いられる労働者の現状を明らかにして（私のおかげで何人か死なずにすんだはず），本当に貢献したつもり）。

2　非公開事由と「おそれ」の語義，立証責任

⑴　36協定の情報公開のしくみ

行政機関情報公開法（3，5条）においては，先行した自治体の情報公開条例と同様，原則公開主義を採っており，非公開事由に該当しないかぎり，公開しなければならない（請求者には公開請求権がある）というしくみが採られている。

労基法36条の定めるいわゆる36協定においては，時間外又は休日の労働をさせる必要のある具体的事由，業務の種類，労働者の数並びに1日及び1日を超える一定の期間についての延長することができる時間又は労働させることができる休日，有効期間が記載される（労基法施行規則16条，その様式は同17条，様式9以下）。これは労基署に届けられ，組織として管理する文書となっている。そこで，これは，非公開事由に該当しなければ，公開されなければならない。

⑵　非公開とされた情報

公開されたのは，所定労働時間，延長することができる時間，所定休日，労働させることができる休日並びに始業及び終業の時刻，期間，協定の成立日である。

なお，更新届けの際の事業所名，取締役の氏名は公開されているが，これは前の届出と同一内容にて下記期間引き続き協定を締結したことを届け出るだけで，この書面には前に届け出られた協定の内容は記載されていないので，事業所名，取締役の氏名が公開されても，過労死につながる時間外・休日労働の実

第6章　残業・休日労働に関するいわゆる36協定の情報公開について

態は何もわからない。

非公開情報となったのは，まず，（判決文別紙2）

1　不開示情報1

　　過半数代表者の氏名及び同人の印影，過半数代表者以外の労働者の氏名及び同人の印影並びに一部の使用者（対象文書に係る事業を営む個人及び法人登記簿に記載された法人役員以外の使用者）の氏名及び同人の印影。

2　不開示情報2

(1)　時間外労働又は休日労働をさせる必要のある具体的事由，業務の種類，労働者数。

(2)　使用者（上記1記載の者を除く。）の印影，法人印，労働組合印等の印影。

(3)　事業の種類，「自動車運転者の労働時間等の改善のための基準」，「改善基準」といった事業の種類を推認し得る記載，事業の名称，事業の所在地，郵便番号，電話番号，労働組合の名称，労働組合の所在地，過半数代表者及びこれ以外の労働者の職名，過半数代表者及びこれ以外の労働者の労働組合における役職名並びに使用者（上記1記載の者を除く。）の氏名及び職名。

である。

非公開理由は，不開示情報1は，個人識別情報であって行政機関情報公開法5条1号に該当すること，不開示情報2は，公にすることにより当該行政文書がいずれの事業者の事業についてのものであるかが特定できる情報であり，当該事業において法定労働時間を超えて実施する業務や人員等に関する情報が公となることから利益侵害情報に当たり，同条2号イに該当し，

(1)　そのため，これらの情報を含めて本件文書を公にする場合，労基法36条による協定を行政庁に届け出る制度そのものの信頼を損ない，国の行う事務の適正な遂行に支障を及ぼすおそれがあって，行政機関情報公開法5条6号に該当すること，

(2)　印影は，公にすることにより，偽造され，犯罪の予防に支障を及ぼすおそれがあり同条4号に該当するものであった。

なお，（判決文別紙3）

(1)　独立行政法人等の保有する情報の公開に関する法律2条に規定する独立行政法人等に含まれる特殊法人の協定届，協定書，その他の文書に記載されている，事業の種類，事業の名称，事業の所在地，時間外労働をさせる

234

必要のある具体的事由，業務の種類，労働者数，休日労働をさせる必要の
ある具体的事由，業務の種類，労働者数，使用者の氏名・職名及び当該職
名の印影

⑵　株式会社等の商法上の会社及び財団法人等の民間法人についての更新届
に記載されている，事業の種類，事業の名称，事業の所在地，使用者側の
表示中に記載された取締役（代表取締役を含む。以下同じ。）である旨の表
示及び当該取締役の氏名，並びに，協定届に記載されている，作成事務代
行を行った社会保険労務士の印影。

は，国の情報公開審査会平成14年6月17日（答申69号）により公開された
が，その余は非公開のままであった。

（なお，独立行政法人等の文書は，論点を異にするので省略する。独立行政法人は，
国，地方公共団体扱いで，行政機関情報公開法5条2号により同法上の「法人」に
は当たらない扱いがなされ，独立行政法人等の保有する情報の公開に関する法律の
適用を受ける）。

これに対する裁判所の判断は，「追記」で詳述するが，要するに，前記非公
開情報のうち2⑶，事業の種類，事業の名称，事業の所在地等，大事な部分に
ついて公開せよとし，他方，本件不開示情報1は行政機関情報公開法5条1号
の個人識別情報として，本件不開示情報2のうち時間外労働又は休日労働をさ
せる必要のある具体的事由，業務の種類，労働者数の各情報は同条2号イの利
益侵害情報として，本件印影はいずれも同条4号に該当する情報として，それ
ぞれ不開示情報に該当するとされた。

以下述べるのは，この判決の前の阿部泰隆意見書である。

⑶　「おそれ」の語義

以下，これらの情報が非公開事由に該当するかどうかを検討するが，その前
に，一般論として，非公開事由を定める行政機関情報公開法5条の1，2，5，
6号で用いられている「おそれ」の意義について検討する必要があるだろう。
普通の日本語では，「おそれ」というと，将来の抽象的な可能性を意味するか
ら，その程度のもので非公開にできるのか，それなら，これは情報公開法の名
に反して，非公開法ではないかという疑問が生ずる，

しかし，立案者の解説をみれば，これはそのような趣旨ではなく，具体性，
蓋然性を意味するということのようである。

担当省である総務省の解説[1]は，1，2号について，「この『おそれ』の判断

第6章　残業・休日労働に関するいわゆる36協定の情報公開について

に当たっては，単なる確率的な可能性ではなく，法的保護に値する蓋然性が求められる」としている。

　行政改革委員会の意見を記録した「情報公開法要綱案の考え方」[2]は，6号の「適正な遂行に支障を及ぼすおそれ」の意義に関して次のように説明する。

　「『適正な遂行に支障を及ぼすおそれ』は，行政機関に広範な裁量権限を与える趣旨ではない。本号が人の生命，身体等を保護するために開示することにより必要と認められる情報を明示的に除外していないのは，公益的な開示の必要性等の種々の利益を衡量した上での『適正』が要求されているからである。したがって，『支障』の程度については，名目的なものでは足りず，実質的なものが要求され，『おそれ』の程度も，単なる確率的な可能性ではなく法的保護に値する蓋然性が要求されることになる。」ということである。

　これに対し，3，4号は「おそれがあると認めるに足りる相当の理由がある情報」という文言を用いているが，それは，「裁判所は……行政機関の長の第一次的な判断を尊重し，その判断が合理性を持つ判断として許容される限度内のものであるかどうかを審理判断するのが適当である」[3]ということによるも

---

(1)　担当省である総務省行政管理局の編集にかかる『詳解情報公開法』（財務省印刷局，2001年）57頁（1号につき），78頁（6号につき）。

(2)　行政改革委員会事務局監修『情報公開法制』（第一法規，1997年）29頁。これに批判的な三宅弘『情報公開法の手引き「逐条分析と立法過程」』（花伝社，1999年）71頁もこれを引用し，宇賀克也『新・情報公開法の逐条解説〔第2版〕』（有斐閣，2004年）74頁，松井茂記『情報公開法〔第2版〕』（有斐閣，2003年）278-279頁もこれに従っている。

　なお，「おそれ」の語義は，6号で論ずる以前に，1，2号で論ずべきであるが，この行政改革委員会著ではなぜか，6号でだけ論じられているため，上記の三宅著でも，1，2号の箇所では，「おそれ」を論じない。宇賀・前掲『新・情報公開法の逐条解説〔第2版〕』53頁，63頁，松井・前掲『情報公開法〔第2版〕』184頁，212頁も同様である。

　もし，「おそれ」が抽象的なおそれの趣旨であればこの法律は非公開法になるから，大議論を巻き起こすはずで，そうでないから，記述が簡単なのであろう。宇賀克也氏に伺ったところ，「『おそれ』という言葉が使われているのは，開示してはじめて生ずる被害なので開示する前は被害の予測であるからその表現を用いたものと理解しています。したがって，これにより裁量を認める趣旨ではなかったと思います。開示した場合に生ずる結果を開示前に予測する場合，抽象的にはある損害が発生する可能性もないわけではないというだけでは，ここでいう『おそれ』がある場合には該当せず，相当具体的に予見できる場合でなければならないという点については，立案過程で共通の認識があったものといえると思います。訴訟になった場合，裁判所は，この『おそれ』の有無の判断について，判断代置しうるという前提で意見交換が行われていたものと記憶しています。」ということである。ご教示に深謝する。

(3)　行政改革委員会事務局・前掲注(2)『情報公開法制』27頁，宇賀・前掲注(2)『新・情報公開法の逐条解説〔第2版〕』67-9頁，松井・前掲注(2)『情報公開法〔第2版〕』243，255頁。

のである。この両者を比較しても，「おそれ」が裁量を認める趣旨ではないことは明らかである。

「おそれ」という文言を用いつつ，「法的保護に値する蓋然性」を要求するとの意味であるとするこの条文の作り方は法技術的に適切だとは思えないが，これが一般的な考え方のようである。非公開法になるのではないかと批判する立場でも，問題としていたのはこの3，4号であって，1，2号の規定の仕方ではない。

(4) 非公開事由の具体性の程度と立証責任

次に，この非公開事由が「おそれ」と抽象的に定められていても，それに当たる事実が具体的に存在することを処分庁が主張立証しなければならないことを指摘しておく。このことは，大阪府水道部が事業の施行のために行った懇談会等に係る支出伝票等の公文書の公開が求められた平成6年の最判により明らかにされている。

すなわち，本件文書を公開することにより，府の機関等が行う企画，調整等に関する情報であって，公にすることにより，当該又は同種の事務を公正かつ適切に行うことに著しい支障を及ぼすおそれのあるもの（4号），府の機関等が行う交渉，渉外，争訟等の事務に関する情報であって，公にすることにより，当該若しくは同種の事務の目的が達成できなくなり，又はこれらの事務の公正かつ適切な執行に著しい支障を及ぼすおそれのあるもの（5号）に当たるというためには，「大阪府水道部の側で，当該懇談会等が企画調整等事務又は交渉等事務に当たり，しかも，それが事業の施行のために必要な事項についての関係者との内密の協議を目的として行われたものであり，かつ，本件文書に記録された情報について，その記録内容自体から，あるいは他の関連情報と照合することにより，懇談会等の相手方等が了知される可能性があることを主張，立証する必要があるのであって，大阪府において，右に示した各点についての判断を可能とする程度に具体的な事実を主張，立証しない限り，本件文書の公開による前記のようなおそれがあると断ずることはできない」（最判平成6年2月8日民集48巻2号255頁，判タ841号91頁，判時1488号3頁）。

その後の判例も一貫して，この点を確認している。その理由としては，一般理論に照らして，適法な処分をなしたと主張する側に立証責任があること，情報公開条例により公文書が原則公開であるとされていることにある。大阪地判平成9年10月22日判タ968号142頁（弁護士報酬に関する事案），大阪地判平

第6章　残業・休日労働に関するいわゆる36協定の情報公開について

成13年3月8日判例自治216号32頁（地方税法の秘密に関するもの）がその例
で，条例の定め方によって違うものではない。さらに，被告は本件文書の記載
内容を了知しているのに対し，原告はこれを知らないことも考慮される（宮崎
地判平成10・11・13判時1709号20頁。ただし，注(4)の宇賀克也論文では，福岡高
判平成9年12月19日判例集不登載も同旨とされているが，判例を検索できなかっ
た）。

　なお，情報公開にかかる訴訟手続にいわゆるインカメラ審理手続が採用され
ていないことにより，処分の適法性の主張，立証に一定の困難が伴うことは事
実であるが，これは主張，立証上の工夫により回避すべき事柄であり，その
ことによって右の判断が左右されるものではない（前掲宮崎地判平成10年11月
13日。注(4)で引用する宇賀克也論文によれば，前掲福岡高判平成9年12月19日も
同旨）。

　立証の程度については，食糧費の公開請求の事案であるが，「開示すること
により，当該検査等若しくは同種の検査等を実施する目的を失わせ，これらの
検査等の公正かつ円滑な実施に著しい支障が生じ，又はこれらの検査等に関
する関係者との信頼関係若しくは協力関係が著しく損なわれるおそれのあるも
の」にいう「おそれ」は，被告において，具体的にこれを主張しなければなら
ず，右の「おそれ」が将来の不確定な可能性についての予測であったとしても，
必ずしもこれを具体的にすることができないというものではないとされている
（福岡高判平成11年6月4日判タ1056号182頁）。

　また，最高裁も，「知事交際費に関する公文書の開示請求対象文書に記録さ
れている交際の相手方が識別され得る情報のうち会費に係るものの中には，9
号の例外要件に該当するものが含まれている蓋然性が高いのであるから，第1
審被告としては，抽象的に公表，披露を予定したものはない旨を主張立証する
だけでは足りず，会費の具体的な類型を明らかにした上で，これが9号の例外
要件に当たらないことを主張立証すべきであり，この点について審理を尽くさ
ずに交際の相手方が識別され得る情報のうち会費に係るものが少なくとも本件
条例6条1項9号に該当するとした原審の判断には，法令の解釈適用を誤った
違法がある」とする（最判平成14年2月28日民集56巻2号467頁）。

　主張立証の程度については，「右主張立証は当該行政情報を公開することに
より当該法人等に著しい不利益を与えることが社会通念上明らかであると観念
できる程度に行えば足り，因果の流れを逐一主張立証しなければならないもの
ではない。すなわち，当該非公開とされる情報それだけから当該法人等に著し

2 非公開事項と「おそれ」の語義，立証責任

い不利益を与えることが看取できないような場合には，その公開により当該法人等に著しい不利益を与えることを他の資料をもって具体的に明らかにする必要はあるが，当該非公開とされた情報が記されている資料の趣旨，目的，記載内容等から当該情報の有する情報価値及び重要性が明らかであって，これを公開することにより当該法人等に著しい不利益を与えることが社会通念上明らかであると観念できる場合には，それ以上に個々具体的な因果の流れについてまで立証を要するものではない。そして，本件各行政情報それぞれについて，これを公開することによりコリンズカントリークラブに著しい不利益が発生することが明らかである。」（東京高判平成 10・6・29 判タ 1006 号 153 頁）。

　福岡県立高等学校の学校毎の退学者，原級留め置き者数の非公開処分を取り消した判決（福岡地判平成 2・3・14 判例自治 69 号 29 頁，福岡高判平成 3・4・10 判時 1391 号 140 頁これを維持）においても，これだけのことから個人情報が知られるとか，その他，非公開事由に当たるという県教育委員会の主張は抽象的であり，採用されていない。

　以上は，いずれも情報公開条例に関する判例であった。これらの条例の条文の作り方は国法のそれと多少異なっているが，原則公開，例外非公開という情報公開制度の構造に変わりはないので，この判決の考え方は国法の解釈にも妥当するものである。

　そこで，行政機関情報公開法に関する判例も，立証責任が行政機関の長にあるという立場をとっている。

　すなわち，名古屋高裁平成 14 年 (行コ) 第 33 号 平成 14 年 12 月 5 日判決（判例集不登載）は，CIS（自動車ユーザー相談等事案情報処理システム）によるユーザー相談からの苦情申出情報の行政文書の開示を請求した事案で，部分開示情報に関する証明責任について検討するに，情報公開法 1 条が『この法律は，国民主権の理念にのっとり，行政文書の開示を請求する権利につき定めること等により，行政機関の保有する情報の一層の公開を図』ること等を目的とする旨定め，同 5 条等において行政文書の原則的開示を定めていること，及び不開示部分の内容を知らない開示請求者に部分開示情報に当たることの立証責任を負わせることは不能を強いるに等しいことなどを考慮すれば，情報開示請求訴訟においては情報開示請求を拒否できる事由の存在についての立証責任を行政機関側において負担すると解するのが相当であり，本件についてみれば，部分開示情報に当たらないことを処分庁が立証すべきであって，その立証が成功しなければ，不開示処分は違法となって取り消されるべきものと解される。また，

239

第6章　残業・休日労働に関するいわゆる36協定の情報公開について

立証の程度については，事柄の性質上，不開示部分の内容を逐一明らかにするまでの必要はないものの，不開示部分が部分開示情報に当たらないことにつき，合理的な範囲内で詳細な立証をする必要があると解される。」としている[4]。

以下，これらの判例に現れた考え方に沿って検討する。

本件文書について，非公開事由に当たるかどうかとして考えられる論点は下記の通りであり，これを個別に検討することとする。

3　法人情報：「競争上の地位その他正当な利益を害するおそれ」に該当しない

⑴　「競争上の地位その他正当な利益」の意義

①　し　く　み

本件情報は，組合代表者の氏名などを除いて，個人情報ではなく，36協定を締結した企業と労働組合の法人情報である[5]。「公にすることにより，当該法人等……の権利，競争上の地位その他正当な利益を害するおそれがあるもの」（5条2号イ）は非公開とされるが，「ただし，人の生命，健康，生活又は財産を保護するため，公にすることが必要であると認められる情報」（5条二号但し書き）は公開とされる。

そこで，36協定がこの条項により非公開とされるかどうかを論ずる前に，まず，この「権利，競争上の地位その他正当な利益を害するおそれがあるもの」の意義について考察する。

⑷　本文は，宇賀克也「情報公開訴訟における法律問題・再論」三辺夏雄・磯部力・小早川光郎・高橋滋編『法治国家と行政訴訟　原田尚彦先生古稀記念』（有斐閣，2004年）469～470頁の叙述をベースに判例について説明を加えたものである。自分の文章で書き始めたが，ちょうど脱稿直前にこの文献が公表されたので，情報公開法の権威者の文章を借りる方が客観的であると考えたのである。判例の検索は宇賀の引用をベースにTKCによった。ただし，宇賀克也が判タ1004号111頁として引用する東京高判平成10年6月29日は，同氏に確認したが，判タ1006号153頁の誤記である。少し以前の判例は，宇賀克也『情報公開法・情報公開条例』（有斐閣，2000年）149-150頁で説明されているが，論旨は同じである。

⑸　権利能力なき社団もここでいう「法人等」に含まれる。日本学術会議は，登録申請を行った学術研究団体についての情報を保有しているが，日本公法学会のような権利能力なき社団の情報も，情報公開法5条2号に照らして判断されることになる。小早川光郎『情報公開法』（ぎょうせい，1999年）85頁。

　労働組合の情報は組合に法人格があれば法人情報であるが，法人格がなくても，権利能力なき社団として，法人と同じ扱いになる。

3 法人情報：「競争上の地位その他正当な利益を害するおそれ」に該当しない

この条文では「正当な」は「利益」にだけかかっているが，内容的には「権利，競争上の地位」は正当なものだけが保護されることは明らかである[6]。競争上不利になるというだけでは，非公開にはできない。違法な活動，さらには社会的に正当化されない活動は，正当な競争とは言えないからである。

営業上の秘密がこれに当たることはもちろんであるが，それ以上にどれだけ拡がるかが肝心の点である。

② 立法に当たって参照されたアメリカ法のしくみ

日本の情報公開法へ大きな影響を与えたのはアメリカの情報自由法（FOIA）である。その適用除外4が法人情報である。これについて詳しい宇賀克也[7]によれば，①営業秘密，②第三者から取得した商業上又は営業（次に述べるように金融とも訳される）上の情報であって，秘匿特権が認められるか又は秘密に属するものを不開示とする趣旨である。

情報公開制度を立案する中間段階の報告書も下記の通りの説明をしている[8]。

「(イ) アメリカの情報公開制度においては，保護されるべき企業情報について，『営業上の秘密』と『秘匿権が認められ又は秘密に属する商業上又は金融上の情報』との二つのカテゴリーに分けて運用している。

『営業上の秘密』については，新製品の製造のための商業上価値のある製法，工程，発明等であって公にされていないものがこれに当たるとし，生産過程との間に直接的な関係のあることが要件とされている。

また，『秘密に属する商業上又は金融上の情報』については，モートン基準と呼ばれている判断基準があり，次のいずれかの結果を生ずるおそれがある場合には不開示とされている。

① 将来，必要な情報を収集する政府の能力に損害を与えること。

政府が将来同種の情報を収集する際に企業の協力が得られなくなることを防ぐ趣旨である。情報提供を法令によって強制できる場合は，その例外とされている。

---

(6) 松井・前掲注(2)『情報公開法〔第2版〕』212頁。
(7) 詳しくは，宇賀克也『アメリカの情報公開』（良書普及会，1998年）207頁以下，同『情報公開法の理論［新版］』（有斐閣，2000年）130頁以下特に145頁。
(8) 総務庁行政管理局監修『情報公開 制度化への課題——情報公開問題研究会中間報告——』（第一法規，1990年）29〜31頁。さらに，アメリカ法については，前掲注(7)の宇賀克也著のほか，行政改革委員会行政情報公開部会『情報公開法要綱案（中間報告）』（第一法規，1996年）141頁以下，行政改革委員会の意見・前掲注(2)『情報公開法制』214頁以下。

第6章 残業・休日労働に関するいわゆる36協定の情報公開について

　　② 情報を提供した第三者の競争的地位に相当な被害を及ぼすこと。
　　　行政への情報提供者が競争相手との関係で実質的な不利益を被るおそれが
　　ある場合，これを保護する趣旨である。」

　本件は，「営業上の秘密」には該当せず，権力で収集する情報であるところ
から，モートン基準の①には該当せず，②が問題になる。これは日本法とほぼ
同様であろうか。

③　日本法の立法趣旨
　しかし，日本法はアメリカ法と同じ文言を用いているものではないので，こ
のアメリカ法の解釈はそのまま妥当するものではない。そこで，日本法の立法
趣旨を探してみると，今引用した中間報告書は下記の通りに説明している[9]。

　「(ア)　行政機関の保有する情報には，企業から提出された各種申請書，計画書等
の企業情報が数多く含まれており，これらの企業情報を情報公開制度においてど
のように取り扱うべきかが問題となる。
　公害，環境，医薬品，食料品等に関する企業情報については，人の生命，身体
又は健康を危害から守ろうとする立場からは，広く開示すべきであるとの考え方
がある。他方，企業情報の開示は，工業所有権その他の知的所有権の侵害につな
がるおそれがあること，企業の正常な運営や企業間の公正な競争を妨げるおそれ
があることや経済取引等をめぐって国際的紛争を生ずるおそれがあることなどか
ら，一定の企業情報は保護されなければならないという考え方がある。
　(イ)　(ここで，前記のアメリカの情報公開制度が紹介されているが，重複するの
で省略する)
　(ウ)　企業情報については，一方において開示の要請に応えるとともに，他方に
おいて企業秘密の保護や公正な企業間競争及び行政が必要とする情報の収集を確
保するという，二つの要請のバランスを図っていくことが必要になる。
　秘密として保護されるべき企業情報の内容をどう考えるべきかという問題につ
いては，企業秘密の概念が必ずしも明確ではなく，最も広義に解すれば，企業が
秘密として取り扱う意思があり，秘密とすることに利益があるすべての事項とい
うことになるが，狭く解すれば，生産過程に直接関係するノウハウ等に限定され
るという考え方もある。企業秘密の概念については，知的所有権の保護の問題及
び企業の秘密保護の実態をも含めた別途の検討が必要であるという意見があった。
　なお，第118回国会における不正競争防止法の一部改正により，経済的活動に

---

(9)　総務庁行政管理局監修・前掲注(8)『情報公開　制度化への課題——情報公開問題研究
　会中間報告——』29 ～ 31頁。

おける財産的情報に係る不正行為の防止の観点からは，秘密として管理されている生産方法，販売方法その他の事業活動に有用な技術上又は営業上の情報であって，公然と知られていないものは営業秘密として保護することとされている。」

情報公開法の立案に当たった行政情報公開部会の法人情報に関する議論でも，任意提供情報の扱いが主たる課題で，「正当な利益を害するおそれ」については十分な議論があったとは思われない[10]。

そして，最終的にまとまった情報公開法要綱案では，その趣旨は，「当該法人等と行政との関係，その活動に対する憲法上の特別の考慮の必要性等，それぞれの法人等及び情報の性格に応じて，的確に判断されるべきである」とされている[11]。

これでは極めて抽象的ではあるが，法人情報の解釈においては，前記のアメリカ法を参考にしたことを考えると，法人にとって何らかの影響があれば非公開にする趣旨であるとはとうてい考えられない。

④　判　　例

では，判例はこれをどう考えているか。

愛知万博開催のための長期借入金の承認に関する行政文書は非公開にできる法人の利益情報ではないとした名古屋地裁判決の要点は次の通りである。

「情報公開法が，開示請求に係る行政文書に，法人情報であって『公にすることにより，当該法人等又は当該個人の権利，競争上の地位その他正当な利益を害するおそれがあるもの』（5条2号イ）が記録されている場合はこれを非開示とすることができる旨を規定した趣旨は，法人等が社会構成員としての自由な事業活動が認められていることにかんがみ，その事業活動上の正当な利益を十分尊重，保護し，行政文書が開示されることによって法人等に不利益を与えることを防止しようとしたものであるが，一方で，情報公開法は，『国民主権の理念にのっとり，行政文書の開示を請求する権利につき定めること等により，行政機関の保有する

⑽　行政改革委員会行政情報公開部会・前掲注⑻『情報公開法要綱案（中間報告）』48-49頁。

⑾　行政改革委員会の意見・前掲注⑵『情報公開制』25頁。さらに，注⑴の総務省行政管理局編『詳解情報公開法』57頁も，「『害するおそれ』があるかどうかの判断に当たっては，法人等又は事業を営む個人には種々の種類，性格のものがあり，その権利利益にも様々なものがあるので，法人等又は事業を営む個人の性格や権利利益の内容，性質等に応じ，当該法人等又は事業を営む個人の憲法上の権利（信教の自由，学問の自由等）の保護の必要性，当該法人等又は事業を営む個人と行政との関係等を十分考慮して適切に判断する必要がある。」としている。

第6章　残業・休日労働に関するいわゆる36協定の情報公開について

情報の一層の公開を図り，もって政府の有するその諸活動を国民に説明する責務が全うされるようにするとともに，国民の的確な理解と批判の下にある公正で民主的な行政の推進に資すること』を目的とし（1条），行政文書の開示を原則としている（5条）ことに照らすと，上記の非開示事由としての情報は，主観的に他人に知られたくない情報であるというだけでは足りず，当該情報を開示することにより，当該法人等又は当該個人の権利，競争上の地位その他正当な利益を害するおそれが客観的に認められる場合を指すと解すべきである（最高裁判所平成13年11月27日第3小法廷判決・平成9年(行ツ)第241号事件）。

　　この点，被告は，営業上，経営上又は財務上の秘密に属する情報であれば，当該法人等に具体的にどのような不利益な事態が生ずるおそれがあるかなどをそれ以上論ずるまでもなく，経験則上，正当な利益を害するおそれがあるものとして直ちに情報公開法5条2号イに該当すると主張する。しかしながら，被告主張のような経験則が存在するとは到底考えられず，情報公開法の前記趣旨，目的をも考慮すると，形式的に営業上，経営上又は財務上の秘密に属する情報に当たれば，そのすべてが非公開とされると解するのは相当でなく，当該情報の性質，内容，公にされている情報との関連性，これらを取り巻く具体的情勢などの要素を総合考慮した上，前掲最高裁判決の示す客観的おそれの有無に従い，その充足性を判断するのが相当である。」（名古屋地判平成13年12月13日訟務月報49巻5号1506頁，判タ1083号310頁）。

　ここで引用された最高裁判決は最判平成13年11月27日（判時1771号67頁，判タ1081号171頁，判例自治231号12頁）である。

　このようにみれば，国の行政機関情報公開法においても，情報公開条例においても，非公開とするためには，正当な利益などを害することが推測ではなく，主観的ではなく，客観的に明らかにされなければならないのである。

⑤　学　　説

　次に，情報公開に関してきわめて詳しい松井茂記著[12]によれば，概要次のようである。

　法人情報の公開ルールは，企業のノウハウの保護，職業選択の自由から導かれる営業の自由の保障と，企業活動にかかわる国民の利益との調和点に見出されるもので，日本法はアメリカ法をほぼ受け継いだが，前記の①，②を一本立てにしたのである。しかし，アメリカでは，「営業秘密」と「金融又は商業上の」秘密にしか保護が及ばないのに，日本では，すべての法人情報をカバーし

----

(12)　松井・前掲注(2)『情報公開法〔第2版〕』207頁以下。

ているし，しかも，法人から提供された情報だけではなく，行政機関が自ら作成した情報についても保護を認めたことは，本号の趣旨からいえば，非公開の範囲を広くしすぎている。情報公開の目的に添うように，この例外事由を厳格に解釈することが求められるという。

このように，もともと，非公開事項は原則公開の例外であるから，拡大解釈してはならない。むしろ，非公開とするためには，不利益が具体的であること，客観的であることが要求されるというべきである。

(2) 36協定の法的性質

ここで，まず予備的考察として，公開を求められている36協定の法的性質を考察しなければならない。

① 36協定の届出なしでは使用者は処罰される

労働者の労働時間は，労基法32条から32条の5，35条，40条により上限が設定されている。その違反をした使用者は処罰される（労基法119条）。しかし，労基法36条に基づくいわゆる36協定があれば，使用者は，この上限を超えて，適法に（処罰されることなく）時間外労働・休日労働を命じることができることになる。この趣旨は，36協定を適法に締結してそれを届出した使用者を処罰しないとしているだけである。36協定の届出には，このような，いわゆる免罰効果があるだけで，36協定があるだけでは，労働者に時間外・休日労働を義務づけることはできない。その前に，労働契約でそれを決めておく必要がある。

時間外・休日労働命令がどのような場合に労働契約上根拠があると認められるかについて，大内伸哉教授の説明を借用しよう。

まず36協定が従業員の過半数を組織する労働組合によって締結されている場合には，その36協定は労働協約としての性質も持つので，少なくとも組合員である従業員に対しては時間外労働義務が発生する（ただし，組合員に対する労働協約の拘束力は，時間外労働義務のように労働者の労働義務の範囲を増加させるものについては認められないとする学説もある）。なお，この場合でも36協定としての効果は，当該事業場の全従業員に及ぶので，使用者は非組合員に対しても別の労働契約上の根拠があれば時間外労働命令を適法に発することができる。

次に36協定が従業員の過半数を代表する者（過半数代表者）との間で締結さ

第6章 残業・休日労働に関するいわゆる36協定の情報公開について

れている場合には，それは労働協約ではないので，36協定から直接に時間外
労働義務が発生することにはならない（すなわち，36協定は，それだけでは，時
間外労働命令の労働契約上の根拠となり得ない）。この場合には，労働契約上の根
拠が必要となる。

　時間外労働命令の労働契約上の根拠となり得るのは，まず第1に労働者の同
意である。しかし，そこでいう労働者の同意とは，その都度の個別具体的な同
意なのか，事前の同意でよいか，あるいは，労働契約締結時の包括的同意でも
よいか，さらには就業規則に規定があればよいかなどについては議論がある。
　判例は，この点について，次のように述べている（日立製作所武蔵工場事件・
最1小判平成3・11・28民集45巻8号1270頁，判時1404号35頁，労判594号7頁）。

　「労働基準法32条の労働時間を延長して労働させることにつき，使用者が，当
　該事業場の労働者の過半数で組織する労働組合等と書面による協定（いわゆる36
　協定）を締結し，これを所轄労働基準監督署長に届け出た場合において，使用者
　が当該事業場に適用される就業規則に当該36協定の範囲内で一定の業務上の事由
　があれば労働契約に定める労働時間を延長して労働者を労働させることができる
　旨定めているときは，当該就業規則の規定の内容が合理的なものである限り，そ
　れが具体的労働契約の内容をなすから，右就業規則の規定の適用を受ける労働者
　は，その定めるところに従い，労働契約に定める労働時間を超えて労働をする義
　務を負うものと解するを相当とする」。

　要するに，判例上は，36協定の内容に従って時間外労働をさせることができ
る旨の就業規則がある場合には，それを根拠として時間外労働義務が発生
するとされている。ここでは，就業規則は，その内容が合理的であれば労働契
約の内容となるという判例法理が前提となっている。もちろん，その場合でも，
時間外労働命令が，業務上の必要性に基づかないような場合には権利濫用とな
る可能性はある[13]。

　なお，行政法学では，この36協定の届出はないが，私法上根拠ある時間外
労働命令が効力を有するかどうかが気になるところである。もしこれが行政法
のしくみであれば，農地の売買契約とは異なって，許可制ではなく，単なる届
出制であるなら，それは私法上はとりあえずは有効となるが，労基法32条の

---

[13] 大内伸哉『労働法実務講義』（日本法令，2002年）181～183頁。ここでは，大内
　　著を引用したが，労働法の権威的教科書である菅野和夫『労働法〔第6版〕』（弘文堂，
　　2003年）281頁もほぼ同旨である。本文の最判平成3年11月28日については，ジュリ
　　スト・労働判例百選「第7版」112頁に解説がある。

3 法人情報：「競争上の地位その他正当な利益を害するおそれ」に該当しない

定める法定労働時間を超えた定めは 13 条により無効となる特別の規定がおかれているので，36 協定の届出がなければ，その時間外労働の協定は効力を生じない。36 協定は，正確には，免罰的効果だけでなく，労基法 32 条の強行規定性の解除という効果もあるのであって，36 協定が届け出られていなければ，32 条の強行規定性は適法に解除されなかったので，やはり時間外労働命令は有効とならない。これは労働法上の一般的な考え方ということである。

そうすると，届出がなければ，時間外労働を命ずる使用者は処罰される上に，労働者は労働する義務がないのであるし，届出があるかどうかは単なる外形的なことであるから，特定の事業場から届出があるかどうかに関する情報の公開は，使用者の「正当な利益」を害さないというべきである。

ここでは，届出があるかどうかだけではなく，届出の内容の情報公開が求められているので，さらに進んで考えよう。

② 無制限の残業を命ずることは「正当な利益」の範囲内か

労基法 36 条では，「ただし，坑内労働その他厚生労働省令（筆者注—労基法施行規則 18 条を指す）で定める健康上特に有害な業務の労働時間の延長は，1 日について 2 時間を超えてはならない。」とする規制をおくほかは，この 36 協定を締結すれば，時間外・休日労働時間の制限はなく青天井である。労使の自治に任せたのである。

その結果，過労死や重大事故を発生させる過酷な時間外・休日労働が 36 協定の名の下に合法化されてしまった[14]。

このことが社会問題化して，労基法 36 条自身が，平成 10 年法律 112 号により改正され，第 2 項に「厚生労働大臣は，労働時間の延長を適正なものとするため，前項の協定で定める労働時間の延長の限度その他の必要な事項について，労働者の福祉，時間外労働の動向その他の事情を考慮して基準を定めることができる。」として，その規制の基準を定める規定が追加された。

さらに，第 3 項では「第 1 項の協定をする使用者及び労働組合又は労働者の過半数を代表する者は，当該協定で労働時間の延長を定めるに当たり，当該協

---

[14] 過労死事件の民事訴訟（企業や経営者に対して損害賠償請求を求める訴訟）で，被災者・遺族側が勝訴又は勝利的和解をした事例のデータベースがある。http://www.sakai.zaq.ne.jp/karoshiren/16-b=hanreidatabase-minji.htm，
過労死に関する特集として，ジュリスト 1197 号（2001 年）。文献は，国会図書館の雑誌記事索引（http://opac.ndl.go.jp/Process）で，過労死と入力すると，数百も出てくるところで，社会的な大問題であることがここからも窺われる。

第6章 残業・休日労働に関するいわゆる36協定の情報公開について

定の内容が前項の基準に適合したものとなるようにしなければならない。」として，この規制の基準が協定の内容の限度になるのであり，第4項では，「行政官庁は，第2項の基準に関し，第1項の協定をする使用者及び労働組合又は労働者の過半数を代表する者に対し，必要な助言及び指導を行うことができる。」とされた。これも平成10年の法改正によるものである。

なお，この法改正を受けて，労働基準法第36条第2項の規定に基づき労働基準法第36条第1項の協定で定める労働時間の延長の限度等に関する基準（平成10年12月28日，労働省告示第154号）が定められた。これは平成30年9月7日付け厚生労働省告示第323号より一部改正されている（これを限度基準告示という）。

さらに，これまでは，限度時間を超えて労働時間を延長しなければならない特別の事情が生じたときに限り，一定期間として協定されている期間ごとに，労使当事者間において定める手続を経て，限度時間を超える一定の時間（以下「特別延長時間」という。）まで労働時間を延長することができる旨を協定すれば（この場合における協定を「特別条項付き協定」という。以下同じ。），当該一定期間についての延長時間は限度時間を超える時間とすることができることとされてきた。

その結果，実際には，恒常的に特別条項付き協定に基づく時間外・休日労働が行われている例が見られることから，平成14年12月26日の労働政策審議会建議において，「働き過ぎの防止の観点から，この『特別の事情』とは臨時的なものに限ることを明確にすることが必要である。」とされ，これを受けて，労働基準法第36条第1項の協定で定める労働時間の延長の限度等に関する基準の一部を改正する告示（平成15年厚生労働省告示第355号。以下「改正告示」という。）が平成16年4月1日から適用された。そして，「特別条項つき36条協定の運用制限」という通達（平成15年10月22日基発第1022003号）が発せられ，この特別条項つき協定とは，「臨時的なものに限る」こと，具体的には，3箇月以内の一定期間（例えば1箇月）の限度時間（例えば1箇月45時間）を超え，特別延長ができる回数を36協定のなかに協定すること，かつ，特別延長のできる回数は，1年のうち半分を超えてはならないとされたのである。

（なお，以上の法令，通達は，厚生労働省法令等データベースシステム（http://wwwhourei.mhlw.go.jp/hourei/）で検索できる）。

では，この限度を超えた時間外・休日労働時間を定める36協定はどのように扱われるか。この制度は前記労基法36条4項の定めるように許可制ではな

248

3　法人情報：「競争上の地位その他正当な利益を害するおそれ」に該当しない

く，届出，指導助言のしくみであるから，この基準には法的拘束力がなく，限
度時間を超える残業時間を定めても，労基署は受理せざるをえない。労基署も，
限度時間を超える 36 協定については，限度時間内におさめるよう，窓口にお
いて指導すべきこととなっているが，現実には，それに反する 36 協定も受理
している実態にある（これは国・厚労省＝被告も認めている）。

　これらの法的性格は，労基法 13 条のような強行的補充的効力を持つもので
はなく，あくまで行政指導の基準であるから，この基準を超えたら，その 36
協定が無効になる性質のものではないと説明されている[15]。

　なお，本稿の解釈論とは関係のない，立法論であるが，36 協定を締結して
届出させるだけでは，現実に過酷な残業を強制する企業があとを絶たないので，
本来なら，時間外・休日労働の上限を法定するか，少なくとも一定限度以上は，
許可制として，少数派労働者のみならず，一般市民（将来の被用者）の意見も
聴取して規制すべきであろう[16]。

　しかし，時間外労働の拒否を理由とする懲戒処分の効力という問題について
は，そのような時間外労働の命令は労働者を拘束せず，その処分は無効になる
と考えることができる[17]。

　さらに，過労死の新認定基準（平成 13 年 12 月 12 日付け基発第 1063 号「脳血
管疾患及び虚血性心疾患等（負傷に起因するものを除く。）の認定基準について」）
では，

①　「発症前 1 ヶ月ないし 6 ヶ月にわたって，1 ヶ月当たりおおむね 45 時間
　　を超える時間外労働が認められない場合は，業務と発症との関連性が弱い
　　が，おおむね 45 時間を超えて時間外労働時間が長くなるほど，業務と発
　　症との関連性が徐々に強まると評価できること」

②　「発症前 1 ヶ月間におおむね 100 時間又は発症前 2 ヶ月間ないし 6 ヶ月
　　間にわたって，1 ヶ月当たりおおむね 80 時間を超える時間外労働が認め
　　られる場合は，業務と発症との関連性が強いと評価できる」とされている

---

[15]　菅野・前掲注[13]『労働法〔第 6 版〕』277-278 頁。

[16]　欧米諸国では，時間外・休日労働の上限が法定されている場合が多いが，わが国では
　　それを法定せず，時間外・休日労働をどのような場合にどの限度で行うかを事業場の多
　　数組合ないし多数代表者に任せ，協定で定めることとした。しかし，企業別組合は企業
　　の競争力を重視するので，あまり規制力を行使しない。又，多数組合のない事業場で
　　は，労働者代表は実際には使用者のイニシアティブで選ばれ，使用者の望むとおりの協
　　定となりがちであると指摘されているのである。菅野和夫『新雇用社会と法』（有斐閣，
　　2002 年）207 頁。

[17]　下井隆史『労働基準法〔第 3 版〕』（有斐閣，2001 年）258 頁。

249

第6章　残業・休日労働に関するいわゆる 36 協定の情報公開について

（いわゆる「過労死ライン」）（これは 2019 年 9 月現在同じである）。

　これを受けて，過労死を防止するため，36 協定により定める残業時間についても新たな通達「過重労働による健康障害防止のための総合対策」が厚生労働省から平成 14 年 2 月 12 日に出された（基発第 0212001 号）（これは平成 20 年 3 月 7 日 1 部改正されている）。

　本通達は，月 45 時間を超える時間外労働をさせた場合には，その労働者に関する労働時間や過去の検診結果などの情報を産業医に提供して，その助言指導を受けるものとした。さらに月 100 時間を超える時間外労働をさせた場合または 2 カ月間ないし 6 カ月間の 1 カ月平均の時間外労働を 80 時間を超えて行わせた場合には，産業医への情報提供のみならず，当該労働者に産業医等の面接による保健指導を受けさせ，産業医が必要と認める場合にあっては健康診断を受診させ，その結果に基づき，産業医等の意見を聞き，必要な事後措置を行うものとされた。

　しかし，現実には特別協定及び基準の対象外の業種における「36 協定」では，告示で定められた限度基準を超えた時間外・休日労働の協定が締結される実情が存在するのである。

⑶　36 協定を非公開にすべき「正当な理由」があるのか

　では，以上のような，法人情報の非公開基準と 36 協定の法的性質を前提に，36 協定の公開は，当該法人の「権利，競争上の地位その他正当な利益を害するおそれがある」のか，換言すれば，36 協定を非公開にすべき「正当な理由」があるのかを考えよう。

　ここでは，36 協定の中でも，前記の限度基準を超えるものと，すべての協定（限度基準を超えないものを含む）に分けて考察すべきであろう。結論的にいえば，すべての 36 協定を公開すべきであるし，少なくとも，限度基準を超えるものは当然公開にすべきである。

①　36 協定はすべて公開すべきだ

⑦　抽象的な不都合では非公開事由には当たらない

　では，36 協定の公開は，当該法人の「権利，競争上の地位その他正当な利益を害するおそれがある」といえるか。

　国の情報公開審査会は，本件の先例である，平成 14 年 6 月 17 日（答申 69 号）において，36 協定の記載事項（時間外・休日労働が必要となる事由，具体的

250

3 法人情報:「競争上の地位その他正当な利益を害するおそれ」に該当しない

業務，対象となる労働者数，延長時間（日，月，年単位）・休日が具体的にかつ詳細にわたって記載されている）は，「当該企業における労働条件の内容を示すとともに，使用者が事業を遂行するため，どのような人事戦略を持ち，どのような経営管理を行うかという，もっぱら当該企業独自の企業戦略ないし企業経営のノウハウにかかわるものということができる。したがって，本件対象文書が公にされた場合には，当該企業との競争上の地位にある他の企業にとって，当該企業の人事管理や経営戦略に関する情報の収集が容易になり，今後の人材獲得等の人事戦略や経営戦略の展開に不当に有利に働き，当該企業が不利益を受けることがあり得るものと考えられる。すなわち，本件対象文書の開示により当該企業の権利，競争上の地位その他正当な利益を害するおそれがあるというべきであって，法5条2号イに該当するものと認められる。」とした。本件の答申（前記平成16年1月23日）もほぼ同様である。

たしかに，時間外・休日労働をどれだけさせるかは企業経営上の問題，人事の問題で，それが世間に知られれば，場合によっては，経営戦略，労働者の雇用，離職などにおいて，他の企業との競争上不利になる可能性が全くないわけではない。

しかし，「害するおそれがある」とは，「あり得る」とか，そういうことも考えられないことはないといった弱い表現ではなく，害することが明白とまではいうものではないが，前記2(3)，(4)で述べたように，法的保護に値する程度の蓋然性が要求されるとされている。さもないと，原則公開請求権を何人にも付与した情報公開法の趣旨が空文化してしまうからである。しかも，この点は実施機関に立証責任があるのである。

したがって，この答申が「あり得る」ということから「おそれがある」と単純に結論づけたのは，情報公開制度の根幹を知らないものというべきである。

なお，ここの「あり得る」は「ある」の誤記かも知れない（筆者が検討した当時は，答申には「あり得る」と記載されていたが，今検索すると，「ある」とされている。その後の答申285号，286号，ともに平成16年10月1日でも「ある」とされている）が，「本件対象文書が公にされた場合には，当該企業との競争上の地位にある他の企業にとって，当該企業の人事管理や経営戦略に関する情報の収集が容易になり，今後の人材獲得等の人事戦略や経営戦略の展開に不当に有利に働き，当該企業が不利益を受けることが」「ある」というのはいいすぎで，「あり得る」という程度のものであろう。すぐ次に述べているように，その可能性は極めて低く，当該企業が不利益を受けることは滅多にないことだろうか

251

第6章　残業・休日労働に関するいわゆる36協定の情報公開について

らである。

　そして，この答申では，情報公開の必要性については何ら配慮されていないのはもちろん，不利益が「あり得る」という極めて抽象的なもので，企業の利益が害される具体的，客観的な理由は全く示されていない。厚生労働省が作成した協定のモデルでは，時間外労働をさせる必要のある具体的事由として，臨時の受注，納期変更，月末の決算事務といった理由が挙げられているが，それは極めて抽象的で，どの企業にもある一般的なものであるから，時間外労働をたくさんさせていることが競争企業にわかっても，このことから，当該企業独自の企業戦略ないし企業経営のノウハウを察知して，その正当な利益を害することはまず不可能である。

　次に，国側は，研究業務，社員食堂を例に，企業の事業展開が競争企業に知られることを問題としていた。すなわち，研究業務に就かせる労働者の人数を情報公開すると，当該事業者の全事業所において，研究業務に就かせる労働者の人数が経年変化を含めて記載されることになり，競争企業がこれに対応して研究を進めることが可能になるという。

　しかし，研究は幅も広く深いから，単に研究従事者の数の変化がわかったところで，どの分野のどんな最新の研究にどれだけの人員と資金を投入しているのか，その研究計画と進展状況などはわかるはずはない。したがって，それは，競争企業がこれに対応して研究を進めることが可能になるほど具体的な情報とは言えないのである。

　被告は，他の企業と契約しその企業の事業所において社員食堂を経営する事業を営む事業者が，社員食堂毎に届け出た36協定を公開すると，当該企業者がどの企業と契約して，どの事業所において社員食堂を経営しているかが公になるので，競合企業は当該事業者の現在の営業展開や将来の営業方針を容易に察知して営業活動をすることが可能になるという。

　しかし，どの食堂がどの食堂会社の経営かは秘密にされているものではなく，むしろ，一流食堂が入っていると顧客に宣伝するためにも，公にしていることが多い（たとえば，帝国ホテルとか）と思われる。したがって，競争企業としては，競争相手の企業がどの食堂を経営しているのかという情報は，必要なら，当然に収集しているもので，36協定を公にすれば，その収集コストが多少安くなるだけである。情報を公開される企業としては，どうせ知られる情報が簡易迅速に知られるというだけである。しかも，どの食堂をどの会社が経営しているかということがわかっただけでは，企業の事業経営の情報としてはほんの

252

3 法人情報:「競争上の地位その他正当な利益を害するおそれ」に該当しない

初歩的かつ断片的なものである。

したがって，その情報公開が企業の正当な利益を害する客観的な可能性はないというべきである。

国は，ある企業が複数の事業場を経営している場合に，各事業場における「延長することができる時間」，「労働させることができる休日並びに始業及び終業の時刻」やこれらの経年変化を比較することにより，当該企業の事業展開を推測することが可能となるというが，その程度の情報で推測できる事業展開は，そんな情報がなくてももともと推測できているだろうし，そうした情報をほしい企業があるとすれば，それはごく限られた競争企業であるから，36協定は企業内で周知されていることからして，情報公開の手段を用いなくてもすでに入手しているだろう。情報公開を拒否しても，無意味といわざるをえない。フレックスタイムの導入の有無も同様である。

さらに，情報公開制度では特定の企業の情報だけが公開されるのではないから，どの企業でも行っている時間外・休日労働の情報が公になっても，特定の企業だけが競争上不利になることはない。お互いに，情報を公開し合って，競争すればよいだけである。したがって，前記2の判例・学説から見れば，これだけでは非公開事由にはおよそ該当しない。

仮に36協定の中に，本当に企業の競争上の地位を害するおそれがある情報があるとしても，それは36協定一般の問題ではないから，前記（2(4)）最判平成14年2月28日を参照すれば，実施機関は，そのようなおそれがある36協定だけを拾い上げて，個別具体的に非公開事由に該当することを立証すべきである。

これだけでとりあえず答えが出たところであるが，以下，2点を追加しよう。

(イ) 36協定の届出の労働者保護的意義

しかも，この答申は会社側の都合だけを述べているが，36協定の届出制度の意義については触れていない。

時間外労働は，労働者が個別に真意から同意していなくても義務づけられる。つまり，従業員の過半数を代表する組合が協定を締結すると少数派の組合員も拘束されるし，また，そうでなくても，時間外労働については労働者の個別の同意ではなく包括的な同意を根拠とされる。したがって，それは，使用者に有利になり，実際上は労働者が時間外労働を拒否することは難しい。そこで，労働者に過酷な時間外・休日労働を命ずることがないように，36協定の届出と監督官庁（労基署）による指導，助言の制度がおかれているのである。

第6章　残業・休日労働に関するいわゆる36協定の情報公開について

そして，労働者としては，本来は，こうした労働条件は労基署の関与を待たずに，自ら雇用主との交渉によって勝ち取るべきであるが，そのためには，自社だけではなく，他社がどのような36協定を締結しているのか，どんな協定が受理されているのかを知ることが是非必要である。労働者保護のためには，その事業場の36協定がすでに周知されているというだけでは，十分ではないのである。

さらに，36協定が，過半数を適法に代表していない者から届け出られることがある。それは無効であり，労働者は，時間外労働義務を負わないのである[18]が，その届出を吟味しないと，そのような事情はわからない。社内で周知措置が講じられることにはなっているが，それだけでは労働者が気がつくとは限らない。36協定をすべて公開して初めて，このような違法な協定があちこちにあることが露見して，労働者が保護されるのである。

このように，36協定は，単に企業内の人事戦略にとどまるものではなく，労働者の雇用条件でもあるから，企業の人事戦略といった観点だけから議論するのは一面的である。

なお，この点については，国側は裁判において，情報公開法5条2号イの該当性とは無関係の事情を指摘するものであって，それ自体失当であると反論していたが，「正当な利益」といった抽象的な不確定概念の意義を理解するには，労働者の雇用条件を考慮してもなお非公開とすることが企業にとって正当な利益となるかという観点の判断が必要なのである。

　㈡　どうせ公開されたに近い情報である

さらに，本件情報を秘密とする規定はないから，法令秘に当たらないのは当然である。むしろ，36協定は，労働者に周知されるから（労基法106条），法令により公開される情報に近い。もちろん，企業内では公開されるのは，効力を受ける当事者に対してだけであって，社会一般や競争企業には公開する必要はないが，労働者は多数であるから，これに周知させれば，世間に対しては公開しないという，秘密の扉は立てられない。競争企業の36協定を入手することは容易である。企業が人事戦略上非公開にするといってみても，競争企業が

---

[18]　労働者の過半数を代表する者が適法に選出されていない場合には，届け出られた36協定は無効であるから，これに基づいて時間外労働を命ずることはできない。東京高判平成9年11月17日，労働判例729号44頁，これについて，小西康之「労働判例研究」ジュリスト1145号118頁（1998年）。その最判平成13年6月22日労働判例808号11頁はこれを維持した。ジュリスト労働判例百選〔第7版〕114頁。

これをどうしても必要とするなら，当然手を尽くして入手しているはずである。36協定は，当局から広く一般に積極的に公開する情報ではないが，どうせ公開されるに近い状態であるというべきである。

(エ)　結　　論

このように種々の側面を考慮すれば，36協定の公開を拒む「正当な理由」はとうていみあたらない。

②　少なくとも，限度を超えた残業時間協定は公開すべきだ

以上のように，限度基準内でも，36協定はすべて公開すべきであると考えられるが，かりに百歩譲って，この範囲内では企業の人事政策の問題が優先すると仮定しても，この限度基準を超えた36協定の公開を拒む「正当な利益」は全くない。その理由を次に説明しよう。

(ア)　指導助言に従わない正当性と情報非公開の正当性の違い

限度基準の制度は命令，強制，許可制ではないが，それでも単純な届出制ではなく，少なくとも平成10年の法改正からは，事後の助言・指導を予定しているのである。規制のしかたはやわらかいもので，企業も組合も応じないことが許されるものである（行政手続法32条）から，その意味では，この厚生労働大臣の定める基準に従わないことは，直ちに正当でないとは言えない。

しかし，そのことと，情報公開制度でいう「正当」とは次元を異にする。こちらは，行政が組織的に管理している情報はすべて公開されるという原則の下での，非公開を理由づける「正当性」である。厚生労働大臣の指導に従わないことは法的には許されるが，それでも，それは単に行政官が役人だけの発想で内部で作った要綱に基づく指導ではなく，法律に根拠を持つ，重みのある行政指導であるから，従わないで作った36協定を非公開にする正当性はないのである。

むしろ，多くの企業はこの指導に従っているであろうから，この指導に従わない企業は，競争上有利になる。それならば，正当な競争を行うためには，どの企業がこの指導に従っているか，従っていないかが白日の下にさらされる方がよいのである。

要するに，限度基準を超える36協定は禁止はされないが，秘匿できるものではなく，社会の目にさらされるという中間的な解決が適切なのである。

(イ)　限度基準を超える時間外労働に社会的正当性はない

36協定は前記のように個々の労働者の真意の同意を反映するものではない

し，しかも，もともと，個々の労働者と雇用主の自由契約が労働者の搾取を引き起こすので，労基法が契約自由の原則を修正するために介入しているのであるから，時間外・休日労働時間が青天井であることは，前記のように，立法的にも不適当であった。

そして，時間外・休日労働時間が極めて長時間に及ぶ企業は事故を起こしやすいし，過労死を発生させやすい。長距離トラックの居眠りにより大事故が時々発生するので，そのような長時間の時間外・休日労働が協定で正当化されているかどうかは，社会の関心事である。そうした時間外・休日労働を認める協定は当然には違法とはされていないが，社会的に見て，著しく不適切なものだからである。

さらに，時間外・休日労働時間については，限度を超えたものについて行政指導が行われているだけではなく，別次元ながら，業務上災害の判定基準として，法律的にも基準となっている。そうすると，少なくとも，限度基準をこえる協定については，そうした時間外・休日労働を労働者に強制することによって，しかも，そのことを社会に秘匿して，他の企業との関係で競争上有利に立つ社会的正当性がなく，行政機関情報公開法上，非公開とする正当な利益がない。

この情報が公開されると，その企業の社会的評価が多少低下する可能性はありうるが，それはこのような社会的，さらには法的な義務を果たさない結果であるから，受忍すべきものである。

なお，この点について，国側は，本件文書を開示した場合，当該事業場における労働条件について誤解を生ずるおそれがあるのであり，このような誤解に基づく社会的評価の低下まで事業者が受忍すべきものとはいえないと主張したが，事業者が提出した文書をそのまま開示されると誤解が生じて困るのであれば，誤解されない文書を作るか，誤解されないように会社の方でHPなりで説明すればよいことである。

組合の方も，過酷な時間外・休日労働を協定している事実が露見すれば，その評価が多少下がることはありえないではないが，それは労働者を守るというその職責を怠った結果であるから，受忍すべきであり，その公開の結果，36協定の内容を適正にせよとの圧力がかかれば，かえって労働者の利益にもなるのである。

なお，5条2号イの解釈として，松井茂紀は，「一般の営利企業であっても，消費者の利益を無視して収益を上げるような正当な利益はない。それゆえ，そ

の企業が市場に出した商品について，欠陥や問題点があり，それが公開された結果その企業が不利益を受けたとしても，それは当然のことであって，権利，競争上の地位若しくは正当な利益が害されたとはいえない」と指摘する[19]。このことは本件にも参照されよう。

なお，国は，この松井の指摘について，消費者は製品の欠陥を知りうる立場にないのに対し，労働者は36協定の内容を知りうるのであるから，事案を異にすると反論する。しかし，労働者は36協定の内容を知りうるとしても，その内容が過酷である場合に当然にこれに抵抗したり，拒否したりすることができる環境にはない。その点では上記の消費者の立場と大同小異である。だからこそ，過酷な36協定により過労死が発生するのである。厚生労働省は，悲惨な労働現場から労働者を守るべき立場にありながら，いつの間にか，加害者たる経営者の守護神となっているのはいかがなものであろうか。

むしろ，限度を超えた時間外・休日労働を定める36協定は，労基法上は受理されるが，法定された行政指導に従わないものであるから，情報公開請求されても非公開にするとはとんでもない逆転した発想で，むしろ，労基署の方から積極的に公表して，その行政指導の実効性を担保するしくみを導入すべきである。そのような，指導——公表のしくみは，現行法にも存在する（国土利用計画法23条，26条）。

なお，裁判では，インカメラの認められている情報公開審査会とは異なり，当該文書を見ないで判断することになるので，被告の方も，文書の記載を根拠に具体的な主張をすることが困難であるという事情があるが，少なくとも本件では，文書の内容を見なくても，記載される事項はわかっているものであるから，被告に特に立証の困難さがあるとは認められないというべきである。

③　障害者雇用率の公表を参考に

参考までに，障害者雇用率の公開に関する国の情報公開審査会の答申（答申日：平成14年11月22日，事件名：障害者雇用状況報告書の一部開示決定に関する件，平成14年諮問第103号）は，障害者雇用率が低いため，それが公開されるときに企業が被る不利益は非公開とする正当な理由にならないとする。その要点を引用する。

「諮問庁（厚生労働省）は，法定雇用率を下回っているものについて，法定雇用

---

[19]　松井・前掲注(2)『情報公開法〔第2版〕』213頁。

第 6 章　残業・休日労働に関するいわゆる 36 協定の情報公開について

率を満たしていないという事実のみにより，雇用義務を果たしていない法違反の状態にある企業であるという印象を与え，その結果として企業イメージや信用度が低下し，勧告等の行政指導を待たずに風評被害的な性格を伴ったボイコット運動や社会的非難を受けるなど事実上の社会的制裁が行われる可能性があり，促進法により企業に求められる企業努力を超えて当該企業の社会的なイメージや信用度の低下といった事業主の正当な利益を害するおそれがあると主張する。

　しかし，……法定雇用率を満たしていないという事実が直ちに悪質な法違反となる事業者名を公表することとなるものではないこと，障害者の雇用の現状は，その時点の事業者及び求職者双方の諸事情によって左右される要素があり，法定雇用率を満たしていないことから直ちに障害者の雇用に当該企業が消極的であるとまでは言えないこと，これまで何らかの手段により法定雇用率を満たしていない企業名が公にされ，当該企業に対するボイコット運動等の組織的行動がとられ，当該企業が被害を受けたという具体的事案が諮問庁に把握されているわけではなく，諮問庁の主張は単なる推測にすぎないものと認められること，なお，そのような事態が予想されるのであれば，促進法の趣旨，目的及び効果を関係者に十分に周知し，障害者の雇用促進の機運の高揚を図るなどして，促進法の適正な運用に努めることでそのような事態を解消できるものと考えられることなど，以上の諸点を併せ考えると，本件対象文書を公にすることにより，当該企業の正当な利益を害するおそれがあるとは認められないと言うべきである。したがって，……法 5 条 2 号イには該当しないものと言うべきである。」

　さらに，平成 16 年 9 月 3 日（平成 16 年度（行情）答申第 213 号）（事件名：障害者雇用率未達成企業一覧の一部開示決定に関する件）の答申書も同旨である。

　この例は，障害者雇用率を一定基準まで達成することが法律上要求されているため，単に行政指導に止めている 36 協定とは異なっているが，情報公開では，企業に一定の行動を禁止するとか，課徴金を負担させるものではないので，この違いは大きな意味を持たない。少なくとも，労働時間の限度基準を超える 36 協定を秘匿する正当な理由はない。

　障害者雇用率は障害者雇用促進法 43 条により同法施行令で定められている。この限度基準は政令でこそ定められていないが，労基法 36 条 2 項に法的根拠を有するものであるから，その法的根拠には大差はない。なお，違法になるものは，法律の条文に明示されているものに限らない。過労死裁判で違法とされるような残業ラインは法的に違法である。

　障害者雇用率の公表は法律に根拠を持つ（障害者雇用促進法 47 条）ので，公表について規定のない 36 協定とは違うという見方があるかもしれないが，障

258

害者雇用率の場合には，悪質な一部の企業を公表することが予定されているだけであったのであって，悪質でない（法定基準を満たしている）企業の雇用率の公表は障害者雇用法では予定していない。そして，それを公表すると，企業の雇用戦略に影響することがある。それでも，前記答申ではその公表は企業の競争上の地位に支障を及ぼすおそれがあるとはされていない。36協定も，新規雇用や派遣・パートタイムなどで対応するかといった経営上の戦略に係わる問題ではあるが，それを公表することが，障害者雇用促進法の場合以上に，競争上の地位を阻害するとは考えにくいと思われる。

　同じ国の情報公開審査会が，障害者雇用率と36協定で，なぜ，異なる理由と結論に至ったのか，理解できないところである。

④　PRTR法による個別企業の排出量開示を参考に

　特定化学物質の環境への排出量の把握等及び管理の改善の促進に関する法律（PRTR法）は，事業者に，その使用する化学物質の環境への排出量や廃棄物の移動量の把握と国への届出（PRTR）を義務づけ，物質毎に業種別，地域別などに集計して公表するが，国民から請求があれば，営業秘密を確保しつつ（6条，これは不正競争防止法の営業秘密の基準による），個別事業所のデータを公開する（10条）[20]。どんな化学物質をどの程度排出しているのかは，企業にとって，競争企業に知らせたくない情報ではあるが，営業秘密に該当しなければ，請求がある以上は公開される。そもそも，企業の正当な利益を侵害するような情報公開のしくみを作る正当な理由はないから，これは情報公開法よりも広範に公開するしくみではなく，同法のしくみと整合性のあるものとして立案されたものと考えられる。社員がどの部署に何人いて，どの程度の残業をさせているのかも，似たようなものではないか。

4　生命等の保護のための絶対的開示

　仮に，36協定の公開が企業の競争上の地位を害するおそれがあるとしても，「人の生命，健康，生活又は財産を保護するため，公にすることが必要であると認められる情報」に該当すれば公開される（5条2号ただし書き）。

　これを公にすることが必要と見られるかどうかは利益の比較衡量による。このことを若干の文献で根拠づけよう。

---

[20]　この法制度については，大塚直『環境法』（有斐閣，2002年）330頁以下参照。

第 6 章　残業・休日労働に関するいわゆる 36 協定の情報公開について

　「法 5 条 2 号ただし書は，『原則的には不開示とされる情報であっても，開示することに優越的な公益が認められる場合には，不開示とすべき合理的な理由が認められない』（「考え方」4⑶ウ）との趣旨から規定されたものです。個人に関する情報の場合と同じく，当該情報を不開示とすることにより，保護すべき法人等または個人の権利利益を考慮してもなお，人の生命等を保護するためには当該情報を公にすることが必要であると認められる場合には当該情報を不開示としないとするものであるから，個人に関する情報の場合と同じ表現とすることが望ましいため，要綱案と考え方は同じであるが，その表現を整理したものであると説明されています。

　要綱案における『開示することがより必要であると認められる』については，不開示とすることにより保護される利益と開示することにより保護される利益とを比較衡量するとの趣旨です。この比較衡量にあたっては，『開示することにより保護される利益の性質及び内容を踏まえる必要がある。特に，人の財産・生活を保護する必要性の判断にあっては，その侵害の内容・程度と保護の必要性が考慮されるべきである』（「考え方」4⑶ウ）とされていましたが，本号ただし書においても，その趣旨が考慮されるべきところです[21]。

　「公にすることが必要であると認められるか否かは，開示することによる利益（人の生命，健康，生活または財産の保護）と不開示にすることによる利益の比較衡量によって判断されることになる。本条 1 号ロについて述べたと同様，この比較衡量に際しては，開示により保護される利益と不開示により保護される利益の双方について，利益の具体的内容・性格を慎重に検討する必要がある。前者については，生命，健康という法益と生活または財産という法益では，開示による利益が異なりうるし，後者についても，製品の製造上のノウハウに関する情報と採用計画に関する情報では保護の程度が異なりうる。」[22]。

　さらに，参加人日本たばこ産業が組換え DNA 実験等の事業活動を行っている施設に関する情報公開が，人の生命，身体又は健康を害するおそれのある事業活動に関する情報として，認められるべきだとする判例を紹介する。

　「但書の『害するおそれのある事業活動』とは，その活動により，人の生命，身体又は健康を害する可能性があれば一応は足りるとも解せられる。しかしながら，翻って考えると，現代のように高度技術の時代にあっては，何らの危険を伴わない事業活動を想定することは寧ろ困難であり，法人等が行う事業活動

⑵1　北沢義博・三宅弘『情報公開法解説』（三省堂，1999 年）85 頁。
⑵2　宇賀・前掲注⑵『新・情報公開法の逐条解説〔第 2 版〕』62-3 頁。

260

4 生命等の保護のための絶対的開示

に一定の危険が可能性としては存在する場合であっても，それが社会において，特別の安全対策を課せられるまでもなく『許された危険』として認知されているような場合にまで，当該事業活動を本件但書に該当する事業活動と見るのは相当でない。以上のことからすれば，本件但書に該当する『事業活動』とは，その活動によって人の生命，身体又は健康を害する可能性があり，特別の安全対策なしには社会的に存立が許されない事業活動をいうと解するのが相当である（なお，通常の『許された危険』の範囲内の事業活動であって，その事業活動によって，人の生命，身体又は健康を害する事態が現に発生しており，若しくは発生することが確実若しくは可能性が高い状況があるときは，本件条例6条1項2号但書イ（違法又は不当な事業活動に関する情報であって，市民の消費生活その他の生活に影響を及ぼすもの）によって対処すれば足りるものと考えられる）。

……本件施設において行われている参加人日本たばこ産業の事業活動が，組換えDNA実験及び病原微生物を用いた実験を内容とするものである……。

ところで，DNA組換え技術は，遺伝学上これまで存在しなかった新しい生物を作り出すことを可能にする画期的な技術であり，初めて応用された当初は，高度な知識と技術を有する一部の研究者のみがこれを行うことが可能であったものが，現在においては制限酵素をはじめとする基礎技術の急激な進歩により，簡単な設備における単純な操作によって日常的に実施することが可能になったものである。DNA組換え技術は比較的歴史が浅く，その安全性について十分な経験の積み重ねが確立したとはいえない面があるため，予測できない未知の危険性に備えて被害の未然防止に万全を期すことが重要である。しかも生物には繁殖し，遺伝子を次世代に伝えるという特徴があり，生物による環境の破壊が一度生ずると回復することが困難なため，特に現在および将来の生態系への影響について配慮し，市民の良好な生活環境を将来の世代に引き継ぐことが重要である。かような認識……は，DNA組換え技術ないし組換え実験についての現在の社会通念として，極めて一般的なものであると認められる。

参加人日本たばこ産業が本件施設で行っている組換えDNA実験等の事業活動（本件事業活動）は，それについての上記一般的な社会通念からすると，特別の安全対策なしに，無条件に『許された危険』として社会の認知を得たものとは認められない。

……従って，本件施設における事業活動は，本件但書にいう『人の生命，身体又は健康を害するおそれのある事業活動』に該当すると認めるのが相当である。」（大阪高判平成14年12月24日判タ1144号180頁）。

第6章　残業・休日労働に関するいわゆる36協定の情報公開について

「控訴人は，コリンズカントリークラブが開設するゴルフ場の調整池が大雨時に越流を起こして下流域に大きな被害を及ぼす可能性がある旨主張する。しかし，本件条例6条1項2号の括弧書きの趣旨は，人の生命，身体又は財産の保護を法人等に対する著しい不利益回避に優越する法益と認め，人の生命，身体又は財産を保護するため必要な場合には，たとえ当該法人等に著しい不利益の発生することが明らかであってもその犠牲において当該法人等に関する行政情報を公開するというものであるから，当該法人等に著しい不利益を甘受せしめる以上，人の生命，身体又は財産に対する危険又は損害の発生は具体的かつ確実なものでなければならず，<u>その発生が客観的な資料に基づいて具体的に明らかにされなければならない</u>というべきであるところ，控訴人の主張によっても右洪水被害発生の可能性があるというにすぎず，本件全証拠によっても右洪水被害の発生することが明らかであると認めることはできない。」（東京高判平成10年6月29日判タ1006号153頁）。

　さて，36協定の届出受理は，行き過ぎた時間外・休日労働を事実上容認して，さらには強制している。それが，過労死，あるいは，過労運転による重大事故を直ちに惹起しているかといえば，その因果関係はかなり抽象的なもので，個別具体的なものとはいえないであろう。

　しかし，この生命保護条項は，比較衡量条項である。もともと，先に述べたように，そうした時間外・休日労働を定める36協定を非公開にする正当な理由は仮にあるとしてもそれほど強いものではなく，過労死や過労による重大事故が頻発している折から，公開することによる労働者と社会の利益は極めて大きい。そうすると，少なくとも，いわゆる過労死ラインと呼ばれる時間外労働時間を超えて，過酷な労働を強いる協定は，生命保護条項によっても，情報公開の対象になると解すべきである。

5　組合役員の氏名・住所は？

　36協定に記載されている組合役員の氏名は，個人識別情報ではあるが，組合代表者の氏名・住所は，労働組合が法人登記されていれば，当然登記される（労働組合法施行令3条4号）が，法人化されていなくても組合として活動している以上は，少なくとも代表者の氏名は一般に公開されている。組合が外部に向かって活動するとき，……組合（代表者……）と記載されることが多かろう。

　ところで，「慣行により公にされている」情報は公開の対象である（行政機

関情報公開法5条1項イ）が，それは，現在何人も知りうる状態におかれていることをいう[23]。

そして，一般に公務員の氏名については，中央官庁の課長以上などとされるが，労働組合の代表者名も，これに倣って，慣行により公にされている情報に当たるというべきである。

なお，情報公開審査会平成16年1月23日答申（府情審第179号）8頁は，「36協定を締結した労働組合代表者の氏名が慣行として公にされている……」とは認められないとする。たしかに，「36協定を締結した」という限定文言を付ければ，そのような慣行はないだろう。しかし，協定の他方の当事者である会社の代表取締役についても，「36協定を締結した」社長というような限定つきで公にされることはないし，慣行として公にされている中央官庁の課長名も，「……をした」という限定つきではないはずである。労働組合が社会的存在として名乗りを上げるときはその代表者名を附記することが少なくないのであって，その代表者名は一般に公にされているというべきである。

もっとも，事業場名を非公開にする場合には，労働者代表者の氏名を公開しては，頭隠して尻隠さずになるから，労働者代表者の氏名を公開するのは，事業場名を公開すべきだという私見が前提になっている。そして，事業場名を公開するのに，労働代表者の氏名を非公開にしても，調べればすぐわかることだから，意味がない。使用者の氏名も同じである。

ただし，過半数代表者の氏名は一般に公開される慣行がないと思われる。

なお，住所は，私生活の場であり，公衆に知らせる必要がなく，むしろ，最近は住所は友人に個別に知らせるだけで，電話帳や住所録などに掲載しない者が増えていることもかんがみれば，組合役員の住所は非公開とすべきである。

6　国の業務遂行は阻害されない

(1)　事務の適正な遂行の支障はない

国は，労働者代表者の氏名，同人の印章・印影，事業の種類，事業の名称，事業の所在地，時間外労働又は休日労働をさせる必要のある具体的事由，業務の種類，労働者数，労働組合の名称，労働者の職名，使用者の氏名及び同人の印章・印影の情報を含めて本件対象文書を公にする場合，労働基準法第36条

---

[23]　宇賀・前掲注(2)『新・情報公開法の逐条解説〔第2版〕』54頁，畠基晃『情報公開法の解説と国会審議』（青林書院，1999年）48頁。

第6章　残業・休日労働に関するいわゆる36協定の情報公開について

による協定を行政庁に届け出る制度そのものの信頼を損ない，国の行う事務の適正な遂行に支障を及ぼすおそれがある（行政機関情報公開法5条第6号）と主張するようである。さらに，この点について，36協定が公開されると，その内容にも影響を及ぼし，その結果，行政官庁が協定内容の適法性を審査し，必要な指導等を行うのに支障を及ぼすおそれも存する。たとえば，業務ごとに区分して延長時間を協定する36協定について，その届の公開により当該業務の種類が外部の者に知られることを防止するため，外部の者には容易に業務が推知されない当該事業者独自の業務名称（たとえば，第一次業務，第二次業務等）を定め，36協定もこの業務名称によって記載し，届け出ることなどが予想される（もっとも，事業者が36協定届に虚偽を記載することまで想定しているものではない）と主張していた。

　この趣旨ははっきりしないが，「公にすることにより，次に掲げるおそれその他当該事務又は事業の性質上，当該事務又は事業の適正な遂行に支障を及ぼすおそれがあるもの。イ　監査，検査，取締り又は試験に係る事務に関し，<u>正確な事実の把握を困難にするおそれ又は違法若しくは不当な行為を容易にし，若しくはその発見を困難にするおそれ</u>」を指すものであろうか。

　たしかに，情報を公開すると，情報公開逃れのため，文書は最低限のものしか作らないという非文書化のおそれがある。審議会の議事録等は，公開させられたくないと，最初から，議事録を作らない，簡略化する（ないものは出せない，文書不存在である）という行動がみられる。しかし，だからといって，情報を非公開にして，文書を作ることを期待するという法政策は採られていない。存在する文書は公開させ，文書作成の不作為による公開逃れについては文書作成義務を課すしかないのである。もし被告のような論法が成り立てば，行政に提出した文書はすべて非公開にしなければならなくなるであろう。

　そこで，被告の挙げる例でいえば，業務の種類を届出させるという法の趣旨からいえば，業務の種類が何であるかが読み取れないような，事業者独自の業務の種類を届けるのは，法の趣旨に反するから，協定の届出の段階で，その業務の種類を一般に通用するものに変更させるように（少なくとも，一般に理解できる内容の注釈を付けるように）指導して，そうしなければ，法定の要件を満たさないものとして，届出を拒否するべきではないだろうか。

　なお，この点で，国は，行政に提出した文書はすべて非公開にせよというような主張をしているものではないと説明していたが，それなら，そのような「誤解」を生ずることのないような説明をすべきであろう。また，業務の種

類が何であるかが読み取れないような，事業者独自の業務の種類を届け出られても手が出ないということでは，その届けをさせる法の目的が達成されないが，それで本当によいのであろうか。

したがって，36協定の公開は，厚生労働省の事業の適正な遂行に支障を及ぼすものではないのである。

(2) 「おそれ」の意義

なお，「おそれ」の語義については先に2(3)で説明したことであるが，「本号は事項的基準と定性的基準を組み合わせているので，列挙された事項についても，当該事務または事業の適正な遂行に支障を及ぼすおそれがあるかを慎重に判断する必要があることは当然である。『事務又は事業の性質上』という表現は，当該事務又は事業の内在的性格に照らして保護に値する場合のみ非開示にする趣旨である。『適正』という要件を判断するに際しては，開示のもたらす支障のみならず，開示のもたらす利益も比較衡量しなければならない。……『支障』の程度については，名目的なものでは足りず，実質的なものが必要であり，『おそれ』も，抽象的な可能性では足りず，法的保護に値する程度の蓋然性が要求される。」[24]ということである。

36協定を公にする必要性は前記のように高いし，その利益は大きい。労働基準監督署の監督業務への影響はまったく名目的なものであり，しかも，それは，しっかり届出制度を運用することにより対処すべきものである。支障を及ぼす可能性が法的保護に値する程度に高い蓋然性を有するとは言えない。この比較考量をすれば，本件の場合，5条6号を適用する余地はない。

(3) 参 考 条 例

ちなみに，「開示することにより，当該検査等若しくは同種の検査等を実施する目的を失わせ，これらの検査等の公正かつ円滑な実施に著しい支障が生じ，又はこれらの検査等に関する関係者との信頼関係若しくは協力関係が著しく損なわれるおそれのあるもの」という条例の規定について次のような判例がある。これは，開示することが原則とされる公文書の情報について，例外的にこれを非開示とする旨の規定であるから，右の「おそれ」は，一審被告において，具体的にこれを主張しなければならない。これについて，一審被告は，「おそれ」

---

(24) 宇賀・前掲注(2)『新・情報公開法の逐条解説〔第2版〕』74頁。松井・前掲注(2)『情報公開法〔第2版〕』278頁以下もほぼ同旨。

第6章 残業・休日労働に関するいわゆる36協定の情報公開について

とは，将来の不確定な可能性についての予測であるから，抽象性を捨象することができないとして，非開示の要件として，具体的に右のおそれが存在することは必要でないと主張する。

しかしながら，右の「おそれ」が将来の不確定な可能性についての予測であったとしても，必ずしもこれを具体的にすることができないというものではない（福岡高判平成11年6月4日判タ1056号182頁）。

7 印影は非公開情報

(1) 印章・印影の公開・非公開に関する両論

国は，印章・印影については，公にすることにより，偽造され，「犯罪の予防……その他の公共の安全と秩序の維持に支障を及ぼすおそれがあると行政機関の長が認めることにつき<u>相当の理由がある情報</u>」（同条第4号）に該当すると主張していた。

この問題は元々法人情報と犯罪予防情報の問題として扱われ，一般に，交際費の支出先の飲食店関係情報いっさいの公開請求事案で問題になっている。下級審判例は分かれているが，これに詳しい天野淑子論文[25]を参照すると，判例と情報公開審査会の答申には公開説が多数みられるが，論点は次のようなところにある。

公開説は次のように言う。交際費や食糧費の請求書などにある債権者の取引銀行名，口座番号のほか，印影の情報は，架空請求がないか，真正に作成された文書かどうかをチェックするために必要である。印影は作成名義人の氏名などと相まって，契約を締結したことを特定し，契約締結権限を証明するという意味を有するほか，特殊な情報が含まれているわけではない。業者の判断により不特定の者にも開示されている。これを公開することにより，印章偽造などの犯罪行為を誘発し，虚偽の申請書が作成されるなど当該法人に何らかの不利益を与える事態が生ずることを一般的に予測することは困難である。

これに対して，非公開説は次のように言う。将来多数のひとが情報公開制度をしばしば利用するようになった場合，悪用されるおそれがないとは断定できない。これは内部情報として管理しているものであって，取引関係にない一般

---

[25] 天野淑子「情報公開訴訟における印影の扱い」奈良法学会雑誌12巻1号101頁以下（1999年），同「奈良県コピー機契約文書訴訟と法人情報」法時71巻6号32頁（1999年），本文の後記最判解説・佐伯彰洋・法教271号120頁。

7　印影は非公開情報

市民に対してまで広くこれを公開することを当該法人や個人が予定しているとはとうてい言えない。財産を脅かすおそれがある。

(2) 判　例

奈良県の文書学事課のコピー機契約関係文書の開示をめぐる事案で，印影部分についてはこれを開示しても犯罪に利用されるおそれがあるとはいえないとした判例がある（大阪高判平成 10 年 11 月 11 日判タ 1001 号 88 頁）。

他方，印影は，当該法人等又は当該個人にとっては事業活動上の重要な内部管理情報であり，これらが本件条例 6 条 3 号に該当するものであるとした判例（福岡高判平成 11 年 6 月 4 日判タ 1056 号 182 頁）がある。

　最高裁判決では，「(1)　条例 10 条 3 号に該当するというためには，当該情報を開示することによって当該事業者の競争上又は事業運営上の地位，社会的信用その他正当な利益が損なわれると認められることを要するところ，元来は事業者が内部限りにおいて管理して開示すべき相手方を限定する利益を有する情報であっても，事業者がそのような管理をしていないと認められる場合には，これが開示されることにより正当な利益等が損なわれると認められることにはならないものというべきである。

　(2)　本件非開示情報のうち口座番号等は，飲食代金の請求書に飲食業者である債権者が記載したものであり，代金の振込送金先を指定する趣旨のものであると認められる。そして，一般的な飲食業者の業務態様をみれば，不特定多数の者が新規にその顧客となり得るのが通例であり，代金の請求書に口座番号等を記載して顧客に交付している飲食業者にあっては，口座番号等を内部限りにおいて管理することよりも，決済の便宜に資することを優先させているものと考えられ，請求書に記載して顧客に交付することにより，口座番号等が多数の顧客に広く知れ渡ることを容認し，当該顧客を介してこれが更に広く知られ得る状態に置いているものということができる。このような情報の管理の実態にかんがみれば，顧客が奈良県であるからこそ債権者が特別に口座番号等を開示したなど特段の事情がない限り，本件非開示情報のうち口座番号等は，これを開示しても債権者の正当な利益等が損なわれると認められるものには当たらないというべきである。そして，本件において上記の特段の事情があることは，原審により確定されていない。

　(3)　本件非開示情報のうち印影は，債権者の請求書に押なつされているものであり，通常は銀行取引に使用する印章を請求書に押なつすることはないと考えられるから，原審が前記判断の前提としてこれを銀行印の印影であるとしていることには，誤りがあるといわざるを得ない。そして，(2)に述べたところからすれば，

267

第 6 章　残業・休日労働に関するいわゆる 36 協定の情報公開について

請求書に押なつされている飲食業者の印影は，これを開示しても債権者の正当な利益等が損なわれると認められるものには当たらないことが明らかである（最判平成 14 年 9 月 12 日判時 1804 号 21 頁判タ 1108 号 148 頁）。

　この判例によれば，事業者が内部限りとなるような管理をしていなければ，印影の開示はその正当な利益を損なうことはないというものである。これを，本件に当てはめれば，労働組合の代表者の印影がどのように管理されているのかという事実認定が必要になる。

(3)　考　　察

　情報公開法のしくみでは原則公開であり，非公開事由に該当する事実を具体的に立証する必要があるとされてきた。しかも，食糧費や交際費の場合には，架空請求が頻発してきたのであるから，架空請求ではないかと確認するためには，印影の公開も必要ともいえる。

　しかし，印影は，内部に限るという管理をしていなくても，そもそも情報公開の理念である国民主権とは関係がないので，一般的にいえば，一般公衆に知らせる必要性はないし，たとえ，三文判であり，銀行取引には使われていないとしても，請求書，領収書などには使うことができるから，第三者が当該組合の代表者になりすまして，請求書を送りつけるときに，似た判を使うことは可能になる。しかも，インチキが頻発している食糧費などと違って，組合代表者の氏名が公開されれば，それが偽の代表者ではないかと，印影まで確認する必要性は低い。

　このような事情を考慮すれば，「正当な理由」をこの場合に限っては緩めても良いのではないか。

　さらに，この 4 号は，冒頭に述べたように，国の場合には，これまでの条例とは違って，「相当の理由がある情報」という文言を用いて，行政裁量を尊重する趣旨を示している[26]のであるから，条例に関する上記の判例は適用がなく，非公開事由の立証責任も緩めるべきであって，印影が犯罪に使われるという国の主張はそれなりに尊重されても良いと思われる[27]。

---

[26]　行政改革委員会・前掲注(2) 29 頁，宇賀・前掲注(2)『新・情報公開法の逐条解説〔第 2 版〕』67-69 頁。

[27]　松井・前掲注(2)『情報公開法〔第 2 版〕』217 頁は，銀行口座番号や印影は，請求書や領収書に印刷されている場合を除き非公開とすることができるとしている。

268

追　記

　［謝辞］　本稿作成に当たり，小早川光郎，松井茂紀，宇賀克也，天野淑子，大内伸哉諸氏にご教示を得た。もっとも，それは本稿のごく一部についてであるので，本稿全体については，あり得る誤りも含め，筆者の責任であることはいうまでもない。

■追記1　大阪地裁平成17年3月17日判決

1　判決の概要

　大阪地裁民事7部平成17年3月17日判決（判タ1182号182頁，労働判例893号47頁，裁判官川神　裕，山田　明，伊藤隆裕）は，筆者の意見書と弁護団の準備書面を受けて，冒頭に述べた別紙2の2(3)事業の種類，「自動車運転者の労働時間等の改善のための基準」，「改善基準」といった事業の種類を推認し得る記載，事業の名称，事業の所在地，郵便番号，電話番号，労働組合の名称，労働組合の所在地，過半数代表者及びこれ以外の労働者の職名，過半数代表者及びこれ以外の労働者の労働組合における役職名並びに使用者（別紙1記載の者＝過半数代表者の氏名及び同人の印影，過半数代表者以外の労働者の氏名及び同人の印影並びに一部の使用者（対象文書に係る事業を営む個人及び法人登記簿に記載された法人役員以外の使用者）の氏名及び同人の印影を除く。）の氏名及び職名を公開せよとの判断を下した。要するに，事業の種類，事業の名称，事業の所在地等，大事な部分について公開判決が下ったのである。

　他方，本件不開示情報1は情報公開法5条1号の個人識別情報として，本件不開示情報2のうち，時間外労働又は休日労働をさせる必要のある具体的事由，業務の種類，労働者数の各情報は同条2号イの利益侵害情報として，本件印影はいずれも同条4号に該当する情報として，それぞれ不開示情報に該当するとされた。

　以下，コメントする。

2　争点1

　過半数代表者，過半数代表者以外の労働者及び一部の使用者の氏名及び同人らの印影は情報公開法5条1号ただし書イの「法令の規定により又は慣行として公にされ，又は公にすることが予定されている情報」の個人情報に当たること。

　「過半数代表者の氏名については，当該事業場においてはおよそすべての労働者が知り得る状態に置かれることが法律上予定されている（労基法106条）が，何らかの法令又は慣習によって，当該事業場外の何人においても知り得る状態に置かれているとはいえない。また，何らかの同種情報について公開することとしている法令の定めや慣習があるとの証拠はない。したがって，過半数代表者の氏名が公領域情報に当たるということはできない。

　この点，原告は，過半数代表者の氏名は，同人が当該事業場の労働者の代表者

第6章　残業・休日労働に関するいわゆる36協定の情報公開について

であり，当該事業場のすべての労働者は同人の氏名を知っているか，いつでも知り得る状態にあるから，過半数代表者の氏名は公領域情報に当たるというべきであると主張するが，情報公開法5条1号ただし書イは，上記のような範囲での公開をもって公領域情報とするものではない。

　また，原告は，過半数代表者のうち少なくとも労働組合の代表者の氏名は公領域情報に当たると主張するけれども，労働組合の代表者の地位を占める者についても，当該労働組合が法人として登記されていない限り，これを何人にも知り得る状態に置くべきとする法令の定めはないし，労働組合が労働者の地位向上等のために活動する団体であり，代表者の氏名を秘匿することが通常ないからといって，すべての労働組合が原告主張のごとく代表者の氏名を何人にも知ることができる状態に置いて広報活動を行う慣習が存在するとは認められないから，労働組合の代表者の氏名についても，これが公領域情報に当たるということはできない。」

　これは，慣行として公にされている範囲を厳密に狭く解する見解である。筆者は5で述べたように，多少の手間をかければどうせ分かる情報であり，公になっても個人のプライバシーが害されるものでもないので，ここまで厳格に解する必要があろうかという疑問を持っている。

3　行政機関情報公開法5条1号ただし書ロ（生命等保護情報）について

　これは4で述べた論点である。判決は，個人識別情報が生命等保護情報として『公にすることが必要であると認められる』というためには，当該情報が不開示とされることによって現実に人の生命等に侵害が発生しているか，将来これらが侵害される蓋然性が高く，当該情報を開示することによってこれらの侵害が除去される蓋然性がある場合であって，当該情報を不開示とすることにより害されるおそれのある人の生命，健康，生活又は財産の保護の必要性と，これを公開することにより害されるおそれのあるプライバシー等の個人の利益の保護の必要性とを比較衡量して，前者が後者に優越することが必要であると解するのが相当である。」とする。筆者も3で述べたように比較考量説を取っており，これには賛成できる。

　次に，この判決は，「過半数代表者の氏名を開示しないことによって現実に人の生命等に侵害が発生しているか，将来これが侵害される蓋然性が高いと認めることはできないといわざるを得ない。過半数代表者の氏名を開示しないことによって当該事業場の労働者が長時間の勤務を強いられ，生命等に侵害が及ぶ蓋然性があるということはできず，同氏名を開示することにより，これらの侵害が除去されるということはできない。

　過半数代表者の氏名が不開示とされているからといって，人の生命，健康，生活又は財産が害されるおそれがあるとか，逆にこれらを開示することによってそれらの侵害のおそれがなくなり，これらの利益が保護されることになるなどとは認め難い。

追　記

したがって，過半数代表者の氏名を公開することにより人の生命，健康，生活
又は財産を保護する必要性は認められないから，これを開示することにより害さ
れるおそれのある個人の利益保護の必要性との比較検討をするまでもなく，過半
数代表者の氏名が，情報公開法5条1号ただし書ロの生命等保護情報に当たると
いうことはできない。」とする。

　生命健康保護条項の不適用も，過半数代表者の氏名公開に関する限り，賛成で
きる。

4　争点2（本件不開示情報2の情報公開法5条2号イ（事業者の権利，競争上の地位その他正当な利益を害するおそれがあるもの）の不開示情報該当性）について

(1)　法的保護に値する蓋然性

　判決は，「利益侵害情報として不開示情報に当たるといえるためには，主観的
に他人に知られたくない情報であるというだけでは足りず，当該情報を開示する
ことにより，当該事業者の権利や，公正な競争関係における地位，ノウハウ，信
用等の利益を害するおそれが客観的に認められることが必要であると解するのが
相当であり，上記のおそれが存在するか否かの判断に当たっては，単なる抽象的，
確率的な可能性では足りず，法的保護に値する蓋然性が必要であると解するのが
相当である。」とする。

　これは前記2(3)の私見から見て賛成できる。判決は，次に，本件不開示情報2
について「害するおそれが客観的に認められる」か否かを判断した。

(2)　時間外労働又は休日労働をさせる必要のある具体的事由は非公開

　「①　本件不開示情報2のうち，「時間外労働をさせる必要のある具体的事由」
又は「休日労働をさせる必要のある具体的事由」の欄には，「臨時の受注，納期変
更」，「月末の決算等」，「一時的な道路事情の変化等によって到着時刻に遅延が生
ずるため」，「当面の人員不足に対処するため」などの情報が，「業務の種類」の欄
には「検査」，「経理」，「機械組立」，「自動車運転士」，「経理事務員」などの情報
が記載されることが予定されていること，

　②　現実には「時間外労働をさせる必要のある具体的事由」又は「休日労働を
させる必要のある具体的事由」の欄には，「臨時的，緊急的業務」，「予算，決算業
務」などの情報が，「業務の種類」の欄には「事務職員」，「カウンセラー職員」な
どの情報が記載されていること，

　③　36協定の中には，「業務の種類」を細分化し，10種類以上に分けて記載し
ているものが存在すること，

　④　別紙として協定書を添付し，協定書には5項目にわたって時間外勤務をさ
せることができる具体的事由が記載されているものが存在すること，

　⑤　研究職員である旨及びその研究対象である商品名が特定される記載や，企

271

第6章　残業・休日労働に関するいわゆる36協定の情報公開について

業統合・分割の担当職員である旨の記載がされている36協定届が存在することが認められる。

　以上の事実を前提とすると，36協定の中には，「業務の種類」を10種類以上に細分化しているものがあり，このような協定書の記載は，「労働者数」の記載と合わさって，当該事業場における具体的業務とそれらに関する人員配置を示すものであって，当該事業者のノウハウに係る部分である可能性が高く，これを公開すれば，競合事業者にその人員配置等を模倣され，競争上の地位を不当に害される蓋然性があると認められる。また，例えば具体的な商品名の記載がされている協定届が開示されれば，当該事業場が特定される上，当該商品開発に関わる人員の数や時間外・休日勤務の時間が明らかとなって，当該商品開発において先行している企業の研究開発に関する情報の一部を後発企業が労せずして入手することが可能となり，その結果，先行企業の競争上の地位が不当に害される蓋然性があると認められる。さらに，企業統合や企業分割は，通常，内密に準備が進められるものであって，このような部署が存在すること自体が秘密である場合もあるから，かかる記載がされた協定届が開示され，その記載から当該事業場が特定されるとすれば，当該事業者の公正な競争関係における地位や信用等の利益を害されるおそれがあると認められる。そして，情報公開に関する訴訟手続において，いわゆるインカメラ手続（民事訴訟法223条6項）が採用されておらず，裁判所が具体的な文書の内容を知ることができない以上，一般的に上記のようなおそれが認定できれば，対象となっている本件文書全体の当該記載のある部分について，情報公開法5条2号イの「おそれ」があるものと認定せざるを得ない。」

　「そうすると，本件不開示情報2のうち，時間外労働又は休日労働をさせる必要のある具体的事由，業務の種類，労働者数の各情報は，これらの情報だけで当該事業場を特定することができ，かつ，これを開示することによって当該事業者の競争上重要な情報が公になり，その結果，当該事業者の正当な利益が害されるおそれがあると認められるから，同号イに該当するといえる。」

　これは3(3)で述べた私見が採用されていない点である。国が丁寧に反論したのが採用されたのであろう。なるほどという気がしないでもないが，しかし，①，②の業務はどの企業でもあるもので，それが③10種類に分類されようと，業務の種類や労働者数が事業者のノウハウに係る部分である可能性が高いといえるのか，また，競合事業者にその人員配置等を模倣されるということがあるのか。それは非常に抽象的な可能性に過ぎず，競争上の地位を不当に害される蓋然性があるとまでは言えないように感じている。具体的な商品名や当該事業場が特定されても，商品開発において先行している企業の研究開発に関する情報までは入手できないはずである。企業統合や企業分割を担当する部署が存在することがわかるような名称を付けるであろうか。それを入手したい競争企業は，36協定の情報公開制度

272

追　記

に頼らずに個別に入手するであろう。又，秘密にしたい会社の方も，合併担当課などという名称を付けずに，企画課とか社長補佐とか，訳の分からない名称を付けるであろう。少なくとも過労死対策のため限度基準を超えた36協定は公開すべきではないか。筆者が3⑶で，36協定について限度基準を考慮して二つに分けて検討したことは無視されている。

⑶　不開示情報2 ──当該事業場を特定し得る情報は公開

「㋐　被告は，本件不開示情報2は，いずれも当該事業場を特定し得る情報であるところ，被告が既に本件一部不開示決定において延長可能時間等の情報を開示しており，これらの情報は，当該事業者における労働条件の内容を示すとともに，使用者が事業を遂行するための人事戦略や経営管理の在り方という専ら当該企業独自の企業戦略ないし企業ノウハウに関わるものであるから，当該事業場を特定し得る本件不開示情報2が開示されれば，競合事業者にとって情報収集が容易になり，競合事業者に不当に有利に働くと考えられるとして，同情報が利益侵害情報に当たる旨主張する。

㋑　一般的に，事業の種類（『改善基準』等の事業の種類を推認し得る記載を含む。）は，必ずしも当該事業場を特定し得るとまでは言い難いが，本件のように，開示請求に係る場所的範囲が限定される場合には，当該事業場が特定される場合も想定できる。また，事業の名称，事業の所在地，郵便番号，電話番号及び法人印の印影の各情報は，それ自体によって当該事業場を特定し得るものであり，労働組合の名称，印影及び所在地は，労働組合名が事業者名を冠する場合が多く，その事務所が当該事業者の内部若しくは隣地に設けられる場合が多いことからすれば，当該事業場を特定し得る情報であるといえ，労働者の職名，労働者の労働組合における役職名，並びに使用者の氏名，印影及び職名については，他の資料と照合することによって当該事業場を推知することができる情報ということができる。さらに，時間外労働又は休日労働をさせる必要のある具体的事由，業務の種類，労働者数の各情報についても，……いずれも当該事業場を識別し得る情報ということができる。

㋒(a)　しかし，今日，事業者が労働者に時間外労働・休日労働を命じることが少なくないのは公知の事実であって，36協定を締結していることが公にされても，当該事業者に格別不利益を与えるものではない。また，本件一部不開示決定において既に開示されている延長可能時間等の情報は，いわば労働条件の基礎ともいうべき資料であって，通常，求人広告や公共職業安定所において求職する者に提供されることが多い情報と認められる。一般に求人をしない部署については勤務時間が公開されることがない場合もあり得るが，そのような場合であっても，一般的には，勤務時間はその性質上殊更に秘匿すべきものとは考えにくいし，事業者がその労働者に勤務時間を社外秘とすべ

273

第6章 残業・休日労働に関するいわゆる36協定の情報公開について

きことを命ずることも，通常は想定しにくいことである。もっとも，個々の
事業者が就業時間等を公にしたくないということはあり得るが，情報公開法5
条2号イの利益侵害情報に当たるといえるためには，主観的に他人に知られ
たくない情報であるというだけでは足りず，当該情報を開示することにより，
当該事業者の公正な競争関係における地位等の利益を害するおそれが客観的
に認められることが必要であるところ，本件においては，かかるおそれが存
在すると認めるに足りる証拠はない。したがって，延長可能時間等の情報が
当該事業場を特定し得る状態で開示されることが事業者の正当な利益を害す
るということはできず，当該特定に足りる情報が同号イの不開示情報に該当
するとは認められない。

(b) この点，被告は，延長可能時間等に関する情報は，使用者が事業を遂行す
るための人事戦略や経営管理の在り方という専ら当該企業独自の企業戦略ない
いし企業ノウハウに関わるものであると主張するが，一般に，労働時間の
構成は，給与体系とは異なり，その性質上さほど複雑なものではなく，内容
をある程度予想できるものと考えるのが自然である。また，給与体系等を含
めた人事制度全体が人事戦略として企業ノウハウにかかわるものである可能
性はあるにしても，労働時間のみをとり上げて，これが独創性の必要な当該
企業独自の企業戦略やノウハウにわたるものであるとは一般的には考え難い。
労働時間を社外秘とする例が多いなどという証明もなく，労働時間の設定の
仕方によって生産性にどのような影響が出るかなどといった具体的な事実も，
当裁判所において証明はおろか主張すらされていない。したがって，延長可
能時間等に加えて事業者を特定できる情報を開示することによって当該事業
者の競争上の地位が害される蓋然性は，これを肯定することができないとい
わざるを得ない。

(c) また，被告は，本件不開示情報2が開示されれば，競合事業者にとって人
事情報の収集が容易になり，いわゆる引き抜きなど人材獲得に不当に有利に
働くと主張する。しかしながら，……36協定は，これを締結した範囲内で当
該事業者に労基法32条及び35条の規制を解除し，当該事業者に免罰的効果
を与えるにすぎず，実際の労働条件がこれによって定まるという性格のもの
ではない。それゆえ，36協定の内容を知ったとしても，免罰の範囲が分かる
にすぎず，現実の労働時間等が直ちに分かるものではない。また，給与等を
離れて労働時間のみが判明したからといって，人材獲得上格別有利になると
も考えにくいし，人材獲得をしようとする競合事業者であれば，他の方法に
より労働時間その他の労働条件の調査をしているものと考えられるから，本
件不開示情報2が公になったからといって，競合事業者にとって人事情報の
収集が殊更容易になり，いわゆる引き抜きなど人材獲得に不当に有利に働く

追　記

ということはできず，当該事業者の競争上の地位が害されるという蓋然性を
肯定することはできない。

(d)　また，被告は，例えば複数の事業場を持つ事業者の延長可能時間等の経年
変化を追跡調査すれば，当該事業者の事業展開が推測可能となるという。し
かし，36協定は使用者と労働者との合意によって締結されるものであり，必
ずしも使用者の必要性のみに応じて締結されるものではなく，その内容は，
労働者の意向や労使関係，あるいは当該事業場に勤務する者の環境等といっ
た多面的な要素によって影響を受けて形成されるものであるから，当該事業
者の事業展開を直截に反映するものとは直ちには言い難い。仮に，延長可能
時間等の情報が，時間外・休日勤務をすべき必要性の具体的事由や業務の種
類及びその人数と共に公開されれば，当該事業者の経営戦略が克明にうかが
えるという場合もあり得ようが，これらの情報は前記イによって不開示情報
に該当すると判断しているのであって，かかる場合には当たらない。

(e)　さらに，被告は，当該事業場がフレックスタイム制を導入している場合，
この情報は労務管理の根幹をなすものとなると主張するが，今日においてフ
レックスタイム制を導入している事業者はさほど珍しいわけではないし，フ
レックスタイム制を敷いていることを社外に殊更秘匿することは，むしろ例
外的な場合といえ，これによって当該事業者の競争上の地位が害される蓋然
性は認められないから，この点の主張も当たらない。

㋑　よって，本件不開示情報2は，延長可能時間等の情報に加え当該事業場が
特定されることを理由に，情報公開法5条2号イの利益侵害情報に当たるという
ことはできない。」

以上，被告は，風吹けば桶屋が儲かるに近い，抽象的な遠い可能性を恰も現実
にあるかのように主張している。この問題は，客観的に判断すべきであり，抽象
的なおそれではなく，蓋然性が必要という視点から見て，妥当な判断と思われる。

(4)　誤解のおそれを理由とする不開示は認められないこと

㋐　「さらに，被告は，本件不開示情報2を開示した場合，以下のような誤解を
生じさせるおそれがあるから，利益侵害情報に当たるというべきであると主張する。

(a)　協定届に記載された内容が当該事業場における労働条件の常態ではないに
もかかわらず，そうであるとの誤解を生じさせるおそれ

(b)　協定届が一定の様式に従い必要な事項を記載すれば足りるものであること
に起因する，36協定の内容についての誤解を生じさせるおそれ

(c)　36協定が事業場ごとに届け出られることに起因する，ある事業者の特定の
事業場における労働条件が当該事業者全体の労働条件であるとの誤解を生じ
させるおそれ

(d)　事業の種類や業務の種類等の相違を無視して，協定届の記載のみを比較さ

275

第6章　残業・休日労働に関するいわゆる36協定の情報公開について

れ，当該事業者に対する誤ったイメージが流布されるおそれ」

判決は，確かに，こうした「誤解を生ずるおそれが全くないと言い切ることはできない」が，「いずれも当該情報を開示することにより，当該事業者の正当な利益が侵害されるという法的保護に値する蓋然性は認められず」として，この主張を排斥した。

(a) 36協定は，これによって民事法上の労働債務を発生させるものではなく，労基法32条によって定められている労働時間の制限を解除し，使用者に対して免罰的効果を与えるものにすぎず，これに記載されている時間が，当該事業場における現実の労働時間そのものを表したものではないことは法律上明らかであること，

(b) 36協定は，労働基準監督署に届け出られることによってこそ効力を生ずるのであり（労基法36条1項），協定届にはその必要的記載事項が記入されるようになっているのであるから，仮に，36協定自体に協定届以外のことが記載してあり，誤解を受けたとしても，それは，同協定の根幹部分にわたるものとは認められず，通常，当該事業者にとって特段の不利益があるとは認められない。

(c) 労基法36条1項は，明文で「当該事業場」と規定しており，36協定が事業場ごとに作成されることは明らかであって，前記cのような誤解を受けることが通常であるとは到底考えられないこと

(d) 当該事業者の名称が明らかとなれば，当該事業者の種類やその業務内容はおおよそ推測がつくのであって，その中で延長可能時間等が開示される限り，事業の種類や業務の種類等の相違を無視して，協定届の記載のみを比較され，当該事業者に対する誤ったイメージが流布されるおそれは，可能性としてはあるにしても，法的保護に値する蓋然性があるとまでは認められないこと。

まさに，この判決のいうとおりである。被告は，あらゆる可能性を持ち出して非公開事由としようとしており，原則公開，『おそれ』は抽象的な可能性ではなく，蓋然性を意味するということを理解していないのではないか。

5　生命等保護情報（情報公開法5条2号ただし書）該当性について

「事業の名称等をその内容とする本件不開示情報2を開示しないことによって現実に人の生命等に侵害が発生しているか，将来これが侵害される蓋然性が高いと認めることはできない」

たしかに，単なる因果関係と捉えれば，判旨のいうとおりであるが，私見は，4で述べたように，比較考量で決める問題であるならば，少なくとも，いわゆる過労死ラインと呼ばれる時間外労働時間を超えて，過酷な労働を強いる協定は，生命保護条項によっても，情報公開の対象になると解すべきであるとしていた。

追　記

6　争点 3（本件不開示情報の情報公開法 5 条 6 号該当性）について

　これは前記 6 の論点である。まず裁判所は，一般論として，「(1)　協定届の内容を構成する情報は，労働基準監督署が行う労働時間等の労働条件の監督事務に関するもので，情報公開法 5 条 6 号イの「監査，検査，取締り又は試験に係る事務」に該当する。そして，この事務について「支障を及ぼすおそれ」があるというためには，同号が事項的基準と定性的基準とを組み合わせて不開示情報の範囲を規定している趣旨に照らして，「正確な事実の把握を困難にするおそれ又は違法若しくは不当な行為を容易にし，若しくはその発見を困難にするおそれ」その他，これに類するような，実質的支障が生ずるおそれが必要であり，この「おそれ」も，抽象的な可能性では足りず，法的保護に値する程度の蓋然性が必要であって，その判断に広範な裁量権を与える趣旨ではないものと解するのが相当である。』とした。賛成できる。

　次に，「(2)　被告は，本件不開示情報を公にした場合，36 協定届出制度そのものの信頼を損なうおそれがあり，36 協定の内容にも影響を及ぼし，その結果，行政官庁が協定内容の適法性を審査し，必要な指導等を行うのに支障を及ぼすおそれが存する旨主張する。そして，その具体例として，事業者が，協定届に記載される事業に関連した各種の情報を公にされることを嫌い，例えば「業務の種類」について，外部の者には容易に業務内容が推知されないような独自の名称を定めるなどして，それに基づいた 36 協定の届出を行うことが考えられるとする。」

　これについて，裁判所は，「時間外労働又は休日労働をさせる必要のある具体的事由，業務の種類及び労働者数については」，前記判決文の 4(2)で述べたように，不開示情報に当たり，本件不開示情報 1 については前記判決文の 2 のとおり同条 1 号の不開示情報に当たると判断することを前提に，これらが開示されることを前提として当該事業者の作為的な記載が誘発されるという主張を重ねて検討する必要はなく，上記において不開示情報に当たると判断した部分を除いた本件不開示情報を開示することによって，上記のようなおそれがあるとは認められないとした。

　これには賛成できる。

7　争点 4（各印影の情報公開法 5 条 4 号該当性）について

　これは前記 7 の論点である。被告は，「本件不開示情報のうち各印影（すなわち，本件不開示情報 1 の各印影及び別紙 2 不開示情報目録 2(2)記載の各印影。以下，合わせて『本件印影』という。）は，公にすることにより有印私文書偽造などの犯罪に悪用され，犯罪の予防に支障を及ぼすおそれがあるから本号に該当すると判断して不開示としたのであり，その判断に裁量権の濫用逸脱はないと主張するのに対し，原告は，これら印影が公にされることにより犯罪に悪用されるというのは単なる可能性があるにすぎず，この程度では公共の安全と秩序の維持に支障を及ぼすおそれがあると行政機関の長が認めることにつき相当の理由があるとは到

277

底認められないと主張する。」

　以下に判断する前提として，裁判所は，行政機関情報公開法5条4号は，「同条1，2及び6号と異なり，単に「おそれがあるもの」とはせず，「おそれがあると行政機関の長が認めることにつき相当の理由がある情報」と規定していることから，実施機関たる行政機関の長の第一次的裁量権を尊重する趣旨のものと解されるとし，「同条4号に基づく情報の不開示決定が違法となるのは，当該行政機関の判断に裁量権の濫用逸脱があった場合に限られると解するのが相当である。」として，司法審査権に限定をはめた。

　そして，「本件印影は，過半数代表者，過半数代表者以外の労働者，使用者，事業者，労働組合の各印影であるところ，これらの者はいずれも私的経済活動の主体であり，その印影は，その印章の所有者の私的経済活動に関連して作成される契約書や各種証明書類等に使用されるものである可能性が高く，本件印影についても同様である。そして，印影は，通常，取引関係者等の一部の限られた者のみが必要に応じて確認することが予定されているのであり，これが広く一般に公にされることは予定されていないと解すべきである。」

　「そして，スキャナー等による複製の技術が進歩した今日にあっては，本件印影を公開すれば，これら印影が容易かつ精巧に複製されるおそれが存することが明らかであるから，これら印影が有印私文書偽造などの犯罪に悪用され，犯罪の予防に支障を及ぼすおそれがあるので本号に該当するとした被告の判断には相当の理由があるというべきであって，この点に裁量権の濫用逸脱があるとまでは認められない。よって，本件印影は同条4号の不開示情報に当たると認める」。

　これは被告の主張を採用したものであるが，賛成できる。

■追記2　判決を活用して

1　判決直後

　冒頭に述べた松丸弁護士は，次のように述べている。

　労働基準オンブズマンでは，この判決を得て，早速国内の主要企業である「日経500社」の各社の本社における36協定について，東京・大阪・愛知をはじめ全国各地の労働局に対し情報公開請求を一斉に行い，その開示を得つつある。

　大企業にも拘らずと言うべきか，大企業故にと言うべきか，既に開示された36協定の多くは特別協定条項を定めており，過労死ラインの月80時間（年間960時間）を超える時間外労働を容認するものが多く見うけられる。時間外労働の枠と別に休日労働については無制限という協定も多く，時間外労働と休日労働をあわせた時間数は更に上まわることになる。

　労働基準オンブズマンとして今後情報公開させた36協定を分析したうえ，厚生労働省・各労働局に対し，事業所の36協定を受理するにあたっては限度時間の告

示を厳守させ，特別協定条項は原則として認めさせず，受理しないことを申し入れる予定である。

またホームページ上に，過労死ラインを超える36協定を締結している企業名・事業所名とその内容を公表するとともに，その是正を過労死予防の視点から求めていくことも検討している。

36協定をめぐっては，過労死が生じやすいはずの「新技術・新商品の開発」に従事するものはその限度時間の対象にならないなど，問題点が多くある。更には管理監督者はそもそも労基法の労働時間規制の対象外とされ，かつ管理職＝管理監督者という誤った労基法の認識の下で，課長更には係長クラスでさえ36協定による限度時間規制の対象外との職場の「常識」がまかり通っている。

例外的にしか認められない特別協定による限度時間が，多くの職場では日常的な時間外労働の基準となっていると同様，課長は管理監督者だとの非常識（職場では常識なのだが）が，今はやりのホワイトカラーエグゼンプションの議論の底流にはある。

2 最近の公開状況

その後の状況について松丸弁護士にご教示を得たところ，以下の通りであった。

まず平成17年段階で，大阪過労死問題連絡会は，「特別条項で定められた時間外労働時間」の上位500社（大阪本社分）の状況を調査した。個別企業名が出てくるので，ここでは掲載できないが，多数の会社が特別条項を活用，というよりも，濫用しており，組合がこれに応じているのには，驚く。

NPO法人株主オンブズマン（http://www.kabuombu.sakura.ne.jp）は経団連の会長並びに副会長に就任している役員の所属する企業16社について，36協定の内容を情報公開手続で調査して申入れをした。その結果は，下記に記すほか，このHPを参照して頂きたいが，これによれば，16社中13社の36協定において，厚生労働省が業務の過重性と脳・心臓疾患の発症との関連が強いとしている月当り80時間を超える時間外労働（過労死ラインを超えた時間外労働）を特別条項をもって認めていることが明らかになった。

また，休日労働についての36協定の内容をあわせて考えるなら，より長時間となる時間外・休日労働が認められた内容となっている。

情報公開では特別条項の対象となる職種等は開示されていないが，いかなる職種であろうと過労死ラインを超える時間外労働は許されるものではないというべきだろう。

この2009年6月，過労死問題連絡会は，某有名メーカーに，企業の社会的責任を標榜しながら，他方で，特別協定で1ヶ月100時間を超えて，過労死ラインの残業をさせていることは矛盾であるとして，やめるように申し入れている。

2009年11月には，過労死を出した企業名の情報公開を求める訴訟が大阪地裁に

第 6 章　残業・休日労働に関するいわゆる 36 協定の情報公開について

提起された。「大阪過労死問題連絡会」の弁護士らとともに夫を過労死でなくした女性が今年 3 月，大阪労働局に対し，社員 1 万人以上で過労死認定された事業所名などの情報公開を請求したが，4 月に出された文書は個人情報などを理由に企業名が黒塗りにされていた。

　これについては，再び意見書を提出することになった（第 7 章）。

　参考：日本経団連の会長・副会長企業の 36 協定について
　　　　2009 年 4 月 21 日
　　　　株主オンブズマン代表
　　　　森岡孝二（関西大学教授）

日本経団連　会長・副会長企業の 36 協定の概要

企業名	協定成立日	延長することができる最大時間				過半数代表者
		1 日	1 ヵ月	3 ヵ月	1 年	
三菱商事	08/3/26	5 時間	43 時間	—	360 時間	労働組合
パナソニック	08/3/31	13 時間 45 分	100 時間	—	841 時間	労働組合
第一生命	08/3/26	—	45 時間	—	360 時間	判読不能
三井物産	08/3/26	12 時間 45 分	120 時間	—	920 時間	労働組合
東レ	08/9/29	—	160 時間	—	1,600 時間	労働組合
みずほ FG	08/8/31	11 時間	90 時間	—	900 時間	従業員代表
日立製作所	08/3/26	13 時間	—	400 時間	960 時間	労働組合
三菱重工業	08/3/31	13 時間 30 分	—	240 時間	720 時間	労働組合
野村 H	08/3/21	8 時間	104 時間	—	360 時間	従業員代表
全日本空輸	08/3/31	7 時間	30 時間	—	320 時間	労働組合
三井不動産	08/3/31	4 時間 30 分	90 時間	—	360 時間	労働組合
東京電力	08/9/26	12 時間 10 分	100 時間	—	390 時間	労働組合

（http://www.kabuombu.sakura.ne.jp）

追　記

■追記３　働き方改革関連法

　2018 年 6 月に成立し，2019 年 4 月に施行（中小企業には段階的に適用）された「働き方改革関連法」において，同一労働同一賃金と並び注目されたのが労働時間改革である。これにより，長時間労働是正のため，時間外労働の絶対的な上限が罰則付きで導入された。時間外労働の上限を原則月 45 時間，年 360 時間とし，特別条項は年 720 時間，単月 100 時間未満（休日労働含む），複数月平均 80 時間（休日労働含む）を限度とする。

　限度を超えた場合はこれまでなかった罰則の対象となる。各事業所は施行後には，新たな 36 協定の締結が必要になる。

281

はじめに

第7章　脳血管疾患及び虚血性心疾患等（負傷に起因するものを除く）に係る労災補償給付の支給決定がなされた事業場名（法人名のみ）の開示請求

はじめに

第1節は，脳血管疾患及び虚血性心疾患（以下，「脳・心臓疾患」という。負傷に起因するものを除く）により労災認定を受けた者は「過労死」によるものであるとして，その勤務していた事業場の名称（法人のみ）の情報開示を求め，その不開示決定を争う情報公開訴訟において筆者が平成22年11月28日に提出した原告側意見書である。

先に筆者は，いわゆる36協定の情報公開について大阪地裁に意見書を提出し，その非公開決定の取消し（大阪地判平成17年3月17日判タ1182号182頁）に寄与したと思っている[1]。

本意見書は，それに続き，結論として，労災認定がなされた者が勤務していた事業場名（法人名のみ）の公開は，通常の場合には個人情報の公開にはつながらず，企業の正当な利益を害することも想定されず，例外条項である「生命・健康等の保護」条項にも該当して，行政機関情報公開法に定める非公開事

---

[1] 阿部泰隆「残業・休日労働に関するいわゆる三六協定の情報公開について(1)(2)」自治研究85巻10号，86巻1号（2009年，2010年）。本書第6章。

労働者に残業，休日労働をさせる根拠となる，いわゆる36協定（労基法36条）について，内閣府・情報公開審査会の答申（平成14年＝2002年6月17日答申69号）を経た厚生労働大臣の開示決定においては，所定労働時間，延長することができる時間，所定休日，労働させることができる休日並びに始業及び終業の時刻，期間，協定の成立は公開されたが，どの事業所かの情報は非公開となっていた。

これについて，大阪地裁平成17年3月17日判決（判タ1182号182頁）は，利益侵害情報として不開示情報に当たるといえるためには主観的に他人に知られたくない情報であるというだけでは足りず当該情報を開示することにより当該事業者の権利や公正な競争関係における地位，ノウハウ，信用などの利益を害するおそれが客観的に認められることが必要であると解するのが相当であり，上記のおそれが存在するか否かの判断に当たっては単なる抽象的確率的な可能性では足りず法的保護に値する蓋然性が必要であると解するとし，事業の名称，事業の所在地などを公開させた。これは1審で確定した。

右記の私見は大阪地裁に提出した意見書を，この判決を踏まえてさらに敷衍したものである。

283

由には当たらないとするものである（文献は当時のものである）。

　私見は第2節で述べるように，第1審大阪地裁平成23年11月10日第7民事部判決では認められたが，残念なことに，大阪高裁第3民事部平成24年11月29日判決で否定されて，最高裁でもそのまま維持された。一審判決は過労死を防止する点で画期的な意義を有するのに，それが上級審で否定されたのは遺憾である。第1審は私見を参考にしていると推測されるが，高裁では，私見（を踏まえたはずの書面）に反論することなく，私見と反対の判断をしている。

　たしかに意見の分かれる問題であり，筆者の意見書は考察不十分な点もあり，高裁判決に賛成する意見も少なくないが，筆者としては，私見と第1審の判断の方が妥当であり，過労死防止にも寄与すると考えて，ここに，高裁判決への反論を含めて，私見を公表する。個別案件を取り上げたものであるが，「他の情報」を組み合わせた個人識別情報，法人の正当な利益，事務事業を害するおそれに関して，一般論としても参照いただけるものと思う。なお，その後，情報公開・個人情報保護審査会の答申，判例でも，管見の限り，これに関する適切なものは見あたらない。

　しかも，2014年には，過労死等防止対策推進法が成立し，過労死対策は国，地方公共団体，事業者の責務となった。そして，政府は，過労死等の防止のための対策を効果的に推進するため，過労死等の防止のための対策に関する大綱を閣議決定した（2015年7月。http://www.mhlw.go.jp/stf/houdou/0000092244.html）。この法律と大綱は直接には過労死を出した企業名の公表にはふれていないが，このように情勢が変化したので，上記の非公開判決は見直されるべきである。

　ちなみに，「残業時間や有休消化 『ブラック企業』情報開示少なく」（日本経済新聞2016年2月23日朝刊政治欄）によれば，政府の規制改革会議は22日，過酷な労働を強いるいわゆる「ブラック企業」ほど開示する採用情報が少ないとの調査結果を公表した（http://www8.cao.go.jp/kisei-kaikaku/kaigi/meeting/2013/discussion/160222/gidai/item1.pdf）。勤続年数や給与，諸手当など30項目の開示状況を調べたところ，民間団体が選定した「ブラック企業」の平均は14項目で大企業（18項目）を下回った。新入社員の定着状況，月平均残業時間，有休取得率を公開する企業はほとんどなかった。

　政府は「働き方改革」を重要課題の一つに掲げており，企業に情報開示を促す仕組みづくりを検討するという。

　河野太郎行政改革相は「就職や転職をする時にサポートしてあげられるシス

テムをつくらないといけない。その企業がどういう企業なのか伝わる情報が必要だ」と強調したという。

そのためにも，過労死を出した企業名の公表は不可欠である。

まず意見書（第1節）を公表し，次に，地裁高裁判決を対比しつつ，その後の文献を踏まえて検討する（第2節）。当事者の準備書面，証拠等は，意見書では引用していたが，今回公表するに当たって，省略した。第1節で紹介した各種データで，ネット検索したものは今日削除されているものが多いので，類似のものを検索して文章を少々修正した。

第1節　地裁に向けた意見書

1　論　　点

(1)　本件開示請求

労災認定に関する行政記録は処理経過簿に記載されているが，原告は，その情報全部ではなく，そのうち，被災者（労災認定を受けた者）が所属していた事業場名，労災補償給付の支給決定年月日のみの公開を求めた。すなわち，

「大阪府内に本社を置く（下記企業につき），大阪労働局管内の各労働基準監督署長が平成14年4月1日から同21年3月5日までの間に，脳血管疾患及び虚血性心疾患等（負傷に起因するものを除く）に係る労災補償給付の支給請求に対して支給決定を下した事案につき，その処理状況を把握するために作成している処理経過簿のうち，

①　被災者が所属していた事業場名（法人名のみ）

②　労災補償給付の支給決定年月日」

の公開を求めるものであった。

(2)　開示決定・不開示理由

これに対して，大阪労働局長は，平成22年4月30日付行政文書開示決定通知書により，支給年月日，労働基準監督署名，（標準）業種，（標準）職種，認定要件，疾患名も公開した。申請もしないものが出てきたのである。

次の①～⑪を不開示とした理由は，「開示請求にかかる行政文書については，個人に関する情報であって，当該情報に含まれる氏名，生年月日その他の記述等により特定の個人を識別することができる情報又は特定の個人を識別するこ

とはできないが，公にすることにより，なお個人の権利利益を害するおそれが
ある情報が記載されており，法第5条第1号に該当し，かつ，同号ただし書き
イからハまでのいずれにも該当しない」というものである。

開示されていないのは，

① 労働者名，生年月日，性別

② 発症年月日，発症時年齢，請求時の生死，死亡年月日，

③ 事業場名，労働保険番号，業種，職種（標準業種，標準職種は除く）

④ 請求年月日，請求内容，速報受付

⑤ 評価期間

⑥ 平均時間外労働時間，

⑦ 疾患名（認定基準に示されていない疾患）

⑧ 審査請求

⑨ 裁量労働制適用の有無

⑩ 処理期間・未処理状況

⑪ 備考

である。

(3) 公開請求の対象は事業場名（法人名）のみ

(1)の②労災補償給付の支給決定年月日は公開されたので，原告は本件訴訟で，
(1)のうち，①事業場名（法人名のみ）だけの公開を求めた。その意味は，支社，
支店，工場などの開示を求めるつもりはないという趣旨のようである（なお，
最初は，「下記企業」として，在阪の13社の企業名だけの公開を求めていたが，補
正の求めに応じて，括弧内の下記企業名を削除して申請したのが最終の申請書であ
る）。

以下，先の36協定意見書で述べた理論は，ここで繰り返すことをせずに，
引用する。

(4) 厚労省の理由説明書

原告の厚労大臣に対する審査請求において，厚労大臣が情報公開・個人情報
保護審査会への諮問に際し提出した理由説明書（平成22年（行情）諮問第42号）
2頁～3頁によれば，その不開示理由は次のようである。

第1節　地裁に向けた意見書

①　個人識別情報該当

過労死企業名が公開されると特定の個人が特定され，行政機関情報公開法5条1号に該当する。

つまり，「脳・心臓疾患に係る労災支給決定事案は労災支給決定全体（平成19年度における労災新規給付件数約61万件）のうちで極めて少ないものである。平成19年度には全国47都道府県労働局で392件につき支給決定を行っており，そのうち大阪労働局においては46件となっており，大阪労働局管内の労働基準監督署（13署）1署当たりに換算すると，年間3.5件と件数自体極めて少ないものである。

したがって，本件対象行政文書に記載されている労働者の絶対数は極めて限定されているものであり，労災支給決定を受けた被災労働者が所属していた「事業場名」が明らかとなった場合，処理経過簿に記載されている「労働基準監督署名」，「職種」，「疾患名」等の情報並びに，被災労働者の近親者，被災労働者の所属していた事業場の関係者，取引先関係者，近隣住民等であれば，当該者が保有している又は容易に入手が可能であると考えられる情報と照合することにより，事業場の同僚及び近親者等被災労働者の関係者に被災労働者が特定されることとなり，結果として特定の個人を識別することが可能となるものと認められることから，法第5条第1号に該当する。被災労働者が特定されることは，被災労働者（又はその遺族）にとって，労災保険給付の請求を行った及び労災支給決定を受けたという通常人には知られたくない被災労働者（又はその遺族）の機微な情報が知られることであり，被災労働者（又はその遺族）の権利利益が害されるおそれがあると認められる。

②　人の生命，健康，生活又は財産を保護するため，公にすることが必要であると認められる情報不該当

「事業場名」を公にすることにより侵害されるおそれがある被災労働者（又はその遺族）の権利利益よりも，「事業場名」を公にすることによる，人の生命，健康等の保護の必要性が上回る等の事情が認められないことから，同法第5条第1号ただし書きロ（人の生命，健康，生活又は財産を保護するため，公にすることが必要であると認められる情報）及びイ，ハのいずれにも該当しない。

③　「権利，競争上の地位その他正当な利益を害するおそれがあるもの」（利益侵害情報）該当

（これは不開示処分の段階では示されず，理由の追加に当たるが），また，「事業

第7章　脳血管疾患及び虚血性心疾患等（負傷に起因するものを除く）に係る労災補償
　　　給付の支給決定がなされた事業場名（法人名のみ）の開示請求

場名」を開示することとなれば，当該事業場に所属する労働者の労災補償給付
の支給の有無が明らかとなり，その結果，当該事業場の労働者に重篤な労働災
害が発生したことなど法人の企業情報が周知の事実となることにより，事業場
に対する信用を低下させ，取引関係や人材確保等の面において，同業他社との
間で競争上の地位その他正当な利益を害するおそれが生じるものであることか
ら，同法5条第2号イの不開示情報に該当する。

2　一般論としての前提

(1)　「おそれ」の語義

　一般論として，非公開事由を定める行政機関情報公開法5条の1，2，5，6
号で用いられている「おそれ」の意義について説明する。普通の日本語では，
「おそれ」というと，将来の抽象的な可能性を意味するが，担当省である総務
省の解説である『詳解　情報公開法』[2]は，1，2号について，「この『おそれ』
の判断に当たっては，単なる確率的な可能性ではなく，法的保護に値する蓋然
性が求められる」としている。その他の文献も同様であることは先の意見書で
述べた[3]。（下線は阿部が付した。以下，同様）

(2)　立　証　責　任

　情報公開訴訟においては，裁判所は，当該文書を見ることができない（イン
カメラは認められていない）ので，推認するしかないが，非公開事由（～の「お
それ」があるもの）に該当するかどうかについて「判断を可能とする程度に具
体的な事実を主張・立証する責任」は実施機関が負うとするのが判例（最判平
成6・2・8民集48巻2号255頁，判タ841号91頁，判時1488号3頁）である。情
報公開制度は原則公開のシステムであるから，非公開事由の立証責任が被告に
あるのは，実体法の構造上当然である。この詳細も，先の意見書（第6章）で
述べた[4]ので，参照されたい。

---

(2)　総務省行政管理局の編集にかかる『詳解　情報公開法』（財務省印刷局，2001年）57,
　　78頁。
(3)　本書第6章2。
(4)　本書第6章2。

3 過労死で労災認定を受けた者の勤務していた事業場の名称 （法人のみ）は情報公開法5条1号本文の個人識別情報に該当 しないこと

(1) 個人識別情報に関する判断基準の対立

被災労働者の勤務先の法人名だけが開示されても，それだけでは被災労働者の氏名は特定されない。しかし，既に知られている他の情報と照合すれば，特定個人が識別されうる場合がある。これを非公開とするのは，いわゆるモザイクアプローチと呼ばれる。誰が持っている，どのような情報と照合するのかという問題が生じる。

これについては，一般人を基準とするべきか（原告主張），開示請求しうる者（近親者，被災労働者の所属していた事業場の関係者・取引先関係者，近隣住民等を含む）を基準にするべきか（国主張）という対立がある。

(2) 検 討

① 一般理論の吟味

情報公開委員会の答申，判例などを参照しつつ，事業場名が公開されたら，被災労働者が特定されるかを検討する。

まず，その一般論であるが，総務省の『詳解 情報公開法』[5]は，照合の対象となる「他の情報」としては，公知の情報や，図書館等の公共施設で一般に入手可能なものなど，一般人が通常入手し得る情報が含まれる。また，何人も開示請求できることから，仮に当の個人の近親者，地域住民等であれば保有している又は入手可能であると通常考えられる情報も含まれると解する。他方，特別の調査をすれば入手し得るかも知れないような情報については，一般的には，「他の情報」に含めて考える必要はないものと考えられる。照合の対象となる「他の情報」の範囲については，当該個人情報の性質や内容等に応じて，個別に適切に判断することが必要となる。宇賀克也著[6]にも類似の記述がある。

しかし，これでは，これら当事者の周辺にいる人しか知らないような情報との結合をもって識別可能性を肯定することになる。それは個人情報の保護には

---

(5) 前掲注(2)『詳解 情報公開法』47頁。

(6) 宇賀『新・情報公開法の逐条解説〔第2版〕』（有斐閣，2004年）72〜73頁。
『追記』同第8版（2018年）80〜81頁は，一般人基準よりも特定人基準に近いニュアンスを感ずる。

厚いが，たいていの場合には誰かしら，近くにいる人が気が付く可能性があるので，非公開になる。これでは，世界中の大部分の人には，個人の識別可能性がなくても，その情報にふれる機会を奪うもので，原則公開の理念に反するであろう。

つまり，近くにいる人に知られるのを避けることが優先か，世界中の人，多くの人に知らせるのが優先かの対立であるが，原則公開とする情報公開制度の仕組みからいえば，後者を採るべきであるということである。

「識別されうる」情報の判断に当たっての「他の情報」との照合可能性については，その範囲を不当に拡大することのないように，一般人が通常入手しうる関連情報によって相手が識別されうる情報に限定すべきであって，たとえば当事者の周辺にいる人しか知らないような情報をもって識別可能性を肯定すべきではないとの答申（岡山県平成11年9月20日答申「岡山県教育委員会が実施している同和地区児童・生徒の基礎調査に関する書類」の全部非公開決定の件，『情報公開制度運用の実務1』（新日本法規，加除式）368-3）に賛成する。松井茂紀[7]も，基本的には識別可能性は一般人を基準として判断すべきである，肉親者や親類などきわめて狭い範囲の人であれば識別可能だというだけでは不十分だというべきであろうとしている。

次に，一般人の基準であるが，「特定個人が識別され，又は識別されうる」とは，「他の情報」と結びつけることにより特定個人を識別することができる場合も含まれるが，「他の情報」とは，一般人が知っている情報又は既に公にされた情報で図書館や書店等において一般人が通常の方法で入手しうるものであることを要すると解する。それは「他の情報」の範囲に合理的な限定を加えなければ，あらゆる場合に「特定個人が識別され，又は識別されうる」ことになり，請求者の権利を無制限に制約するものとなって，条例の原則公開の精神に反するからである。したがって，「他の情報」には，特定人のみが知っている情報，詮索的活動により入手しうる情報等は含まれないと解される（千葉県平成2年9月28日答申前記『情報公開制度運用の実務1』358頁）。

その通りであるが，ここの「図書館等の公共施設で一般に入手可能なものなど一般人が通常入手し得る情報」といっても，なお広すぎる。最初からそのどれに掲載されているかが分かっていれば，図書館や書店に行けば探せるが，一般人がそのどれに掲載されているのかを検索する方法はまずないから，図書館

---

(7) 松井茂記『情報公開法〔第2版〕』（有斐閣，2003年）183頁。

や書店に行っても，調べようがない。図書館の本というのは，本自体は公開されているが，過労死した特定人につながる情報が，どの本のどこに書いてあるのかは，簡単には調査できないのであるから，一般人が通常利用できる手段には入らないのである。図書館や書店に行けば，○○会社過労死一覧といった書物，あるいは『過労死』という書物があることが公知の事実で，会社名が分かれば，個人が分かるような記載があれば別であるが，普通に言えばそんな書物は見つからない。そこで，図書館や書店等において，一般人がその図書を通常の方法で入手しうるというだけではなく，<u>一般人が通常の方法でその図書の中から当該個人識別情報に到達できるものであることを要する</u>という意味と解すべきである。

　さらに，識別可能性は，誰でも比較的簡単に情報を照合できる場合に限定すべきである。一般人が利用可能な情報として，登記簿が挙げられている（名古屋地判平成 13・1・12 判タ 1121 号 148 頁，さいたま地判平成 14・12・11 判例自治 255 号 13 頁）が，土地の地番が分かれば，登記簿と照合すれば，所有者が分かることは誰でも知っていることであるから，これは正当である。

　新聞は，古くなれば元々は縮刷版となっていた。その検索は容易ではない。今はインターネットを使い，語句で検索できるが，新聞の有料検索（朝日新聞の聞蔵等）は一般人が通常の方法で入手しうるものとはいえないだろう。無料の検索ソフトである，google，や yahoo なら一般に使用されるが，古い情報はかならずしも入っていないし，新しい情報でも，たとえば，パナソニック，日本航空，三菱商事で過労死があったことが情報公開の結果判明したとしても，その法人名と，過労死と入れても，それだけでは，過労死情報も，死者を特定する情報も出てこないだろう。既に公開されている支給年月日，労働基準監督署名，（標準）業種，（標準）職種，認定要件，疾患名を入れても同じであり，もしそれで特定人が識別されるのであれば，元々の情報で特定人が分かるようになっていたためではないか。したがって，新聞に載っているというだけで，一般人が通常アクセスできる情報とは言えない。

②　本件の場合の吟味

　(ア)　以上の一般基準を前提に，本件事業場名（法人のみ）の公開が被災労働者の個人情報を識別させるかを考察しよう。さらに，今回，支給年月日，労働基準監督署名，業種，職種，認定要件が公開されている（あるいは，今回公開しなくても，被告の見解では，別の者がその公開請求をすれば公開することになる

第7章　脳血管疾患及び虚血性心疾患等（負傷に起因するものを除く）に係る労災補償
　　　　給付の支給決定がなされた事業場名（法人名のみ）の開示請求

のであろう）。このことを前提に考える。

　(イ)　個人識別情報の判断基準は，今述べたように，近親者，友人という近い者ではなく，より一般的な者であるという立場（一般人基準）に立てば，事業場名がいくら公開され，労災認定される者がいかに少なくても，一般人は，他に，被災労働者につながる情報を持っていないのであるから，個人を特定することは不可能である。

　(ウ)　企業名が分かれば，個人が特定されるのは，どんな場合であろうか。被告の主張は先に1(3)①で述べたが，さらに被告は，近い立場にいる者が基準であることと，過労死で労災認定を受ける者は少ないことが公開の理由であるとする点を補強している。それを引用する。

　　「脳血管疾患による労災認定件数は平成14年度以降は16件から32件と少なく虚血性心疾患等に至っては，4件から15件と極めて少ない。労災保険の新規受給者数に占める割合は，いずれも0.1パーセントにも満たないものである。
　　　このように脳血管疾患及び虚血性心疾患に係る労災保険支給事案は極めて少なく本件開示対象文書に記載されている労働者の絶対数が極めて限定されている。そして，処理経過簿において「署（引用者注：監督署名)」が開示されておりその管轄から事業場の所在していた地域が特定されまた「職種」「業種」，「疾患名」等の情報なども開示されているところ，それだけでも被災者個人を相当範囲にまで限定することができるものである。その上「事業場名」を開示するとなれば，その支給件数の絶対数の少なさから下記にも述べるとおり当該事業場における被災者の職種支給決定年度（死亡した年から推測可能)，当該事業場関係者等が有する情報等と照合することにより特定の個人を識別することが可能となってしまう。
　　　……被災者の事業場関係者及び近隣者等が保有又は入手し得る情報と照合すれば個人識別が可能であること
　　　……不開示情報に該当する個人に関する情報は他の情報と照合することによって特定の個人を識別することとなるものも含むとされ，「他の情報」とは一般人が通常入手しうる情報のみならず仮に当該個人の近親者地域住民等の関係者であれば保有している又は入手し得る情報も含むと解されている。
　　　そしてこれを本件についてみるに……脳・心疾患に基づく労災保険支給者の絶対数は極めて少ないところ被災者の近親者はもちろん近隣者や勤務先の関係者（同僚及び取引先等）等は事業場名が開示されれば開示されている職種から推測できる具体的な部署同事業場内で支給年度から推測できる年度に死亡若しくは療養休業した者の有無等の情報を保有又は入手し得るのであって本件開示対象文書の事業場名を公にすることで上記のような情報と照合することにより被災者の勤務先

関係者取引先近隣者等に被災者個人が特定されることになり結果として特定の個人を識別することが可能となるものと認められる。」

さらに，被告はこれを敷衍して，一つの事業場で複数過労死認定されることは稀であるから，事業場名の開示により個人が特定される可能性が極めて高いという。

（エ）　しかし，私見では，近親者地域住民を基準とすることは，前記のように不適切であるから，一般人を基準として考える。

死者は，ある程度いる。特定の企業で過労死により労災認定された事案があったことが公開されても，そうした者が少なくても，１人であっても，死者のうちの誰が労災認定を受けたのかをどうして把握できるのか。ここでは，労災認定された労働者の数と，当該事業場での労働者の数が問題になる。そこで，今，労災の認定を受けた者とその事業場の労働者の数の多寡を対比した４つの組み合わせを考える。

① 労災認定された労働者が多数で，労働者数も多数
② 労災認定された労働者が少数で，労働者数は多数
③ 労災認定された労働者が多数で，労働者数が少数
④ 労災認定された労働者が少数で，労働者数も少数

①の場合には，大きな企業で従業員も多数であり，亡くなる人も多数であるから，労災認定された労働者が誰かは，一般人にはわからない。

②の場合も，死者は相当数いるから，労基署名，職種などが公開されても，多少絞られるだけで，労災認定された人が誰かは通常は分からない。

③の場合には，死んだ人は労災認定を受けているのではないかと推測はつく。ただし，死んだ人の情報を持っているのは，近い人であって，一般人ではない。しかも，そのような会社は，労災認定率が非常に高いから既に社会問題化しているだろう。

④の場合には，ある会社に過労死で労災認定された事案があると分かれば，その会社で在職中に亡くなった人がその人だと推測が付く。ただし，一般人には，誰が亡くなったのかがわからない。特に詮索的な調査をする人か友人であって初めて，亡くなった人が労災認定を受けたのではないかと推測できるだけである。

このように，被告国の主張は，従業員数が非常に少ない企業についてであっ

ても，一般人を基準とする限りは成り立たないものであり，友人や親戚などを
基準とする場合にだけ妥当するものである。逆に，被告の基準によっても，従
業員数がある程度いる企業には適用がないというしかない。

　もし，誰かについて労災認定申請していたといった情報があれば，「あ，
通ったか」という推測が可能であるが，それはもともと個人情報をもっていた
ことによる。個人情報を持たずに，企業名だけ分かって，どうして個人に辿り
着くのか。通常は無理である。

　高校毎の中退者数の情報公開が求められた事件における「本件情報は単なる
数値による情報であるから，特定の個人がその数値の中に含まれることが推測
できるために，これを推測しようとする者が現実に中途退学や原級留置となつ
た者の氏名を認識していることが必要であるところ，その場合には，本件情報
が存在しなくとも，推測しようとする者にとつては誰が中途退学や原級留置と
なつたかは明らかであるから，かかる場合においては，もはや本件情報を非開
示とする必要は認められない。」との判例（福岡地判平成 2・3・14 行集 41 巻 3 号
509 頁，判時 1360 号 92 頁，判タ 724 号 139 頁）がここで妥当するであろう。

　なお，原告が，請求の趣旨を，不開示処分のうち，企業名部分の全部の取消
しではなく，当初の申請のように 13 の大企業に限定して，あるいは，従業員
一万人以上の企業に限定して，その中に過労死させた事業場があればその法人
名だけを公表せよと限定したら（請求の趣旨の縮減），なおさら何ら問題はなく
なる。

(3)　学校関係の判例による補強

　学校で，体罰を加えた教諭名，学校名，サークル名（バレーボール部）等が
公開されても，通常，バレーボール部には，各学年につき，複数の生徒が所属
していることにかんがみれば，特殊な知識の持ち主でない限り，学校名が公開
されたのみで特定の被害生徒を識別することはできない（神戸地判平成 18・2・
16 判タ 1254 号 162 頁）。本件でも，事業場名，支給年月日，労働基準監督署名，
業種，職種，認定要件が公開されても，よほどの小さい企業でない限り，それ
でカバーされる労働者は多数いるので，労災認定を受ける者が少数でも，労災
認定を受けた労働者を識別することはできないというべきである。

　公立高校中退者，原級留め置き者の数の情報公開請求で次のように述べる判
例がある。「本件公文書に特定の個人に関する氏名，住所，生年月日等直接に
特定の個人が識別できる要素の記載はないから，本件情報は，『特定の個人が

識別され』る情報に該当しない。また，本件公文書には人数の記載しかないから，通常，かかる数値のみの情報から特定の個人を推測して識別することが不可能であると解される。

さらに，本件情報を他の情報と結合することによつて特定の個人が推測できる可能性について検討するに，本件情報は単なる数値による情報であるから，特定の個人がその数値の中に含まれることが推測できるために，これを推測しようとする者が現実に中途退学や原級留置となつた者の氏名を認識していることが必要であるところ，その場合には，本件情報が存在しなくとも，推測しようとする者にとつては誰が中途退学や原級留置となつたかは明らかであるから，かかる場合においては，もはや本件情報を非開示とする必要は認められない。よつて，本件情報は，他の情報と結合することによつて特定の個人が推測できる情報にも該当しない。以上により，本件情報は『特定の個人が識別され得る』情報に該当しない。」（前出の福岡地判平成2・3・14行集41巻3号509頁，判時1360号92頁，判タ724号139頁）。

本件でも，これに倣えば，特定の企業で労災認定を受けた労働者数が公開されても，労働者名が明らかになるはずはない（近い者はすでに知っている）。

東京地判平成11年1月28日（判例自治193号43頁）は，「区立中学校で発生した体罰事件の報告書のうち，被害生徒が所属するクラブ名及びそれを特定しうる記載，被害生徒が参加できなくなった行事の開催日時，行事名は，被害生徒を特定しうる情報として非公開事由（個人情報）に当たる」とした。これは，本件の企業名とは異なり，被害者を特定しやすい，それに非常に近い情報だからである。他方，「事件のあった日時，場所，障害の内容を示す記載については，本件傷害事件の概要以上に特定の個人が識別される情報とはいえず，非公開事由（個人情報）に当たらない」とされた。これは学校という狭い範囲で，本人にかなり近い情報であるが，公開とされた。それなら，企業名，労基署名等の情報だけで個人が識別されるわけがないということになるはずである。

広島高裁岡山支判平成13年9月6日（D1.com）では，学校名の情報公開が求められて，非開示処分が適法とされているので，あるいは本件の被告の主張に近いが，これは，「既に生徒丙の所属学年に加え，体罰事件のあった年月日，受傷入院による欠席の事実が明らかになっているため，所属中学校名が明らかにされるならば，別途，控訴人において，例えば，学級名簿，健康観察簿，出席簿等の開示を求めることにより，体罰を受けた生徒の所属する学級名，当該生徒の男女の別，出席番号を特定することができ，そうすると，生徒丙の氏名

第 7 章　脳血管疾患及び虚血性心疾患等（負傷に起因するものを除く）に係る労災補償
　　　　給付の支給決定がなされた事業場名（法人名のみ）の開示請求

までは直ちに明確にならないとしても，ここに至っては生徒丙について特定
の個人を識別することができたのと同様の状態になったというべきである。」
という事案である。本件では，支給年月日，労働基準監督署名，（標準）業種，
（標準）職種，認定要件，疾患名が公開されているが，それをいくら合わせて
も，よほど小さい企業でない限り，当該企業の中で，その労基署管内の事業所
で，一定の業種，職種の労働者が過労死で労災認定されたことがわかるだけで，
学校とは異なり，なお広い社会であるから，個人の特定に至ることは至難であ
ろう。なお，この判決は，「学級名簿，健康観察簿，出席簿等の開示」を求め
うることを前提としているが，これらこそ，個人を特定することに極めて近い
情報であり，また個人情報であるから，非開示とすべきものではないかと思う。
したがって，この判決自体に賛成できない。
　体罰を行った教員の担当教科名，担任クラス名，教科以外の担当校務名，教
職経験年数，在校年数，体罰が行われた学校の生徒数，学級数が分かっても，
勤務する学校名が分からないので，……同一体罰に関する情報……，近畿学校
一覧，通学区域に関する資料，教育委員会月報を照合しただけでは，特殊な知
識の持ち主が，熱意をもって長時間かけてこれらの情報と関連付けて検討を
加えない限り，体罰を行った教員を特定することはできない。」（神戸地判平成
15・1・17 D1.com）。それなら，企業名，労基署名等しか手がかりがない本件で
はなおさらであろう。
　もちろん，近親者，友人なら，労基署，業種，職種などの情報を付き合わせ
ていくと，死んだ人は限られているから，誰のことか見当が付く可能性はかな
りある。しかし，それでも，死んだ人はその会社には他にもいるから，労災認
定されたからと言って，その知人であるとは必ずしも言えない。
　これらの判例を参考に検討してみると，この程度であれば，個人情報を保護
するために企業名の情報をすべて非公開とすることは行きすぎであり，原則公
開の情報公開制度の仕組みに反する。
　したがって，本件の事業場名は個人識別情報には当たらない。

⑷　実際の検索例からの示唆
　以上に述べたように，事業場名は個人識別情報に当たらないと解すべきであ
るが，さらに，念には念を入れて，一般人もする可能性があるネットでの情報
検索をしてみた。

① 氏名は非公開の例

マグドナルドで過労死があったと思い出して，「マグドナルド，過労死」の用語で検索すると，下記が出てきた。2010 年 1 月のことのようである。

日本マクドナルド（東京）に勤務していた長男（当時 25 歳）が急性心機能不全で死亡したのは過重な業務が原因として母親が提起した，遺族補償給付などを支給しない処分の取消訴訟について，東京地裁同月 18 日は，「業務の過重な負担により病気を発症し死亡した」と述べて労災を認定し，請求を認容した。

判決によると，長男は 1999 年 4 月に同社に入社し，2000 年 6 月から，川崎市内の店舗に勤務。同年 11 月 7 日正午から翌 8 日午前 5 時半まで働いた後，正午に再び出勤したが間もなく倒れ，死亡した。

判決は，「同社の業務形態は深夜勤務を含む不規則なもので，正社員はサービス残業が常態化していた」と指摘。病気を発症するまでの 6 か月間で，自宅でのパソコン作業も含め時間外労働が 80 時間を超えた月が相当あったと認定した（http://chiba-makuhari-sr.seesaa.net/article/138743863.html）。

これは，マグドナルド，川崎，25 歳，長男というので，この近親者，友人なら，「あ，かれが裁判で労災認定されたな」と分かるであろう。しかし，それ以外の者には見当が付かない。金が入るというので，悪徳業者の勧誘があるかというと，普通には分からないが，マクドナルドの川崎の従業員などに聞き当たれば，分かるだろう。しかし，それでも，この程度の報道は許されている。

さらに，神奈川労働局は，2007 年 10 月に勤務中にクモ膜下出血で倒れ，3 日後に死亡した日本マクドナルドの横浜市内の店舗の女性店長の遺族に対し，過重労働が原因だとして過労死を認定したとの情報が出てくる（http://www.jtuc-rengo.or.jp/news/danwa/2009/20091028_1256716371.html）。

「クボタ，アスベスト」で検索すると，労災事件も出てくる（多数。例。http://www.nikkei.com/article/DGXNASHC0600T_W4A300C1000000/）。

そこで，クボタに勤めていて亡くなった方がアスベスト被害者の可能性があると推測できる。しかし，そのくらいで個人情報を公開したことにはならない。近親者なら，亡くなった者がクボタに勤めていたからアスベストで中皮種か肺ガンになったのかと推測するが，それ以上のものではない。一般の人からは，誰のことか分からない。この程度の情報は公開されている。

自殺は過労が原因として，気象予報士の遺族が損害賠償訴訟を起こしたことが報道されている。気象情報会社「ウェザーニューズ」（千葉市）に勤めていた気象予報士の男性（当時 25 歳）が自殺したのは過労が原因だとして，京都市

第7章　脳血管疾患及び虚血性心疾患等（負傷に起因するものを除く）に係る労災補償
　　　　給付の支給決定がなされた事業場名（法人名のみ）の開示請求

に住む男性の母と兄が，同社に約1億円の損害賠償を求める訴訟を京都地裁に
起こした。

　訴状によると，男性は2008年4月に入社し，テレビ局に配信する天気予報
の原稿作成を担当。5月以降の時間外労働は過労死の認定基準（月80時間）を
超える134〜232時間に上り，9月ごろから「死にたい」と口にするように
なった。試用期間は9月末で満了となったが，10月1日に上司から本採用は
難しいと告げられ，千葉市の自宅で翌日自殺した。

　千葉労働基準監督署は労災認定した（毎日新聞2010年10月1日。http://www.
daiichi.gr.jp/publication/makieya/p-2011s/p-05/）。これも，近くの者は，誰のこ
とか分かるが，それでも報道されている。

　神戸大で社会学を専攻し文学部長も務めた名誉教授（当時65歳）が中皮腫
で死亡した件について，1964年5〜9月，地場産業の研究で，神戸市のケミ
カルシューズ工場の従業員約450人から聞き取り調査を実施した際にアスベ
スト（石綿）を吸い込んだのが原因として，遺族が申請していた公務災害が認
定された。文系の教職員の認定は初めてとみられる。15年前の発症時にさか
のぼり補償年金が支給される（毎日新聞2010年10月8日。http://www.geocities.
jp/kushami_1979/sickhouse/bulletin_80.pdf）。これなら，周辺の人は皆，「あ，あ
の教授だ」と分かるに決まっている。

　「激安スーパー玉出，パートが過労死　時間外147時間」（朝日新聞2009年
12月4日2時21分）という報道がある。大阪の激安スーパーとして知られる
「スーパー玉出（たまで）」（大阪市西成区）が，パート従業員らを違法に長時間
労働させていたなどとして，淀川労働基準監督署は，スーパー玉出の前田託次
社長と同社を労働基準法違反などの疑いで大阪地検に書類送検し，発表した。
長時間働かせられていた50代の女性パート1人が2007年9月，勤務中にくも
膜下出血で倒れ，約1カ月後に死亡した。1日平均約12時間働き，時間外労
働は月147時間に及んでいた。同署は，遺族の申請に基づき違法な超過勤務に
よる死亡と判断，2008年5月，女性の労災を認定した（http://narouren.jugem.
jp/?eid=4836）。

　これも周辺の人には誰のことか分かる。このような公表をしたのは労基署で
ある。

　しかし，本件では，企業名を公表すると，近い人には被災者が特定されると
して非公表としている。前者は送検されたから公表したというが，個人情報を
保護する必要性に変わりがあるのだろうか。

298

県土木部の男性職員（当時37歳）が05年11月，過重労働を苦に自殺したことについて，地方公務員災害補償基金支部は男性の死を公務災害と認定した（毎日新聞長野版2007年12月22日。http://homepage2.nifty.com/karousirenrakukai/11-0712=saishin-oho0712.htm）。

② 氏名公開の例

東京都済生会中央病院で働いていた看護婦高橋愛佐さん＝当時（24），東京都港区が当直明けに意識不明となり死亡したのは，過労が原因として，三田労働基準監督署が労災認定したことが報道されている（http://blogs.yahoo.co.jp/seki8012006/41554338.html）。

＜労災訴訟＞「海外出張で過労死」認める逆転判決 東京高裁（毎日新聞2008年5月22日。http://ameblo.jp/chiba-makuhari/entry-10099350205.html）。セイコーエプソン（長野県諏訪市）の社員だった犬飼敏彦さん（当時41歳）が急死したのは度重なる海外出張が原因だったとして，遺族が労災認定を求めた訴訟で，東京高裁は請求を棄却した1審・長野地裁判決（07年3月）を取り消し，遺族逆転勝訴の判決を言い渡した。青柳馨裁判長は「海外出張で疲労が蓄積し，業務が原因で死亡した」と認めた。

過労死裁判で，自衛官妻が逆転勝訴し，国に補償命令との報道がある。陸上自衛隊反町分屯地（宮城県松島町）の自衛官が勤務中に死亡したのは過労が原因として，遺族が国に遺族補償年金などを求めた訴訟の控訴審判決で，仙台高裁は28日，請求を棄却した1審判決を取り消し，請求通り約2,935万円の支払いを国に命じた。小磯武男裁判長は「国の公務災害の認定基準を超える超過勤務時間が認められる」として，公務上災害と認定した（http://www.karoshi-rosai.com/news/index02.html）。

訴えていたのは1等陸曹，清野俊明さん（当時51歳）の妻晴美さん（58）＝仙台市（毎日新聞平成22年10月29日）。

③ この事例からの示唆

以上の事例からでも，次のようなことが言える。

看護婦の高橋さん，海外出張した犬飼さん，過労死自衛官清野さんの例に見るように，個人名が公開されていることが少なくない。このことは，個人名が公開されても，プライバシーの侵害の程度が決して高くはないという認識を持つ者が少なくないか，マスコミがそのように意識していることを意味する。もちろん，公開されては困る者も結構いるはずで，その者の意に反して，公開す

第7章　脳血管疾患及び虚血性心疾患等（負傷に起因するものを除く）に係る労災補償
　　　給付の支給決定がなされた事業場名（法人名のみ）の開示請求

べきではないことは言うまでもない。

　なお，これらは裁判になったケースであるから，裁判公開の原則によりその氏名を知ることができるのではないか，だから公開して良いのだとの見解もあるかもしれないが，裁判公開というのは裁判の日に法廷に出てくれば法廷の様子が見えるというだけで，後々自由に検索して公表して良いことを意味しないし，裁判記録の閲覧（民訴法91条）にしても，事件番号を提示して，わざわざ裁判所に行かなければならないうえ，閲覧だけで謄写はできないので，通常人が利用できる情報収集方法ではなく，さらには記録閲覧禁止もある（民訴法92条）から，情報公開制度では非公開のものを，裁判になったからといって，特に氏名まで公開して良いのだという理屈はないと考える（そうすると，氏名まで記事に掲載されているのは，本人の同意があると考える。さもなければ違法である）。

　個人名が公開されていなくても，それ以外の情報はかなり公開されている。マグドナルド社員，クボタの被災者，気象予報士，神戸大教授の例を見ると，友人，近親者なら，誰のことか分かるであろう。しかし，それでもその程度のことは公開されている。近親者，友人に分かっても，やむなしというのが社会通念のようである。これも，情報公開では非公開だが，裁判とか労災認定になったから，近い者には分かる情報も報道して良いのだという理屈はないと思われる。このことは，個人識別情報の判断基準は，近親者，友人という近い者ではなく，より一般的な者であるという前記の見解を補強する。

(5)　判例雑誌の掲載の仕方

　最新の判例集（判時2088号144頁）には食品メーカーの従業員の死亡について業務起因性が肯定された例が報告されている（東京地判平成22・3・15）。死亡したのは昭和36年2月7日生まれで，株式会社神戸屋東京事業所業務課物流係長として勤務していて，平成14年7月29日死亡した。このほか，この物故者の経歴，労災保険法に基づく遺族補償などの支給を拒否された日（平成17年7月27日），処分行政庁（川口労働基準監督署長），結婚日，子ども二人の誕生年月等も記載されている。秘匿されているのは氏名だけといって良い。これが最近の雑誌の報道の仕方である。

　これでも，この雑誌社の記載の仕方は，プライバシーを侵害したものとはされていないだろう。もちろん，もともとは判決文に記載されていることであるが，判決文に載っても，一般には入手困難な情報である。これが雑誌に載れば，

第1節　地裁に向けた意見書

より多くの人に知れ渡る。しかし，それでも，この情報から，物故者が誰かを知ることができるのは，友人や近親者，同僚など，近い人に限るであろう。筆者は，この人が誰なのかは全く見当が付かないし，関心もない。これが普通の人であろう。もし，格別の関心をもって詮索的に調べれば，たとえば，神戸屋東京事業所で聞き当たれば，あるいはその従業員であれば，この人物が誰かはわかるであろうが，そういう人は，ごく稀であって，判例を公開する必要性，公共性の前には無視するしかない。

本件で公開が求められているのは，事業場名だけであり，この判例雑誌とは比較にならないほどプライバシーに配慮し，近くの人でも簡単には被災者に到達しない。

このことからも，本件事業場名を公開しても，個人が識別される可能性は，通常はなく，これを非公開にする理由がないということが明らかである。

4 「人の生命，健康，生活又は財産を保護するため，公にすることが必要であると認められる情報」（同法5条1号但し書きロ）の該当性

(1) 一般論としての比較衡量による判断

仮に，企業名が「他の情報」と照合して，個人識別情報に当たるとしても，法5条1号但し書き「ロ　人の生命，健康，生活又は財産を保護するため，公にすることが必要であると認められる情報」については公開しなければならない。

原告側は，過重労働は生命・健康への危険因子であって，ある企業で過労死が生じた場合，同じ職場の他の労働者は過重労働に曝露している可能性が高いから，公表させることで企業に職場環境を改善することを促すことになるという趣旨の主張をしており，被告は，法5条1号但し書きの主張立証責任は，再抗弁事実として原告にあり，原告の主張立証は不十分であるという。

この規定の意味については，総務省の前記『詳解』[8]は利益の比較考量論を採り，「現実に，人の生命，健康等に被害が発生している場合に限らず，将来これらが侵害される蓋然性が高い場合も含まれる。この比較衡量に当たっては，個人の権利利益にも様々なものがあり，また，人の生命，健康，生活又は財産

---

(8)　前掲注(1)『詳解　情報公開法』50頁。

の保護にも，保護すべき権利利益の程度に差があることから，個別の事案に応じた慎重な検討が必要である。」

大阪地裁平成17年3月17日判決（判タ1182号182頁，労働判例893号47頁）も，利益の比較考量論を採るが，開示されるのは「現実に人の生命等に侵害が発生しているか，将来これらが侵害される蓋然性が高……」い場合に限定している。

(2) 比較衡量の具体的判断
① 個人の不利益の程度の低さ

そこで，事業場名の公表により個人が識別され，不利益を受ける可能性を見れば，前記のようにそもそも，わかるとしても，ごく限られた近親者，友人にしか分からない。一般人には，過労死した個人を識別する方法がないが，かりに何らかの方法で，個人を識別できることがあるとしても，その可能性は低く現実的なものではない（抽象的可能性といっても良いし，確率が著しく低いといっても良い）。また，個人が識別される稀な例があっても，それは，近親者，友人などが他の知っている情報と照合して分かるという程度であるから，既にかなりは分かっているのであって，事業場名の公開による新たな侵害の度合いは低い。このように，事業場名の公開により個人のプライバシーが害される可能性と程度は低い。

② 長時間残業と過労死の関係は密接であること

他方，過労死は増え続けており，その原因の大きなものが長時間残業である。その事情を説明する。

厚労省が公表している脳血管疾患及び虚血性心疾患などの労災補償状況は，ここ数年請求数が800件を超え，支給決定数も400件に近づいている。厚労省も，平成13年12月12日「脳血管疾患及び虚血性心疾患等（負傷に起因するものを除く）の認定基準」（基発1063号，新認定基準という）を公表し，長時間の加重残業時間と発症との関連が高いとの評価を示している。

厚労省労働基準局長からは，この新認定基準に続いて，「加重労働による健康障害防止のための総合対策について」（平成14年2月12日，基発0212001）（www.mhlw.go.jp/bunya/roudoukijun/anzeneisei12/pdf/05b.pdf）が出されている。これは長時間労働が過労死の大きな原因であることを指摘している。

ところが，NPO法人株主オンブズマン（http://kabuombu2.sakura.ne.jp/2009/

20090422.html）は「日本経団連の会長・副会長企業の36協定について」2009
年4月21日，情報公開により入手したデータを公開している。それによれば，

> 「日本経団連の会長・副会長企業の36協定は，三菱商事と全日本空輸と第一生
> 命の3社を除いて，すべて過労死ラインを超える36協定を結んでいる。会長企業
> のキヤノンの最大延長時間は月90時間，年1,080時間と驚くほど長い。同社の別
> の事業所では，最大で月80時間，年700時間働かせることができる協定を結んで
> いるが，その場合の1日の延長することができる時間は15時間である。これによ
> れば通常の拘束9時間をさらに15時間延長し，1日24時間働かせることもできる。
> こういう36協定を持つキヤノンの職場で実際に過労死や過労自殺が起きているの
> も不思議ではない。
> 　最近までの増産・増益の影で過労死・過労自殺が多発してきたトヨタ自動車に
> おいては，最大月80時間，年720時間という協定が結ばれている。新日本製鐵の
> 月100時間，年700時間，パナソニック（松下電器産業）の月100時間，年841
> 時間，日立製作所の3か月400時間，年960時間，三菱重工の3か月240時間，
> 年720時間などと考え合わせれば，日本の製造業の巨大企業は，おしなべて労働
> 者に殺人的長時間労働を迫る36協定を結んでいると言わなければなない。この点
> ではみずほFG，野村Hなどの金融業界も例外ではない。」

　このように，大企業でも36協定の締結により，残業時間は青天井に，また
は超長時間労働をさせている会社が少なくないことには愕然とする。これが過
労死の大きな原因となっていることは容易に推測できる。

③　企業名の情報公開と過労死防止の因果関係

　企業名を公開すれば，過労死を防止できるかと言えば，それでも過労死する
者は出るであろうから，この因果関係を高度に証明することはできない。そこ
で，被告の主張するように，「事業場名の公開から，現実に人の生命等に侵害
が発生しているか，将来これらが侵害される蓋然性が高いこと」の具体的な主
張立証がなされているとまではいえない。しかし，もともとこの条項は比較衡
量条項であるから，そのような緊急事態のような立証は求められていないと考
える。むしろ，個人情報の侵害の可能性と程度，その保護の必要性と，人の生
命等に対する侵害の可能性と程度，その保護の必要性の程度の比較衡量で決め
るべきものと思量する。その意味では前記の大阪地裁判決は厳しすぎると思う。
そして，本件の場合，因果関係は相当程度あると思われる。

　たとえば，行政が，過労死防止のため，極度の残業時間を規制するとすれば，

第 7 章　脳血管疾患及び虚血性心疾患等（負傷に起因するものを除く）に係る労災補償
　　　　給付の支給決定がなされた事業場名（法人名のみ）の開示請求

それは，企業経営の自由に不当に介入するのではなく，合理的な理由があると考えられよう。ということは，過労死防止と残業時間の規制の間には，それなりの関連があるといえるのである。

　制裁的な公表の制度は，マイナスイメージを与えることにより，ある程度は企業の行動を促すものである。原告が訴状において「企業を社会的監視下に置く」と表現したのはこの趣旨であろう。たとえば，法定の障害者雇用率に著しく満たない企業名は公表されている（障がい者雇用促進法 47 条。ただし，1992年と 2005 年だけ）が，それに効果がないとは，制度立案者は考えていないはずである。

　「発症前 1 か月間におおむね 100 時間を超える時間外労働が認められる場合又は発症前 2 か月間ないし 6 か月間にわたって 1 か月当たりおおむね 80 時間を超える時間外労働が認められる場合は，業務と発症との関連性が強い」ことから，過労死を発生させた企業名を公表すれば，36 協定の見直しにつながる。そうすれば，過労死が減るという関連になる。したがって，過労死防止のために企業名を公開する必要性は極めて大きい。

④　比較衡量の結果

　このように，長時間の残業と過労死の間には因果関係があり，過労死を発生させた企業名を公表すれば，その長時間残業の見直しにつながり，人の生命，健康が害される可能性を大幅に防ぐことができる。過労死させた企業名が公表されると，月 100 時間などの残業をさせている企業は，残業短縮に努めざるを得ないから，過労死する者が減るであろう。

　そこで，筆者は，被災労働者が識別されて，そのプライバシーが害されるという不利益の可能性とその程度よりも，企業名を公表することにより，過労死という不利益を防止する可能性とその程度の方が大きいと評価する。さらには，人の生命を守ることができる蓋然性があるということができる。

　なお，前記のように，石綿ばく露問題では，事業場名が公表されたが，それは従業員に周知するとか周辺住民に知らせるという利益が従業員のプライバシーよりも優位に置かれたものであろう。それは妥当な利益衡量である。

　では，石綿暴露と過労死では，どれだけ違うか。たしかに，石綿に暴露された労働者がいる事業場と，過労死が発生した事業場では，同じことが起きる可能性の程度には差があるとは思われる。しかし，ある労働者が過労死するほどの事業場であれば，特定人だけが過重勤務しているのではなく，職場全体が過

重勤務にさいなまれているとみるのが合理的であり，他の労働者に警告する必要に変わりはない。

⑤　被告主張への反論

　被告は反対の解釈をとっているが，稀に起きるプライバシーの侵害を過大評価している。特に，脳・心疾患においては後遺障害が軽度に止まり，職場復帰をしようとするとき不利に働くおそれがあるとするが，それが面接で露見する程度であれば，情報公開は関係がなく，面接でもわからない程度の軽度の場合でも，採用希望者が労災認定されたかどうかを採用側がいちいち調査するのだろうか。それはごく稀であろう。しかも，調査しても，労災認定がなされた労働者の勤務先であった企業名，労基署名等がわかるだけで，採用希望者がその労災認定された労働者であることまでは特定できないのが普通であるから，採用する企業の人事当局も，そこまで調べることはないのが普通であろう。

　被告は続けて「近隣者や事業場関係者（同僚等）から，いわれない誹謗中傷……を受け，被災者やその家族の心を傷つける等といったことも否定できない」というが，では，これまで，労災認定を受けたという事実が何らかの事情により他人に知られて（職場ではいくら情報非公開にしても，こうした情報は漏れるであろう），誹謗中傷を受けるということがあったのであろうか。仮にあったとしても，中傷する人が全くの常識のない変わり者で，稀ではなかろうか。そのような稀な場合を基準に情報公開の制度の運用を決めるべきものではない。被告がこのような主張をするということは，逆に普通にはプライバシー侵害は起きないもので，「プライバシー等の権利利益を保護する必要性は極めて高い」というその主張が誇張であることを裏書きするものである。

　情報公開制度においても，利益衡量の問題である以上は，直接的な因果関係が証明されなくても，相当の合理的な関係があると認められれば，この「ただし書き」条項に該当するというべきである。

　この点で，立証責任は，但し書きであろうと，行政側にあるとするのが前記2(2)のように，私見である。したがって，特定の企業で過労死が生じたという情報が公開されなくても，されても，過労死をするかどうかには影響がないというのであれば，それは被告が証明すべきである。被告の主張では，この立証は何らなされていないというしかない。

5 「特定の個人を識別することはできないが，公にすることにより，なお個人の権利利益を害するおそれがあるもの」の不該当

　大阪労働局の処分理由ではこの条項該当性も理由とされているが，厚労省は，諮問する段階でこれを主張していない。したがって，答える必要もないと思われるが，念のために検討すると，この条項は，カルテ，反省文などを念頭において，個人の人格と密接に関係する情報は，本人の同意なしに第三者に流通させることは適切ではなく，保護の必要があるという理由のようである[9]。しかし，企業名は労働者の人格とは何の関係もないから，それが公表されると，被災労働者の氏名が識別されないのに，その人格が侵害されるということは，想定できない。したがって，この条項に該当しないのは明らかであると思料する。

6 法人の「権利，競争上の地位その他正当な利益を害するおそれがあるもの」（法5条2号イ）の不該当

(1) 一 般 論

　この一般論，立法趣旨，学説などは先の意見書で詳述したので，参照されたい[10]。下記の判例と基本的には同じである。

① 判 例

　判例では，「本件条例6条2号にいう『法人その他の団体……に関する情報……であって，公開することにより，当該法人等……に不利益を与えることが明らかであると認められるもの』とは，単に当該情報が『通常他人に知られたくない』というだけでは足りず，<u>当該情報が開示されることによって当該法人等又は当該個人の競争上の地位その他正当な利益が害されることを要すると解すべきであり，また，そのことが客観的に明らかでなければならないものと解</u>される。」（最判平成13・11・27判時1771号67頁，判タ1081号171頁，判例自治231号12頁）。

　このほか，先の意見書に書かなかった判例として，有機塩素系農薬が検出された健康茶の調査状況が記載された検査成績書のうち特定の商品が識別できる

---

(9) 宇賀・前掲注(6)74頁，行政改革委員会事務局監修『情報公開法制』（第一法規，1997年）23頁。

(10) 第6章3。

部分を非開示にすることはできないとの判例を追加する。

これは，東京都条例で「不開示とすることができるとされている『競争上又は事業運営上の地位その他社会的な地位が損なわれると認められるもの』とは，当該情報が開示されることにより，法人等の事業活動等に何らかの不利益が生じるおそれがあるというだけでは足りず，その有している<u>競争上等の地位が当該情報の開示によって具体的に侵害されることが客観的に明白な場合を意味する</u>。」

「もっとも，商品の品質・性状に関する客観的な情報が，本件のように消費者の関心の非常に高い農薬に関するものである場合には，これが開示されると，ただ農薬が残留しているというだけで，その検出された量のいかんにかかわりなく消費者等がこれに過剰に反応し，単に商品の品質・性状の格差が明らかにされるという以上に，事業者の有する競争上等の地位が害されることになるという事態も考えられないではない。

この点について，被告は，商品特定情報を含む本件非開示部分が開示されると，一般消費者がBHCやDDTなどの検出された健康茶を買い控えるとか，不買運動や市場の混乱が生じ，その結果，その特定の商品を取り扱う事業者の競争上等の地位が損なわれるに至ることが明白である旨主張するが，しかし，……本件において，その主張のような不買運動等の事態が現実に生じる可能性が高いことを的確に認めることができる証拠はなく，……輸入レモンに関する過去の出来事も，被告の右主張事実を裏付ける根拠となるものではない。むしろ，……本件検体から検出された農薬の量はいずれも食品衛生法に基づく規格基準の範囲内であり，また，平成3年5月に健康茶から農薬（BHC）が検出されたとの新聞報道がされた際にも，それによって市場や消費者の行動に特段の影響が生じたことを窺わせる形跡がないことなどからすれば，本件において，本件非開示部分が開示されたとしても，これによって直ちに<u>消費者一般が農薬の検出された健康茶を買い控えるようになるとか，不買運動が起きて市場が混乱するとかいった事態が生じるとまでいうことはできない</u>。」

「本件成績書部分は，いずれも市販されている健康茶を対象として実施された調査の結果を記録したものであり，本件検体にどのような成分が含まれていたかという商品の品質・性状に関する客観的な情報は，いかなる商品名の検体にどの程度の農薬が含まれていたかという点を含めて，これが開示されたとしても，それによって<u>事業者の競争上等の地位が具体的に侵害されることが客観的に明白であるということはでき</u>」ない（東京地判平成6・11・15判時1510号27

頁，判タ 863 号 296 頁，判例自治 132 号 31 頁）。

　要するに，健康茶に含まれる有害物質が公表されても，顧客の買い控え，不買運動など，社会の混乱は生じないのである。

　さらに，「利益侵害情報として不開示情報に当たるといえるためには主観的に他人に知られたくない情報であるというだけでは足りず当該情報を開示することにより当該事業者の権利や公正な競争関係における地位ノウハウ信用等の利益を害するおそれが客観的に認められることが必要であると解するのが相当であり上記のおそれが存在するか否かの判断に当たっては単なる抽象的確率的な可能性では足りず法的保護に値する蓋然性が必要である」（大阪地判平成 17・3・17 判タ 1182 号 182 頁，労働判例 893 号 47 頁）。

　次に，東京地判平成 16 年 4 月 23 日（訟務月報 51 巻 6 号 1548 頁）は次のように指摘している。「『権利，競争上の地位その他正当な利益を害するおそれ』の有無は，その情報の性質や法人等の性格，権利利益の内容等に応じて判断されるべきであると解される。そして，上記要件にいう『おそれ』とは，法が国民主権の理念から行政文書については公開を原則としていること（1 条，5 条柱書）からすれば，単に行政機関の主観においてそのおそれがあると判断されるだけではなく，客観的にそのおそれがあると認められることが必要であるというべきである。

　もっとも，上記『おそれ』があるか否かの判断に当たり，当該文書の個別具体的な記載文言等から当該法人等の権利が具体的にどのように害される蓋然性があるかが明らかにされなければならないとすることは，結果的に当該行政文書の開示を要求するということに等しく，不開示情報を定めた法の趣旨に反することは明らかである。

　そうすると，行政文書に記載された情報につき，法 5 条 2 号イ所定の『おそれ』があるか否かを判断するに当たっては，当該情報が，どのような法人等に関するどのような種類のものであるかなどといった一般的な性質から，当該法人等の権利利益等を害するおそれがあるか否か客観的に判断することが相当であるというべきである。」

②　情報公開審査会の答申

　障害者雇用率は元々厚労省が一部は公開してきたが，国の情報公開審査会の答申（答申日：平成 14 年 11 月 22 日，事件名：障害者雇用状況報告書の一部開示決定に関する件，平成 14 年諮問第 103 号）は，障害者雇用率が低いため，それが

第1節　地裁に向けた意見書

公開されるときに企業が被る不利益は非公開とする正当な理由にならないとする。その要点を引用する。

「諮問庁（厚生労働省）は，法定雇用率を下回っているものについて，法定雇用率を満たしていないという事実のみにより，雇用義務を果たしていない法違反の状態にある企業であるという印象を与え，その結果として企業イメージや信用度が低下し，勧告等の行政指導を待たずに風評被害的な性格を伴ったボイコット運動や社会的非難を受けるなど事実上の社会的制裁が行われる可能性があり，促進法により企業に求められる企業努力を超えて当該企業の社会的なイメージや信用度の低下といった事業主の正当な利益を害するおそれがあると主張する。

しかし，……法定雇用率を満たしていないという事実が直ちに悪質な法違反となる事業者名を公表することとなるものではないこと，障害者の雇用の現状は，その時点の事業者及び求職者双方の諸事情によって左右される要素があり，法定雇用率を満たしていないことから直ちに障害者の雇用に当該企業が消極的であるとまでは言えないこと，これまで何らかの手段により法定雇用率を満たしていない企業名が公にされ，当該企業に対するボイコット運動等の組織的行動がとられ，当該企業が被害を受けたという具体的事案が諮問庁に把握されているわけではなく，諮問庁の主張は単なる推測にすぎないものと認められること，なお，そのような事態が予想されるのであれば，促進法の趣旨，目的及び効果を関係者に十分に周知し，障害者の雇用促進の機運の高揚を図るなどして，促進法の適正な運用に努めることでそのような事態を解消できるものと考えられることなど，以上の諸点を併せ考えると，本件対象文書を公にすることにより，当該企業の正当な利益を害するおそれがあるとは認められないと言うべきである。したがって，……法5条2号イには該当しないものと言うべきである。」

さらに，平成16年9月3日（平成16年度（行情）答申第213号）（事件名：障害者雇用率未達成企業一覧の一部開示決定に関する件）の答申書も同旨である。

(2)　**本件の考え方**

①　**当事者の主張**

原告は，過労死を発生させたことの企業の責任は重く，このことを秘して取引や人材確保をすることは事業場の「正当な利益」といえないと主張する。

被告は，労働災害を発生させたこと等の企業情報の開示により「信用を著しく低下させ，取引関係や人材確保等の面において同業他社との競争上の地位その他正当な利益を害するおそれがある」と主張する。

309

第7章　脳血管疾患及び虚血性心疾患等（負傷に起因するものを除く）に係る労災補償
　　　給付の支給決定がなされた事業場名（法人名のみ）の開示請求

　そして，被告は，「正当な利益」とは，法人等の運営上の地位を広く含むものとされ，当該情報を開示することで当該事業場の権利や地位を害するおそれがあるか否かで判断するものであり，脳・心疾患による労災支給決定者を出したという一事をもって，当該事業場に，取引や人材確保等をする「正当な利益」など有り得ないというのは，何を根拠とするか不明で，短絡的かつ独善的な見解であると主張する。

　しかも，利益侵害情報該当性「おそれ」の判断基準は，単に「害するおそれがあるもの」で足りるとしており，不開示の範囲を厳格に限定する規定・文言にはなっていない，したがって，「害するおそれがあるもの」とは，法人の権利利益の内容，性質等に応じて当該法人の憲法上の権利の保護の必要性，法人と行政機関との関係を考慮して適切に判断することが求められ，法的保護に値する蓋然性があることと解すべきであるという。

②　私見の整理

　(ア)　しかし，利益侵害情報該当性「おそれ」の判断基準としては，立法関係者も判例も学説も一致して認めるように，当該事業者の権利や公正な競争関係における地位ノウハウ信用などの利益を害するおそれが客観的に認められることが必要であると解するのが相当であり，上記のおそれが存在するか否かの判断に当たっては単なる抽象的確率的な可能性では足りず法的保護に値する蓋然性が必要である。

　過労死させた会社名の公表は，その会社に不利になる可能性はあり，だからこそ公表が求められているのであるが，しかし，その可能性は必ずしも明確ではなく，その利益を害するおそれが客観的に認められるとまでは言えない。

　被告は人材確保の点で不利になると主張するが，求職者は，その企業に過労死があったかどうかは，労働条件の一種として，知る理由があり，公表によって求職者が減るなら，それは合理的な市場である。企業の「公正な」地位や権利が害されるわけではない。

　事故があった会社，危険な商品を売った会社の名前は公開されている。健康茶の汚染情報も公開されている。障害者雇用率を満たさない企業名も公開されている。これらと比較すれば，労災認定されるような過労死という重大な被害を生じさせた企業がそうした事実を隠すことは，「正当な」利益でも権利でも地位でもない。

　(イ)　被告は，労災保険の支給・不支給を決定するには，広範かつ詳細な調査

を迅速に行う必要があり，関係者の任意の協力が不可欠であるとする。将来事業場名が公開されるとなれば，非協力的な対応になるという。

　多少はそうであろうが，だからこそ法律は質問検査権を行政官に付与しているのである。いわゆる非公開約束の情報を公開の対象とするかという問題で，公開すると情報提供の協力が得られないから，民間から任意に収集した情報は非公開にすべきだといった議論があったが，それでは非公開制度になってしまう。そこで，権力で収集できる情報は，民間が任意に提出しても，権力を背景としたものであるから，情報公開の対象となるが，情報収集するための権力が法律で規定されていない場合には，民間がこれを拒否できるので，情報提供の際に，非公開の条件を付けることができるのである。これが行政機関情報公開法5条2号ロの趣旨の一つである[11]。

　したがって，被告の主張は，情報公開法を情報非公開法に貶めるものに他ならない。

7 「人の生命，健康，生活又は財産を保護するため，公にすることが必要であると認められる情報」（法5条2号ただし書き）の該当性

(1) 論　　点

　法5条2号ただし書きは，「ただし，人の生命，健康，生活又は財産を保護するため，公にすることが必要であると認められる情報を除く。」と定める。

　これも前記の5条1号但し書きと同様に，比較衡量で判断するものである。

　原告は，石綿事業場の公表があったし，過労死を発生させて労基法違反で送検された事業場名（スーパー玉出事件や居酒屋磯治事件など）を労基署がマスコミに公表しているとの事実を指摘した。

　被告は，石綿は事案を異にするから，その公表の趣旨は本件にあてはまらない。スーパー玉出事件は労基法違反として送検した場合は公表する運用をしているから公表しただけであるという。

(2) 他の公表事例との比較

　判例をいくつか紹介する。組み換え DNA 実験などの事業活動を行う建物の

---

[11]　松井・前掲注(7)207頁以下，阿部泰隆『論争・提案　情報公開』（日本評論社，1997年）20〜28頁。アメリカ法につき，前掲注(1)「論文」(1)15頁。

建築設計図面の開示が求められた事件で，その図面の公開は，設計会社の「正
当な利益」を害するが，それは，「人の生命……を害するおそれがある事業活動」
として，公開による利益は，設計会社の著作権・著作者人格権を上回るとして，
非公開処分が取り消された（大阪高判平成 14 年 12 月 24 日判タ 1144 号 180 頁）。

　原告らは，「承認審査におけるイレッサの有効性・安全性に関する最も基本
的かつ重要な資料であり，多くの人の生命という人格的利益の中でも最も重要
と考えられる利益に強くかかわるものであって，製薬会社の財産的利益よりも
保護の要請が優越するものであるから，同号ただし書により開示すべきである
などと主張するが，同号は，その構造上，本文に該当する情報は原則不開示と
して扱い，例外的にただし書に該当する情報（人の財産を保護するために必要な
情報も含まれる。）を開示すべきこととしているのであって，人の生命，健康等
といった人格的利益にかかわりあいがあれば，法人等の財産的利益に直ちに優
越することを規定しているものではない。」

　「例外的に開示する場合とは，開示に伴う不利益（正当な利益の侵害）を当該
個人又は当該法人等に甘受させても，なお人の生命，健康等を保護するために
差し迫った高度の必要性がある場合であると解すべきである。」（東京高判平成
19 年 11 月 16 日訟務月報 55 巻 11 号 3203 頁）

　しかし，これは比較衡量条項であるから，現に人の生命に対する侵害の蓋然
性があるといった，厳格な基準を作るべきではない。

(3)　本件の場合

　ここでは，特定の企業で過労死が生じたという事実の公表により害される企
業の利益と，公表により生命，健康を救うという利益の比較になる。いずれも
公表によって，直ちに生命，健康を救うというような具体的な直接的な因果関
係は認めにくい。他方，公表によって，不買運動が起きるとか，労働者の採用
難が起きるとかいう具体的な影響は生じないであろう。

　また，送検された場合に限り，公表するという根拠はどこにあるのか。送検
された場合には，5 条 2 号ロに該当するが，送検されなければ該当しないとい
う理由はどこにあるのか。送検されなくても，過労死認定は，人の生命等の保
護にとって重要な情報であり，人の生命等への保護の必要性に変わりはないの
である。

　これを比較すれば，企業の保護される利益が低いことを考えれば，公開すべ
きであると思料する。

8 部分開示

本件処理簿では，事業場名とそれ以外の情報を簡単に分離することができ，現に，項目ごとに黒塗りか開示かを区別できているので，事業場名を区別して公開することは極めて容易である。したがって，部分開示の点で，難しい問題はない。

なお，部分公開について，最判平成13年3月27日（民集55巻2号530頁）は，香典について，支出先だけ消して，残りを公開することを求めた事案で，独立一体的な情報を細分化して，その一部を公開することはできないという，新理論を採って，排斥した。

最判平成19年4月17日（判時1971号109頁）の原審（名古屋高判平成17年11月17日判例集未登載）は，愛知県の万博誘致対策で行った懇談会の出席者名の公開について，予算執行書などの文書のなかに，公務員の出席に関する情報（公開情報），公務員以外の者の出席に関する情報（非公開情報），及びこの両者に共通の題名欄などの記載がある場合，平成13年の最判の考え方に基づき，この共通する記載部分は，公務員以外の者の懇談会出席に関する情報の一部であって，その情報をさらに細分化することはできないから，その部分のみを部分公開することはできず，そうすると，上記文書中の公務員の氏名のみを公開することは，公務員の懇談会出席に関する情報をさらに細分化することになるから許されないとした。

しかし，前記の平成19年の最判は，相手方に民間人と公務員双方が含まれた懇談会に関する情報は，民間人が特定される情報以外すべてを公開しなければならず，公務員の氏名や所属，職名，議題も非公開情報には当たらないとし，原審の判断を覆して，公務員の氏名や所属名職名等の出席公務員が識別される部分は公務員の本件各懇談会出席に関する情報としてすべてこれを公開すべきであるとした。

その藤田宙靖判事の補足意見は，部分開示規定は，原則公開制度のもとで，不開示部分を容易に区分できる限りにおいて残りを開示しなければならないとの趣旨であるとの立法趣旨に照らすとき，「記載された情報それ自体は不開示情報には当らないことが明確であるにもかかわらず『一体としての（より包括的な）情報の部分』を構成するに過ぎないことを理由にそれが記載された文書の部分が開示義務の対象から外れることを想定しているなどという解釈はおよそ理論的根拠の無いものであると言わざるを得ない。」として，平成13年の最

判を批判した。情報公開法が6条1項に加え更に同条2項の規定を置いたのは，5条1号において非公開事由の一つとされる「個人に関する情報」が同条2号以下の各非公開情報がその範囲につき「おそれがあるもの」等の限定を付しているのに比してその語意上甚だ包括的・一般的な範囲にわたるものであるためそのような性質を持つ「個人に関する情報」を記載した文書についても同条1項の部分開示の趣旨が確実に実現されるように特に配慮をした，いわば確認規定に過ぎないと明確に判断した[12]。

この点からも，平成13年最判に頼ることは間違いである。

第2節　地裁判決と高裁判決を対比した私見

1　判　　決

大阪地裁平成23年11月10日第7民事部判決，平成21年(行ウ)198号（労働判例1039号5頁，労働経済判例速報2131号3頁）（裁判長裁判官　田中健治　裁判官　尾河吉久　裁判官　長橋正憲）は，事業場名の情報公開を認めた[13]。

大阪高裁第3民事部平成24年11月29日判決，平成23年(行コ)165号，行政文書不開示決定取消請求控訴事件（裁判長裁判官　山田知司　裁判官　水谷美穂子　裁判官　本吉弘行）（判時2185号49頁，労働判例1065号5頁）は逆転判決で，事業場名を非公開とした。国が控訴審で行った新しい主張が大幅に採用されたようである。

以下，論点毎に対比する。

2　事業場名は「他の情報」と組み合わせて，個人識別情報になるか

(1)　地　裁　判　決

① 「当該個人の近親者等も開示請求をする可能性があることを考慮しても，それと照合することにより特定の個人を識別することができることとな

---

[12]　藤田宙靖『行政法Ⅰ（改訂版）』（青林書院，2005年）168頁，同『行政法総論』（青林書院，2013年）173頁以下もこれを再説。私見は，『行政法解釈学Ⅰ』（有斐閣，2008年）538頁，『行政法再入門　上〔第2版〕』（信山社，2016年）346頁。

[13]　夏井高人・判例地方自治349号104～107頁（2012年）は一審判決に賛成している。立野嘉英・労働法律旬報1758号48～49頁（2011年）＝同季刊労働者の権利293号75～77頁（2012年）はほぼ同文で，原告代理人の一審判決紹介である。

314

る『他の情報』について，一般人が通常入手し得る情報にとどまらず，特別の調査をして初めて入手可能な情報や，当該個人の近親者や知人等の特定の者のみが保有する情報をも含むと解することは，不開示とすべき範囲をあまりにも広範に認めるものであって，個人に関する情報については基本的に不開示とすべきものというに等しく，上記情報公開法の定める公開原則にそぐわないものというほかない。したがって，同法5条1号にいう『他の情報』とは，広く刊行されている新聞，雑誌，書籍や，図書館等の公共施設で一般に入手可能な情報等の<u>一般人が通常入手し得る情報</u>をいうものと解するのが相当であり，特別の調査をすれば入手し得るかもしれないような情報や，当該個人の近親者，知人等のみが保有していたり，入手し得る情報についてはこれに含まれないというべきである。」

② 「このように解しても，当該個人の近親者等が開示請求によって得た情報を自己の保有する情報と照合することにより当該個人が識別され，その結果当該個人の権利利益が害されるおそれがある場合には，情報公開法5条1号後段にいう，公にすることにより個人の権利利益を害するおそれがある情報としての不開示事由に当たり得ると考えられるから，当該個人の保護に欠けることはない」。

③ 「まず，本件文書中の監督署名，職種，業種，疾患名，支給決定年月日等の情報については開示されたものであるから，一般人が通常入手し得る情報に当たるといえる。一方，開示を求められている事業場においてある年度に死亡又は療養，休業した者や，労災補償給付を申請した者の氏名や人数については，当該事業場と関係を有しない一般人が特別の調査を要せずに通常入手し得る情報であるということはできない。

　　そして，上記の監督署名，職種，業種，疾患名，支給決定年月日等に加えて事業場名が開示されたとしても，上記のような<u>当該事業場における脳血管疾患及び虚血性心疾患等により死亡又は療養等をした者及びそれを原因とする労災補償給付申請をした者の氏名や人数についての情報を有しない一般人にとっては，被災労働者個人を識別することは不可能であるから，事業場名は「他の情報と照合することにより，特定の個人を識別することができることとなる」</u>情報に当たるとは認められない。」

④ 「被告は，大阪労働局管内における脳血管疾患及び虚血性心疾患等による労災補償給付請求及びこれに対する認定の各件数の絶対数及び労災補償給付新規受給者数全体に占める割合は極めて少なく，開示されている監

第7章　脳血管疾患及び虚血性心疾患等（負傷に起因するものを除く）に係る労災補償
　　　給付の支給決定がなされた事業場名（法人名のみ）の開示請求

督署名，職種，業種，疾患名等の情報により相当程度被災労働者個人を限
定することが可能であるところ，これらの情報と事業場名とを照合するこ
とにより被災労働者個人が特定される可能性が極めて高いとも主張するが，
上記のように被災労働者個人につながる具体的な情報を入手することは通
常は不可能である以上，当該被災労働者個人を特定することはできないと
いうほかなく，この点は上記判断を左右するものではない。したがって，
本件文書中の事業場名は情報公開法5条1号所定の不開示情報には当たな
い。」

(2)　高裁判決

① 「他の情報との照合により不開示規定が保護しようとする利益が害され
る場合に不開示としうることは，個人情報には必ずしも限定されないと解
されるところ，情報公開法5条1号が個人情報についてのみ明文でその旨
規定したことは，個人情報については特にその保護が図られるべきである
との趣旨であると解される。」

② 「また，個人情報保護法2条1項が，同法の個人情報の意義について，
『他の情報と容易に照合することができ，それにより特定の個人を識別す
ることができることとなるものを含む。』と規定しているのに対し，情報
公開法5条1号は照合の容易性を要件としておらず，これは，個人情報保
護法が民間企業にも適用されるため，営業の自由への配慮から個人情報を
ある程度限定する必要があるのに対し，公的部門が保有する情報に関する
情報公開法は，より厳格な個人情報保護を求めたものと解される。」

③ 「なお，情報公開法の立案過程で発表された『情報公開法要綱案の考
え方』においても，具体的事例における個人識別可能性の有無の判断に
当たっては，当該情報の性質及び内容を考慮する必要があると指摘され，
『例えば，一定の集団に属する者に関する情報を開示すると，当該集団に
属する個々の者に不利益を及ぼす場合があり得る。このような場合は，情
報の性質及び内容に照らし，プライバシー保護の十全を図る必要性の範囲
内において，個人識別可能性を認めるべき必要があると考える。』とされ
ている。」

④ 「このように，情報公開法が個人情報の保護に万全を期していることに
鑑みれば，特定範疇の者にとって容易に入手しうる情報も，情報公開法5
条1号にいう『他の情報』に当たると解すべきである。情報公開法は何人

316

にも開示請求権を認めており，当該特定範疇の者が開示請求をする可能性
もあり，このような特定範疇の者との関係で個人情報が保護されなくても
よいとはいえないからである。」

⑤ 「過去に処理経過簿に記録された法人等合計621のうち，従業員30人以
下のものが全体の42.8％であることが認められ，このような規模の企業
においては，関係者にとって被災労働者個人の識別が容易になると考えら
れる。また，……平成14年度以降平成20年までにおいて，大阪労働局管
内における脳血管疾患による年間労災認定件数は16件から32件，虚血性
心疾患については4件から15件と少数であることが認められる。

　個人識別性の判断に際しては，対象となる集団の規模が重要な考慮要素
<u>となり</u>，構成員が少数の場合には，他の情報と照合することによって個人
が識別される可能性が高くなると考えられるところ，このような状況のも
とで，<u>事業場名が開示されれば，当該被災労働者の近親者ばかりでなく，</u>
<u>同僚や取引先関係者も，事業場名と，その保有し，入手しうる情報とを併</u>
<u>せ照合することにより，当該被災労働者個人を識別することができるもの</u>
<u>と認められる。</u>

　処理経過簿中の労働基準監督署名，標準業種，標準職種，疾患名（認定
基準に示されていない疾患を除く。），支給年月日等の情報が既に開示されて
いることを考慮すれば，なおさらである。

　したがって，事業場名は，情報公開法5条1号所定の不開示情報（他の
情報と照合することにより，特定の個人を識別することができることとなるも
の）に該当するものというべきである。」

⑥ 「被控訴人は，行政機関の保有する情報の一層の公開を図り，もって，
政府の有するその諸活動を国民に説明する責務が全うされるようにすると
ともに，国民の的確な理解と批判の下にある公正で民主的な行政の推進に
資することにあるという情報公開法の目的に鑑みれば，情報公開法の条文
が一義的に明らかでない場合，この目的に沿って条文を解釈するべきであ
り，『他の情報』に，特定範疇の者が保有し，あるいは入手しうる情報も
含まれるとする控訴人の主張は，例外をあまりに広範に認めるもので，公
開原則にそぐわないと主張する。

　しかし，情報公開法が，他方で，個人情報の保護に万全を期しているこ
とは上記のとおりであり，被控訴人の主張は採用できない。」

第7章　脳血管疾患及び虚血性心疾患等（負傷に起因するものを除く）に係る労災補償
　　　給付の支給決定がなされた事業場名（法人名のみ）の開示請求

(3)　先例の分析

①　はじめに

　一審判決の①が一般人基準説をとったのに対して，高裁判決の④は特定範疇というカテゴリーの者が照合すれば個人が特定されることから個人情報を保護するという特定人基準説を採用した。たしかに，特定範疇の者が他の情報と照合すれば個人を特定できる場合はある。そして，それを公開対象とすべきかについては両論があることは第1節3(1)でも指摘した。そこで言及しなかった文献も多数ある[14]。

　判例・審査会答申例は，大阪地裁の立場である一般人基準を原則としつつ，開示が争われている情報の性質を考慮し[15]，例外的に高裁判決が採用した特定人基準を適用すべきとの考え方に立っているといわれる。そして，一般人基準を取らない判例も紹介されている[16]。

　そこで，とりあえず，情報公開・個人情報保護関係答申・判例データベースやD1.comで「他の情報」に関する判例を検索する。一般人基準説として，岡山地判平成15年10月1日，東京地判平成15年6月27日，大阪高裁平成18年12月22日判決（判タ1254・132），東京高裁平成19年5月10日（東京地裁平成18年7月28日判決を承認），特定人基準説として，東京高判平成20年12月17日，東京地判平成20年3月28日，長崎地判平成18年2月21日等があげられる。

　そこで，まずは，これらの判例を紹介し，「他の情報」と組み合わせれば，個人情報が識別されるとするのはどんな場合なのか，本件とどう違うのか，以下の判例を代表として詳細に分析する。

②　岡山地判平成15年10月1日

　これは，岡山市内の漁業協同組合別の漁獲量又は収獲量を明らかにする文書の開示請求事件である。判決は，「当該情報を公開するだけでは情報公開法5

---

(14)　宇賀克也『新・情報公開法の逐条解説（第5版）』（2010年）72～73頁。高橋滋ほか『条解　行政情報関連三法』（弘文堂，2011年）264～266頁。池村正道・判評665号（＝判時2220号）142～143頁（2014年），佐伯彰洋「行政情報公開と不開示情報」『行政法の争点』（2014年）62頁。

(15)　宇賀克也『情報公開・個人情報保護』（有斐閣，2013年）101頁，高橋正人・静岡大学法政研究20巻1号60頁（2015年8月）。大江裕幸「本件一審解説」季報情報公開・個人情報保護45号42頁（2012年）

(16)　宇賀・前掲注(15)『情報公開・個人情報保護』219頁，前掲注(14)『条解　行政情報関連三法』264～265頁，大江「前掲注(15)」42頁。

318

条6号に該当するとはいえない場合でも，他の情報と組み合わせることによって該当することになる場合には，それを公開すべきであるとすると，（法人の秘密の保護，他目的利用の禁止等を定める。阿部追加）統計法の趣旨に反し，ひいては国の機関が行う事務の適正な遂行を確保しようとする情報公開法5条6号の趣旨にも反することになる。したがって，このような場合も情報公開法5条6号に該当すると解するべきである。なお，当該他の情報に，特殊な情報も含むと解すると，前記情報公開法の趣旨を没却することになるため，他の情報とは，一般人が通常入手し得る関連情報に限ると解するのが相当である。」として，一般人基準説に立っている。

そして，当該文書により，漁業協同組合別に漁業種類別の魚種別漁獲量が明らかになり，本件文書とは別に被告が一般に公表している「岡山県漁業の動き」……によれば，岡山市の漁業種類別の経営体数及び魚種別の経営体数（経営体数が2以下のものは，その旨）が明らかになるので，上記のような形式の本件文書に上記のような資料を合わせれば，1又は2経営体のみが特定の漁業種類又は魚種を扱っている場合，それがどの漁業協同組合に属するか判明することになる。そして，当該経営体数が1又は2の場合は，一般に当該漁業協同組合が属する地域を見分することによって，当該経営体を特定することが容易にできるといえるから，上記のような形式の本件文書を公開することにより，特定の経営体の特定の漁業種類又は魚種の漁獲量が明らかになる。

また，……漁業共同組合別かつ養殖種類別に経営体数及び魚種別収穫量が明らかになるところ，経営体数が1の場合は，一般に当該漁業協同組合が活動している地域で見分することにより，当該経営体を特定することが容易にできるといえるから，当該文書の公開により特定の経営体の特定の養殖種類の魚種別収穫量が明らかになる。」

特定の経営体の漁獲量等がここまで簡単に明らかになるのであれば，情報源「識別情報」とは言えるが，これは個人識別情報ではないので，情報公開法5条の1号ではなく，6号の問題とされている。そして，この漁獲量等の情報は，統計法により取得されたもので，公にすることにより申告者の調査者に対する信頼を失い，真実の申告を確保できなくなるおそれがあるので，統計調査事務の適正な遂行に支障があるというものである。統計法のように厳格に正確な統計を取るための制度の下での，事務事業の適正な遂行に支障を及ぼすおそれの判断である。他の法令に基づく事務事業については適用すべきではない。

第7章　脳血管疾患及び虚血性心疾患等（負傷に起因するものを除く）に係る労災補償
　　　給付の支給決定がなされた事業場名（法人名のみ）の開示請求

③　大阪高判平成 18 年 12 月 22 日

　兵庫県教育委員会が体罰事案における教職員に対する処分状況等について文部科学省に報告した文書に記載された体罰に係る情報が兵庫県情報公開条例6条1号前段（個人識別情報）に該当するか否かが争われた事案である（判タ1254 号 132 頁）。

　判決は，「本件条例の趣旨等にかんがみると，いわゆるモザイクアプローチを採用するとしても，これによって特定の個人を識別することが，通常の手段方法によって取得できる他の情報によって，相当程度の蓋然性をもってできる場合のみをいい，特別な手段方法をもって取得できる他の情報と関連付ければ，特定の個人を識別することができる可能性があるというにすぎない場合を除くものと解することが相当であり，」学校名が公開されると被害生徒が識別されるとの主張について，「学校名を公開したからといって，バレーボール部に所属する1年生及び2年生という以上に特定の被害生徒を識別することができるとは認められない」として，これを排斥した。学校関係の情報公開については，第1節3(2)，(3)参照。

④　東京地判平成 15 年 5 月 16 日

　㋐　東京地判平成 15 年 5 月 16 日（情報公開・個人情報保護関係答申・判例データベース）は障害者雇用情報の公開請求に関する案件である。東京高裁平成 15 年 10 月 29 日判決はこれを承認している。

　㋑　不開示事由と不開示部分

　原告は平成12年度「雇用率未達成企業一覧，以下企業一覧という」及び「障害者雇入れ計画の実施状況報告書，以下，本件報告書という」の開示請求をしたところ，本件企業一覧のうち整理番号，会社名，産業分類，労働者数，身体，知的，短時間，不足数及び備考の各欄並びに本件報告書のうち，「A事業主」，「C　雇入れを予定する事業所の数」，「D　雇用の状況」の①ないし⑥及び⑧，「E　雇入れ計画の実施状況」の①ないし⑥の各欄（以下「本件不開示部分」という。）が不開示となった。

　原告の審査請求により，厚生労働大臣は，情報公開審査会による答申を受けて，平成14年12月9日付けで，この不開示決定処分を変更し，本件企業一覧につき『整理番号』，『会社名』，『産業分類』，『労働者数』，『合計』，『不足数』及び『備考』の各欄及び本件報告書につき『C　雇入れを予定する事業所の数』，『D　雇用の状況』及び『E　雇入れ計画の実施状況』の各欄を開示

し，本件企業一覧のうち「身体」「知的」「短時間」の各欄（これを「裁決不開示部分第1」という），同じく本件報告書のうち具体的には「Ａ　事業主」欄不開示とする」（これを「裁決不開示部分第2」という）との裁決を行った。

裁決不開示部分第1のうち，「身体」の欄は，当該事業主が雇用するフルタイム常用労働者であって，身体障害者の数を記載するものである。「身体」の欄は，「重度」，「軽度」，「小計」に分かれ，「重度」の欄には，当該事業主がフルタイム常用雇用する身体障害者のうち，重度身体障害者の数が，「軽度」の欄には，重度身体障害者に該当しない身体障害者の数が，「小計」には，その合計が記載される。

「知的」の欄も同様の方法で記載される（詳細省略）。

また，「短時間」の欄は，当該事業主が雇用する短時間労働者……に該当する障害者の数を記載するものである。「短時間」の欄は，「身体」と「知的」に分かれ，「身体」の欄には重度身体障害者数が，「知的」の欄には重度知的障害者数が記載される。

裁決不開示部分第2の「Ａ　事業主」欄には，東京都に主たる事務所の所在地を有する事業主であって，その雇用する障害者の人数が法定雇用障害者数を下回っており，当該障害者雇入れ計画の実施状況報告書の作成を行った事業主の名前等の情報が記載される。

本件企業一覧の基礎資料である障害者雇用状況報告書の提出を義務付けられているのは，雇用する労働者の数が常時56人以上の事業主であり，そして，法定雇用率が1.8パーセントとされていること，そして，本件企業一覧には法定雇用率を下回った事業主に関する情報が記載されていることにかんがみれば，裁決不開示部分第1の身体，知的，短時間の小計欄には，0または1，あるいはそれに近い小さい数が記載されており，その内訳である各欄にはさらに小さい数が記載されていることが推認され，これを覆すに足りる証拠はない。

　㈡　情報公開法5条1項「他の情報」との照合による個人情報識別可能性についての判断

　⒜　確かに，当該事業場における同僚は，既に同僚中に障害者が存在することを認識していた場合においても，その障害の種類が身体障害か知的障害か，その程度が重度か軽度かは認識していないことであるから，上記の「身体」，「知的」及び「短時間」の各欄の人数の多くが0か1であることからすると，それらの開示により，これらを新たに認識し得ることとなる（想定①）。また，同僚中に障害者が存在するとは認識していなかった者も，上記の開示に

第7章　脳血管疾患及び虚血性心疾患等（負傷に起因するものを除く）に係る労災補償
　　　給付の支給決定がなされた事業場名（法人名のみ）の開示請求

よってその存在を知り，その後改めて同僚らを仔細に観察し，あるいは同僚ら
に問い質すことにより，同僚のうち誰が障害者であるかを特定し，かつ，その
障害の種類及び程度を認識し得る場合もある（想定②）。

　(b)　ところで，情報公開法5条1号にいう「他の情報」がいかなる範囲の者
を指すかについては，同法の文言のみからは明らかでないといわざるを得ない
が，これを一般人が容易に入手し得る情報に限定すると，不開示情報の範囲は
自ずから限定されるのに対し，特定の個人と特別の関係のある者のみが有して
いる情報を含むとすると，不開示情報の範囲はかなり広くなるし，さらに，あ
る情報の開示をきっかけとして聞き取り調査等を行うことによって入手し得る
情報をも加えると，個人に関する情報はほとんどが開示し得ないこととなりか
ねない。この「他の情報」範囲を広く捉える考え方は，情報開示請求の主体に
限定がないことからすると，特定の個人と特別の関係にある者も開示請求をし
得るという点を論拠とするものであり，傾聴に値する点がないでもない。しか
し，個人に関する情報のすべてを情報公開の対象外とすることは，情報公開法
が想定しているところではないのであって，同法も，本来は，そのうち公開に
よって個人の権利利益を害するおそれのあるもののみを不開示とすべきところ，
この点を個々の情報ごとに吟味して決定することは多大の困難が伴うため，や
むを得ず個人を識別し得る情報は，それが当該個人の権利利益を害するものか
否かを問わず，一律に不開示と定めたものである。そして，上記「他の情報」
と組み合わせることによって，特定の個人を識別し得る情報をも不開示とし
た点は，それをさらに広げる附加的な規定であるから，これによって不開示情
報の範囲が本来の個人識別情報の範囲を大きく超えて拡大することは，同法の
想定していないところであり，この点については，開示された情報のみでは特
定の個人を識別できるとはいい難いが，ほとんどそれと等しいもの，すなわち，
一般人が容易に入手し得る情報と組み合わせると特定の個人が識別され得る場
合には，本来の個人識別情報と同様に取り扱わざるを得ないという趣旨に解す
るのが相当である。

　以上の観点から，被告が主張する「他の情報」は，いずれも一般人が容易に
入手し得るものではなく，特定の個人と特別の関係ある者のみが有している情
報であると考えられるから，その主張は，同号前段かっこ書き該当性を基礎付
けるものではない。

　(エ)　情報公開法5条1号後段該当性について

　もっとも，上記のような解釈によって個人識別情報に該当しないとしても，

当該個人と特別の関係のある者が開示請求によって得た情報と自己の有する情報を組み合わせることにより，当該個人に関する情報を取得することにより，当該個人の権利利益が害されるおそれがある場合には，情報公開法5条1号後段（「特定の個人を識別できないが，公にすることによりなお個人の権利利益を害するおそれがあるもの」）により，不開示情報となし得る。

　そこで，上記想定①及び②のいずれの場合にも，当該障害者の同僚が，開示により又はそれをきっかけとして当該障害者の障害の種類及び程度を知り得ることとなる。もっとも，このうち想定②の場合は，そのような事態は開示自体によって生じたものではなく，開示をきっかけとしてされた調査などによって生じるのであるから，開示によって障害者の権利利益が害されたとはいい難い（被告が指摘する本件企業一覧に計上されていない障害者への影響についても同様に考えることができる。）。これに対し，想定①の場合には，それまでは当該障害者につき，単に障害者であるとの認識を有するのみで，その種類及び程度について認識を有しなかった同僚が，上記開示によってそれらを認識するに至ることとなる。このような事態については，当該障害者が既に自己が障害者であることを明らかにして雇用されていることを前提とすると，開示によって認識可能となる内容が障害の種類及び程度とともに2種類の大分類のいずれかにすぎず，特に身体障害の場合には，その性質上，身体障害の有無をその程度が重度か軽度かについては外見上おおよそ明らかになるものであることからして，当該障害者としては，それらを同僚に知られることは甘受すべきものであり，むしろ，共に働く同僚にはそれらを積極的に理解してもらうよう努めるべきであるとの考え方もないではないが，未だ障害者に対する偏見や差別意識が根強く存する現在の我が国の状況に照らすと，これらの認識を得た同僚から新たな嫌がらせ等が生ずるおそれは否定し難いところであり，上記部分の開示は，そこに記載された障害者個人の権利利益を害するおそれを生じさせるものとして，情報公開法5条1号後段に該当するものと考えられる。

　よって，裁決不開示部分第1に関する原処分の判断は結論において相当である。

　(オ)　裁決不開示部分第2の不開示事由該当性について

　まず，情報公開法5条1号後段該当性について検討するに，裁決不開示部分第2を開示すると，同裁決によって開示することとされた「Ｅ　雇入れ計画の実施状況」中の③常用労働者である身体障害者の数及び知的障害者の数，④重度身体障害者である短時間労働者の数及び⑤重度知的障害者である短時間労働

者の数の各欄の記載と組み合わせることにより，同欄記載の障害者個人の同僚らが当該障害者の障害の種類及び程度を認識し得る事態を招くこと及びその事態が当該障害者個人の権利利益を害するおそれがあることについては，前記(ウ)(a)で説示したのと全く同様のことが当てはまると考えられる。

そうすると，裁決不開示部分第2が情報公開法5条1号後段に該当することが明らかである。

(カ) この判決の(ウ)のアンダーライン部分の一般論は，一般人基準説で，妥当と思料するが，(a)の「当該事業場における同僚は，既に同僚中に障害者が存在することを認識していた場合においても，その障害の種類が身体障害か知的障害か，その程度が重度か軽度かは認識していないことである」との判示にはいささか疑問がある。内部障害者は，外部からわからないことが多いが，身体に障害がある身体障害者は外部から一見明白であり，知的障害かどうかも，その動作を見れば外観上一見明白である。

(エ)の「同僚から新たな嫌がらせ等が生ずるおそれは否定し難い」という認定は実証的なのだろうか。すでに，障害者であることは，身体であれ，知的であれ，同僚にはわかっているはずである。嫌がらせがあるとすればすでに存在するものであろう。

⑤　大阪高判平成23年2月24日

公務員であるバス乗務員の時間外勤務に関する文書に記録された情報のうちバス乗務員の「氏名」に係る情報が，高槻市情報公開条例6条1項1号ただし書ウのただし書が非公開情報として規定する「公開することにより，当該公務員等の個人の権利利益が不当に害されるおそれがある」ものに該当しないとされた事例である。

判決は，「本件文書に他の情報を組み合わせることによって各非常勤職員の実収入を相当程度具体的に推知することが，市民一般にとって容易にできるものとは到底いえない（なお，公文書の公開を求める権利は市民一般が有しているのであるから，非公開情報に該当するか否かは，当該情報公開請求の請求人ではなく，市民一般を基準に考えるべきものである。）。」とし，括弧書きではあるが，照合する「他の情報」を一般人が通常入手し得る情報であることを明らかにした。

⑥　東京高判平成19年5月10日（東京地判平成18年7月28日を承認）

（以下，同地裁の判旨）

警視庁本部少年事件課及び交通捜査課の捜査報償費（都費）の支出に関する

財務会計帳票及び支出証拠書類に記録された情報のうち，法人の発行した領収書に記載された当該法人の職員個人に付与された番号の情報が東京都情報公開条例7条2号（個人識別情報）に該当するか否かが争われた事案である。

判決は，「他の情報」とは，「既に公知となっている情報や当該個人に関する情報を容易に取得することができる情報に限られるものではないが，当該個人しか知り得ない情報やごく限られた範囲の者しか知り得ない情報は含まれないものと解される。」とした。

⑦ 東京高判平成20年12月17日
(東京地判平成20年3月28日を結論として承認)

「死刑執行指揮書（H15大阪拘置所）」及び「死刑執行速報（H15大阪拘置所)」等の情報公開請求事件である。「一般には知られておらず，当該個人の近親者や関係者のみが知り得る情報と相俟って個人が識別される情報についても，それが開示されると，結局は，情報の伝播により個人のプライバシー侵害という事態を招くことになるから，法5条1号の『他の情報』は一般人の知り得る情報に限定すべきではなく，当該個人の近親者や関係者のみが知り得る情報をも含むものと解するのが相当である」として，特定人基準説をとった。

⑧ 長崎地判平成18年2月21日

判決は，「セクシュアル・ハラスメント調査委員会最終報告書」の公開請求の不開示決定を承認した。裁判所は，この文書には，（特定の教官による）特定の学生に対するセクシュアル・ハラスメント疑惑について，調査委員会が，調査を行った内容が記載されているもので，4件の案件が記載されており，それぞれ内容は異なるものの，おおむねイ①調査の契機となった事情，②調査経過，③被疑教官の主張，④調査委員会の見解等が記載されているもので，被害学生の相談内容や，被疑教官がどのような行為を行ったのか（被害学生がどのような行為を受けたのか）などの調査内容が記載されているとする。

そして，ウ上記特定の学生（被害学生）の氏名は，アルファベットで記載されている。他方，被疑教官の氏名は記載されていない。

エ　例えば，特定年月日の新聞報道を契機として事件を調査することになったこと，あるいは，特定の年度に，特定の在学年であった学生からの申立てであること，さらには，当時，被疑教官が被害者（被害学生）のみならず広くそのほかの学生にも同様の行為を行っていたことなどの具体的な内容が記載されている。

第7章　脳血管疾患及び虚血性心疾患等（負傷に起因するものを除く）に係る労災補償
　　　給付の支給決定がなされた事業場名（法人名のみ）の開示請求

　オ　上記②の調査経過に関して，事情聴取の期日や態様（例えば被害学生に
面談による面接をした旨）が記載されている部分もある。
　カ　調査委員の氏名は，本件文書の最後に記載されているが，職名の記載は
ない。
　「本件文書には，被害学生の相談内容や，被疑教官がどのような行為を行っ
たのか（被害学生がどのような行為を受けたのか）などの調査内容が記載されて
おり，これは，他人にみだりに知られたくない個人のプライバシーに属する情
報であって，当然に，法的保護の対象となるべきものである。加えて，……各
規定の存在に照らすと，調査委員会は，被害学生等に対し，調査ないし同人か
らの事情聴取により得た情報は配慮して取り扱い，同人が望まない限り，秘密
は公開しない旨を前提として，被害学生等から事情聴取を行ったものと考えら
れる……。しかも，本件文書には，例えば，特定年月日の新聞報道を契機とし
て事件を調査することになったこと，あるいは，特定の年度に，特定の在学年
であった学生からの申立てであること，さらには，当時，被疑教官が被害学生
のみならず広くそのほかの学生にも同様の行為を行っていたことなどの具体的
な内容が記載されているから，本件文書を開示すれば，たとえ，当該被害学生
を識別することができないとしても，その同級生等の一定範囲の者には当該被
害学生を識別することが可能であると見られ，これらの者に上記の他人にみだ
りに知られたくない個人のプライバシーに属する情報が明らかになると考えら
れる。
　したがって，本件文書に記載された情報は，個人利益侵害情報に当たると認
められる。」
　なるほど，セクハラの内容は，近い人でも詳しくは知らないものであるが，
これでは被害者を特定してセクハラ事案の詳細が同級生等に知られてしまうの
で，特定人基準説が妥当であろう。

⑨　名古屋高判平成15年5月8日

　㋐　特定人基準をとったとされる名古屋高判平成15年5月8日（情報公開・
個人情報保護関係答申・判例データベース）において，原告は，医薬品副作用・
感染症症例票と題する文書のうち，「患者略名」と「職業」の公開を求めた。
裁判所は，「他の情報」とは，「一般に容易に入手し得る情報のみに限定される
ものではなく，当該情報の性質及び内容に照らし，具体的事例において個人識
別の可能性をもたらすような情報を含むものと解するのが相当である。」とし

た。

　原告は，「職業」である「海女」について，古来からの伝統的漁法であり，日本の各地や韓国済州島にも存在しているから，決して希少職業とはいえず，個人を特定するものではないと主張したが，高裁は，特に職業はその種類（例えば，控訴人が主張するような「海女」など）によっては，対象者を相当範囲にまで限定する役割を果たすものであるから，これらの情報と，本件処分の段階で開示された情報や異議決定によって更に開示された原判決添付別表記載の各情報をあわせることにより，特定の個人に関する情報であることが可能になるものと認められるから，本件不開示部分は，情報公開法5条1号（本文前段）の定める個人識別情報に該当するものというべきであるとした。

　ここで，原判決（名古屋地裁平成14年10月30日）で開示された別表記載の情報とは，年齢，「医療機関所在地」欄中都道府県名，主な既往歴，副作用・感染症の発現状況，症状及び処置等の経過」及び当該経過に係る「年月日」欄，転帰の年月日，担当医等の意見，連絡先部署名及び連絡先電話番号が記載された部分である。

　(イ)　これだけの情報がすでに開示されていると，海女とわかれば，県内の海女となり，連絡先電話番号から地域が特定されるから，個人に到達できる可能性が大きくなろう。その意味では，特定人基準説に立つことも理解できないことはないが，先に他の情報を公開しすぎではないかという気がする。

(4)　私　　見

　①　大坂高裁判決は，①，②，⑥において，個人情報保護法と行政機関情報公開法の規定の違いを理由に，特定人基準説を根拠づけようとしている。たしかに，文献[17]でもそのように説かれている。行政機関情報公開法は行政機関に保有されている個人情報の保護を重視しているわけである。

　しかし，原則公開というのもその基本的な理念である。

　この点，前田定孝[18]の批判を紹介する。この大阪高裁判決の論理の通りであれば，「ブラック企業」等の評価を受ける可能性がわずかでもあるような法人

---

[17]　前掲注[14]『条解　行政情報関連三法』263頁，宇賀克也『個人情報保護法の逐条解説〔第4版〕』（有斐閣，2013年）28頁。宇賀「情報公開・個人情報保護に係る最近の裁判例の動向(1)」季報情報公開・個人情報保護47号47頁（2012年）。

[18]　前田定孝「情報公開制度の解釈手法──法人情報の『おそれ』の解釈をめぐって」三重大学法経論叢31巻1号21～40頁（2013年）。

第7章　脳血管疾患及び虚血性心疾患等（負傷に起因するものを除く）に係る労災補償
給付の支給決定がなされた事業場名（法人名のみ）の開示請求

情報は原則的に公開され得ないことになりかねず，行政の民主主義的統制の
手段として情報公開を原則とする（不開示は例外である）制度に適合的なもの
ではないというものである。そして，「他の情報と容易に照合することができ」
という個人情報保護法は，民間企業である個人情報取り扱い事業者の営業の自
由に配慮した規定である。それと比較して行政機関情報公開制度でいう個人識
別情報と法人情報をより厳格に解することが認められるのであれば，わずかで
も個人識別性を帯びた情報又は法人情報の片鱗を帯びた情報については非公開
となるとして，大阪高裁判決の⑥を批判する。

　高裁判決の③『情報公開法要綱案の考え方』[19]についても，その理論はそれ
なりに妥当であり，「個人の判断に際しては，対象となる集団の規模が重要な
考慮要素となり」とはいえるが，その記述は必ずしも特定人基準説とまでは読
み取れないし，しかも，個人が特定されるかも知れないという学校などの集団
でも必ずしも非公開とされていないことは第1節3(3)，(4)，(5)で紹介した。こ
の私見は無視されている。

　②　一般人基準説では，個人が識別されないことは明らかである。前記(3)の
ように一般人基準説も多いのであるから，簡単にこれを排斥すべきではない。

　しかし，判例を見ると，なるほど，特定人基準説で保護すべき場合もあるこ
とがわかった。前記のセクハラ報告書，海女の病気はその例である。

　そこで，以下，特定人基準で考えよう。高裁判決の⑤は，小規模企業におい
ては被災労働者個人の識別が容易になると指摘する。このデータの一部は情報
公開審査会，第一審において被告から主張されており（第1節1(4)①，3(2)②），
第一審判決の2(1)④も引用する。

　しかし，第一審は「当該事業場における脳血管疾患及び虚血性心疾患等によ
り死亡又は療養等をした者及びそれを原因とする労災補償給付申請をした者の
氏名や人数についての情報を有しない一般人にとっては，被災労働者個人を識
別することは不可能であるから，事業場名は『他の情報と照合することにより，
特定の個人を識別することができることとなる』情報に当たるとは認められな
い。」と判断している。

　高裁判決は特定人基準により反対に解釈している。しかし，亡くなった等と
いう事実は，今述べたように，事業場名が開示されなくても，当該被災労働者
の近親者ばかりでなく，同僚や取引先関係者には公知の事実ではないのか。勤

────────────

(19)　行政改革委員会事務局監修『情報公開法制』（第一法規，1997年）22頁。

328

務先の企業名が過労死を出したとして公開され，他の情報と照合して，特定人が労災認定されたという個人情報が特定範疇の者に知られる可能性があっても，それほどのセンシティブ情報なのか。この点は第1節3(2)以下，前記の④東京地判平成15年5月16日参照。

　特定範疇の者がその気になれば容易に入手できるとされる情報でも，役所から積極的に公表されるものではなく，実際にその情報を入手するには情報公開などの手続を経なければならない。特定範疇の者であっても，そのような動機を持つことはまれであるから，他の情報と照合すれば特定範疇の者が気がつく可能性があるといっても，実際上その可能性はきわめて低い。たいていの場合，特定範疇の者がいるから，この理論では，原則公開である情報公開制度はほとんど死んでしまう。

　高裁判決⑤は，「事業場名が開示されれば，当該被災労働者の近親者ばかりでなく，同僚や取引先関係者も，事業場名と，その保有し，入手しうる情報とを併せ照合することにより，当該被災労働者個人を識別することができるものと認められる。処理経過簿中の労働基準監督署名，標準業種，標準職種，疾患名（認定基準に示されていない疾患を除く。），支給年月日等の情報が既に開示されていることを考慮すれば，なおさらである。」と指摘する。その情報が広く公開（情報提供）されているのであればその通りであるが，情報公開制度で開示されるだけであれば，申請者だけがその情報を保有するのであるから，特定範疇の者といえども，これらの情報を入手し，法人名情報の開示を求め，両者を照合しないと，被災労働者の氏名にはたどり着かない。事業場名の開示を求め，さらに，誰だろうと思って，そこまでやるだろうか。前記のセクハラ報告書とはこの点でも異なる。

　そこまでする例外的な者を念頭に置くなら，裁判公開，裁判記録公開の制度も個人情報の公開の点で行き過ぎとなるが，そのような議論はない。この点は，第1節3(4)③で述べた。

　そのうえ，原告は企業名を知りたいのに，労働基準監督署名，標準業種，標準職種，疾患名（認定基準に示されていない疾患を除く。），支給年月日等の情報を先に開示して，それから企業名が開示されると，個人情報にたどり着くというのは不当なやり方ではないか。企業名を先に開示して，標準業種・職種，支給年月日を非公開にするほうが，個人情報を保護し，かつ，過労死をさせる企業を知りたいという原告の期待に応えるのではないか。これには前記の海女の事件と同じ問題がある。

329

第7章　脳血管疾患及び虚血性心疾患等（負傷に起因するものを除く）に係る労災補償
　　　給付の支給決定がなされた事業場名（法人名のみ）の開示請求

③　このように考えると，高裁判決の④については，それは観念的なもので，そのような可能性はきわめて低いというべきである。そして，特定範疇の者は，その法人に勤務していた者の死亡の事実を知っており，その死亡原因が脳疾患で労災認定されたことがわかっても，年金額がわかるわけではなく，それほどのプライバシー侵害が起きるのか。

　たしかにそれはセンシティブ情報であって，保護されるべきであるとの意見[20]も多い。しかし，第1節3(3)，(4)，(5)で紹介したように，この種の情報は報道され，ネットでも簡単に検索できるのである。日経のお悔やみ欄では死因も報道されている（田原睦夫元判事の死因は食道がん）。むしろ，社会全般に，過労死防止のために，過労死を生じた企業名を公表すべきではないか。

④　もっとも，個人識別情報該当性の判断においては，利益衡量を否定する考え方がある[21]。

　情報公開法は，個人識別情報を明示的に公開対象外としているから，それは正当であろう。しかし，モザイクアプローチの場合には，何が排除されるのか，明確ではないので，そこに利益衡量の考え方を入れるべきではないかと考える。

3　事業場名の開示が法人の正当な利益を害するおそれがあるか

(1)　地 裁 判 決

① 　法人等の正当な利益の意味

　　「法人等の権利，競争上の利益その他正当な利益を害するおそれがあるものは不開示情報であるが，それに該当するためには，主観的に他人に知られたくない情報であるというだけでは足りず，当該情報を開示することにより，当該法人等の権利や，公正な競争関係における地位，ノウハウ，信用等の利益を害するおそれが客観的に認められることが必要であり，また，ここにいうおそれがあるといえるためには，単なる抽象的，確率的な

---

[20]　石森久広・季報情報公開・個人情報保護49号10頁（2013年）は，特定人基準を用いることに慎重であるが，脳血管疾患罹患に関する情報は，プライバシー保護の要請の高い最たるものであり，本人の近くにいる者にこそ知られたくないという性質を有することを指摘する。佐伯彰洋・新判例watch 13号49頁（2013年）も高裁判決に賛成する。高橋正人・前掲注[15]61頁も，問題となっている個人情報が個人の病歴に関するものであり，いわゆるセンシティブ情報であることから，高裁判決が特定人基準によって個人情報該当性を判断したのは支持できるとする。

[21]　前掲注[14]『条解　行政情報関連三法』261頁。

330

可能性が存するだけでは足りず，法的保護に値する蓋然性が存することが
必要であると解するのが相当である。」

② 事業場に対する社会的評価が低下するか

　「事業場において過重業務に起因する脳血管疾患及び虚血性心疾患等の
発症及びそれに基づく死亡等の労働災害が発生したという事実が明らかに
なれば，そのこと自体から当該事業場について一定の社会的評価の低下が
生じる可能性は否定できない。しかしながら，労働者災害補償保険制度は
……その支給決定に当たって使用者に労働基準法等の法令違反があったか
否かを問題とするものではないから，ある事業場における労働災害に対し
て労災補償給付の支給決定がされたとの事実が当該事業場において法令違
反行為が存在したことを意味するものではなく，当該事実自体は当該事業
場に対する社会的評価の低下と直ちに結びつくものとはいえない。さらに，
本件で問題となっている脳血管疾患及び虚血性心疾患等そのものは，労働
時間等の労働環境以外に年齢，生活習慣等の様々な要因が影響するものと
されており，一般的には単純に労働時間の長短や労働環境の影響のみに
よって発生するものとまで認識されてはいない。

　また，一定の社会的評価の低下が生じたとしても，そのことが直ちに当
該事業場が取引先からの信用を失い，あるいは，求職者から当該事業場へ
の就職を敬遠されるような事態を招く蓋然性が存するものと認めるに足り
る的確な証拠はなく，そのようなおそれはあくまでも抽象的な可能性にす
ぎないものというべきである。したがって，本件文書中の事業場名は情報
公開法5条2号イ所定の不開示情報には当たらない。」

(2)　高 裁 判 決

① 法人等の正当な利益の意味

　「これは，法人等が有する権利利益は，原則として開示することにより
害されるべきではないという考えによるもので，法人等の権利・利益は正
当なものであればすべて含まれ，当該法人等の信用や，社会的評価もこれ
に該当するものと解される。

　また，正当な利益を害するおそれの有無の判断に関しては，それぞれの
法人等及び情報の性格に応じて的確に判断されるべきであり，単なる確率
的な可能性ではなく，法的保護に値する蓋然性が求められる。

　この観点から，事業場名が開示され，特定の法人等の事業場について

第7章　脳血管疾患及び虚血性心疾患等（負傷に起因するものを除く）に係る労災補償
　　　給付の支給決定がなされた事業場名（法人名のみ）の開示請求

脳・心疾患に係る労災認定がされた事実が一般に認識された場合に，当該
法人等の信用や，社会的評価が害される蓋然性が認められるかを検討す
る。」

② 　労災認定による企業への悪影響

「労災補償保険は，業務上の事由……労働者の負傷，疾病，障害，死
亡等に対して……，必要な保険給付を行（う）……ことを目的とする……，
使用者の過失や法令違反の有無を問題とするものではない。」

「また，……労災補償給付がされることになった事案でも，被災労働者
本人の基礎疾患，生活習慣その他の様々な要因が複雑に影響している場合
が多く，その影響の程度も様々であるなど，個別的な事情が多様なもので
あることが認められる。

これらの点について一般に正確に理解されているのであれば，事業場名
が開示され，当該事業場について脳・心疾患に係る労災認定がされた事実
が一般に認識されたとしても，それだけで直ちに当該法人等において過失
や法令違反等の違法・不当な行為がされていたとの評価がされることには
ならず，当該法人等の信用や，社会的評価等の正当な利益が害される蓋然
性はないことになる。」

高裁は，しかし，上記各点が一般に正確に理解されていないと認められると
してその理由となるデータをあげる。長文であるので，判決文のポイントだけ
紹介する。新聞の報道では，「企業名の公表が実現すれば過労死の抑止力にな
るほか，低賃金で従業員を使い捨てにするいわゆる『ブラック企業』を見分け
る目安にもなる。」と報じている。「過労死企業名は学生が就職先を選ぶ際に非
常に分かりやすい指標になる。」との言葉が引用されている。「過労死」が発生
した企業を「ブラック企業」と評価している。新聞でも，「過労死」という表
現を用いており，「労災認定」という表現を用いたのは一社にすぎない。原判
決を報じるヤフーニュースに対する投稿には，「ブラックに負けるな」といっ
た表現が並んでいる。

そして，高裁判決は，「以上によれば，脳・心疾患に係る死亡事案で労災認
定がされたという事実は，それだけで使用者に過失や法令違反があることを意
味しないにもかかわらず，また，被災労働者の基礎疾患等個別の事情の影響が
ありうるにもかかわらず，社会的には，『過労死』という否定的言辞で受け止
められ，過酷な労働条件の『ブラック企業』という評価までされうるものであ
ることが明らかである。」と判断した。

第2節　地裁判決と高裁判決を対比した私見

③　正当な利益を害する蓋然性について

ア　「②のとおり，社会的には，脳・心疾患に係る死亡事案で労災認定がされたという事実だけで，特段の留保を付さず『過労死』あるいは『ブラック企業』という評価がされ，上記事実が就職の際にブラック企業を見分ける指標となるとの報道もあり，当該企業の製品の不買を言明する者もあることが認められる。」

イ　「被控訴人が，原判決後の記者会見において，『企業名を見て，就職先として見直す人もいるだろう。社会全体で企業の姿勢を監視したい。』と述べ，被控訴人代理人は，原判決が『企業名を開示し，社会的批判を受けるようにすることで過労死をなくす，という強い決意が示されている。』と述べていることが認められる。

　　被控訴人代理人らは厚生労働省宛て『過労死企業名情報公開訴訟原告団弁護団声明』において，『本判決は，過労死を出した企業名の公開という前例のない分野において，その社会的意義を理解し，原告の請求を全面的に認めた画期的な判決です。』，『企業は社会による監視の下に置かれ，企業自ら過労死を防止する対策を積極的に採らざるを得なくなることから，過労死の防止に大きな効果をもたらすことになります。』，『就職活動中の方にとっては，ブラック企業を端的に見分ける格好の資料となります。』との記載が存在する。

　　ここでも，脳・心疾患に係る死亡事案で労災認定がされた事実をもって，特段の留保を付さず，社会的批判の対象となり，就職を避けるべき企業であると受け止められる発言がされている。」

ウ　原判決後に，大阪労働局が処理経過簿中の法人開示による不利益の有無等について，様々な規模の企業の意見を反映するため，経済界の団体に依頼して実施したアンケートによれば，

　　脳・心疾患について労災認定を受けた労働者が所属していた企業名を公表することとした場合，何らかの不利益が生じると思われるかとの質問に対しては，回答総数79.0％が「はい」と回答し，具体的理由（複数回答可）としては，マスコミ報道によるマイナスイメージの増幅（215社），新卒・中途採用者の応募者数の減少（206社），取引活動への悪影響（164社）などが上位を占め，「インターネット等による誹謗・中傷への対応」を挙げるものも144社に上る。公表すべきでない理由として，1回の過労死事故でその企業が恒常的に過労死を招く企業であると誤解されることや，株

333

第7章　脳血管疾患及び虚血性心疾患等（負傷に起因するものを除く）に係る労災補償
給付の支給決定がなされた事業場名（法人名のみ）の開示請求

価への影響，さらに，現在のマスコミ報道のあり方，ネット社会での事実
の歪曲や隔たった意見の集中により，行政がねらっている「抑止」以上の
極めて重大な影響を及ぼすことを懸念するものもある。

　労災認定に係る企業名の公表についての「その他のご意見」欄では，詳
細ないきさつが置き去りになり，興味本位で取り上げられる可能性がある
こと，小さな会社では仕事がなくなったり廃業に追い込まれたりするおそ
れがあること等が指摘されている。「脳・心疾患について労災認定を受け
た労働者が所属していた企業名を公表することについて多くの企業が危惧
する社会的評価の低下や，業務上の信用殿損については，単なる抽象的な
可能性の域にとどまるものではなく，蓋然性の域に達しているものという
べきである。」

(3)　私　　見

①　高裁では，特定人基準で勝負が付いたので，3以下はなお書きである。
法人の正当な利益侵害について，高裁判決は，(2)①で紹介したように，地裁判
決と同様に蓋然性を必要とする理論には従ったが，地裁とは逆に蓋然性がある
との判断をした。控訴審における国の補充的主張の影響が大きい。

②　「社会的には，脳・心疾患に係る死亡事案で労災認定がされたという事
実だけで，それだけで使用者に過失や法令違反があることを意味しないにもか
かわらず，被災労働者の基礎疾患等個別の事情の影響がありうるにもかかわら
ず」社会的評価が下がることが問題とされている。

　しかし，労災認定も，私病であれば認定されず，職務に起因すること，つま
りは，職務との相当因果関係を要するのであるから，使用者に故意過失も法令
違反がなくても，使用者の社会的評価が下がるのは当たり前で，それは「正当
な利益」ではなく，その低下は受忍限度の範囲内である。これは第1節6(2)で
述べている。この点は，社会的評価の低下と直ちに結びつくものとはいえない
とする第一審判決3(1)②にも問題がある。

③　次に，高裁判決の②が，労災認定されると，「社会的には，『過労死』と
いう否定的言辞で受け止められ，過酷な労働条件の『ブラック企業』という評
価までされうるものであることが明らかである。」等と認定する根拠はマスコ
ミの報道であるが，労災認定されたのは，被災が単なる私病によるものではな
く，業務と相当因果関係があること，特に長時間労働が原因であることが認め
られたためであるから，「過労死」とか「ブラック企業」という評価が決して

334

第2節　地裁判決と高裁判決を対比した私見

不当な評価とは言えない。この点は，第1節4を参照されたい。

　むしろ，長時間残業と「過労死」とは相当因果関係があるため，厚労省も長時間残業対策に取り組んでいることは，第1節4(2)②でも述べている。高等裁判所は，長時間残業，過労死になぜ怒りを感じないのか。長時間残業をさせ，過労死を生じさせている企業は，ブラック企業との烙印を押されてこそ，過労死防止に努めるのではないか。

　④　高裁判決の③が「正当な利益を害する蓋然性」があるとする根拠は，不買宣明とか，過労死をなくそうとする原告代理人の言明・行動である。そして，それに対して，高裁は，「脳・心疾患に係る死亡事案で労災認定がされた事実をもって，特段の留保を付さず，社会的批判の対象となり，就職を避けるべき企業であると受け止められる発言がされている。」と否定的に評価する。

　しかし，前記のように，労災認定がなされたことは単なる持病の発現によるものではなく，長時間労働など職場環境に原因があることによるものであるから，使用者に過失や法令違反があろうとなかろうと，被災労働者の基礎疾患等個別の事情の影響があろうと，「社会的批判の対象となり，就職を避けるべき企業である」との評価は不当な評価ではない。

　さらに，高裁判決の③イ，ウは，アンケート調査の結果をあげるが，それは企業側の主観的な意見なり不安で，客観的調査ではない。それは否定的言辞をあえて集めた感がある。アンケートを基準とするなら，労働組合側のアンケートも活用して初めて公平な評価ができる。しかも，高裁判決によっても，本当に仕事がなくなり，廃業に追い込まれたわけではなく，その「おそれ」が観念されるというだけである[22]。

　これだけでは，「多くの企業が危惧する社会的評価の低下や，業務上の信用毀損については，単なる抽象的な可能性の域にとどまるものではなく，蓋然性の域に達しているものという」高裁判決の結論は実証的ではない。この判断は立証責任が実施機関側にあるとする判例（第1節2(2)）にも反する。

　「当該事業場が取引先からの信用を失い，あるいは，求職者から当該事業場への就職を敬遠されるような事態を招く蓋然性が存するものと認めるに足りる的確な証拠はなく，そのようなおそれはあくまでも抽象的な可能性にすぎない」とする一審判決の方が妥当な評価である。

　なお，高裁判決の中には，「被災労働者が脳血管疾患及び虚血性心疾患等を

---

[22]　たとえば，取引先の信用が低下した，求職する人材の質が下がったといった実証的な証拠はないので，客観性はない。佐伯・前掲注(20) 49頁，池村・前掲注(14) 144頁。

335

第7章　脳血管疾患及び虚血性心疾患等（負傷に起因するものを除く）に係る労災補償
　　　　給付の支給決定がなされた事業場名（法人名のみ）の開示請求

含む病気に罹患したことや，休業補償給付，療養補償給付を受領し，またその
遺族が遺族補償年金を受領したこと等は，通常被災労働者やその家族にとって，
第三者に知られることを欲しない情報であると解され，開示された場合の不利
益の具体的内容としては，被災労働者の求職の際に不利に働くこと，相当額の
金銭を受領することからこれをめぐり金銭に係る無用な相談を持ちかけられる
こと，同僚等からいわれのない誹謗中傷を受けること等が考えられる。」と述
べる箇所があるが，過労死で死亡すれば求職はあり得ず，遺族が労災の遺族補
償年金を受領しても，金銭に係る無用な相談を持ちかけられるというのは大げ
さであり，誹謗中傷があるわけがないことは第1節4(2)⑤で述べた。

4　事業場名の開示は事務事業の適正な遂行に支障が生じるか

(1)　地 裁 判 決

①　「事務又は事業の適正な遂行に支障を及ぼすおそれが……存在すると認
　　められるためには，実質的，具体的に当該事務又は事業の適正な遂行に支
　　障が生じる蓋然性が存することが必要である。」

②　「被告は，事業場名が開示されれば，当該事業場はもとより他の事業場
　　においても，労働災害を発生させた事業場として事業場名が広く社会に知
　　れ渡る可能性があることを危惧し，そのため，労災保険事業における被災
　　労働者の就労実態等に関する調査において上司及び同僚等からの積極的な
　　協力が得られないこととなり，迅速かつ公正な労働者の保護という労災保
　　険事業の適正な遂行に支障が生じる旨主張する。

　　　しかしながら，前記（第2節3(1)②）のとおり，……事業場名が開示され
　　たとしても，そのことによって当該事業場の社会的評価や信用が低下する
　　抽象的な可能性があるにすぎず，その競争上の地位その他正当な利益が害
　　される蓋然性が存するものとは認められないことからすれば，事業場名の
　　開示によって，当該事業場はもとより他の事業場においても，労働災害を
　　発症させた事業場であることが発覚することをおそれて就業実態の調査に
　　対し非協力的となるという事態が一般的に想定されるものとはいえないか
　　ら，事業場名の開示により労災保険事業の適正な遂行に支障が生じる蓋然
　　性が存するものと認めることはできない。」

事業場名の不開示は違法である。

これは第1節の私見をよく理解していただいたものであろう。

第2節　地裁判決と高裁判決を対比した私見

(2)　高　裁　判　決

① 「脳・心疾患等の事案における調査項目は多岐にわたり，事業場に関するものについていうと，客観的資料収集（就業規則，賃金台帳，出勤簿，時間外労働に関する労使協定書，作業日報，業務量を示す資料，健康診断結果個人票，既往症にかかる診断書等，産業医による健康管理の状況の記録，作業環境測定記録），関係者（事業主，上司，同僚，部下，取引先）聴取（発症時の身体の状況，前駆症状の有無と内容，異常な出来事の有無と内容，通常の業務内容，労働時間及び従事していた業務内容の詳細，労働時間以外の負荷要因の有無と状況，発症当時の作業環境の状況，発症前の当該労働者の言動，当該労働者が従事した業務に対する評価及びその理由）がある。客観的資料についても，そこに記載された意味内容については，事業場関係者に説明を受けなければ分からないことも多い。

　特に，事業場関係者から聴取するについては，客観的な業務内容のほか，会社における人間関係，サポート状況，周囲からの支援の有無といった機微にわたる微妙な事項にも踏み込まなければならず，任意の説明を受ける必要性が高い。

　任意の事情聴取に応じてもらえず労災保険法46条の出頭命令による場合，労働基準監督署の担当官の数が限られている（大阪府下の13の労働基準監督署のうち，最も大きい大阪中央労働基準監督署でも脳・心疾患等の複雑困難事案の調査を行うのは3，4人であり，その他の監督署では1，2人にすぎず，かつ，他の業務も担当しながら行っている。）ことから日程調整のために期間を要するし，これに応じない場合の同法48条による立入検査をするとすればまた日数を要するなど，調査権限の行使による場合は時間を要する上，任意の調査による場合に比べ，的確に情報を引き出すことは困難である。」

② 「上記……認定のとおり，脳・心疾患について労災認定を受けた労働者が所属していた事業場名を公表することにより，法人等の社会的評価の低下や，業務上の信用殷損が生じ，その正当な利益を害する蓋然性があり，本件アンケートでも，公表により不利益を生じないとするものや，不利益は生じるが公表すべきであるとするものは少数にとどまっている。

　したがって，事業場名が開示されるとなれば，不利益をおそれて事業主が任意の調査に応じなくなる蓋然性が認められ，その場合，……事業主の任意の協力を得る必要が高い労災保険給付事務の性質上，事務又は事業の

337

第7章　脳血管疾患及び虚血性心疾患等（負傷に起因するものを除く）に係る労災補償
　　　　給付の支給決定がなされた事業場名（法人名のみ）の開示請求

適正な遂行に実質的な支障を及ぼす蓋然性が認められる。

　よって，事業場名は情報公開法5条6号柱書所定の情報に該当するというべきである。」

③　「被控訴人は，現行の取扱いのように，書類送検など特に悪質であると行政庁に判断されたときに限り開示される場合は，開示により社会的信用や評価が低下しやすいことから，調査に非協力的になる蓋然性が高いが一律開示されるとなると，労働災害の発生が当該企業が法令に違反したか否かとは無関係である以上，開示されることについての意識も変化し，むしろ労働基準監督署の調査の円滑な遂行に資することとなると主張する。

　しかし，本件アンケートの結果によっても，悪質な場合に限り公表する方が納得を得やすいことは明らかであり，被控訴人の主張は採用できない。」

(3)　私　　見

　高裁判決は，「『支障』の程度は名目的なものでは足りず実質的なものが要求され，『おそれ』の程度も単なる確率的な可能性ではなく，法的保護に値する蓋然性が必要とされる。」との理論を正当にも採用しているが，その当てはめが問題である。

　高裁判決は「脳・心疾患等の事案における調査項目は多岐にわたり，」「任意の説明を受ける必要が高い。」労災補償保険法48条による立入検査をするとすれば「任意の調査による場合に比べ，的確に情報を引き出すことは困難である。」と述べる。

　しかし，この出頭命令，立入検査は，意に反しても身柄を拘束したり，強引に立ち入るものではなく，正当な理由なく応じなければ処罰するだけの間接強制（労災補償法51条）であるから，その調査の仕方は任意調査と同じである。したがって，情報を引き出すことができる可能性は，任意調査と変わりはない。

　高裁判決は，「事業場名が開示されるとなれば，不利益をおそれて事業主が任意の調査に応じなくなる蓋然性が認められ，その場合，……事業主の任意の協力を得る必要が高い労災保険給付事務の性質上，事務又は事業の適正な遂行に実質的な支障を及ぼす蓋然性が認められる。」という。

　しかし，事業主がおそれる不利益とは，事業場名の開示だけなのか。労災認定をされるだけで，公表されなくても，企業の責任となるから，担当者は，それを避けたい気持ちになる。調査に素直に応じたくないという気持ちになるこ

338

第2節　地裁判決と高裁判決を対比した私見

とには変わりはない。しかも，本件では企業名以外は，第1節1(2)で述べたように，支給年月日，労働基準監督署名，(標準)業種，(標準)職種，認定要件，疾患名も公開されている。これは企業にとって不利益ではないのか。任意調査の際，それは気にならないのか。

その上に労災認定されたら企業名が開示されることとわかっていても，調査への協力の度合いにどれだけの差があるのか。

高裁判決の根拠は，公表により不利益が生ずるというアンケート結果や担当職員が少ないからという。

しかし，アンケートは企業側の主観的なものであるから，一方的なものであって重視してはならない。職員不足を理由とするなら，法の執行はほぼすべて任意の協力に頼ることになり，実効性がなくなる。強制権限がある以上は，任意に調査するにしても，強制権限を背景とするのであるから，そのような弱気であってはならない。

これについても，立証責任が実施機関にあるとする判例（第1節2(2)）違反である。地裁判決が妥当である。私見第1節6は無視された感がある[23]。

■追記1

トラック運転手だった夫（当時38）が2013年，勤務中に急死したのは長時間労働による過労が原因として，遺族が運送会社「那須商会」（大阪府池田市）と労務管理担当者に損害賠償を求めた訴訟の判決で，大阪地裁（増森珠美裁判長）は計約6,030万円の支払いを命じた（日本経済新聞2016年4月16日夕刊社会面）。伊丹労働基準監督署は労災と認定していた。

この報道では，当事者の氏名は公開されていないが，雇用主の企業名は公開されている。この記事から死亡した夫や遺族を調べることができないわけではないし，その会社関係者にはわかるが，それでもこの報道に特に問題はないだろう。厚労省が企業名を非公開にすることに理由があるとは思えない。

「違法な長時間残業と判断　厚労省が初めて企業名公表」（2016年5月19日各紙）と報道されている。少しは流れが変わってきたか。しかし，1年間でわずか1社だという。

筆者は，兵庫労働局に，兵庫県下で過労死と認定された大企業名の情報公開を請求したところ，大企業という分類はないとしてすべての企業を対象とするように申請書を書き直され，その回答は原則の30日から60日に延長された。そして，処理経過報告書は，支給・不支給・取下等の欄だけ（災害認定，取下げ，転送，

---

[23]　石森・前掲注(20)11頁，佐伯・前掲注(20)50頁も同方向である。

第7章　脳血管疾患及び虚血性心疾患等（負傷に起因するものを除く）に係る労災補償
　　給付の支給決定がなされた事業場名（法人名のみ）の開示請求

不支給，支給という記載のみ）が公開され，それ以外は個人情報に当たる，法人の正当な利益を害するとして，黒塗り，非公開になった。

　これでは理由にならない，もっときちんとした理由を示せと担当者（兵庫労働局総務課，労災補償課）と議論した。しかし，驚くべきことに，この条文に当たると判断したというだけで，それ以上の理由はない，文句があれば審査請求をせよというだけである。根拠も行政公開法などと，不正確である。そして，総務課は，原課に内部基準があるというので，開示を求めたら，どうもそうではなく，厚労省のHP（http://www.mhlw.go.jp/jouhou/koukai03/02.html）に載っている不開示情報に関する判断基準をいうようである。そして，「照合の対象となる『他の情報』としては，公知の情報，図書館等の公共施設で一般に入手可能なもの等一般人が通常入手し得る情報が含まれる。また，何人も開示請求できることから，仮に当該個人の近親者，地域住民等であれば保有している又は入手可能であると通常考えられる情報も含まれると解する。他方，特別の調査をすれば入手し得るかも知れないような情報については，一般的には，『他の情報』に含めて考える必要はないものと考えられる。

　照合の対象となる『他の情報』の範囲については，当該個人情報の性質や内容等に応じて，個別に適切に判断することが必要となる。」という。それなら，これになぜ該当するかの説明が必要であるが，それはなされなかった。

　法人情報では，「競争上の地位」とは，「法人等又は事業を営む個人の公正な競争関係における地位を指す。」「その他正当な利益」とは「ノウハウ，信用等法人等又は事業を営む個人の運営上の地位を広く含むものである。」と解説されているのに，過労死労災認定された企業名が公開されると，競争上不利だと主張して，公正な競争関係という言葉を無視している。

　単に，条文に当たると考えるというだけで，なぜ回答期限を延長しなければならないのか。これが法を運用する担当者の法的レベルである。きちんとした弁護士でも任用すべきである。

最　後　に

　このように，高裁判決は重要な法解釈を誤ったものとして上告受理理由がある（民訴法318条）と思料されるが，最高裁は，2013年10月2日，上告棄却・上告受理申立の不受理決定をした。いわゆる三行半である。誠に残念である。

　特定人基準説は，上記のように賛成できないが，その射程範囲を限定すべきである。また，行政機関は，勝手に情報を一部公開して，それと照合すれば，非公開情報が公開されるなどと主張すべきではなく，どの情報から公開すべき

340

追　記

かも申請者と相談すべきである。

　会社名の非公開は，会社名がわかれば，他の情報がわざわざ公開されなくても誰のことかがわかる，社員がごく少数の会社に限定すべきである。

　そして，この高裁判決の立場に立っても，原告が，請求の趣旨を，不開示処分のうち，企業名部分の全部の取消しではなく，当初の申請のように 13 の大企業に限定して，あるいは，従業員一万人以上の企業に限定して，その中に過労死させた事業場があればその法人名だけを公表せよと限定した（請求の趣旨の縮減）ら，この判決に拘束されることなく，企業名は公表されるべきである。

　■追記 2
　その後政府は残業規制を強化して，公表も進める方向へ進んでいる。それなら，本件の訴訟でなぜ反論したのか，裁判所がなぜ厚労省に忖度して，原告を敗訴させたのか，誠に遺憾である。

　政府は，過労死白書を公表した（2016 年 9 月）。

　電通で新入社員が月 100 時間以上の過酷な労働で死亡したことが 2016 年 10 月 8 日各紙で報道されている。受験秀才の東大卒の女子学生が月 100 時間の残業くらいでへこたれるわけはないと思ったら，やはり，これは単なる超過労働ではなく，パワハラも大きな原因だったと思われる。川人博「遺族側弁護士独占手記　電通過労死はなぜ起きたか。新入社員を追い込んだ「反省会」と「女子力否定」」文藝春秋 2016 年 12 月号 354 頁以下。

　違法な長時間労働　企業名公表の基準引き下げへ
　http://www3.nhk.or.jp/news/html/20161226/k10010820521000.html
　（2016 年 12 月 26 日）

　大手広告会社，電通の過労自殺の問題などを受けて，厚生労働省は，違法な長時間労働などがあった企業の名前を公表する基準を引き下げ，複数の過労死が起きた場合にも企業名を公表することを決めた。

　これは，厚生労働省が 26 日に開いた長時間労働削減推進本部の会合で決まった。いわゆる「ブラック企業」対策として大企業を対象に行っていた行政指導の段階での企業名の公表の要件について，これまで 1 年間に 3 か所以上の事業所で月 100 時間を超える違法な残業が行われていた場合とする基準を，来年から 2 か所以上の事業所で 80 時間を超えた場合に引き下げる。

　また，1 年のうちに複数の事業所で従業員が過労による労災と認められた場合も要件に加える。こうした要件を満たした企業が労働基準監督署の指導を受けても改善が認められない場合，企業名を公表するということである。

341

第7章　脳血管疾患及び虚血性心疾患等（負傷に起因するものを除く）に係る労災補償
　　　給付の支給決定がなされた事業場名（法人名のみ）の開示請求

　さらに，複数の事業所で過労死や過労自殺があった場合などには，直ちに企業名を公表する。このほか，企業向けの新たなガイドラインを作成し，実際の労働時間と従業員が自己申告した時間が大きく異なる場合には，企業に対して実態調査を行うことなどを求めることになった。

　政府の働き方改革実現会議は，2017年3月17日に，時間外労働の上限規制等に関する政労使提案をまとめた。労使協定がある場合でも，年間720時間（月平均60時間）を上限とした。これは罰則の適用がある。

　厚労省過労死HP
　（http://www.mhlw.go.jp/stf/seisakunitsuite/bunya/0000053725.html）

　厚労省 書類送検 "ブラック企業" 334件　HPに初公表
　（毎日新聞2017年5月10日 ）

　厚生労働省は労働基準関係法令に違反したとして最近半年間に書類送検し，社名を公表した全国334件の一覧表を初めて作成し，同省ホームページ（HP）に掲載した。

　昨年末に発表した「過労死等ゼロ」緊急対策の一環で，担当者は「一覧表にすることで社会に警鐘を鳴らす狙いがある」と説明する。従来は47都道府県にある労働局のHPに載せてきたが，報道発表で社名を明らかにしたのにHPでは伏せた事例もあったほか，掲載期間もまちまちで統一基準がなかった。同省は送検を公表した日から約1年間掲載し，毎月更新すると決めた。

　10日に掲載されたのは昨年10月から今年3月までの計334件で，(1)企業・事業所名，(2)所在地，(3)公表日，(4)違反した法律，(5)事案概要などを県別に並べた。

　内訳は，企業が安全対策を怠った労働安全衛生法違反209件▽賃金未払いなど最低賃金法違反62件▽違法な長時間労働をさせるなどした労働基準法違反60件▽労働者派遣法違反19件。労基法違反では，女性社員が過労自殺した広告最大手・電通の社名も掲載された。

　大企業の残業時間，公表義務付け　厚労省が20年メドと報じられている。

　厚生労働省は2020年にも従業員の残業時間の公表を大企業に義務付ける。企業は月当たりの平均残業時間を年1回開示するよう求められ，従わなければ処分を受ける。それぞれの企業の労働実態を外部から見えやすくし，過度な長時間勤務を未然に防ぐ狙いがある。職場の生産性を高める効果も期待されるが，負担が増す企業側の反発も予想される。

　新たな規制は労働法制では大企業とみなされる従業員数301人以上の約1万5千社が対象。従業員300人以下の中小企業については罰則を伴わない「努力義務」にとどめる方向だ。

　対象企業は厚労省が企業情報をまとめたデータベースや企業のホームページで

追　記

年1回開示する。虚偽が疑われるような情報しか出さない企業にはまず行政指導を実施。悪質な場合には最大20万円のペナルティーを科す。正社員と非正規社員を分けるかどうかなど詳細な仕組みの議論を労働政策審議会（厚労相の諮問機関）で来年始める。

　残業時間を公表することで，企業が業界他社を互いに意識し合ったり，時間外労働を減らす新たな動機づけになったりすると厚労省は見ている。学生が就職活動で企業を選ぶ際の判断基準になるとも期待される。

　企業にとっては労務管理の事務が増えることになり，労政審では経営側から慎重論も出そう。残業時間を他社と並べて相対的に比べられることへの心理的な抵抗もある。従業員の平均値を年1回示すだけなので細かな労働実態をつかみにくい面もあり，経営者の理解を得ながら実効性ある仕組みをつくれるかどうか問われる。

第8章 個人情報開示請求における弁護士代理の手続

1 弁護士は行政機関個人情報保護法に基づく開示請求を代理できない!!

　筆者は弁護士として，行政機関個人情報開示請求手続の代理をした。ある文書について，誰でもできる情報公開制度に基づいて情報開示を請求したら，個人の発言部分をマスキングされたので，個人情報保護制度に基づいて，個人情報として開示請求することになったが，本人が多数いて，いちいち全員が役所に出向く時間がないという理由で，筆者に代理を委任してきた。筆者は，全員から委任状をもらって，代理人として弁護士の職印を押して使者に持参させた。

　しかし，国の行政機関の保有する個人情報保護法12条2項では，未成年者又は成年被後見人の開示請求代理手続の規定はあるが，弁護士の代理に関する規定はない。同法施行令11条には開示請求をする者の本人確認手続の規定があるが，弁護士に関する規定はない。

　では，弁護士の開示請求代理は認められないのか。宇賀克也（『個人情報保護法の逐条解説［第4版］』（有斐閣，2013年）275頁）によれば，マイナンバー法（番号法），個人情報保護法は任意代理を認めたが，行政機関個人情報保護法では任意代理を認めないという法政策がとられているという。なりすましによる不正な請求対策である。

　総務省に問い合わせても，開示請求権者は法文上本人と法定代理人に限定されているので，その反対解釈として，弁護士の代理は認めないという。それは立法政策だという。

　東京都個人情報保護条例12条でも，国と同じく，本人と法定代理人に限定され，弁護士の開示請求代理を認めない扱いだというから同様である（2019年でも同じ）。

　これに対し，個人情報保護法では，宇賀克也の指摘するように，任意代理を認めている。同法32条3項は，「開示等の求めは，政令で定めるところにより，代理人によってすることができる。」と定め，同法施行令11条においては，「法第32条第3項の規定により開示等の求めをすることができる代理人は，次

第8章　個人情報開示請求における弁護士代理の手続

に掲げる代理人とする。

　　①　　未成年者又は成年被後見人の法定代理人
　　②　　開示等の求めをすることにつき本人が委任した代理人」としている。

　いわゆるマイナンバー法（番号法），正式名称では，「行政手続における特定の個人を識別するための番号の利用等に関する法律」は，国民一人ひとりに番号を割り振り，社会保障や納税に関する情報を一元的に管理する「共通番号（マイナンバー）制度」を導入するための法律で，2013年5月24日に成立し，2016年1月から番号の利用がスタートした。その30条は任意代理を認めている。

2　行政機関個人情報保護法が任意代理を認めない立法政策的根拠

　では，任意代理を認める個人情報保護法，番号法と，これを認めない行政機関個人情報保護法の立法政策の違いはどう説明するのか。この点について，宇賀克也『番号法の逐条解説』（有斐閣，2014年）129頁に適切な解説がある。

　番号法の扱う特定個人情報は，機微性が高く，なりすまし対策のため任意代理を認めないという立法政策も考えられるが，この情報の取扱いを適正に行うためマイポータル制度を創設して，自己情報の開示請求を容易に行えるようにしたが，インターネットが使えない者もいる。又，社会保障，税の分野では社会保険労務士，税理士に行政手続を委任することが多く，開示請求も一緒に委任できれば国民の便宜に資する。このように，本法が開示請求について任意代理を認めることとしたのは，自己の特定個人情報について本人が監視することを容易にし，不正を抑止するとともに，国民の信頼を確保すること，専門職による任意代理のニーズが大きいことを考慮したからであり，一般の個人情報については，事情が異なる面があるとして，行政機関個人情報保護法に基づく開示請求などについては任意代理を認めないという立法政策は維持されているということである。なんともわかりにくい。

3　弁護士の代理を認めるべき解釈上政策上の法的根拠

　行政機関個人情報保護法の立場は，行政機関が保有する個人情報の開示請求権は同法によって創設されたものであるから，開示請求者（その代理）を限定することも立法政策の問題だということであろう。たしかに，個人情報の開示

請求権は，法律の規定がなくても，憲法から当然に導かれるというものではないだろう。しかし，いったん個人に自己情報の開示請求権を認めた以上は，その請求の代理手続の問題は，別次元の問題であるから，当然に立法政策の問題ではなく，他の法制度との調整が必要になるというべきである。

単なる個人に委任する代理はともかくとして，弁護士の代理権は単なる個人の代理とは異なる法制度下にある。それは，そもそも民法の他に弁護士法で認められたものである。弁護士法 72 条では，法律事件に関する法律事務は弁護士の独占業務と規定している。個人情報の開示請求の代理もそれに含まれる。行政機関個人情報保護法の反対解釈で，それを否定できるのか。

実質論をすると，そもそも開示の代理を求められる個人情報は，依頼者が弁護士に開示しようという情報であることが普通であり（依頼者から受けた委任事務を遂行する都合上，個人情報も把握する必要がある場合がある），弁護士は守秘義務を負っている（弁護士法 23 条）から，委任を受けて個人情報の開示を受けてみたところで，個人情報の保護の点で問題はなく，弁護士法上の権限を否定する合理的な理由はないと思われる。依頼者から見ても，弁護士に業務を委任した以上，個人情報の開示も依頼したい気になるのが普通であろう。

他方，番号法においては，前記のように，必要性があるということが「士」の代理権を認める政策上の根拠となっている，そして，行政機関個人情報保護制度の下においてはその必要性が番号法ほど高くはないことは認めなければならない。しかし，筆者が代理したように，多少はニーズがあるのである。そして，弁護士の代理を認めることに弊害があるわけではない。そうすると，弁護士の代理を否定する立法政策に合理的な根拠はないと思われる。

4 神戸市条例は弁護士の開示代理を肯定

(1) 条例規制の定め

これに対し，神戸市個人情報保護条例は，弁護士の開示代理を認めている。誠に立派である。

神戸市個人情報保護条例第 15 条第 2 項は，「未成年者若しくは成年被後見人の法定代理人又は当該職務を行う上で本人から本人の個人情報開示請求の委任を受けた弁護士（以下「法定代理人等」という。）は，本人に代わって開示請求をすることができると規定する。したがって，ここで，弁護士は，法定代理人「等」に入る。

第 8 章　個人情報開示請求における弁護士代理の手続

　そして，（開示請求の手続）第 18 条　開示請求をしようとする者は，次に掲げる事項を記載した請求書（以下単に「請求書」という。）を実施機関に提出しなければならない。

⑴　開示請求をしようとする者の氏名及び住所

⑵　開示請求に係る個人情報を特定するために必要な事項

⑶　前 2 号に掲げるもののほか，規則で定める事項

　2　開示請求をしようとする者は，前項の提出をする際，実施機関に対し，自己が当該開示請求に係る個人情報の本人又は法定代理人等であることを証明するために必要な書類で規則で定めるものを提出し，又は提示しなければならない。

　神戸市個人情報保護条例施行規則の（開示請求）第 6 条 1 項では，条例第 18 条第 1 項第 3 号に規定する規則で定める事項は，次に掲げるものとするとして，⑴開示請求の年月日，⑵開示の方法，⑶条例第 15 条第 2 項に規定する法定代理人等（以下「法定代理人等」という。）が開示請求をしようとする場合にあっては，代理の区分並びに開示請求に係る個人情報に係る本人の氏名及び住所，と規定されている。

　そして，規則 6 条 2 項では，条例第 18 条第 2 項に規定する規則で定める書類は，本人にあっては第 1 号から第 3 号までのいずれかに該当するものとし，法定代理人等にあっては第 1 号から第 3 号までのいずれかに該当するもの及び第 4 号に規定するものとするとなっている（この規定は，7 条において開示されたものの受取りに準用されている）。

　⑴運転免許証，⑵旅券，⑶通常本人以外の者が所持していることがないと市長が認める書類，⑷法定代理人にあっては戸籍の謄本その他の法定代理人であることを証明する書類，弁護士にあっては委任状

　そこで，弁護士は，個人情報の開示請求を代理しようというときは，前記の規則 6 条 2 項により，運転免許証又は旅券のいずれかと，委任状を提示しなければならない。

⑵　筆者の実践

　筆者は神戸市で依頼者の代理で個人情報の開示請求をしたら，弁護士の身分証明書を提示せよと指導された。しかし，規則では，運転免許証又は旅券を提示すればすむのである。もっとも，弁護士に運転免許証の提示を求めても，意味が薄いから，現場の指導は，内容的には合理的であるが，法的根拠がない。

立法のあり方

神戸市条例が折角弁護士代理の規定をおいたのは結構だが，弁護士の身分証明書提示の規定を追加すべきである。そもそも立法技術上，法定代理人と，弁護士のように法律事務について法律上任意の代理権が認められている専門職とは性質が異なるのに，同じ条文で「法定代理人等」と規定するから，このような不合理が生じたのであろう。

5 立法のあり方

(1) 戸籍法の参考規定

弁護士が代理請求するとき身分証明書の提示を要求する制度を作るなら，参照すべきは，戸籍謄本の請求に関する戸籍法施行規則11条の2第4号の規定である。これは，戸籍法10条の3第2項の法務省令で定める方法として，戸籍法10条の2第3項から5項までの請求をする場合には，第1号に掲げる書類又は弁護士，司法書士，土地家屋調査士，税理士，社会保険労務士，弁理士，海事代理士若しくは行政書士（以下「弁護士等」という。）若しくは弁護士等の事務を補助する者であることを証する書類で写真をはり付けたものを提示し，弁護士等の所属する会が発行した戸籍謄本等の交付を請求する書面（以下「統一請求書」という。）に当該弁護士等の職印が押されたものによって請求する方法とされている。

(2) 身分証明書提示は開示請求段階では不要とせよ

神戸市条例では，開示の段階の手続には開示請求の規定が準用されている（20条4項）ので，身分証明書の提示は，開示請求の段階と受け取るときの両方において必要となっている。

では，どう考えるか。神戸市条例が開示請求段階でも弁護士に身分証明書（前記のように目下は運転免許証であるが，弁護士の身分証明書に変更すべきである）の提示を要求するのは，弁護士と名乗った者が，委任状を添付して個人情報開示請求をして，個人情報を盗み見ることを事前防止しようとするものであろうか。しかし，その段階では個人情報をまだ見ることはできない上，ばれれば弁護士法74条違反となるから，それだけの覚悟をして，個人情報の開示請求をするインセンティブは普通はない。こうした手間暇かける事前規制をする必要性はない（受け取り段階で身分証明書の提示を求めれば十分）というべきであろう。

したがって，開示請求の段階では，委任状を添付して弁護士名で申請書を郵

349

第8章　個人情報開示請求における弁護士代理の手続

送すれば，弁護士本人が身分証明書を持参して出頭しなくてもすむこととすべきである。

　国の制度で法定代理人が請求する場合には，開示請求の段階で，法定代理人であることを証明すれば（戸籍謄本，後見人なら登記事項証明書など），受取り段階では，もう一度証明する必要がない。これに倣うべきである。

　なお，婚姻届を使者に提出させて，結婚式場でただいま受理されましたという報告ですむのはなぜか。勝手に他人との婚姻届を出す者がいることがたまに報じられる。一旦婚姻届けが出されると，取り消すには大変な負担を要するから，こちらの方が事前規制をする必要性が高い。婚姻届は実印で出すか，本人が身分証明書を提示して届けることと改正すべきではないだろうかという疑問が生ずる。しかし，さすがそのような事前規制はない。それと比較して，個人情報の開示請求で，弁護士の出頭を求め，その身分証明書の提示を要求するのは，いかにも過大な規制であろう。

　しかも，身分証明書を見せても，委任状が本当に本物かどうかの確認手段がないので，委任状を偽造して，自分の免許証を見せて，他人の個人情報を取る者が絶対ないとは限らない。それを防ぎたければ，委任状には印鑑証明付の判を押させることとすべきである。しかし，そこまで手間をかけるほどのことはない。免許証などは提示しているのであるから，なりすましとばれれば，違法に（私文書偽造）個人情報を取得したことに間違いないからである。さすが，神戸市の規則でも，委任状に内容証明付の判を要求しているわけではない。事前規制が徹底しているわけではないのである。それなら，弁護士の身分証明書の提示も要求する必要がないというべきである。

⑶　受取り段階では？

　開示の段階では，偽者が他人の個人情報を受け取って見ることを防がなければならないから，弁護士であれ，代理人や使者を送るのではなく，自分で身分証明書を持参して出頭すべきであろう。

　郵送も認めるべきであるが，開示請求段階で身分証明書を提示した場合にだけに限るべきである。

　本稿作成に当たっては，1，2の点について，宇賀克也東大教授（現最高裁判事）からお教えを得た。記して謝意を表する。

　2016年に関係法令が改正されたので，現行法の条文に訂正した。

■追記

　高野祥一（東京都情報公開課統括課長補佐）「代理人による開示請求」自治実務セミナー 2017 年 2 月号 44 頁以下は，個人情報の開示請求に関する任意代理を扱うが，一般人による代理請求だけを念頭に置き，弁護士による代理を認める神戸市条例や同じ雑誌に掲載された拙稿には触れていない。

事 項 索 引

◆ あ行 ◆

青色申告の承認処分取消処分が職権で
　取り消されたときの救済方法 ……… *42*
違憲審査基準 ……………………………… *89*
一般処分・対物処分の誤解 ………… *38*
一般人基準説 ……………………… *289, 318*
委任立法の限界 ……………………… *208*
違法是正訴訟 ……………………………… *21*
医薬品ネット販売禁止省令事件 ……… *80*
印影は非公開情報 …………………… *266*
飲酒運転 ……………………………… *183*
運転手の処遇は悪くない …………… *104*
MKタクシー ……………………………… *83*
「おそれ」の語義 ………………… *235, 288*

◆ か行 ◆

改正タクシー特措法 ……………………… *83*
下限割れ運賃の禁止 ……………………… *99*
学校関係の判例 …………………… *294*
過労死の新認定基準 ……………… *249*
監獄法 ……………………………………… *79*
期間制限制度の不合理性，違憲性 … *203*
期間徒過についての正当な理由の有無 … *227*
期間徒過を宥恕する正当な理由規定の
　必要 …………………………………… *207*
企業名の情報公開と過労死防止の因果
　関係 …………………………………… *303*
期限，負担 ……………………………… *39*
規制緩和と規制復活の流れ ………… *85*
君が代ピアノ伴奏訴訟 ……………… *25*
キャッチ・ボールの違憲性 ………… *19*
教示の仕方の不備 …………………… *218*
行政機関個人情報保護法 …………… *345*
行政需要解釈 ………………………… *76*
行政手続法14条1項 ………………… *163*
行政の調査義務と立証責任 ………… *61*
行政法解釈のあり方 …………………… *3*

行政法における事実認定 ……………… *61*
競争上の地位その他正当な利益を害す
　るおそれ ……………………………… *240*
行訴法31条の事情判決 ……………… *40*
行訴法36条の「，」の位置 ………… *39*
国の業務遂行は阻害されない ……… *263*
警察官は誤ってもお咎めなく，国民は
　警察官の誤りに誤導されても処罰さ
　れる‼ ………………………………… *27*
研修命令 ………………………………… *34*
憲法的価値・体系的合理的解釈 ……… *4*
憲法適合的解釈 ……………………… *79*
憲法の具体化法としての行政法を実践 … *10*
故意，過失の程度は，比例原則の判断，
　裁量濫用の判断に影響する ……… *185*
公害防止協定の効力 ………………… *130*
合憲限定解釈 …………………………… *81*
　　——か，法文違憲か ……………… *55*
高知市普通河川条例事件 …………… *79*
公定幅運賃 ………………………… *83, 88*
　　——設定における裁量濫用 …… *110*
神戸空港訴訟 ……………………… *27, 61*
神戸市個人情報保護条例 …………… *347*
個人識別情報に関する判断基準の対立 … *289*
個人情報開示請求における弁護士代理
　の手続 ………………………………… *345*
国会での発言を無視する判例 ……… *44*
国家賠償法における公務員概念 …… *28*
混合診療禁止 ……………………… *27, 80*

◆ さ行 ◆

最高裁判例に見る法治主義の軽視 … *23*
最高乗務距離制限 …………………… *86*
再発防止研修命令の執行停止申請 … *33*
裁判官の目からだけ見ないで当事者の
　目を大切に …………………………… *41*
裁判官はなんて非人間的なのだろう … *33*
裁判を受ける権利 …………………… *22*

353

事 項 索 引

――の実効性 ……………………… *10*
採用内定の取消し …………………… *28*
差止訴訟，仮の差止めの状況 ……… *83*
36協定情報公開訴訟 ………………… *231*
36協定の法的性質 …………………… *245*
36協定を非公開にすべき「正当な理由」
　があるのか …………………………… *250*
残業・休日労働に関するいわゆる36協
　定の情報公開について ……………… *231*
賛成できない最高裁判例20選 ……… *9*
3倍の加重処分 ……………………… *86*
事業場名の開示が法人の正当な利益を
　害するおそれがあるか ……………… *330*
事業場名の開示は事務事業の適正な遂
　行に支障が生じるか ………………… *336*
事業場名は「他の情報」と組み合わせ
　て，個人識別情報になるか ………… *314*
仕組み解釈 …………………………… *76*
事実を正確に把握せよ ……………… *61*
自治体の賠償請求権を議会が放棄 …… *38*
執行停止の積極要件「重大な損害」の
　厳格解釈 ……………………………… *32*
社会通念，行政需要解釈 …………… *74*
社会的規制 …………………………… *103*
住基ネット訴訟 ……………………… *51*
住民訴訟における「勝訴」の意義 …… *41*
住民訴訟における被告行政機関の説明
　義務と立証責任の転換 ……………… *29*
趣旨目的解釈 ………………………… *73*
出訴期間 ……………………… *10, 17, 64*
障害者雇用率の公表 ………………… *257*
情報公開の憲法上の根拠？ ………… *25*
消防の消火ミス ……………………… *38*
条例と協定の適用範囲は同一か ……… *149*
処分基準 ……………………………… *182*
水道法15条1項に言う「正当な理由」…*76*
生活保護 ……………………………… *23*
青少年保護条例による「淫行」の処罰 …*56*
制定法準拠主義 ……………………… *5*
正当な理由による救済 ……………… *225*
生命等の保護のための絶対的開示 …… *259*

説明義務 ……………………………… *209*
専決の場合の首長の責任に関する平成
　3年の最判 …………………………… *48*
訴訟要件の不明確さ ………………… *21*
訴訟類型 ……………………………… *65*
租税法と信義則 ……………………… *53*

◆ た行 ◆

大学教員任期制 ……………………… *12*
第三セクターへの人件費補助 ……… *45*
第二次納税義務者 …………………… *22*
髙木光 ………………………………… *130*
騙し討ち的な異議申立前置主義規定 …… *13*
地下水採取規制について地盤沈下の具
　体的危険性の要否 …………… *129, 147*
地下水採取禁止の条項は，私法上の差
　止請求権の根拠とならないのか …… *137*
地下水保全協定の効力 ……………… *129*
地下水保全協定の市外への効力 …… *129*
地下水保全協定の法的拘束力 ……… *133*
長時間残業と過労死の関係は密接であ
　ること ………………………………… *302*
聴聞手続 ……………………………… *190*
――に現れない事実の審理 ………… *28*
聴聞と意見の聴取は天と地ほど違う …… *14*
低額運賃タクシー弾圧の挫折 ……… *86*
手続ミスで実体法上の権利を奪うな …… *64*
特定地域及び準特定地域における一般
　乗用旅客自動車運送事業の適正化及
　び活性化に関する特別措置法に基づ
　く営業方法の制限に関する取扱いに
　ついて ………………………………… *123*
特定地域指定の延長に際しての阿部発
　言 ……………………………………… *120*
特定地域のシステム ………………… *93*
特定人基準説 ………………… *318, 334*
特定の個人を識別することはできない
　が，公にすることにより，なお個人の
　権利利益を害するおそれがあるもの …*306*
都市計画法32条の公共施設管理者の不
　同意 …………………………………… *11*

事 項 索 引

土地区画整理事業計画の処分性 ……………50
土地収用法 77 条と 79 条の関係 ………38
独禁法不適用の違憲性 ………………101

◆ な行 ◆

中川丈久「行政法解釈の方法」……………69
長野勤評事件 ………………………20
「並びに」と「及び」 ………………28
成田頼明 ……………………30, 130
日本経団連の会長・副会長企業の 36 協
　定について ……………………280
人間味のある正義に合致する判断を ……222
ネズミ捕り ……………………………32
脳血管疾患及び虚血性心疾患等（負傷
　に起因するものを除く）に係る労災
　補償給付の支給決定がなされた事業
　場名（法人名のみ）の開示請求 ……283

◆ は行 ◆

働き方改革関連法 ……………………281
原田尚彦 ……………………………131
　──「モデル志向型」と「事件志向型」…6
反対解釈 ……………………………5
判例の射程範囲 ……………………48
非公開事由の具体性の程度と立証責任 …237
非常勤公務員の繰返し任用 …………41
人の生命，健康，生活又は財産を保護
　するため，公にすることが必要であ
　ると認められる情報 ……………301, 311
日の丸，君が代訴訟 ………………33
日の丸起立・君が代斉唱 …………183
比例原則 …………………………139
　──は，規制代替型行政契約にのみ
　　妥当 ………………………139
比例原則違反 ……………………182
藤田宙靖……………………7, 60, 140, 313
不動産の売却にも随意契約が許される
　のか ……………………………38
不服申立前置制度 ………………18

部分開示 …………………………313
ブラック企業 ……………………332
不利益処分の理由附記 ……………163
文書閲覧請求権 …………………16
文理解釈 …………………………72
法人情報 …………………………240
法人の「権利，競争上の地位その他正
　当な利益を害するおそれがあるもの」…306
法的観点指摘義務 ………………62
法の解釈とは何か ………………3
法律上の争訟 ……………………38, 51
保険医療機関指定拒否処分 ………38, 45

◆ ま行 ◆

マクリーン判決 …………………43
水俣病国家賠償訴訟 ……………26
身分証明書提示は開示請求段階では不
　要とせよ ……………………349
民事法帝国主義 …………………21
無制限の残業を命ずることは「正当な
　利益」の範囲内か ……………247

◆ や行 ◆

薬事法距離制限違憲大法廷判決 ………92
役人の屁理屈に騙されないまっとうな
　解釈 …………………………26
UD 車等導入を義務づける公示 ……123
予防原則に関する文献 …………160

◆ ら行 ◆

離婚によるいわゆる年金分割の申請期
　間と説明義務 ………………201
立証責任 …………………………288
立法過程的解釈 …………………80
立法者意思を適切に評価せよ ………44
理由附記の制度趣旨に関する判例法 ……164

◆ わ行 ◆

ワンコインドーム ………………83

355

判 例 索 引

◇最高裁判所◇

最大判昭和 41 年 2 月 23 日民集 20 巻 2
号 271 頁 ……………………………50

最判昭和 47 年 11 月 30 民集 26 巻 9 号
1746 頁 …………………………20

最判昭和 53 年 12 月 21 日民集 32 巻 9 号
1723 頁 …………………………79

最大判昭和 56 年 12 月 16 日民集 35 巻 9
号 1369 頁 ……………………21

最判昭和 57 年 4 月 23 日民集 36 巻 4 号
727 頁 ……………………………75

最判昭和 60 年 7 月 16 日民集 39 巻 5 号
989 頁 ……………………………75

最大判昭和 60 年 10 月 23 日刑集 39 巻
6 号 413 頁 ……………………56

最判昭和 62 年 5 月 28 日判時 1246 号
80 頁 ……………………………21

最判昭和 62 年 10 月 30 日判時 1262 号
91 頁, 判夕 657 号 66 頁…………53

最判平成 3 年 7 月 9 日民集 45 巻 6 号
1049 頁 …………………………79

最判平成 3 年 12 月 20 日民集 45 巻 9 号
1455 頁 …………………………48

最判平成 6 年 2 月 8 日民集 48 巻 2 号
255 頁 ……………………………237

最判平成 12 年 3 月 21 日判時 1707 号
112 頁 ……………………………78

最判平成 14 年 2 月 28 日民集 56 巻 2 号
467 頁 ……………………………238

最判平成 17 年 4 月 26 日判時 1896 号
84 頁 ……………………………42

最判平成 18 年 3 月 23 日判時 1929 号
37 頁 ……………………………79

最判平成 19 年 2 月 27 日民集 61 巻 1 号
291 頁 ……………………………25

最判平成 19 年 4 月 17 日判時 1971 号
109 頁 ……………………………7

最判平成 20 年 2 月 28 日判時 2044 号
50 頁 ……………………………24

最判平成 21 年 7 月 10 日判時 2058 号 53
頁, 判例タイムズ 1308 号 106 頁 …135, 136

最判平成 23 年 6 月 7 日民集 65 巻 4 号
2081 頁 …………………………168

最判平成 23 年 10 月 25 日民集 65 巻 7 号
2923 頁 …………………………80

最判平成 24 年 1 月 16 日判例自治 356 号
15 頁 ……………………………183

最判平成 24 年 4 月 20 日 ……………47

最判平成 25 年 1 月 11 日民集 67 巻 1 号
1 頁 ……………………………80

◇高等裁判所◇

東京高判平成 13 年 6 月 14 日 …………171

名古屋高判平成 15 年 5 月 8 日 ………326

大阪高判平成 18 年 12 月 22 日 ………320

東京高判平成 19 年 5 月 10 日 …………324

東京高判平成 20 年 12 月 17 日 ………325

大阪高判平成 23 年 2 月 24 日 …………324

大阪高判平成 24 年 11 月 29 日 ………314

名古屋高判平成 25 年 4 月 26 日 ………176

広島高松江支部判平成 26 年 3 月 17 日 …172

福岡高判平成 28 年 5 月 26 日 …………197

大阪高判平成 29 年 7 月 12 日 …………153

◇地方裁判所◇

東京地判平成 15 年 5 月 16 日 …………320

東京地判平成 15 年 9 月 19 日 …………43

岡山地判平成 15 年 10 月 1 日 …………318

大阪地判平成 17 年 3 月 17 日 …269, 283

長崎地判平成 18 年 2 月 21 日 …………325

大阪地判平成 23 年 11 月 10 日 ………314

東京地判平成 28 年 5 月 17 日 …………201

大阪地判平成 28 年 9 月 2 日 …………129

〈著者紹介〉

阿 部 泰 隆 （あべ やすたか）

　1942 年 3 月　福島市生れ
　1960 年 3 月　福島県立福島高校卒業
　1964 年 3 月　東京大学法学部卒業
　1964 年 4 月　東京大学助手（法学部）
　1967 年 8 月　神戸大学助教授（法学部）
　1972 年 6 月　東京大学法学博士（論文博士）
　1977 年 4 月　神戸大学教授（法学部）
　2005 年 3 月　神戸大学名誉教授（定年退職）
　2005 年 4 月　中央大学総合政策学部教授（2012 年 3 月まで）
　・弁護士（東京弁護士会，2005 年より，兵庫県弁護士会，2012 年 9 月より）
　・事務所：弁護士法人大龍
　『行政法の解釈』（信山社，1990 年）
　『行政の法システム　上・下〔新版〕』（有斐閣，1997 年）
　『行政法の解釈(2)』（信山社，2005 年）
　『行政法解釈学 I，II』（有斐閣，2008 〜 2009 年）
　『市長「破産」』（信山社，2012 年）（吾妻大龍のペンネーム）
　『行政法の解釈(3)』（信山社，2011 年）
　『行政法再入門　上・下〔第 2 版〕』（信山社，2015 年）
　『住民訴訟の理論と実務』（信山社，2015 年）
　『ひと味違う法学入門』（信山社，2016 年）
　『廃棄物法制の研究』（信山社，2017 年）
　『環境法総論と自然・海浜環境』（信山社，2017 年）
　『まちづくりと法，都市計画，自動車，自転車，土地，地下水，住宅，借地借家』
　　（信山社，2017 年）
　『地方自治法制の工夫：一歩前進を！』（信山社，2018 年）
　『国家補償法の研究 I　その実践的理論』（信山社，2019 年）
　『国家補償法の研究 II　行政の危険防止責任』（信山社，2019 年）
　その他凡例参照

学術選書
174
行政法

❧ ❀ ❧

行政法の解釈⑷

2019年（令和元年）12月6日　第1版第1刷発行

6774:P380　¥8000E-012-040-010

著　者　　阿　部　泰　隆
発行者　　今井　貴・稲葉文子
発行所　　株式会社　信山社
編集第2部

〒113-0033　東京都文京区本郷 6-2-9-102
Tel 03-3818-1019　Fax 03-3818-0344
info@shinzansha.co.jp
笠間才木支店　〒309-1611 茨城県笠間市笠間 515-3
Tel 0296-71-9081　Fax 0296-71-9082
笠間来栖支店　〒309-1625 茨城県笠間市来栖 2345-1
Tel 0296-71-0215　Fax 0296-72-5410
出版契約 No.2019-6774-7-01011 Printed in Japan

©阿部泰隆, 2019　　印刷・製本／ワイズ書籍（Y）・牧製本
ISBN978-4-7972-6774-7 C3332　分類 323.903

JCOPY 《（社）出版者著作権管理機構 委託出版物》
本書の無断複写は著作権法上での例外を除き禁じられています。複写される場合は、
そのつど事前に、（社）出版者著作権管理機構（電話 03-3513-6969, FAX 03-3513-6979,
e-mail: info@jcopy.or.jp）の許諾を得てください。

阿部泰隆 著

最新刊 国家補償法の研究Ⅱ　行政の危険防止責任
　　　　　　　　　　　　　　　　—薬害、カネミ油症、水俣病、災害等

国家補償法の研究Ⅰ　その実践的理論

地方自治法制の工夫　一歩前進を！
まちづくりと法
　　都市計画、自動車、自転車、土地、地下水、住宅、借地借家
環境法総論と自然・海浜環境　環境法研究Ⅰ
廃棄物法制の研究　環境法研究Ⅱ

行政法再入門（第2版）上・下
ひと味違う法学入門
住民訴訟の理論と実務

行政法の解釈(1)〜(3)　1〜3巻も好評発売中！

信山社